충의공 정기룡장군 전기

영웅은 죽지 않는다

- 임진왜란 60전 60승, 전쟁영웅의 종합기록 -

저자 정홍기(鄭洪基)

도서출판 채운재

정기룡장군 연보
(1562.4.24~1622.2.28)

처음이름 : 무수(茂樹), 임금하사 이름 : 기룡(起龍), 자 : 경운(景雲), 호 : 매헌(梅軒), 시호 : 충의(忠毅)

연대와 나이			주요 내용
1562년(명종 17)		1세	• 경남 하동군 금난면 중평리 출생(4/24)
1574년(선조 7년)		13세	• 부친상으로 3년간 시묘살이(충효사상의 실천)
1580년(선조 13)		19세	• 고성(固城) 향시에 합격, 병서와 무술에 정진
1581년(선조 14)		20세	• 상주 이사, 한학과 무술연마
1586년(선조 19)		25세	• 무과급제한 뒤 왕명으로 개명(鄭起龍)
1590년(선조 23)		29세	• 경상우도병마절도사 신립(申砬)의 휘하 훈련원 봉사
1592년(선조 25)		31세	• 임진왜란 때 별장(別將)으로 승진 • 우방어사 조경(趙儆) 따라 종군 • 거창 신창전투에서 임진왜란 첫 승리 – 온 백성이 환호 • 금산(金山)싸움에서 조경장군 구출작전(세계 전투사의 압권) • 상주가판관 승진/용화동전투 대승 • 신기전, 화공전으로 상주수복전투, 상주성 탈환 전투로 상주대첩 이룸, 상주창 빼앗아 왜군 병참보급선 차단
1593년(선조 26)		32세	• 전공으로 회령부사(會寧府使) 승진, 이듬해 상주목사로 통정대부(通政大夫) 오름
1597년(선조 30)		36세	• 정유재란(丁酉再亂) 때 토왜대장(討倭大將) • 고령(高靈)에서 적장 생포 • 성주·합천·초계·의령 등 탈환 • 경상우도병마절도사 승진, 경주·울산 수복
1598년(선조 31)		37세	• 명나라 군대의 총병직(摠兵職)제수, 조선국방자주권 행사 • 1598.7.13일 풍신수길 사망정보를 선조께 최초보고, 철수왜군 몰살작전, 이순신장군보다 전쟁정보가 40일이나 빨라 • 용양위(龍驤衛)부호군 됨, 이듬해 경상우도병마절도사에 재임
1601년(선조 34)		40세	• 경상도방어사·김해부사·밀양부사 거쳐 중도방어사에 오름 • 용양위부호군 겸 오위도총부총관·경상좌도병마절도사 겸 울산부사
1607년(선조 40)		46세	• 오위도총부 도총관 승진
1617년(광해군 9)		56세	• 삼도수군통제사 겸 경상우도수군절도사
1621년(광해군 13)		60세	• 삼도수군통제사 겸 경상우도수군절도사 재임명
1622년(광해군 14)		61세	• 2월 28일 통영 3도수군통제사 진중에서 순직 • 유언에 따라 상주시 사벌면 금흔리에 안장
1773년(영조 49년)			• 충의공(忠毅公)으로 시호내림(사후 151년 후)

책을 내면서

정홍기

매몰된 영웅에게 합당한 평가 내려야

　임진왜란 당시 60전 60승이라는 국난극복의 위업을 달성하고도 아직도 역사에 묻혀 있는 분이 있는데 그 분이 바로 정기룡장군입니다.
　선조, 광해군 때 나라를 위한 충신이었다는 이유 하나로 인조반정 때 정치적으로 몰려 영웅으로서 예우를 받지 못한 채 오늘에 이르렀습니다.
　이제 400여년의 세월이 흘렀으니 공적에 맞게 역사적 재평가를 해야 할 것입니다.

　장군은 항상 죽을 각오로 선두에서 "나를 따르라!"하고 외치며 돌격 대장으로 싸웠으며, 상주창을 비롯하여 일본병참기지를 빼앗아 왜적의 동력선을 끊어 전쟁전환점을 마련하고 종전을 앞 당겼던 1등공신이었습니다.
　선조대왕이 평가했듯이 정기룡장군은 국난극복의 영웅이었습니다. 국가안보가 절실히 요청되는 요즘 "영웅은 죽지 않는다"는 정기룡장군의 전쟁기록은 학생과 군인은 물론 우리에게 많은 교훈을 줄 것입니다.

　필자는 임진왜란 전체의 관점에서 정기룡장군을 현대적 시각에서 재조명하려고 노력하였습니다. 그러나 사료의 제한에 따른 미비점이 있음을 밝힙니다. 바쁜 중에도 감수하여 주신 국방대학교 노영구 교수님, 관련기관의 자료협조, 그리고 정택충 회장님께 감사드리며, 독자 여러분의 많은 관심과 지도편달 있기를 바랍니다.

단기4344(2011년) 3월 1일
저자, 鄭 洪 基

축 사

박세환 회장

영웅은 살아있을 때보다 죽은 후에 정당한 평가를 받게 마련입니다. 그러나 죽은 후에도 그 행적이 역사 속에 파묻힌 채 제대로 평가받지 못한 경우가 적지 않습니다. 그 중에서도 대표적인 예가 바로 임진왜란 당시의 충의공 정기룡장군입니다. 충의공은 임진왜란 당시 60戰 60勝의 명장으로 알려져 있습니다. 상주의 일본 병참기지를 탈환하여 적에게는 심대한 피해를 주고, 아군에게는 전력보충(戰力補充)의 호기(好機)를 마련해 주었습니다.

크고 작은 전투에서 왜군을 격파하며, 연전연승(連戰連勝)했던 장군의 공적은 육전(陸戰)에서 공세이전(攻勢移轉)의 결정적 계기가 되었습니다.

만시지탄이지만 이와 같은 "정기룡장군의 위업"이 정홍기(鄭洪基) 작가의 역사추적 노력에 의하여 "영웅은 죽지 않는다"는 제하(題下)의 책으로 정리되어 발간된 것을 매우 기쁘게 생각합니다.

이 전기는 그동안 가려져 있던 정기룡장군의 진면목을 낱낱이 파헤쳐 정기룡장군이 전투만 잘한 것이 아니라 임진왜란 전체를 파악하여 전세(戰勢)를 뒤집는 맥을 짚어내는 영웅적 위업을 연구하여 국민 앞에 제시한 대작(大作)입니다. 또한 임진왜란의 실패가 오늘날의 국가안보와 직결됨을 강조하여 임진왜란의 교훈 30종을 추려 놓았는데, 이는 후세들에게 좋은 안보교육 자료가 될 것입니다. 아무쪼록 많은 국민들이 이 책을 통하여 애국선열들의 헌신과 희생의 발자취를 가슴으로 느끼면서 국가안보의 중요성을 다시 한 번 되새길 수 있기를 바라며 학생, 군인을 비롯한 많은 국민들의 필독서가 되기를 기대합니다.

대한민국 재향군인회 회장
예)육군대장, 전)국회의원　朴 世 煥

추천의 말씀

정대철 회장

　임진왜란의 영웅 정기룡장군의 전기가 출간된다고 하니 참으로 뜻 깊고 반가운 마음입니다.
　정기룡장군은 31세의 젊은 나이에 임진왜란을 맞아 오직 구국일념으로 목숨을 아끼지 않고 싸웠으며, 장군의 연전연승을 패망의 짙은 그늘에 휩싸여 있던 조선 조정과 백성들에게 한 가닥 희망의 불씨가 되었습니다. 그는 당시 해전에서 잇달아 일본 수군을 무찌르며 해상권을 장악한 이순신 장군과 함께 난세의 영웅으로 떠오르기 시작했습니다. **'바다에 이순신이 있다면, 육지에는 정기룡이 있다'**는 말도 그때부터 나왔던 것입니다.
　왜란 종전 후 공신녹권의 교지에 기록된 일등공신에는 이순신, 원균, 권율 등 세 장군이 포함되었으나 정기룡장군의 이름이 보이지 않았다가 7년의 세월이 흐른 1605년에 이르러 선조가 정기룡장군에게 선무 일등공신의 교지를 내렸습니다. 37세의 젊은 장군이 전쟁영웅으로 전면에 등장하게 되면 왕권 유지에 큰 위협이 될 것으로 판단했을지 모릅니다. 정기룡장군이 56세가 되던 광해군 9년에는 이순신 장군이 역임했던 삼도수군통제사에 임명되어 육전과 해전을 두루 거친 명실공이 조선국방의 기둥이었던 것입니다. 그러나 인조반정이란 역시의 소용돌이에 내몰리고 만 것은 너무나 가슴 아픈 일이었습니다. 국난극복의 영웅이면서 잊혀진 신화로만 남아 있던 정기룡장군의 부활을 기대해 보면서 鄭洪基 저자의 노력과 본 책의 출간에 수고해 주신 모든 분들께 깊은 감사를 드립니다.

민주당 상임고문　정 대 철

충의공 정기룡장군의 영정

정기룡장군이 금산전투에서 왜군에 포위된 상관인 우방어사 조경장군의 구출광경

하동 경충사 입구 표지석

경남 하동군 금남면 중평리 소재 경충사 전경

정기룡장군의 생가

경충사 유물전시관

경북 상주시 사벌면 금흔리 소재 충의사 전경

낙동강과 맞닿아 절경을 이룬 상주 경천대

정기룡장군이 조정에 나갈 때 차던 옥대

매헌실기 목판

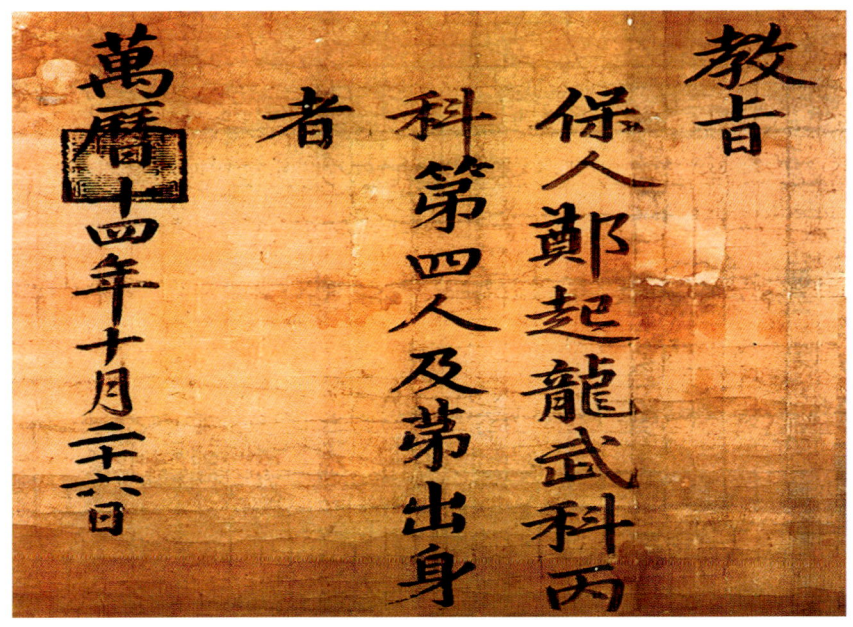

무과별시 합격증

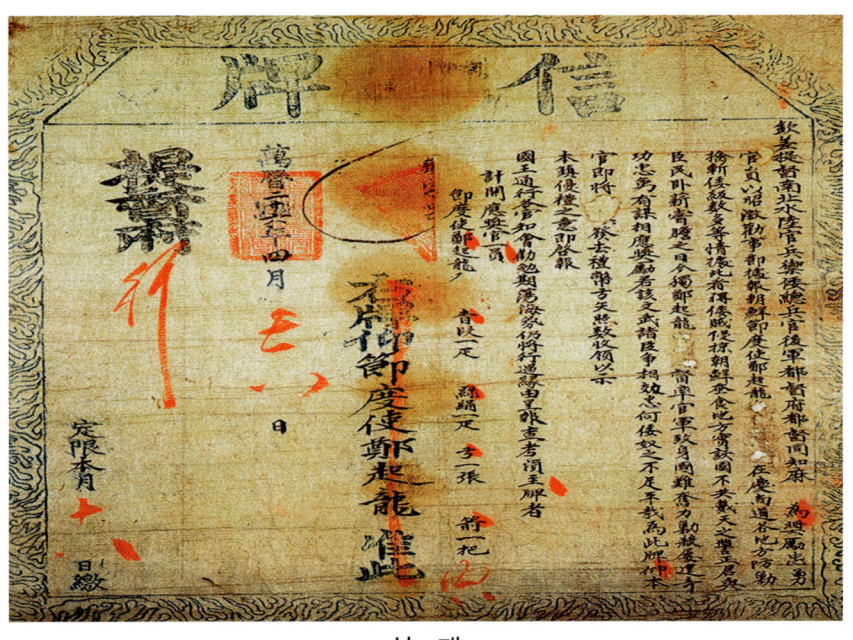

신 패

교지 1

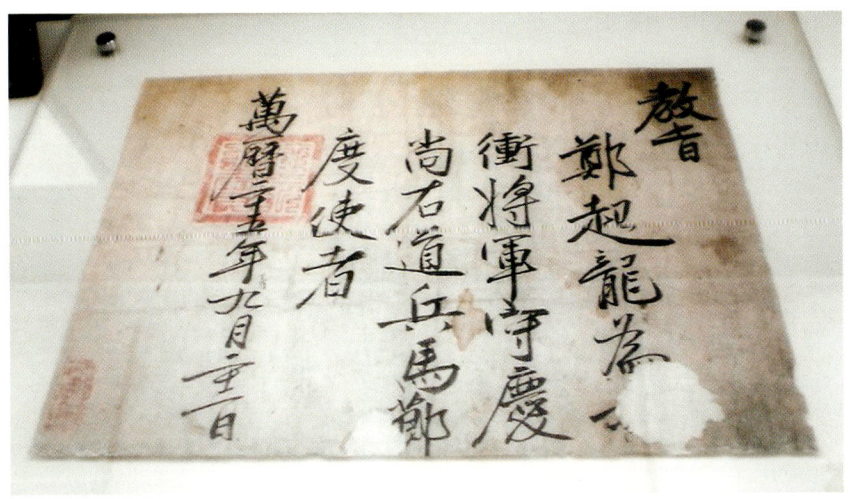

교지 2

상주수복전투 재현행사

상주성 탈환전투 재현행사

송시열 선생이 세운 정기룡장군 신도비

정기룡장군의 묘소(경북도 유물 제13호)

탄신제 진설배례(상주시, 정기룡장군 기념사업회 주최)

정기룡장군 탄신제 초헌례(충의사)

정기룡장군 탄신제 제2작전사령부의장대 제식행사

정기룡장군 탄신제 제2작전사령부군악대

탄신제 행사를 마치고 제관일동과 기념촬영(이상 제448회 행사, 충의사)

제449회 정기룡장군 탄신제 봉행 장면(2011년 5월 26일 상주시 충의사)

임란 참전 한일무장 후손 친선회
2002 한국회의에서 정기룡장군 후손인 정두규 예비역 해군 준장이 한국대표로 연설하고 있다.

2002.11.24. 서울전쟁기념관에서 기념촬영
정기룡장군은 한국보다 일본에 더 잘 알려져 있었다.

起龍無則嶺南無 嶺南無則我國無

抄宣祖實錄 庚寅元朝 鄭洪基謹書

서품설명

선조대왕의 정기룡장군에 대한 평가로서 **기룡무즉 영남무, 영남무즉 아국무(起龍無則 嶺南無 嶺南無則 我國無)**, 즉 "정기룡장군이 없었으면 조령이남을 지킬 수가 없었고, 영남을 지키지 못했으면 우리나라는 없었을 것이다"라는 뜻으로 "선조실록 선조 19년 10월조"에 기록된 내용을 저자가 쓴 것이다. 임진왜란 때 왜적을 무찌르기 위한 정기룡장군의 전투와 활약상이 얼마나 위대 했는지를 알 수 있으며, 나라를 구해 낸 영웅임을 입증하고 있다.

차 례

제1부
임진왜란시 조선주위의 국내외 정세분석

제1장 ┃ 조선의 국내정세와 일본관계 3
1. 일본교린의 단절 3
  1) 일본의 통교확대를 위한 요구난동   4
2. 조선의 방위체제와 군제 7
  1) 조선군제의 변천사   7
  2) 지상전위주의 수세전략과 선조의 오판   9
  3) 진관체제(鎭管體制)의 붕괴   11
  4) 보법(保法)의 모순   14
3. 당파싸움과 국론분열 사회동요 16
  1) 파벌정치는 나라발전을 저해하였다   16
  2) 나라 재정의 위축   17
  3) 신분제 동요와 옥비의 난   17
  4) 정여립의 난   18
4. 일본통신사의 엇갈린 보고 19
  1) 황윤길과 김성일의 판이한 귀국보고   19
  2) 朝·日 교섭약사   21
  3) 조선통신사 일정과 두 통신사의 의견충돌   23

    4) 풍신수길, 통신사 진빼고 오만부려   27
    5) 明을 칠테니 길을 빌려달라(征明假道)   29

제2장 ┃ 일본의 조선침략준비 33
1. 서세동점(西勢東漸)과 일본의 개방 33
    1) 전국대명(战国大名)세력의 등장   33
    2) 신무기 조총보급과 상업번창   33
2. 일본 전국시대 통일과 풍신수길의 등장 35
    1) 풍신수길의 조선침략 야욕   35
    2) 침략명분 쌓기와 전쟁준비   38

제3장 ┃ 조선과 명나라와의 관계 42
1. 조선과 명나라 관계 42
    1) 명나라의 군사력 약화   44
2. 조·명(朝·明)연합 45
    1) 대명 사대관계(對明 事大關係)   45
    2) 왜정통보(倭政通報)의 갈등과 明의 조선 불신(不信)   47
    3) 일본의 정보혼란과 조선의 판단부족   50

제4장 ┃ 일본 24만 대군으로 조선을 침략 51
1. 일본의 조선 침략 51
2. 조선의 대응 52
    1) 부산포 현장의 대응   52
    2) 선조임금에게 올린 장계 3가지   53
    3) 선조의 김성일 징계와 조치   53
3. 일본 종군기자가 찍은 임진왜란 때 사진 55

제2부
장군의 출생과 성장기

제1장 ▌ 땅의 큰 울림, 영웅의 탄생 ································· 59
1. 장군의 유년기 ··· 60
   1) 병정놀이 꼬마대장　　　　　　　　　60
   2) 출생지, 하동 경충사와 금오산 일대　　61
   3) 한문공부　　　　　　　　　　　　　62
2. 정기룡장군의 "孝의 실천 – 여묘살이" ························· 65
   1) 성인(聖人)도 하기 힘든 효행의 극치　　65
   2) 여묘살이 3년간 한학을 파고들어　　　66
   3) 인격과 학문, 큰 그릇 만드는 계기되어　66
3. 정기룡장군의 가계(家系) ··· 67
   1) 장군의 족보　　　　　　　　　　　67
   2) 장군의 가족　　　　　　　　　　　69
   3) 후손들의 수난　　　　　　　　　　71
4. 교육환경이 나은 진주로 이사 ······································· 72
   1) 17세 때 진주남강 근처로 이사　　　　72
   2) 남강 변 훈련도중 큰 참변 일어나　　　72
5. 고성현 무과향시 급제 ··· 73
6. 상주로 이사 ··· 74
   1) 진주 남강 참변 후유증에 시달려　　　74
   2) 경천대 용마 이야기　　　　　　　　75

제2장 ▌ 정기룡장군의 결혼이야기 ································· 77
1. 효행과 내조가 지극했던 강씨 부인 ······························· 77
2. 진주성 전투와 항전 ··· 77
   1) 진주성 사수를 위한 긴박한 상황　　　77
   2) 강씨부인, 진주성 방어전에 참여　　　79

  3) 진주성 함락 후의 아비규환   81
 3. 투신자결로 조선여인의 기상을 떨쳐 ……………………………… 81
  1) 자결할 것을 결심하고, 정기룡장군에게 혈서(血書)   81
  2) 비분강개한 의절부인, 남강에 투신자결!   82
  3) 지원군 정기룡장군 6만여 명 학살 현장을 목격   83
  4) 몸종 걸이, 혈서 찾아 장군에게 건네다   84
  5) 정기룡장군, 피로 쓴 유서 받고 통곡   85
 4. 예천 권씨 부인과 재혼 …………………………………………… 86
  1) 학식과 덕망 갖춘 권문세가의 외동딸   86
  2) 권씨 부인, 배필을 결정하기까지   86
  3) 정기룡장군의 神馬 - "장군나면 용마 난다"   90
  4) 결혼 첫 날밤에도 토적을 잡으려 밤을 세워   91

제3장 ▌국방불안 중 임금님의 이름하사 "정기룡(鄭起龍)"
……………………………………………………………………………… 92

 1. 조선의 안보 불안과 사회분열 ………………………………… 92
  1) 선조의 탄식   94
  2) 선조, 이율곡을 아쉬워하다   95
  3) 율곡의 정책론   96
  4) 선조, 꿈에 본 장정을 찾아   98
 2. 일어나는 용 "정기룡"으로 이름 내리다 …………………… 99
  1) 선조의 하문(下問)과 정기룡의 대답   99
  2) 임금님, "起龍"으로 이름 하사(下賜)   101
 3. 과거시험, 무과별시에 급제 …………………………………… 102
  1) 문과(文科)   102
  2) 무과(武科)   103
  3) 무과별시(武科別試)   104
  4) 잡과(雜科)   104
  5) 과거제도의 역할   104
 4. 급제 후 홍패차고 금의환향 …………………………………… 105

5. 율곡이이의 십만양병설 107
   1) 6조계(六曹溪)   107
   2) 10만 양병설   107
   3) 율곡과 도승지 류성룡의 의견다툼   108
   4) 이율곡의 탄핵   109
   5) 허균의 10만 양병설 평가   110
   6) 류성룡의 때늦은 후회   110

제3부
임진왜란 전개와 조선의 대응

제1장 | 조선의 三路 방어선과 항전 115
1. 조령, 죽령, 추풍령 방면의 방어선과 항전 115
   1) 왜적의 약탈과 질주   115
   2) 이일의 상주북천전투의 패배   117
2. 신립장군 패전의 충격 119
   1) 근접전으로 항전하다   119
   2) 신립장군의 패전원인 분석   120
3. 근왕군 10万군사, 광교산전투 참패 120
   1) 3도 근왕군 편성과 부대이동   120
   2) 광교산 전투   121
   3) 패전 원인 분석   123
4. 임진왜란 첫 승전보 – 정기룡장군 거창신창전투 124
   1) 선봉 돌격대장(正3品)에 임명   124
   2) 정기룡장군, 임란 후 처음으로 왜적 100여 명 살상   124
5. 좌의정 류성룡, 도제찰사로 전군지휘 125
   1) 압록강 넘으려는 선조를 설득   125
   2) 명군에게 한강(충주)상륙작전 제안   126

3) 임란기는 자연재난 소빙기(小氷期)시대 ·········· 127
4) 농촌이 넉넉해야 전쟁도 이길 수 있어 ·········· 128
5) 류성룡의 지도력과 징비록, 日人의 평가 ·········· 128

제2장 ▎한양함락의 충격 ·········· 129

1. 왜적 한양 침입로와 조선군의 한양방어 헛점 ·········· 129
1) 왜군의 한양 침입루트 ·········· 129
2) 조선군의 한양 방어상태 ·········· 129

2. 경복궁을 적에게 그냥 넘겨주다 ·········· 130
1) 한강을 방어선으로 끝까지 항전했어야 ·········· 130
2) 함락 전야 상황과 선조의 피난길 ·········· 130

3. 왜적들의 한양 무혈입성 ·········· 133
1) 개전 20일 만에 도읍지 한성 함락 ·········· 133
2) 궁궐은 불타고 백성은 죽임을 당해 ·········· 133
3) 정기룡장군의 건의사항 ·········· 134

제3장 ▎선조의 평양파천과 의주파천 ·········· 135

1. 왜적 10일 만에 4로(路) 북진 ·········· 135

2. 임진강 방어작전 ·········· 135
1) 천혜의 요새, 임진강 항전 ·········· 135
2) 왜적 회유책에 걸려 비책(秘策)탄로나 ·········· 136
3) 임진강 방어전략 실패원인 분석 ·········· 138

3. 내부(內附) 문제 논의에 허송세월 ·········· 138

4. 명나라 원군요청과 파병논의 ·········· 140
1) 전쟁 28일만에 明에 전쟁사실만 보고 ·········· 140
2) 明, 조선을 "日향도역"으로 不信 ·········· 141
3) 지원군과 정탐군 급파, 사대국(事大國) 설명 ·········· 141

5. 분조(分朝)와 의주파천 ·········· 144
1) 광해군 세자 책봉 ·········· 144

2) 요동순안어사, 왜적침입을 직접 확인　　144
　　3) 평양에서의 눈물의 分朝　　145
　　4) 선조의 의주파천　　145
6. "평양을 사수하라" 146
　　1) 평양성 항전 계획　　146
　　2) 평양성의 요새적 특징　　146
　　3) 왜적, 대동강변 도착하여 3일간 대치　　146
　　4) 대동강 건널목의 실책　　147
　　5) 능라도 왕성탄 건너, 평양성 무혈입성　　147
　　6) 대동강 항전과 평양성 실패 원인　　148
　　7) 明, 선조임금 경호군 긴급파견　　148
　　8) 의문의 북진중단 - 왜장의 고민　　149
　　9) 조선공략, 수륙병진책(水陸竝進策)　　149
　　10) 보급선차단, 왜적을 평양성에 묶다　　150
　　11) 선조임금에게 항복권유 서찰 보내　　151
　　12) 육지와 바다에서 왜적보급로 차단 분쇄　　151

제4장 | 조선의 국방자주권을 행사한 정기룡장군 153
1. 明황제로부터 총병관 벼슬을 하사받고 明군을 지휘 153
2. 정기룡장군의 조·명연합군지휘 155
3. 임란 중 정기룡장군의 주요 활약상 157
　　1) 임진왜란의 명칭 정리　　157
　　2) 정기룡장군 전사(戰史) 시대 구분　　157

제5장 | 임진왜란 당시의 양국 무기 비교 178
1. 일본의 무기와 전술 178
　　1) 일본조총　　178
　　2) 조총의 발사단계　　179
　　3) 일본의 전술　　180

2. 조선의 전술과 무기 182
   1) 조선의 전술 182
   2) 조선의 조총 186
   3) 조선 조총윤방도 188
   4) 대조총 189
   5) 신기전 190
3. 조선과 일본의 무기와 전술비교 193
4. 평 가 194
5. 정기룡장군의 전술 194
   1) 적 전술을 꿰뚫는 30초 번개 작전 194
   2) 당시 일본 조총 유효사거리 50보 제원알고 대응 ... 195
   3) 일본군 보급 병참선 차단 197
   4) 적섬멸 5방책(敵殲滅 五防策) 197
   5) 사전 정찰 및 치밀한 작전계획 198

제4부
60전 60승의 "정기룡 전술"

제1장 ‖ 정기룡장군의 주요전투와 활약상 201
   제 1 전 거창군 신창전투 － 임진왜란의 첫 승전보 201
      1) 조선의 방어선과 왜적의 북진 201
      2) 조경장군의 전략회의와 정기룡장군의 건의사항 ... 201
      3) 선봉 돌격대장(正3品)에 임명되어 왜적 척살 ... 202
      4) 왜적 잠복조 공격도 되받아쳐 죽임 203
      5) 적의 수급(首級), 베지 않아 이기고도 논공에 빠져 ... 203
      6) 전쟁특성과 전쟁효과 204
   제 2 전 거창군 객관 탈출기 － 야간포위되자, 적군 쳐 죽이고 탈출 205
   제 3 전 금산전투 － 상관 조경장군 구출작전 207

　　　　1) "나를 따르라!" 외치며, 적중에 뛰어들어 구출　　207
　　　　2) 전황과 결과분석　　208
　　　　3) 선조임금의 격려와 백성들의 인식　　208
　　　　4) 중국 조자룡의 탈출기　　209
　　　　5) 조자룡 탈출기와 정기룡 구출작전 비교　　209
　　　　6) 구출작전의 재음미　　210

제 4 전　**진주곤양 왜적토벌 작전** – 유병 별장임명 되어 진주,
　　　　곤양 왜적 토벌 ··· 213
제 5 전　**진주성 부근 곤양성 전투** – 임진년 진주성 부근 전투 ·········· 214
제 6 전　**진주 살천장 전투** – 왜적공격 물리침 ······································ 216
제 7 전　**용화동 전투** – 험준한 산세, 마상재로 적 유인 참살 ············ 218
　　　　1) 마상재를 보여 적을 유인해 냄　　218
　　　　2) 한나절만 늦어도 다 죽었을 것이다　　219
제 8 전　**화령현 전투** ·· 219
제 9 전　**상주수복전투** – 왜적 12,000명 참살하고 상주 되찾아 ········ 221
　　　　1) 상주는 물자가 풍부한 군사요충지　　221
　　　　2) 상주의 왜적 침입과 항쟁　　222
　　　　3) 일본군 병참기지가 설치되었던 상주　　224
　　　　4) 정기룡의 특별 장계(狀啓) – "상주 수복 전투 계획"　　224
　　　　5) 선조의 밀명 – "상주를 수복하라"　　225
　　　　6) 갑장산 영수암에서 상주수복전투 비밀 전략회의　　225
　　　　7) 전과(戰果)　　226
제10전　**상주성 탈환전투** – 신기전으로 적 3,000여 명 죽이고
　　　　상주 완전수복 ·· 230
　　　　1) 2단 로켓 신기전으로 적 몰살　　230
　　　　2) 매헌실기 기록　　231
　　　　3) 상주성 지도　　233
　　　　4) 전과(戰果) 분석과 "상주대첩" 명명 제안　　234
　　　　5) 북천(北川) 전투 전사자 시체 수습　　234
　　　　6) 감사군대장에 임명되어 활약　　235
　　　　7) 떠오르는 전쟁 영웅으로 부각　　235

8) 상주 목사로 임명되어 덕치(德治) 행정 235
9) 상주성 탈환전투의 전황과 평가 236
제11전 당교전투 －당나라군사가 진친 다리, 창의군과 합세 238
제12전 대승산 전투 239
제13전 성주 금오산성 전투 －토왜대장에 임명 240
제14전 고령 녹가전 전투 －관죽전에서 적수급 100개 241
제15전 이동현 전투 －왜적 3,000명 도륙 대승 242
  1) 붉은 옷, 붉은 갓 쓴 군사 매복공격 242
  2) 적시체 山 6 곳 242
제16~20전 5현주둔 적공격 격퇴(고령, 성주, 합천, 초계, 의령)
  －5곳 주둔 왜적 놀라 도망 243
제21전 충청도 영동현 전투 244
제22전 보은 적암 전투 －퇴각하는 가등청정의 대군을 공격 245
제23전 경기도 직산전투 －안갯속에서 치른 전투 246
제24전 의성 비안현 전투 －병력 400명으로 1万명 대군 후미공격 247
제25전 합천 삼가현 전투 －교통요지로 6회 전투 248
제26전 사천 선진 전투 －인근 분탕질 왜적 토벌 249
제27전 합천 심묘리 전투 －농부로 위장 적진접근 251
제28전 함양 사근역 전투 －明군 어왜총병관 임명되어 명군지휘,
  조선의 국방자주권을 행사한 전투 252
제29전 사천 전투 －철수왜군 소탕작전 255
제30전 울산전투 －1차 전투 256
제31전 울산전투 －2차 전투 258
제32전 사천왜성 공격 －明군은 대패 260
제33전 사천성 봉쇄 왜군 퇴각유인 작전 262
제34전 고령 용담천 전투 －왜적대파 후 왜장생포 263
제35전 합천군 야로현 10월 전투 －오운군수와 순영미분쟁 265
제36전 함양 주둔지 전투 266
제37전 경주성 수복 전투 267
제38전 울산 도산성 포위공격 －왜적 수급 660개 베다 268
제39전 도산성 탈출 작전 －도산성 4중 포위망 뚫고 탈출성공 268

제40전 가조현 전투 269
제41전 무주현 탈주왜적 격파 270
제42전 산음현 전투 271
제43전 진주 형세정탐 작전 및 공격 271
    1) 5월에 적군의 형세를 재차 계문(啓聞)   272
    2) 세 번이나 임금에게 계문(啓聞)   273
제44전 영산현 전투 274
제45전 고령현 관동리 둔덕산 전투 274
제46전 고령현 전투 276
제47전 사천현 구룡산 매복 작전 및 공격 278
제48전 초계현 전투 278
제49~53전 함양, 산음, 합천, 거창, 안음 토벌작전 5곳 279
제54전 각 요소에 복병 설치하여 적수급 280
제55전 복병작전으로 적 생포, 수급, 항부자 귀환 280
제56전 사천현 왜적 정탐 작전 및 공격 281
제57전 사천현 포로탈출 작전 283
제58전 왜적장수의 투항 작전 284
제59전 진주 왜군소탕 작전 285
제60전 탐색정보전에 탁월했던 정기룡장군 285
    1) 1598.7.9. 풍신수길사망정보 선조임금께 최초보고(7/13)   285
    2) 풍신수길 사망으로 왜군철수예견 대책건의   286

제2장 ▌ 정기룡장군의 주요전투와 종합 288

1. 전투기록 추적조사 288
2. 정기룡장군의 주요 80전승 전투 및 작전 요약 288
3. 정기룡장군의 작전 및 전투기록 종합 293
    1) 기본기록 : 60전 60승   293
    2) 분실기록 : 20건   293
    3) 전공(戰功) 신고 누락건수 : 약 20건   294
    4) 부전승(不戰勝) 건수   294

제5부
장군에 대한 평가와 정치적 배신

제1장 ▮ 정기룡장군에 대한 평가 297
1. 선조임금 297
2. 서애 류성룡의 평가 297
3. 학봉 김성일의 평가 299
4. 조정의 평가 299
5. 백성들의 평가 300
6. 明의 마귀장군의 평가 300
7. 계사년 일기 301
8. 기타 평가 301

제2장 ▮ 정기룡장군 구국혼 투영 303
1. 군인으로서의 정기룡장군 303
2. 역사속의 정기룡장군 304
3. 문학 속에 남아있는 정기룡장군 305
4. 설화속의 정기룡장군 306

제3장 ▮ 조선의 공신책록제도와 정기룡장군의 예우 307
1. 선무공신과 원종선무공신 307
2. 공신도감에서의 공신 등급 선정 308
3. 조선의 공신책록제도와 정기룡장군 312
4. 영웅의 조건논란과 반발 313
5. 정기룡장군의 대수장군 호칭 315

제4장 | 정기룡장군의 공적, 인조반정에 묻히다 317

1. 광해군이 왕세자에 오르기까지 317
- 1) 선조임금의 고민   317
- 2) 선조임금의 왕손세계도(王孫世系圖)   318
- 3) 不和의 불씨는 그대로 남아   318

2. 광해군시대 319
- 1) 광해군시대의 당파세력   319
- 2) 연립정권 광해군조의 세력다툼   319

3. 인조반정 320
- 1) 인목대비를 폐모시키다   320
- 2) 광해군의 무리수와 비판   320
- 3) 광해군을 폐위시키고 인조 등장   321

4. 인조반정 이후의 정세변화 322
- 1) 퇴계학파와 남명학파   322
- 2) 강경파의 횡포와 반발세력   323
- 3) 율곡학파와 사계 김장생의 등장   327
- 4) 선조, 광해조 충신 이유로 정기룡장군을 역사매몰   329

5. 대륙의 정세변화와 조선의 외교 330
- 1) 후금의 세력 팽창과 광해군 실리외교   330
- 2) 후금, 산해관 요새에 막혀 조선수군 이용계획   332
- 3) 明나라의 실리, 인조책봉 수용   332
- 4) 이괄의 난 발생(1624년)   333
- 5) 병자호란의 발발   333

제6부
잃어버린 영웅을 찾아서

제1장 | 효종의 북벌정책, 정기룡장군을 다시 깨우다 337

1. 효종의 북벌계획과 정기룡장군 ·· 337
    1) 군사력 강화   338
    2) 나선정벌에서 자신감을 얻다   339
    3) 하멜귀화, 신무기 보급   340
    4) 국방강화, 사회개혁, 민생안정책 추진   340
    5) 효종, 송시열과 기해독대   344
    6) 송시열의 숭명반청과 내수외양론   345
2. 정기룡장군, 사후 70년 만에 민족영웅으로 추대 ·································· 346
3. 정기룡장군을 역사 최고의 명장으로 평가 ·· 347
4. 정기룡장군의 신도비명 서문 ·· 348

제2장 ▎임진왜란 4大 대첩을 주장하는 이유 ·· 356

1. 정기룡장군에게도 충분한 전공(戰功)이 있다 ···································· 356
2. 정기룡장군의 사상과 전략특징 ·· 358
3. 임진왜란 4大 대첩 분석 비교표 ··· 363
4. 정기룡장군의 상주대첩 ·· 364
    1) 상주대전투에서 정기룡장군의 전략   364
    2) 상주 대전투의 전승전환점(Turning Point)   364
5. 임진왜란 3大대첩을 4大대첩으로 고쳐 써야 하는 이유 ····························· 366
6. 이순신의 한산도 대첩 ··· 368
7. 권율의 행주산성 대첩 ··· 371
8. 김시민의 진주성 대첩 ··· 375

제3장 ▎박정희 대통령, "정기룡장군을 성웅(聖雄)의 반열로 모셔라" ··············· 378

1. 호국선열 유적 정화사업의 추진 ·· 378
2. 정기룡장군 성역화사업 ··· 379
3. 한민족(韓民族), 100전 100승의 명장이 누구냐? ································ 380

1) 100전 100승에 가장 근접한 장수, 정기룡장군　　380
　　2) 정기룡장군의 인품과 사상에 깊은 관심　　381
　4. 해전의 표상 이순신, 육전의 표상 정기룡 ·················· 382

제4장 ┃ 정기룡장군의 추모사업 역사 ······················· 384
　1. 경충사 일대 현창사업 추진 ······························· 384
　2. 상주지역 현창사업 ····································· 387
　　1) 충의사　　387
　　2) 정기룡장군 묘소와 신도비　　388

제5장 ┃ 임진왜란의 교훈을 찾는다 ······················· 389
　1. 임진왜란의 책임과 잘못 30가지 ························· 389

제6장 ┃ 정기룡장군 현창사업에 대한 건의사항 ············ 403

제7장 ┃ 정기룡장군 연구자 및 연구기관, 단체 ············ 410
　1. 정기룡장군 연구자 ···································· 410
　2. 정기룡장군 관련단체 및 연구기관 ······················ 411

부　록
　1. 정기룡장군 유물목록 ································· 417
　2. 조선왕조별 시대 일람표 ······························ 422
　3. 조선시대 벼슬 및 관직명 ······························ 423
　4. 조선왕조별 주요사건 연대별 요약 ····················· 424
　5. 참고문헌 ··· 430
　6. 영문초록 ··· 437

제 1 부

임진왜란시 조선주위의 국내외 정세분석

제1장 조선의 국내정세와 일본관계
제2장 일본의 조선침략준비
제3장 조선과 명나라와의 관계
제4장 일본 24만 대군으로 조선을 침략

제1장
조선의 국내정세와 일본관계

1. 일본교린의 단절

조선 세종은 대마도 정벌 이후 조선과 대마도의 통교는 중단시켰다.
조선으로부터 식량 등 생활필수품의 공급이 끊어진 대마도는 도주(島主) 이하 도민들이 생활에 큰 위협을 받게 되었다. 이러한 조선과 대마도와의 불편한 관계는 1423년 대마도에 강경한 자세를 취했던 태종이 죽고, 대마도주가 귀순할 뜻을 밝혀 온 데 이어, 일본의 막부장군이 일본국왕사(日本國王使)의 자격으로 사절을 보내 조선과의 통교를 간청함으로써 해소되었다. 그 결과 1423년(세종 5년) 10월부터는 이미 개항된 부산포와 내이포 두 곳의 내왕을 허용하였고, 1426년(세종 8년) 1월에는 다시 대마도주의 간청에 따라 염포까지 개항하여 이른바 3포개항(三浦開港)이 실시되었다[1].

그러나 왜인들의 왕래가 잦아지면서 여러 가지 폐단이 발생함에 따라 1443년 대마도주와 조약을 체결하여 세견선(歲遣船)은 1년에 50척으로, 세사미(歲賜米)는 2백 석으로 제한하였다(癸亥條約)[2]. 왜선의 왕래는 조

---

1) 「高麗史」 卷133 辛禑列傳.
2) 「高麗史」 卷133 辛禑列傳. 「高麗史節要」 卷30 辛禑 3年 2月 條.
  계해조약(癸亥條約)은 1443년(세종 25) 조정을 대표하여 중추원첨지사(僉知事)인 변효문(卞孝文) 등이 일본의 쓰시마 도주(對馬島主) 소 사다모리(宗貞盛)와 세견선(歲遣船) 등에 관하여 맺은 조약이다. 1419년 6월에 이종무(李從茂)를 삼군도체찰사(三軍都體察使)로 임명하여 쓰시마섬을 근거지로 하여 말썽을 부리던 왜인들을 정벌한 후, 한동안 조선·일본 사이의 왕래가 중단되었으나 쓰시마 도주의 간청으로 다시 삼포(三浦)를 개항하여 무역과 근해에서의 어획을 허락하였다. 즉 1426년(세종 7) 부산포(釜山浦)·내이포(乃而浦)·염포(鹽浦) 등 삼포(三浦)에 왜관(倭館)을 설치하고 그곳에 한해 숙박과 무역을 허락하였다. 또 입국 왜인에게 도서(圖書)·서계(書契)·행장(行狀)·노인(路引) 등의 증명을 지참토록 했고, 세견선과 사송선(使送船)의 제한과 윤박법(輪泊法)·균박법(均泊法)의 실시로 질서를 유지하게 하였다. 그리고 왜인의 후환을 염려하여 종전에 비하여 상당한 제한을 가하는 구체적 조약을 체결하였다.

공의 형식으로 이루어졌으므로 조선에서 발급한 왕래허가증인도서(圖書)나 대마도주가 발행한 도항증명서인 문인(文引)이 없는 경우에는 입국이 허락되지 않았다[3].

그러나 3포에 거주하는 왜인들이 규정을 위반하는 일이 많았으므로 중종 때에는 엄격한 통제가 가해졌다. 이에 불만을 품은 3포의 왜인들은 본래의 속성을 드러내어 자신들의 목적을 달성하기 위한 폭등을 일으키기에 이르렀다.

1) 일본의 통교확대를 위한 요구난동

(1) 삼포왜란

삼포왜란은 조선에서 왜인들에 대한 통제가 심해지자 왜인들의 불만도 점차 증가하면서 규정을 어기고, 불법적인 행동을 하는 사람이 많아짐에 따라 조선 조정에서는 이러한 왜인들의 행동을 묵과하지 않고 적극적으로 통제하기에 이르렀다. 그러나 조선 정부의 왜인에 대한 통제는 당초 이들에게 허용한 범주 내에서의 것을 의미하며 이들을 이전과 달리 취급하겠다는 것은 아니었다[4].

그럼에도 불구하고 왜인들은 자신들이 불법으로 얻었던 이익이 감소되자 불만을 가지게 되었고, 특히 왜인들이 거주하고 있었던 삼포(三浦)에서는 더욱 불만이 고조되었다[5].

그 조건은 다음과 같다. ① 세견선은 1년에 60척으로 한다. ② 선원수는 대선(大船) 40명, 중선(中船) 30명, 소선(小船) 20명으로 정하고 이들에게는 식량을 지급한다. ③ 삼포에 머무르는 자의 날짜는 20일로 한하되, 상경한 자의 배를 지키는 간수인(看守人)은 50일로 정하고 이들에게도 식량을 지급한다. ④ 고초도(孤草島)에서 고기잡이하는 자는 조선의 지세포만호(知世浦萬戸)의 허락을 받은 뒤 고기를 잡고, 이어서 어세(漁稅)를 내야 한다. ⑤ 조선에서 왜인에게 주는 세사미두(歲賜米豆)는 쌀과 콩을 합하여 200섬으로 제한한다는 것으로 되어 있다.

3) 「高麗史」 卷133 辛禑列傳.
4) 「高麗史」 卷133 辛禑列傳. 「高麗史節要」 卷30 辛禑 3年 3月 條.
5) 「高麗史節要」 卷30 辛禑 3年 3月 條.

왜구는 4월 6일, 다시 영등포를 포위·공격하여 함락시키고 거제도에 거점을 확보하였다. 이때 왜구의 공격으로 만호 양지손(梁智孫)이 실종되었으며, 왜구의 방화와 약탈로 인근의 민가가 입은 피해는 막심하였다[6].

조선에서는 무력토벌준비를 하면서도 조선의 외교정책의 기본인 교린정책에 의하여 그들을 회유하려 하였다[7]. 그러나 왜구로 인해 폐해가 극심해지자 왜구가 제의한 강화조건의 검토를 중시하고 무력으로 왜구를 토벌하였다[8].

1512년 조선 정부는 삼포왜란의 주모자들의 머리를 베어가지고 사죄하러 온 일본막부 사신들에게 이 사건에 대하여 엄중히 책임을 추궁한 다음 다시는 반란을 도모하지 못하게 하겠다는 다짐을 받고 임신조약(壬申條約)을 체결하였다[9].

(2) 삼량진 왜변

삼포왜란(三浦倭亂) 이후에도 왜구의 침구는 근절되지 않았다.

1540년대가 되자 왜인들은 다시 임신조약(壬申條約)을 위반하면서 조선의 해안에서 준동하기 시작하였다. 그리하여 조선 조정에서는 1541년 11월 대마도 영주에게 내이포에 와 있는 왜인들에 대한 단속을 엄격히 할 것을 추궁하는 동시에 규정을 위반하는 경우에는 법에 의하여 처형하겠다는 것을 경고하는 등 이들에 대한 단속을 강화하였다. 그리고 1543년에는 그들의 중요한 기항지, 은거지로 되어 온 가덕도에 진을 설치하여 방어군을 수눈시켰다.

그러나 왜인들은 이러한 조선의 정당한 요구에 불만을 품고 오히려 세견선 수의 증가 등을 요구하였고, 조선 정부가 이러한 요구를 거절함에 따

---

[6] 「高麗史節要」卷30 辛禑 3年 3月 條.
[7] 「高麗史節要」卷30 辛禑 3年 5月 條.
[8] 「高麗史」卷133 辛禑列傳.; 卷144 禹仁烈列傳.
[9] 「高麗史」卷116 朴葳列傳. 「高麗史節要」卷30 辛禑 3年 5月 條.

라 왜인들은 다시 무력도발을 자행하게 되었다.

대마도의 왜인들은 20여 척의 선단을 구성하여 1544년(중종 39년) 4월 12일 새벽에 고성군 앞바다의 사량(蛇梁) 동쪽 어귀로 침입하였다. 2백여 명의 왜구들은 동쪽 강어귀에 상륙하여 방비가 허술한 사량진성의 후사면으로부터 성 주위를 포위하였다.

사량왜변으로 인하여 조선에서는 왜인에 대한 통제를 더욱 강화하였다. 그리고 1544년 5월 대마도와의 관계를 다시 단절하겠다는 것을 통고하는 한편, 이와 함께 내이포에 거류하는 왜인들을 돌려보내고 그 뒤로도 왜인들의 조선 거주를 엄격히 단속하였다.

조선의 단호한 조치에 대하여 대마도주는 일본막부의 사신을 통하여 사량왜변에 대하여 사죄하면서 조선과의 통교를 요청하여왔다. 조선 조정에서는 이에 불응하다가 대마도주의 계속되는 간청으로 1547년 2월 정미조약(丁未條約)을 체결하여 조선과 대마도의 통교를 재개하였다.

정미조약으로 인하여 왜인통제는 더 한층 강화되었다. 조선 조정에서는 조선에 거주하는 왜인들의 행동반경을 왜관(倭館) 안으로 국한시켰고, 왜인들을 철저히 조선 지방관의 명령에 따르도록 하였다.

(3) 을묘왜변

16세기 후반부터는 명나라를 침구하고 돌아오던 왜구들에 의하여 조선의 해안이 점차 소란해지기 시작하였다. 그 대표적인 사건이 1555년 5월 11일에 발발한 을묘왜변이다.

1555년 5월 11일 명나라 해안 일대에서 해적행위를 하고 돌아오던 일단의 왜구가 조선의 해안을 침구하였다. 이들은 70여 척의 병선으로 전라도 영암의 이진포(梨津浦)로부터 달량포(達梁浦)까지 동서로 나누어 상륙하여 인근 민가를 소각하고 약탈을 하는 한편 달량성을 포위·공격하였다[10].

---

10) 「高麗史」 卷133 辛禑列傳. 「高麗史節要」 卷30 辛禑 3年 11月 條.

조선의 구원군이 입성한 뒤 왜구는 증강된 병력으로 다시 달량성을 포위하고 공격하였다[11]. 달량성은 소진(小鎭)인데다 연이은 흉년으로 군량이 부족한 상태에 있었으며, 그 동안 전란이 없었던 관계로 군기는 해이해졌고 사기도 저하되어 있었다[12]. 이러한 달량성의 절박한 상황에 접한 해남현감 변협(邊協)은 달량포의 상황을 조정에 보고하도록 하고 자신은 전 무장현감 이남(李楠)과 함께 3백여 명의 병력을 이끌고 달량성으로 출동하였으나 왜구와의 접전에서 이남이 전사하는 피해만 입고 패배하고 말았다.

그러나 이후에도 왜구는 가리포·회령포·녹도 등지를 침구하였고, 금당도를 침구하였다가 전라도 수군의 강력한 타격을 받고 패주하였으며,[13] 6월 27일에는 2천여 명의 왜구가 제주도에 침입하여 발악하다가 군민의 반격으로 퇴각함으로써 을묘년의 왜변은 끝나게 되었다[14].

구 분	내 용
일본교린의 단절	일본은 해외정복을 통하여 획득된 토지를 분봉(分封)한다는 계획이었다. 그리하여 일본의 중앙정권은 해외사정에 밝은 왜구를 최대한 이용하였다. 이러한 이유로 16세기 말이 되면서 왜구의 침략 야욕은 점차 증가하게 되었으며, 침략 야욕의 성격도 전과는 현격한 차이가 있었다. 따라서 이러한 야욕을 바탕으로 조선은 일본과의 통상을 단절시켰다.

2. 조선의 방위체제와 군제

1) 조선군제의 변천사

조선은 건국 초기부터 병역제(兵役制)를 정비하고 군사조직을 강화하여

---

11) 「高麗史節要」 卷30 辛禑 3年 4月 條.
12) 「高麗史」 卷133 辛禑列傳.
13) 전게서; 상게서.
14) 「高麗史」 卷81 志35 兵辛1 五軍條.

국방력이 크게 향상되었다. 군역은 양인개병(良人皆兵)과 병농일치(兵農一致)를 원칙으로 하였다.

즉, 16세 이상 60세에 이르는 양인(良人)의 장정들은 누구나 군역을 부담하여 현역군인인 정병(正兵)이 되거나 군인의 비용을 충당하는 보인(保人)이 되어야 하였다. 노비(奴婢)는 권리가 없기 때문에 군역의 의무가 없었으나 필요에 따라 특수군으로 편제되는 경우도 있었다[15].

초기에는 통수기관(統帥機關)으로 중앙에 의흥삼군부(義興三軍府)를 두고 거기에 10위를 속하게 하였으나, 세조 때에 삼군부를 5위도총부(五衛都摠府)로 개편하여 중앙군인 5위를 지휘하게 하였다. 5위는 의흥위(義興衛: 中衛)·용양위(龍衛: 左衛)·호분위(虎賁衛: 右衛)·충좌위(忠佐衛: 前衛)·충무위(忠武衛: 後衛)로 궁궐수비와 서울 방비를 담당하였다.

각 위(衛)는 또 5부(部)로 나뉘었고, 각 부는 4통(統)으로 구성되었으며, 그 밑에 여(旅)·대(隊)·오(伍)가 있었다. 지방에는 각 도(道)에 병영(兵營)과 수영(水營)이 있어서 육군과 수군을 통할하였고, 그 밑에 여러 진(鎭)·포(浦)·보(堡)가 있다. 이들 부대에 복무하는 지방군은 양인 계층의 농민으로서 교대로 입번(立番)하고, 하번(下番) 때에는 농사에 종사하였다[16].

군제는 세조 때에 전국 군·현을 지역단위의 방위체제로 편성하는 진관체제(鎭管體制)가 실시되면서 중앙군과 지방군이 진(鎭)을 중심으로 일원화하였다. 따라서 평시에는 농사짓다가, 징발되면 서울에 번상하여 시위하거나, 지방요새지로 나아가 부방(赴防)하였다. 한편, 정규군 이외에 잡색군(雜色軍)이라는 예비군이 있어서 전직관료·서리·향리·교생(校生)·노비 등 각계각층의 장정들로 하여금 평상시에는 본업에 종사하면서 일정 기간 동안 군사훈련을 받고 유사시에 향토방위를 맡게 하였다. 그리고 지방에서 발생하는 군사적인 긴급사태를 중앙에 급히 알리기 위하여 봉수제

---

15) 차문섭, 조선시대 군사관계 연구(朝鮮時代軍事關係硏究), 단국대출판부. 1996.
16) 차문섭, 상게서.

(烽燧制)17)가 있었고, 그 내용을 문서로 알리기 위하여 역마제(驛馬制)를 운영하였다.

이와 같은 조선 전기의 군사조직은 임진왜란을 겪으면서 그 무력함이 드러나자 5군영으로 개편되었다. 즉, 선조 때에 훈련도감을 설치하여 총을 쏘는 포수(砲手), 활을 쏘는 사수(射手), 창·칼을 쓰는 살수(殺手)의 3수병(三手兵)으로 편제하였는데, 이들은 모병제(募兵制)에 의한 직업군인으로서 중앙의 핵심군영이었다.

이어서 인조 때에 이괄(李适)의 난을 계기로 어영청(御營廳), 경기 일대의 방위를 위하여 총융청(摠戎廳), 남한산성의 수비를 위하여 수어청(守禦廳), 그리고 숙종 때에 수도방어를 위해 금위영(禁衛營)이 설치됨으로써 5군영으로 정비되어, 초기의 5위체제를 대신하였다. 한편, 지방군에서도 조선 후기에는 속오군(束伍軍) 체제를 취하여 위로는 양반으로부터 아래로는 노비에 이르기까지 모두 속오군으로 편제하고 유사시에 대처하게 하였다. 그 외 아병(牙兵), 친기위 등 다양한 지역군이 존재하였다.

2) 지상전 위주의 수세전략과 선조의 오판

(1) "수병(水兵)은 철수하라"

전쟁 발발 조짐이 점차 가시화 되자 조선 조정이 야전군 지휘관에게 하달한 방위전략은 지상전 위주의 수세 전략이었다. 지상전 위주의 수세 전략이란 "일본은 섬나라이므로 수전에는 강하고 육전에는 약하지만 조선은 육지의 나라이므로 육전은 강하고 수전은 약하다. 따라서 일본이 침략해 올 경우 조선은 육지에서 방어체제(防禦體制)를 갖추고 일본군이 상륙하기를 기다려 육지에서 일본군을 제압해야 한다."18)는 것이다.

---

17) 봉수(烽燧)란 높은 산정에 봉화대를 설치하고 밤에는 횃불火·烽, 낮에는 연기烟·燧로써 변경의 정세를 중앙에 급히 전달하는 군사통신 조직이다.
18) 『중종실록』, 중종 5년 10월 庚子.; 장학근, 『한국해양활동사』, 해군사관학교, 1994, p.180.

지상전 위주의 수세 전략은 수군 무용론을 의미하는 것으로, 선조는 전쟁발발 13일 전에 각도 수사들에게 연안과 섬에서 방어(防禦)하고 있는 수군 병사들을 모두 육지로 올라와 방어에 임하라는 명령을 하달하였다. 조선 조정이 지상전 위주전략을 수립하게 된 것은 일본의 침략이 전면전이 아니라 국지전일 것이라고 예상했기 때문이다. 즉 지금까지 왜구의 침략 규모로 보아 일본의 침략 규모는 1만 명 정도이며, 침략지역은 왜구의 침략이 가장 많았던 전라도가 될 것으로 추측하였다. 또한 침략기간은 삼포왜란(三浦倭亂)과 을묘왜변(乙卯倭變)이 15일 만에 진압되었음으로 일본군 침략 예상지역에 수륙군을 집결시켜 방어하면 길어야 한 달 내에 일본군을 진압할 수 있을 것으로 판단한 것이다[19].

(2) 이순신장군의 수병 고수(固守)

전라 좌수사 이순신은 "육지와 바다의 전투와 수비 중 어느 것 하나도 없애서는 안 됩니다."라고 간청하여 호남의 수군만은 해상방어를 계속하게 되었다[20].

구 분	내 용
지상전 위주 수세전략	지상전 위주의 수세 전략에 따라 1592년 4월 1일 "수군을 없애고 수군 장졸들은 모두 육지에 올라와 지상방어에 임하도록 하라"는 조정의 명령이 하달되었다. 그 명령에 따라 수군들은 해상 방어를 포기하고 육지로 올라갔다. 단지 이순신장군은 장계를 올려 수병을 유지함으로써 후일 해전승리의 기틀을 마련하였다.

---

19) 장학근, 『임란기 조선조정의 수군에 대한 기대와 운용책』, 「임난수군활동사연구논총」, 해군군사연구실, 1993, p.66.
20) 장학근, 상게서.

3) 진관체제(鎭管體制)의 붕괴

(1) 진관체제의 문제점

전쟁을 예방하고, 전투에서 승리하기 위해서는 국방체제가 완비되어 있어야 가능한 것이다. 그러나 조선의 국방체제는 다음과 같이 붕괴되고 있었다. 조선군은 크게 중앙군과 지방군으로 분류할 수 있다. 중앙군의 임무는 수도방위였지만 실제 근무는 궁궐 숙직, 궁궐과 도성의 순찰, 국왕의 의식행렬에 종사하였기 때문에 국가를 방위하는 군인의 성격보다 국왕을 호위하는 금군(禁軍)의 성격이 강하였다. 국방을 담당하는 실질적인 군인은 지방군이었다. 지방군은 육군과 수군으로 분류된다. 육군은 지상을 수군은 해상을 방어하였다. 지방군은 각도를 단위로 육군은 병마절도사(병사)가 수군은 수군첨절제사(수사)가 지휘하였다. 각도에는 군사지휘권을 행사하는 주진(主鎭:병사)이 있고, 그 아래 첨절제사(목사 혹은 부윤: 첨사)가 거진(巨鎭)을 단위로 군사권을 장악했으며, 그 예하에 제진(諸鎭)이라는 말단 군사 조직을 군수 혹은 현감 등이 동첨절제사라는 직함을 갖고 군사를 지휘하였다. 수군의 경우도 육군과 같이 수사가 주진에 위치하여 한 도의 수군을 지휘하며, 수군첨사가 거진에서 각 만호를 지휘하고, 만호가 담당 포구에 만호영을 설치하고 예하 군사를 지휘하였다. 이와 같은 체제를 진관체제(鎭管體制)라고 하였다. 진관체제는 전국을 군사방어 체제로 만든 것이었지만 군사 운영상 다음과 같은 문제점이 내재해 있었다.

먼저, 진관체제는 도 단위 책임방어체제였다. 조선이 건국되면서 마련된 국방의 기본 개념은 국가대 국가의 전쟁이 아니라 여진족과 왜구와 같은 소규모의 전투와 단기전에 대한 경험을 바탕으로 수립된 방위체제였다. 따라서 외적이 침입하면 제진에서 방어하고, 제진이 방어하지 못할 경우 거진의 첨사가 휘하 제진의 군사를 지휘하여 방어하고, 그것을 진압하지 못할 경우 병사나 수사가 한 도(道)의 군사를 지휘하여 방어하게 되어 있었다. 불행하게도 각도의 병사나 수사가 외적을 방어하지 못했을 경우에 대한 실질적 방어대책은 마련되어 있지 못하였다[21].

그리고 진관체제는 행정단위와 유사하게 군진이 배치되었기 때문에 수륙군을 막론하고 병력이 분산되게 되어 있었다. 따라서 다수의 외적이 일정한 지역을 많은 병력으로 집중 침략할 경우 방어병력이 부족하여 패전하기 쉬운 단점을 지니고 있었다. 초전의 전세가 불리해진 상태에서 분산된 병력을 전투지역으로 집결시켜야 했고, 이러한 조치가 행해지는 과정에서 적은 이미 교두보를 확보하고 다른 지역으로 전력을 확대시킬 위험성을 내재하고 있었다.

(2) 제승방략(制勝方略)

진관체제의 전술적 단점이 삼포왜란(1510년)과 을묘왜변(1555년)에서 들어나게 되자 각도의 병사와 수사들은 진관체제의 모순을 극복하려고 노력하였다. 그 노력의 결과가 바로 제승방략(制勝方略)이었다. 제승방략이란 예상되는 전쟁지역 혹은 적의 예상 진로에 가용한 병력을 총동원하여 초전에 적세를 진압하는 전법을 말한다. 이것은 각 진관(鎭管)의 독자성을 살펴 자전자수(自戰自守)하는 진관체제와 달리 유사시 각처 수령들에게 소속된 전군을 이끌고 본진을 떠나 지정된 방어지역으로 집결하게 되어 있었다. 진관체제가 병력분산방어 전법이라면 제승방략은 병력집중의 전법이라 할 수 있다. 그런데 이러한 전술상의 변화는 중앙정부에 의해서 주도된 것이 아니라 각 도의 병사나 수사들에 의해 임시방편으로 진행되었기 때문에 그 전술내용과 운영방법이 통일되지 못하였다. 그 예를 살펴보면 다음과 같다.

1587년(선조 21) 함경도 북병사 이일(李鎰)이 주도했던 제승방략은 오랑캐의 본거지를 공격하기 위해 개발된 전법이었다. 그 내용은 함경도 절

---

[21] 『성종실록』, 성종 19년 5월 계축.

도사가 6진의 토착군사를 총동원하여 5방위 공격체제를 갖춘 후, 적보다 우세한 군사력으로 적을 공격하게 되어 있었다. 소규모의 적을 공격할 때도 세 고을의 군사를 동원하여 3방위 공격체제를 갖추고 유리한 시기에 적을 선제공격하였다. 이 때 기존 군사력의 출동으로 군사력의 공백이 생길 것에 대비하여 남병사의 군사를 북도 각 군영으로 이동시키는 사전조치를 취하는 면밀함이 있었다[22]. 함경도의 제승방략과 달리 남도지방(전라·충청·경상도)의 제승방략은 유사시 각 수령들이 소속된 군사를 이끌고 본진을 떠나 지정된 방어지역으로 가는 것으로 임무를 다하게 되어 있었다. 문제는 집결된 군사를 경장(京將)이 도착할 때까지 누가 지휘하며, 적이 기습할 때 어떠한 군사행동을 취해야 하고, 각종 군수품과 침식문제 등의 문제는 계획조차 되어 있지 않은 상태였다. 또한 집결된 군사력이 붕괴되었을 때 제2방어 전술도 마련되어 있지 않았다[23]. 이는 처음으로 分軍法을 개정하여 도내 여러 고을을 나누어 순변사, 방어사, 조방장, 도원수와 본도의 병사, 수사에게 나누어 소속시키고 명칭을 制勝方略이라 하였다. 여러 도에서 모두 그것을 본받았다. 이제 진관의 명칭은 있었으나 실제로 서로 연결되지 않아 한번 경보가 있으면 먼 지방과 가까운 지방이 한 번에 움직이게 되고, 장수 없는 군사들은 들 가운데 모여 천리 밖에서 장수 오기를 기다리다 장수는 적군의 선봉이 들이 닥치자 군사들은 놀라 두려워 하니 이는 반드시 패하는 법이라고 하였다.

구 분	내 용
진관체제 붕괴	체계화 되지 못한 제승방략과 기존 진관체제의 붕괴는 전쟁이 발생할 경우 제도적인 방어대책을 마련할 수 없게 되어 있었다.

---

22) 이일, 『制勝方略』, 「6진 대분군」, 「3읍 분군」.
23) 류성룡, 『懲毖錄』 권 1.

4) 보법(保法)의 모순

　조선 조정이 병력확보를 위해 실시한 제도는 병농일치제(兵農一致制)였다. 조선의 양인(농민) 남자들은 16세부터 60세까지 군역(軍役)의 의무가 부가되었다.

　양반계급과 천민을 제외하고 양인 농민을 근간으로 실시된 병농일치의 군역제도는 원래 토지제도와 연결되어 농민의 토지소유를 바탕으로 병역 의무가 부과되어야 그 실효를 거둘 수 있는 것이다. 그러나 조선 조정은 현직관료들에게만 토지를 지급하였을 뿐 토지를 경작해야 할 농민에게는 토지를 지급하지 못하였다. 농민들은 개간과 노동 행상을 통해 토지를 마련하여 생계를 영유하였다. 조선 조정은 농민들의 열악한 생활을 감안하여 현역복무자인 정병(正兵)에게 보인(保人)을 배정하여 정병이 현역복무를 하는 동안의 비용과 그 가족의 생활을 돌보게 하는 제도를 보법이라 하였다. 그런데 정병과 보인을 막론하고 그들은 경제적 기반이 허약한 상태였으며, 부과되는 군역은 그들이 감당하기 힘든 고역이었다. 그래서 농민들은 군역을 피해 도망하는 사례가 속출하였다. 이 때문에 수도방위와 국경방어를 위한 군사 동원 계획은 번번이 차질을 빚게 되었고, 입역 의무가 없는 가난한 농민이 도망자의 군역의무까지 떠 맞게 됨으로써 군사력은 약화되고 농민생활은 더욱 곤궁해질 수밖에 없었다.

　원래 보인은 정병(현역병)과 그 가족의 경제적 뒷바라지를 하기 위해 일정액의 포(布)를 내면 정부는 그것으로 현역복무를 하는 정병의 군사운영비로 사용하게 되어 있었다. 그러나 군역이 고되자 정병들은 포를 내는 것으로 병역의무를 면제받으려 했고 군 지휘관들이 이런 심리를 이용하여 병역 의무자를 방면하고 더 많은 포를 받아 착복하려는 방군수포(放軍收布)가 점차 관행이 되었다. 방군수포가 관행이 되자 조정은 1541년 현역복무 대신 정병과 보인에게 포를 징수하여 군인을 고용하는 군적수포제(軍籍收布制)를 실시하려고 하였다.

군적수포제(일명 군포제)는 일종의 용병제로서 현역복무를 하고 싶지 않은 자에게 합법적인 군역면제의 길을 마련해 준 것이었다. 그러나 군포제가 실시되었지만 임진왜란까지 실제적인 용병제는 실시되지 않았고 단지 거두어들인 군포는 일반 경상비로 쓰이거나 관리들의 개인용도로 쓰여졌다. 이로 인해 조선군의 병력은 문서에만 있고 실체가 없는 병력공백기에 놓여졌다.

방위체제가 붕괴되고 병력동원이 되지 않음으로써 국방의 허약상이 나타나자 이를 극복하기 위한 방안으로 실시된 것이 불차채용(不次採用)이었다. 불차채용이란 관직의 고하를 가리지 않고 인재를 등용하여 그들에 의해 해이된 국방체제와 인력을 확보하여 전란에 대비한다는 것이다. 이 조치에 따라 하삼도(충청·경상·전라도)의 감사와 병사, 그리고 수사가 교체되기 시작하였다.

즉 1589년 전라감사 이광(李洸), 충청감사 윤선각(尹先覺), 경상감사 김수(金睟)가 임명되었으며, 1591년 2월 전라 좌수사에 이순신(李舜臣), 5월에 전라우수사에 이억기(李億棋)가 임명되었고, 1592년 2월 경상우수사에 원균(元均)이 임명된 것은 모두 불차채용에 따른 조치에서 비롯되었다.

구분	내용
보법의 모순	전란의 위기가 가시화되자 새로 임명된 감사들을 중심으로 전략적 요충지에 성지(城地)를 축조하게 되었는데, 그것은 전술적 운용에 맞도록 축조된 것이 아니라 외형만 갖추었을 뿐 실용성이 배제된 것이었다[24]. 또한 변방 장수의 추천과정에서 당파의 연계됨으로써 불차채용안(不次採用案)은 시작부터 권력투쟁의 잡음이 노정되고 있었다.

---

[24] 장학근, 전게서.

3. 당파싸움과 국론분열 사회동요

1) 파벌정치는 나라발전을 저해하였다

임진왜란이 발발하기 3년 전부터 일본 사신들의 발언과 납치에서 풀려 돌아온 어민의 말을 통해 일본이 조선을 침략하려 한다는 정보가 조선 조정에 전해졌다. 따라서 임진왜란은 예견된 전쟁이었다[25]. 그러나 조선이 그에 대한 대비를 하지 못했는데 당시의 주요 요인을 보면 공론정치(公論政治)의 폐해였다.

4차에 걸친 사화(士禍)를 겪으면서 지배층으로 등장한 사림세력들은 기존의 통치조직인 육조(六曹)에 의해 정치 현안이 발의 논의 결정 집행되지 못하고, 삼사(三司:사헌부·사간원·홍문관)로 하여금 공개적 토론과 검토를 거쳐 다양한 의견을 수렴함으로써 확실한 결론을 도출하자는 공론정치(公論政治)를 시행하고 있었다. 그러나 공론정치는 이해관계를 달리하는 사람들의 다양한 의견을 공론화한다는 자체가 의견일치를 불가능하게 하였고, 설령 공론화된 의견이라 하더라도 이를 통제 조정해 왔던 의정부 3공보다 논리와 명분을 중시하는 사림(士林)의 의견을 중시함으로써 시급한 정치현안은 논의 과정에서 심각한 의견대립이 만연하였다.

양보 없는 의견 대립은 급기야 4색 당파를 형성하게 되었고, 그것은 당파간의 배타적이고 독선적인 정치운영 양상으로 발전하였다[26]. 그 영향은 지방으로 미쳐 지역적으로 학문과 행실이 뛰어나다고 인정받는 인물들이 향교와 향약을 중심으로 지방 세력화 되자, 지방의 행정 및 군사조직은 무력하게 되어갔다. 중앙과 지방의 기존 관료체제의 붕괴와 제도권 밖의 간섭과 통제는 예견된 전쟁에 착실한 대비를 기대할 수 없게 만들었다.

---

25) 장학근, "왜군항도론에 대한 명·일의 압력과 조선의 대응", 임란수군활동사연구논총, 해군군사연구실, 1993, p.46.
26) 최영희, 왜란 전 정세, 『한국사』 29, 국사편찬위원회, 1995. p.23.

2) 나라 재정의 위축

　조선의 근간산업은 농업이었다. 따라서 국가의 재정은 대부분 농업에서 조달되었으므로 국가재정이 튼튼하려면 자영농업이 보장되어야 하였다. 그러나 건국 이래 수많은 공신들에게 지급되었던 공신전과 별사전은 대부분 세습되었고, 양반관료들에 의한 토지 겸병은 더욱 확대되었다. 소수의 권력자들에게 집중된 토지는 모두 면세전이었기 때문에 국가의 수입은 축소되고 농민들의 생활은 날로 궁핍하게 되었다.

　농민들은 생활을 영유하기 위하여 지주들에게 소작을 얻어 농사를 짓고 전세로 소득의 절반을 지불했지만 전세는 대부분 지주가 착복함으로써 국가재정은 고갈되었다. 재정이 궁핍한 국가는 소작농민에게 각종 명목으로 특산물을 공납하게 하고, 부역에 동원하면서 보수는 주지 않았다. 매년 계속되는 가뭄과 홍수, 흉년, 병해충, 전염병의 발생은 농민들의 생활을 더욱 어렵게 하였다[27]. 이런 상황에서 농민들에게 부여된 군역의무는 애초부터 그 충실도를 믿을 수 없게 만든 것이었다.

3) 신분제 동요와 옥비의 난

　조선은 철저한 신분제 사회를 고수하였다.

　날로 복잡하고 다양해진 사회현상은 양반·양인·천인으로 구분된 사회신분을 고수할 수 없게 하였다. 불행하게도 조선의 지배층은 이러한 사회현상을 외면하고 엄격한 신분제를 고수하려고 하였다. 그 결과 선조 16년 (1583) 옥비(玉非)의 난과, 선조 22년(1589)에 발생한 정여립(鄭汝立) 난의 여파가 지배층뿐만 아니라 일반 서민들에게까지 미쳐 전국을 소용돌이로 몰아넣었다.

　옥비의 난이란 6진을 개척할 때 자원입대한 사람을 포상하기 위해 천인

---

[27] 김진봉, 공납제의 해이, 『한국사』 12, 국사편찬위원회, 1977, pp.15-72.

에서 양인으로 속량하는 조치가 취해졌다. 이 분위기에 편승하여 각 관청과 지방의 천인들이 도망하여 양인으로 신분을 위장하여 살게 되었다. 1583년 조정은 쇄환령을 발표하여 도망하여 신분을 바꾼 사람들을 색출해 내는 조치를 취하였다.

문제는 도망자 중 많은 사람들이 이미 사망했을 뿐만 아니라 후손들이 전국적으로 분산하여 살고 있었기 때문에 전국이 소란스럽게 되었다. 그 예로 함경도 경원의 관비 출신인 옥비가 영남으로 달아나 숨어 살다 양가의 첩이 되었다. 그녀가 사망한 지 80년이 지났으며 그녀의 후손들 중에는 양반과 결혼한 자도 있었다.

이런 상황에서 노비색출령이 집행되자 양반의 부녀자 중에는 자결하는 자가 있었으며, 하루아침에 양반에서 천인의 신세로 전락하게 되는 사건이 속출하였다. 이러한 사태는 옥비의 후손에만 한정된 것이 아니라 수많은 사람들이 관련됨으로써 그들은 모두 조정의 조치를 비난하게 되었다.

4) 정여립의 난

정여립(鄭汝立) 난이란 정여립이 대동계(大同契)[28]를 조직한 후 「정감록(鄭鑑錄)」[29]을 이용하여 '이씨의 나라가 망하고 정씨의 나라가 흥한

---

[28] 대동계(大同契)란 마을의 복리증진과 상호부조를 위한 자치조직인 동계(洞契)의 일종이다. 마을의 이익을 공동으로 추구하기 위해 조직된 기능집단의 하나로 계원의 상호부조와 공동이익을 위해 규약을 만들고 그에 따라 운영하였다.
운영에 필요한 비용을 마련하기 위해 각 가구가 같게 또는 차등을 두어 현물이나 금전을 모아서 공유재산을 형성하였다. 특히 조선 후기에 들어 군역(軍役)과 관련하여 많이 생기게 되었다. 군역이 마을 단위의 총액제로 운영됨에 따라 유망호나 도망호의 부담까지 주위 사람들이 책임져야 했는데 이에 따라 촌락민들이 그 부담을 공동으로 지기 위해 만드는 경우가 많았다. 그래서 공동기금으로 고리대를 하거나 땅을 사서 소작을 주고 그 수익으로 군포(軍布)를 부담하였다. 이외에 정치적 집단이나 친목단체로서 만들어지는 경우도 있었다. 특히 이른바 정여립 역모사건의 증거로 제시된 대동계의 경우는 전주(全州)·금구(金溝)·태인(泰仁) 등 여러 고을에 걸쳐 조직된 것이었다고 한다.
[29] 「정감록(鄭鑑錄)」이란 「정감록」은 저자나 연대가 미상으로 미래의 국운을 대화 형식으로 예언한 도참서다. 고려와 조선조의 흥망을 예언하고, 정씨 왕조가 계룡산에

다'고 백성을 선동하여 모반하려 했던 사건을 말한다. 황해감사의 밀고로 관련자들이 체포되면서 그 사건은 당쟁과 연계되자 그 화가 양반에서부터 백성들에게 미쳤으며, 무고한 사람들이 모반죄로 처형되던 커다란 사회적 사건이다. 그리고 「정감록」은 시대의 예언서로 사회가 불안할수록 더욱 찾고 신봉하는 이조 500년간 베스트셀러였다.

구 분	내 용
사회동요	옥비의 난과 정여립의 모반사건은 모두 사회변화에 맞는 정책을 실현하지 못하고 고수할 수 없는 신분제도로 사회를 운영하려한 정책적 오류에서 발생한 것으로 그 파장은 임진년까지 계속되어 국방력 강화에 걸림돌로 작용하였다.

4. 일본통신사의 엇갈린 보고

1) 황윤길과 김성일의 판이한 귀국보고

선조 24년(1591) 정월, 일본에 간 통신사 황윤길과 김성일이 귀국하였다. 이들이 일본으로 향한 때가 전해 3월이니 무려 10개월이나 걸린 노정이었다. 정사 황윤길과 부사 김성일의 서로 다른 귀국 보고는 400년이 지난 현재까지도 유명하다. 그 내용을 《국조보감》에서 살펴보자30).

통신사 황윤길 등이 일본에서 돌아와 왜국의 사신 평조신(平調信) 등과 함께 오면서 황윤길이 그간의 실정과 형세를 치계하면서 "필시 병화(兵禍)

출현하여 800년 동안 도읍을 하면서 도탄에 빠진 민중들을 구한다는 내용이 들어 있다.
갖가지 전쟁과 폭정, 억압과 착취, 가난과 질병에 처한 조선 민중의 마음속에서는 해방과 새로운 삶에 대한 희망과 위안을 심어 주는 것이었으며 동학혁명을 비롯해서 민중봉기의 이념적 사상을 심어주는 책이기도 하였다.
30) 『국조보감』 선조 24년 3월.

가 있을 것이다"라고 하였다. 복명(復命)한 뒤에 상이 불러 보고 하문하니, 황윤길은 전일의 치계 내용과 같은 의견을 아뢰었다.

김성일이 아뢰었다.

"그러한 정상은 발견하지 못했는데, 황윤길이 장황하게 아뢰어 인심이 동요되게 하니 사의에 매우 어긋납니다."

상이 하문하였다.

"풍신수길이 어떻게 생겼는가?"

황윤길이 아뢰었다.

"눈빛이 반짝반짝하여 담과 지략이 있는 사람인 듯하였습니다."

김성일이 아뢰었다.

"그의 눈은 쥐와 같았는데 두려워할 위인이 못됩니다."[31]

이는 김성일(金誠一)이 일본에 갔을 때 황윤길 등이 겁에 질려 체모를 잃은 것에 분개하여 말마다 이렇게 서로 다르게 한 것이다.

류성룡이 김성일(金誠一)에게 말하였다[32].

"그대가 황윤길의 말과 고의로 다르게 말했는데, 만일 병화가 있게 되면 어떻게 하려고 그러시오?"

성일이 말하였다.

"나도 어찌 왜적이 나오지 않을 것이라고 단정하겠습니까. 다만 온나라가 놀라고 의혹될까 두려워 그것을 풀어주려 그런 것입니다."

류성룡은 일본이 공격할 가능성이 있다고 생각하였다. 김성일도 '단정' 할 수 없다고 대답하였다. 그런데 왜 김성일은 선조 앞에서는 달리 말했을까? 이 수수께끼를 풀려면 두 사람의 통신사 길을 따라가야 한다.

---

31) 상게서.
32) 류성룡, 『懲毖錄』 권 1.

2) 朝·日 교섭약사

전국시대를 끝내고 열도를 통일한 풍신수길은 조선과의 교역을 전담하던 대마도주 종의조(宗義調)·종의지(宗義智) 부자에게 특수 임무를 주었다. 명나라를 공격할 길을 빌려달라는 '가도입명(假道入明)'을 관철시키고, 조선국왕을 일본으로 입조(入朝)시키라는 명이었다. 조선과의 무역으로 먹고사는 대마도 도주(島主)는 조선 사정에 밝아서 '가도입명' 이나 '국왕입조'는 전혀 실현불가능하다는 사실을 잘 알고 있었다.

그래서 그는 한 가지 꾀를 냈다. 단절된 조선통신사 파견을 성사시키는 것이었다. 두 나라가 서로 교류하면 전쟁을 막을 수 있다고 생각한 것이다. 그래서 종의조는 자신의 가신 귤강광(橘康廣)을 일본 국왕사라며 조선에 보냈다. 사실은 대마도주사에 지나지 않지만 국왕사라고 칭한 것이다. 선조 20년(1587) 9월 부산에 도착한 귤강광(橘康廣)은 '일본 국왕이 완미하여 폐하고 새 국왕을 세웠다'며 화친을 요청하였다. 직전신장(織田信長)을 폐하고 풍신수길을 세웠다는 뜻이다. 선조는 신하가 왕을 시해하고 그 자리를 빼앗은 것을 인정할 수 없다며 받아들이지 말라고 명했으나 대신들이 이구동성으로 반대하였다. 대신들의 뜻이 관철되어 귤강광(橘康廣)은 겨우 서울로 올라왔지만 풍신수길(豊臣秀吉)이 보낸 서계(書契)의 첫 문장이 알려지면서부터 다시 문제가 발생하였다.

'이제 천하가 짐(풍신수길, 豊臣秀吉)의 한 줌 안에 들어 있도다.'33)

짐은 황제의 자칭이었기 때문이다. 귤강광은 서울까지 올라오면서 많은 화제를 낳았다. 안동을 지날 때는 "너희들의 창자루가 몹시 짧구나"라고 조롱하고, 기생들의 가무로 접대하는 상주목사 송응형에게는 이렇게 말하였다.

---

33) 『국조보감』 선조 24년 9월.

"이 사람은 오랫동안 싸움터에서 자랐으니 터럭이 이렇게 세웠지만 노래와 기생 속에 파묻혀 아무런 근심 없이 지내온 사또께서는 어찌하여 머리칼이 그렇게 셌소이까?"

또한 서울에서 압연관인 예조판서가 술자리를 베풀자 그는 고의로 호초를 흩어놓았다. 비싼 호초를 줍느라고 기공들의 대열이 흩어지자 객관에 돌아와 역관에게 말하였다.

"이 나라의 기강이 이미 허물어졌으니 거의 망하게 되었다."34)

귤강광은 조선과 일본 지배층의 차이를 극명하게 보여주었다. 조선이 일본을 오랑캐의 나라로 깔보고 있었다면 귤강광은 조선을 문약(文弱)의 나라로 무시하고 있었다.

그러나 수수께끼 인물인 귤강광은 통신사 파견 요청에도 그다지 큰 노력을 기울이지 않았다. 결국 조선은 조선통신사 파견을 거부했고, 귤강광은 풍신수길에게 사형당하고 말았다. 조선 편을 들었다는 이유였다.

대마도주 종의조는 이에 굴하지 않고 현재의 후쿠오카인 박다의 성주사주지 현소를 정사(正使), 자신의 아들 종의지를 부사로 삼아 거듭 조선에 보내 통신사 파견을 요청하였다. 계속되는 요청을 무작정 거부할 수 없던 조선은 조건을 내걸었다. 선조 20년(1587) 2월 흥양을 침범해 녹도보장 이대원을 전사시킨 왜구 두목과 조선인 사화동 그리고 붙잡아간 조선인들의 쇄환을 요구한 것이다. 사화동은 고된 부역과 공납으로 바치는 전복의 수량이 지나치게 많아서 살 수 없다며 일본에 붙어 왜구를 손죽도로 안내한 조선 백성이다. 조선통신사 파견에 사활을 건 대마도주는 이 요구를 선뜻 수락하여 긴시요라 등 왜구 3명과 사화동 그리고 조선 포로 김대기 등 116명을 돌려보냈다. 조선은 긴시요라와 사화동의 목을 베었는데, 일본이 요구를 들어주었으니 조선도 통신사를 보내지 않을 수 없었다.

---
34) 상게서.

3) 조선통신사 일정과 두 통신사의 의견충돌

선조 23년(1591) 3월 정사 황윤길, 부사 김성일, 서장관 허성은 이런 우여곡절 끝에 일본을 향해 떠났다. 세종 25년(1443) 통신사 변효문을 파견한 이래 150여 년 만에 재개된 행차였다. 임란 때의 의병장 조경남은 《난중잡록》에서 이때 선조가 술을 내리면서 당부한 말을 적어놓았다[35].

"나라의 체통을 존중하고 왕의 위령을 멀리 폄이 이 한 번의 길에 달렸으니, 경들은 어김이 없도록 하라."[36]

부산으로 내려간 통신사 일행은 4월 29일 그믐날 다대포를 출발해 태풍 때문에 고생하다가 대마도 대포항에 도착하는데, 이것이 수백 년 간 논란의 대상이 되는 조선통신사 일정의 시작이었다. 대포항에서 하룻밤을 자고 물 위에서 사흘을 자면서 대마도주가 있는 부중(府中)에 도착한 날이 5월 4일. 황윤길과 김성일은 이때부터 서로 성격이 맞지 않는다는 사실을 알게 된다.

대마도 국분사 환영회 석상에 부사 종의지가 뒤늦게 나타난 것이 그 계기였다. 부사가 정사보다 늦은 데다 가마를 타고 대청까지 올라온 것이다. 며칠 전 대마도 동산에서도 종의지는 말을 타고 장막 앞까지 왔었다. 김성일이 황윤길에게 자리를 파하자고 말했으나 거부하자 김성일은 혼자 돌아갔다. 문제가 생겼음을 눈치 챈 종의지가 역관 진세운에게 까닭을 묻자 "병 때문에 먼저 들어가셨다"고 답하였다. 이를 알게 된 김성일은 '왜 병을 핑계댔느냐?'며 역관 진세운에게 곤장을 쳤다.

이 소식을 알게 되자 종의지는 당황하였다. 사신이 본국으로 돌아가기라도 하면 풍신수길은 귤강광의 목을 벤 것처럼 자신의 목을 벨 것이기 때문이다. 그래서 종의지는 가마를 메고 온 교군의 목을 베었다. 문간에

---

35) 조경남, 『亂中雜錄』 정유년편 9월 22일~23일 기사.
36) 전게서.

들어갈 때 가마를 멈추라고 했는데도 멈추지 않았다는 이유였다. 교꾼에게 책임을 돌려 죽일 것이라고는 전혀 예상하지 못했으나 김성일은 '사람이 죽은 것은 참혹하지만 이로써 깎인 나라의 치욕을 조금 씻게 되었다'고 말하였다. 그러자 이번에는 서장관 허성이 김성일에게 편지를 보내 사신의 체모만 따지다가 사람이 죽었다고 비판하였다. 김성일은 곧 허성에게 반박 답장을 보냈다.

"대개 이 섬이 우리나라와 어떤 관계에 있습니까. 대대로 우리나라의 은덕을 받아서 우리의 동쪽 울타리가 되었으니, 의리로 말하면 임금과 신하 사이고, 땅으로 말한다면 부용국입니다. 이번에 사신이 나올 때에는 평의지(종의지)가 직접 행차를 호위하였고, 관소에서 접대하는 것도 전보다 더함이 있었습니다. 왕명을 전달하는 날에는 뜰 복판에서 절하고 조아려서 공경하게 받들기를 의식대로 하였습니다. 그리고 상견할 때에도 앞에 와서 두 번 절하여 감히 도주의 예로 자처하지 않았으니, 공손하다고 할 만합니다. 우리들의 실수는 그들의 환심을 얻고자 지나치게 겸양하여 낮춘 데 있습니다. 그러므로 저들이 문득 교만한 마음을 내어 며칠 뒤에는 이미 처음에 우리를 대하던 태도와는 다르다는 것을 알 수 있었습니다."37)

김성일은 통신사 일행이 '그들의 환심을 얻고자' 지나친 겸양으로 대하자 일본인들의 조선통신사를 깔보았다고 한 것이다. 김성일은 비록 '우리들의 실수'라고 표현했지만 내심 황윤길을 지목한 것이다.

이후 두 사람은 사사건건 부딪쳤는데, 선위사 문제에서도 충돌하였다. 당사국은 선위사를 국경 부근에 보내 국도(國都)에 도착할 때까지 수행하는 것이 관례였지만 통신사 일행이 대마도에 도착했을 때 선위사가 보이지 않았다. 김성일이 일본인 역관에게 따지자 "바닷길이 많이 막혀서 지금 미처 오지 못한 것입니다"라고 변명하였다.

---

37) 전게서.

제1부 임진왜란시 조선주위의 국내외 정세분석

김성일은 황윤길에게 선위사가 오기 전까지 움직이지 말자고 제안했지만 황윤길은 그의 권유를 무시하고 그냥 출발해버렸다. 배를 출발시키는 문제에서도 두 사신은 서로 부딪쳤다. 황윤길은 종의지에게 허락받은 후에야 출발시킬 수 있다고 주장한 반면 김성일은 그냥 출발해도 괜찮다고 주장한 것이다. 김성일은 종의지가 자신들의 기를 꺾기 위해서 일부러 출항을 허가하지 않는 것이라고 주장하였다.

"사신의 배가 출발하면 저들은 뒤따라오기에 바쁠 것인데, 어찌 허락을 기다린단 말입니까. 스스로 중하게 할 줄은 모르고 다만 왜놈들의 마음을 거스르고 왜놈들이 노여워할까만을 염려하니, 이것이 무슨 사체(事體)입니까."

통신사의 배는 조선 것이므로 김성일 말대로 그냥 출발하면 대마도의 일본인들은 따라오기에 급급했을 것이다. 그러나 황윤길은 끝내 종의지에게 허락을 받은 뒤에 출발하였다. 일기도에 도착하자 비로소 선위사가 도착하였다는 연락이 왔다.

여기에서 또 문제가 발생하였다. 김성일은 선위사의 면담 요청을 받고 나서 만나자고 주장한 반면 황윤길과 허성은 그냥 먼저 가서 만나자고 주장한 것이다. 김성일은 "아무리 서로 만나보는 것이 급하다 하더라도 주인이 마땅히 손님을 청할 일이지, 손님이 먼저 청할 일이 아니다"라고 주장하였다. 황윤길과 허성은 역관 진세운을 시켜 선위사에게 면담을 요청했으나 선위사는 적관(시모노세키)에서 만나자며 거절하였다. 적관에 도착하니 몸이 아프다고 핑계를 대었다. 처음에는 하인을 보내 문안이라도 하더니 나중에는 그것도 없어졌다. 통신사 일행이 선위사의 영접을 받은 곳은 지금의 오사카 사카이시인 계빈이다. 일본 본토에 상륙해서야 선위사를 만난 것이다. 실제로 선위사가 일기도까지 왔는지 의심하지 않을 수 없는 대목이다. 그런데 선위사를 만났다고 해서 끝이 아니었다.

조선통신사 일행은 3개월 만인 1590년 7월 말 국도 교토에 들어가 대덕

제1장 조선의 국내정세와 일본관계

사(다이도쿠지)에 짐을 풀었으나 문제는 계속되었다. 풍신수길이 동쪽 정벌에 나서 국도에 없다는 것이었다. 통신사 일행은 풍신수길이 올 때까지 기다릴 수밖에 없었다. 풍신수길은 한 달 반을 기다린 끝에 9월 초 귀경했으나 이번에는 궁전인 취락정이 수리 중이어서 만날 수 없다고 하였다. 일본에 도착한 지 5개월이 지나도록 풍신수길을 만나지 못하자 사신들은 점차 초조해졌다.

그러자 풍신수길의 측근인 법인과 현량에게 뇌물을 써서라도 관백(풍신수길)을 빨리 만나자고 권하는 사람들이 나타났다. 김성일은 〈객의 난설에 대해 상사(황윤길)에게 답한 편지〉에서 자신에게 뇌물을 써서라도 관백을 빨리 만나라고 권하는 객(客)이 있다면서 이렇게 말하였다.

"사신이 왕명을 받들고 국경을 나와서는 비록 한결같이 예법대로 하여 구차스럽게 하지 않더라도 오히려 실수하여 왕명을 욕되게 할까 염려되는 법입니다. 그런데 하물며 좌우 사람에게 뇌물을 줄 수가 있겠습니까?"

일본은 정사 황윤길이 초조해하는 것을 꿰뚫어보고 있었다. 일본은 황윤길의 이런 심사를 약점으로 삼았다. 이때 종의지가 조선의 음악을 들려달라고 청하였다. 조경남의 《난중잡록》은 조선통신사 일행이 200여 명이라고 적었는데 그중에는 장악원 소속의 악단이 포함되어 있었다. 조선은 통신사 파견을 조선의 우수한 문화를 전파하는 계기로 삼아서 악단을 대동한 것이었다. 종의지가 객을 보내 음악단을 요청했으나 김성일이 거절하였다.

"사신이 왜도(倭都)에 들어온 지 지금 몇 달이나 되었다. 저들이 왕명을 중하게 여기지 않아서 빈 산속에 버려둔 채 공손히 받을 뜻도 없으면서 도리어 '너희들이 음악을 가지고 왔으니, 우리가 들어보고 싶다'하니, 그 욕됨이 심하다 하겠다. 관백도 오히려 그렇게 해서는 안 되는데, 하물며 하찮은 왜놈이겠는가."38)

김성일은 단순히 악단을 빌려주고 빌려주지 않고의 문제가 아니라고 생각하였다.

"왕명을 받든 신하가 외국에 사신으로 가서 왕명을 전하지 못하였다는 것은 시집가지 않은 처녀와 마찬가지입니다. 시집도 가지 않은 처녀가 기생처럼 노래를 팔아 사람들을 기쁘게 한다면, 어찌 나라 사람들이 천하게 여기지 않겠습니까? 왕명을 풀밭에 팽개치게 되었는데도 마음 아파하지 않으면서 우리의 음악을 도중(都中)에서 연주하여 왜인들의 마음을 기쁘게 하는 자료로 삼는다면, 처녀가 기생처럼 노래를 파는 것과 무엇이 다르겠습니까? … 저들이 애걸해도 불가하거늘 하물며 명령을 내리는데 가하겠습니까?"

4) 풍신수길, 통신사 진빼고 오만부려

풍신수길은 조선통신사의 진을 다 빼놓은 다음에야 면담을 허락하였다. 이제야 국서를 전할 수 있게 된 것이다. 류성룡은 정사 황윤길과 부사 김성일의 국서 전달 장면을 《징비록》에 비교적 자세히 기록해놓았다39).

그들이 우리 사신을 접대할 적에 교자를 타고 그들의 궁전으로 들어가는 것을 허락했으며, 날라리와 피리를 불고 앞에서 인도하여 당에 올라와서 예를 행하게 하였다.

수길은 용모가 작고 못생겼으며 낯빛이 검어서 남다른 위의는 없으나, 다만 눈빛이 반짝반짝하여 사람을 쏘아보는 것처럼 느껴졌다고 한다. 잠시 후에 수길이 갑자기 일어나 안으로 들어갔는데 자리에 있던 사람들은 모두 움직이지 않았다. 조금 있다가 어떤 사람이 편복 차림으로 안에서 어

---

38) 전게서.
39) 류성룡, 『懲毖錄』 권 1.

린애를 안고 나와, 당 안을 이리저리 왔다갔다하므로 쳐다보니 바로 수길인데, 자리에 있던 사람들은 고개를 숙여 엎드려 있을 따름이었다.

　잠깐 뒤에 수길이 난간으로 나와 앉더니, 우리나라 악공(樂工)을 불러 여러 가지 음악을 성대히 연주토록 하여 듣고 있다가, 어린애가 옷에 오줌을 싸므로 수길이 웃으면서 시자(侍子)를 부르니, 한 왜인 여자가 그 소리를 듣고 달려 나오자, 어린애를 주고서 다른 옷으로 갈아입었는데, 모두가 제멋대로이고 매우 자만하여, 마치 옆에 사람이 없는 것과 같은 태도였다. 조선통신사는 겨우 선조의 국서를 풍신수길에게 전할 수 있었다. 선조의 국서는 앞으로 사이좋게 지내자는 의례적인 내용이었다. 그런데 풍신수길은 선조의 국서를 받고도 곧장 답서를 써 주지 않았다. 황윤길과 김성일은 이 문제로 다시 대립하였다.

　우리 사신이 장차 돌아가려고 하매, 답서를 즉시 써 주지 않으면서, 먼저 가라고만 하였기에 김성일이 말하였다.

　"내가 사신이 되어 국서를 받들고 왔는데 만약 답서가 없다면, 이것은 국명을 풀밭에 버리는 것과 같다."

　황윤길은 더 머물게 할까 두려워, 서둘러 출발하여 계빈으로 와서 기다리니 답서가 그제야 왔으나, 글 내용이 거칠고 거만하여 우리가 바라던 바가 아니었다.

　답서를 써 주지 않자 김성일은 답서를 받기 전에는 교토를 떠나지 않겠다고 주장했으나 황윤길은 자신을 억류할까 두려워서 황급히 떠났다. 황윤길은 전쟁을 일으키려는 풍신수길이 자신을 억류해 인질로 삼을 수 있다고 두려워한 것이다. 정사가 떠났는데 부사만 남아 국서를 달라고 요구할 수는 없었다. 김성일은 황윤길이 "호랑이 입에서 몸이 빠져 나오는 것만을 다행으로 여겨서, 의리와 사명이 있는 것은 돌아보지 않고 빈손으로 나왔으니, 이것이 무슨 사신의 체모란 말인가"라고 비판하였다.

　황윤길이 두려움을 느낀 것은 이유가 있었다. 접견 때 풍신수길의 태도가 위협적이었기 때문이다. 《학봉전집(鶴峯全集)》의 '언행록'에는 《인재록》을 인용해 정랑 박성이 김성일에게 마음이 흔들린 순간을 묻자 '일본에 갈 때 풍랑에 배가 뒤집히려 할 때'와 '풍신수길이 사납고 드센 위엄을 크게 보이면서 으르고 협박할 때'라고 적어놓았다40).

황윤길과 김성일이 계빈에서 하염없이 기다리는데 드디어 풍신수길의 답서가 왔다. 답서가 온 것은 다행이지만 내용이 문제 투성이었다. 풍신수길의 「국서」는 통상적인 국서의 형식과는 사뭇 달랐다. 국서에 "나의 어머니께서 일찍이 나를 잉태하셨을 때 해가 품속으로 들어오는 꿈을 꾸었는데, 상사(점쟁이)가 '햇빛은 비치지 않는 데가 없으니 커서 필시 팔방에 어진 명성을 드날리고 사해에 용맹스런 이름을 떨칠 것이 분명하다'라고 말하였다"는 내용까지 담겨 있었다. 국서에 태몽을 거론하며 자화자찬을 늘어놓는 것은 일본이 그만큼 동아시아 국제질서에서 소외되었다는 것을 뜻한다. 더 큰 문제는 다음 구절이었다. 명나라를 침략하겠다는 내용이었다.

5) 明을 칠테니 길을 빌려달라(征明假道)41)

사람의 한평생이 백 년을 넘지 못하는데 어찌 답답하게 이곳에만 오래 있을 수 있겠습니까. 국가가 멀고 산하가 막혀 있는 것도 관계없이 한번 뛰어서 곧바로 대명국(大明國)에 들어가 우리나라의 풍속을 4백여 주에 바꾸어놓고 제도(帝都)의 정화(政化)를 억만 년토록 시행하고자 하는 것이 나의 마음입니다. 귀국이 선구(先驅)가 되어 입조한다면 원대한 생각은 있고, 가까운 근심은 없게 되는 것이 아니겠습니까. … 내가 대명에 들어가는 날 사졸을 거느리고 군영(軍營)에 임한다면 더욱 이웃으로서의 맹약을

---

40) 김성일,『학봉전집의 언행록』, 선조 24년 3월.
41) 정명가도(征明假道)란 조선 선조 때에, 일본의 도요토미 히데요시가 조선 정부에 대하여 중국 명나라를 치는 데 필요한 길을 빌려 달라고 요구한 말이다. 선조 24년(1591) 3월에 통신사 편에 보내온 도요토미의 서신 가운데 들어 있었는데, 그 의도는 조선과 동맹을 맺고 명나라를 치자는 것이었으나 조선은 단호히 거절하였으며 이것을 빌미로 임진왜란이 일어났다.

굳게 할 것입니다. 나의 소원은 다른 게 아니라 삼국(명나라·조선·일본)에 아름다운 명성을 떨치고자 하는 것일 뿐입니다. 방물(方物)은 목록대로 받았습니다.

명나라를 공격할 테니 조선이 앞장서라는 뜻이다. 선조가 군사를 거느리고 군영에 임하라는 말까지 있다. 내용은 둘째 치고 용어부터가 예법에 맞지 않았다. '조선국왕 전하'라고 해야 할 것을 정1품 신하의 호칭인 '합하(閤下)'라고 썼으며, 대등한 관계에서 '예폐(禮幣)'라고 써야 하는데 수령이 임금에게 바치는 예물을 뜻하는 '방물'이라는 것도 문제다. '한번 뛰어 곧바로 대명국으로 들어간다'느니 '귀국이 선구가 되라'는 것도 국서에 쓸 수 없는 거만한 말이다.

《국조보감(國朝寶鑑)》에는 "김성일이 현소에게 서신을 보내 대의를 들어 깨우치고 만일 이 글을 고치지 않으면 우리는 죽음이 있을 뿐, 가져갈 수는 없다고 하였다"고 나와 있다. 현소는 할 수 없이 부사 종의지를 시켜 풍신수길에게 아뢰어, '합하(閤下)'와 '방물(方物)'이란 단어를 고쳐주었다. 그러나 김성일이 문제 삼은 '입조(入朝)'라는 용어에 대해서는 조선왕이 입조한다는 뜻이 아니라 '일본이 대명에 입조한다'는 뜻이라면서 고쳐주지 않았다.

김성일은 여러 차례 서신을 보내 잘못된 부분을 고치도록 청했으나 정사 황윤길과 서장관 허성은 빨리 일본을 떠나려 하였다. 《국조보감(國朝寶鑑)》을 살펴보면 "김성일이 두세 차례 서신을 보내 고치도록 청하였으나 따르지 않았다. 반면 황윤길과 허성 등은 '현소가 그 뜻을 달리 해석하는데 굳이 서로 버티면서 오래 지체할 것이 없다'면서 돌아왔다"는 것이다.

이렇게 우여곡절 끝에 통신사 일행은 무려 10개월이 지난 뒤에야 돌아왔다. 김성일의 《해사록(海槎錄)》뿐만 아니라 《국조보감(國朝寶鑑)》같은 여러 기록들을 종합해보면 사신 역할을 제대로 수행한 인물은 김성일이다.

그러나 그는 사신 과정은 적절히 수행했으나 가장 중요한 결과보고에서 중대한 실책을 저지르면서 두고두고 구설수에 휘말린다. 이미 기술한 대로 황윤길은 '병화가 있을 것 같다'고 보고한 반면 김성일은 '그렇지 않다'고 상반되게 보고한 것이다. 《국조보감(國朝寶鑑)》에는 '일본에 갔을 때 황윤길 등이 겁에 질려 체모를 잃은 것에 분개'해서 김성일이 이렇게 말하였다고 적혀 있다.

황윤길이 일본인들의 무인기질에 겁먹었다면 김성일은 오랑캐라고 얕보았다. 명나라를 공격하겠다는 공언을 허풍으로 본 것이다. 사신에 대한 예우 등 지엽적 문제에는 잘 대처했으나 가장 중요한 결과 보고에서 엉뚱하게 보고함으로써 모든 과정을 망친 것이다. 김성일의 사신 행적에 대해서는 김시양이 광해군 4년(1612) 함경도 종성에서 귀양살이 하는 동안 집필한 《부계기문(涪溪紀聞)》에서 내린 평가가 비교적 객관적이라 할 만하다[42].

학봉 김성일은 동지 황윤길 등을 따라 일본에 사신으로 가서 비굴함이 없는 꿋꿋한 태도로 조금도 두려워하거나 겁내는 일이 없었다. 회답의 글을 받는 일이나 여러 가지 논의에 모두 힘껏 다투어 바로잡았으나 동행한 사람은 목을 움츠리고 적인은 경탄하였다. 그 또한 목숨을 바쳐 힘쓴 군자라고 할 수 있다. 그러나 사방에 사신으로 가서 임금의 명을 욕되게 하지 않았다는 말로 일컫는 것에 이르러서는 나는 부끄러워해야 할 바가 있지 않을까 생각된다. 저 전대(專對, 사신이 외국에 가서 의외의 사건에도 자유자재로 대처하는 것)라는 것이 어찌 요행이나 절목의 일을 가리키겠는가.

학봉이 돌아오니, 상이 적인의 실정을 물었다. 윤길 등은 모두 적이 침입할 조짐이 있다고 말하니, 학봉은 그렇지 않다고 항변하여 수천 마디 말로 깊이 윤길 등을 공격하고, 스스로 적의 실정을 자세히 살폈다고 말하였다. 다음해에 적이 전 국력을 기울여 가지고 침략하여 종묘사직을 지키지

---

[42] 김시양 『涪溪紀聞』 광해군 4년.

못하고 민생이 주륙되는 데에 이르렀으니, 병화의 참혹함이 옛날부터 임진년과 같은 적은 없었다. 그가 요령을 얻지 못함이 이와 같다.

그러나 임란에 대처하지 못한 책임을 김성일에게만 모두 돌릴 수는 없다. 조선통신사가 받아온 서계에는 분명 명나라를 침략하겠다는 내용이 적혀 있었다. 그뿐 아니었다. 풍신수길은 조선통신사가 돌아갈 때 종의지와 현소를 회례사로 임명해 함께 보냈는데, 이들의 입에서도 내년(壬辰年)에 침략하겠다는 말이 공공연히 새어 나왔다. 일본 사신들을 접대한 선위사 오억령(吳億齡)은 현소(玄蘇)를 만난 후 일본의 침략 정보를 정확히 보고하였다.

오억령(吳億齡)이 현소(玄蘇)에게 묻자, 명년에는 군사를 크게 일으켜 조선의 길을 빌려 명나라를 바로 침범할 것이라고 분명히 밀하였다. 오억령이 즉시 들은 대로 왜적이 침입할 정세임을 장계하였다. 이때 국사를 담당하고 있는 자들은 왜병이 움직이지 않는다는 한쪽 말만 주장하고 있어 오억령의 장계가 오자 조정과 민간이 크게 해괴하게 여겨 즉시 아뢰어 오억령을 교체시켰다. 즉, 오억령이 일본이 침략할 것이라고 아뢰자 드디어 그를 교체시킨 것이다.

구 분	내 용
보고결과	오억령은 교체되었지만 일본이 임진년에 침략하리라는 내용은 조정은 물론 민간에도 널리 알려졌다. 그러나 조정에서는 현실을 외면하고 '보고 싶은 것만 보고', '믿고 싶은 것만 믿었다'. 전쟁은 보고 싶지 않은 것이었고, 믿고 싶지 않은 것이었다. 이런 상황에서 전쟁은 시시각각 다가오고 있었던 것이다.
대린 교린의 단절	일본의 실정박부가 붕괴되고 각지의 봉건영주가 할거하는 전국시대(내전시대)가 돌입하게 되자, 일본 내에서는 조선과 관계개선을 주도할 주체가 없었다43). 그 결과 도요토미 히데요시(豊臣秀吉)가 일본을 통일할 때까지 약 30년 간 조선 조정은 일본의 변화를 전혀 감지할 수 없었다.

---
43) 최영희, 상게서, 1995, p.16.

제 2 장
일본의 조선침략준비

1. 서세동점(西勢東漸)과 일본의 개방

1) 전국대명(战国大名)세력의 등장

조선은 1540년(중종 36) 제포의 일본 사람과 조선 사람간의 충돌을 이유로 일본과의 외교관계를 단절함으로써 일본의 변화를 알 수 없게 되었다. 오랜 기간 조선이 일본의 정세를 외면하고 있을 때 일본은 군국화의 길을 걷고 있었다[44]. 즉, 16세기에 접어들면서 일본은 하극상의 전국시대가 되었다. 즉, 종래 무로마치 바꾸후(室町幕府)의 관료였던 슈고 다이묘(守護大名)들의 세력이 약화되고 지방 세력에 불과했던 호족들이 센꼬꾸다이묘(戰國大名)라 지칭하면서 새로운 세력으로 등장하였다. 이들 센꼬꾸다이묘들은 내전에서 살아남기 위해 소속 영지의 경영에 힘쓰는 한편, 영지내의 가신(家臣)과 영지 주민들에게 충성을 요구함으로써 내전에 참가하면 그들을 군대로 전용할 수 있는 체제를 유지하였다[45].

2) 신무기 조총보급과 상업번창

이 시기에 센꼬꾸다이묘들의 군사력을 강화시킬 수 있는 새로운 여건이 조성되었다. 그것은 포르투갈 스페인 상인들의 왕래였다. 센꼬꾸다이묘들은 그들과 접촉하면서 서양의 선진문물과 일본의 토산품을 교환하였다. 센꼬꾸다이묘들이 서양의 문물 중 수입에 적극적이었던 물품은 조총이었다. 내전 상태에 있던 일본의 센꼬꾸다이묘들은 신예무기인 조총을 구입

---

44) 장학근, "현대군사전략의 관점에서 본 임진왜란", 이순신 연구논총, 국방부, 조사편찬연구소, 2008, pp.245-265.
45) 민두기, 『일본의 역사』, 서울: 지식산업사, 1976, p.115.

하여 전과를 올리게 되자 조총의 수요는 급증하였으며, 전국적으로 신속하게 보급되었다. 센꼬꾸다이묘들은 수입으로 수용를 충당하지 못하자 조총을 자체 생산하는 노력을 게을리 하지 않았다. 조총의 보급은 전술의 변화를 가져왔다. 즉 1575년 유력한 센꼬꾸다이묘이었던 오다 노부나가(織田信長)은 장조(長條)의 전투에서 조총의 위력으로 기병을 주력으로 했던 상대방의 군사력에 치명적 타격을 입히고 대승을 거두었다. 이것을 계기로 일본군의 전술체계는 기병체제에서 보병체제로 전환했으며, 축성술에도 큰 변화를 가져왔다. 종래 일본의 축성은 험준한 지형을 이용했었으나, 조총이 보급되자 보병부대의 전투에 유리하도록 교통이 편리한 평야 언덕에 성을 축성하는 평산성(平山城)이 축조되었다. 그 성은 조총의 위력을 막기 위해 성벽을 이중으로 하며 복잡한 내부구조를 갖도록 하였다. 내명들의 가신들은 명령에 따라 전투배치가 가능하도록 성 주변에 거주할 의무가 지워졌다[46].

서양과의 빈번한 접촉으로 인한 사회적 큰 변화는 상업의 발전이었다. 즉 전국 대병들은 영지 안에 도시인 조오까마찌(城下町)을 만들고 그곳을 영지의 정치·상업·군사의 중심지가 되게 하였다. 전국 시대에는 여러 형태의 도시가 생겼는데 그 중 대표적인 것이 사카이(堺)라는 항구였다. 사카이는 항구도시이면서 자치·자유도시로서 국내 상업뿐만 아니라 포르투갈·스페인 상인을 상대로 남방무역을 통해 부를 축적하며 번영하고 있었다. 1568년 오다 노부나가(織田信長)는 반대세력을 제압하고 실권을 장악하였다.

그는 각 영지 내의 도시(城下町)와 항구를 접수하여 상업을 진흥시켰다. 그러나 오다 노부나가는 1582년 살해되고 도요토미 히데요시(豊臣秀吉)가 실권자가 되었다. 도요토미 히데요시는 하가다(博多)·나가사키(長崎) 등지의 무역항을 자신의 직할지로 삼아 경영함으로써 풍족한 군자금을 마련

---

[46] 민두기, 전게서, p.123.

할 수 있었다. 또한 대대적인 토지 사업인 검지사업(檢地事業)과 인구조사 사업인 가정인수사업(家丁人數事業)을 벌렸다. 이것은 권력기반을 공고히 하려는 정책이면서, 조선 침략을 앞두고 군인·인부·군량 등 전시동원 체제를 확립하는 정책이기도 하였다[47]. 이 같은 정책에 힘입어 결국 전국에 군량, 병선, 군역을 확보함에 따라 조선침략을 계획하기에 이른 것이다.

구 분	내 용
일본의 조선침략 준비	도요토미 히데요시(豊臣秀吉)는 1591년 정월 전국에 군량·병선·군역의 수를 할당하고, 규슈의 촌락이었던 나고야(名護屋)에 성을 쌓아 침략군 본부를 설치하여 조선의 거점기지로 삼았다. 1592년 정월 조선침략군 규모를 15만여 명, 본토 방어 군으로 12만여 명을 배정하고, 고니시 유끼나가(小西行長)군 18,700여 명을 1번대, 가토기요사마(加藤淸正)군 22,800여 명을 2번대, 구로다 나가마사(黑田長政:구키 요시다카)군 52,500명을 3번대로 정하고, 그들을 조선으로 운송할 수군과 병선을 별도로 편성하였다.
서세동점	풍신수길의 답서에 정명가도(征明假道)의 문자가 있어 그 침략의 의도가 분명하였으나 사신들의 보고는 서로 상반되어 있었다. 이러한 동안에 일본의 조선침략계획은 착착 진행되어 무예, 축성술, 해운술을 정비하고 특히 "포루투갈"에서 수입된 조총(鳥銃)을 대량 생산에 이르게 되었다.

2. 일본 전국시대 통일과 풍신수길의 등장

1) 풍신수길의 조선침략 야욕

임진왜란 전에는 명과 조선은 일본에 대해서 한결같이 기미(羈縻)의 외교 정책을 적용시켰음에도 불구하고 왜구의 침해에 시달렸다. 풍신수길 (豊臣秀吉)에 의해 통일된 일본이 대외 영토 확장의 의지가 강해짐에 따라 조선과 명은 그 대상이 되었다. 조선과 명은 일본의 침공에 대한 경계를

---

47) 민두기, 전게서, pp.123-124.

소홀히 하여 큰 병화를 초래하는 결과를 낳았다.

　일본의 전국시대를 통일하고 대륙 침략의 준비를 진행하고 있던 풍신수길(豊臣秀吉)은 조선뿐만 아니라 대륙의 명까지 그의 침략 대상으로 삼았다. 그는 일본 통일과정 중 1577년 정서대장(征西大將)을 맡으면서 직전신장(織田信長)에게 그의 야심을 다음과 같이 표명하였다.

　풍신수길(豊臣秀吉)은 구주로 들어가 구주를 평정하겠습니다. 원하건대 일년의 세(稅)를 저에게 주신다면 군량과 장정을 비축하고, 배를 만들어 조선으로 쳐들어가겠습니다. …이에 조선의 군병을 이끌고 명에 들어가 군[직전신장(織田信長)]의 위세를 빌어 명국을 석권하여 세 나라를 하나로 만드는 것이 저의 뜻입니다[48].

　이와 같이, 풍신수길(豊臣秀吉)은 전국시대를 통일하는 과정에서 소위 '대당입(大唐入)'을 호언한 바 있었다. 그의 전쟁 준비는 선조 19년(1586) 포르투갈 선교사 가스파르 고에리오(Gaspar Coello)에게 군함 2척을 주문한 것으로부터 시작되었다고 한다. 그러나 이때는 아직 국내를 완전히 통일하지 못한 때라 구체적 방안을 가진 것은 아니었다.

　1590년 정월 관동정벌을 끝으로 일본 열국(列國)이 통일되는 단계에서 수길(秀吉)은 휘하 장수들에게 자신의 명 정벌 계획을 공언함과 동시에 당장 그에 대처할 것을 명하였다. 그는 비전(肥前)의 태수(太守)에게 명하여 전선을 건조하게 하였으며, 열국에 명을 내려 비전(肥前), 일기(一岐), 대마(對馬) 세 곳에 축성을 하여 명 정벌을 위한 관역(館驛)을 마련하도록 하였다. 아울러 지난 날 왜구를 인도하여 남경(南京)으로부터 복건성(福建省) 일대를 침략했던 왕오봉(王五峰)의 당여(黨與)를 불러모아 당시 명군의 전력에 대해 탐문하기도 하였다. 이때, 그는 자신의 지력과 군사력을 총동원하여 반드시 명을 정벌한 다음에 스스로 대명황제(大明皇帝)가 될

---

48) 노산양, 『일본외사』, 권15. (양소전(楊昭全), 『中朝關係史論文集』, 世界知識出版社, 1988, p.110에서 재인용)

것임을 호언하기도 하였다[49].

풍신수길(豊臣秀吉)이 선조에 보낸 국서 중에 바다를 건너 명으로 쳐들어가 북경에 대제국을 세우겠다고 호언하는 다음과 같은 내용이 있다.

"장차 단번에 바다를 건너 곧 바로 명나라에 들어가 우리나라의 풍속으로 4백 여 주를 바꾸어 놓고 일본제도의 정치와 교화를 억만년 동안 베풀고자 하는 생각이 내 마음속에 있다."[50]

대륙 침략의 야욕은 국내 통일 전쟁에서 압도적으로 승리한 결과에 도취하여 스스로 '대명국(大明國)'을 정복하려 하는 공명심으로부터 나온 것이며 그것을 국내 통일의 연장(延長)으로 생각했던 것이다[51].

대명 정벌의 야심을 갖고 있었던 풍신수길(豊臣秀吉)은 먼저 조선에게 명으로 왜군을 인도하도록 요구하였다. 그는 조선에 보낸 답서(答書)에서 이런 요구를 공식적으로 제기하기도 하였다.

"귀국이 먼저 달려와 우리나라에 입조(入朝)한다면, 원대한 희망이 생겨 가까운 근심이 없어질 것입니다. 먼 나라와 바다 가운데에 있는 작은 섬들도 뒤늦게 온다면 용납 받지 못하게 될 것입니다. 내가 대명국(大明國)으로 들어가는 날에 귀국의 장수가 군사를 거느리고 우리 군영에 이른다면

---

49) 제갈원성(諸葛元聲), 『兩朝平壤錄』, 日本 上, 萬曆 18년; 『宣祖修正實錄』 권25, 선조 24년 5월.
50) 안방준, 『隱峰全書』 記事 壬辰記事, 裝一超直入大明國 易吾朝風俗於四百餘州 施帝都政化於億萬朝年者 在吾方寸中. 이와 같은 기사로 황준헌, 『日本國志』에도 찾을 수 있다. 不屑國之遠 山海之隔 欲一超直入大明國 欲易吾朝風俗於四百餘州 施帝都政化 於億萬朝年者 在吾寸中. 황윤길이 가져왔던 豊臣秀古의 국서도 참고된다.(『宣祖修正實錄』 권25, 선조 24년 3월.)
51) 豊臣秀古가 대외 침략의 목적에 대한 정양생의 견해는 다음과 같다. (1) 征服慾: 명예심의 驅使로 아시아 각국을 정복하는 것. (2) 국내 통치를 위해서다. (3) 그의 직속부대를 편제하는 것. (4) 일봉국내의 생산문제로 인하여 하는 것. (5) 국내통치의 자본유지를 위한 해외무역을 獨占하려고 하는 것 등.(정양생, 『明代中日關係史研究』, 文史哲出版社, 1985, pp.549-550.)

이웃간의 동맹이 더욱 두터워질 것입니다."[52]

풍신수길(豊臣秀吉) 또한 부하들과 상의해서 '중국 북경에 들어가는 군대가 조선인을 향도로 삼고 절강(浙江)과 복건(福建) 연해에 들어가는 군대가 당인(唐人, 재일본(在日本) 중국인)을 향도로 삼겠다.'[53]라고 하여 조선인과 재일본 한인(漢人)을 중국 침공의 선도로 삼고자 하였다.

인용한 자료에서 드러나듯이, 풍신수길(豊臣秀吉)은 조선의 길을 취하여 명나라를 침범하고자 하는데, 가장 먼저 조선과의 동맹 관계를 구축하려고 하였다. 이것이 바로 '가도입명(假道入明)'인 것이다. 선조 20년부터 이 '가도입명(假道入明)'에 대한 교섭을 위하여 일본 측에서는 다섯 차례에 걸쳐 사신을 보낸 바 있었고, 조선에서도 한 차례의 사신을 일본에 파견하였다. 이들 사신의 왕래 사정을 통해서 조·일 양국간의 교섭을 살펴보기로 한다.

2) 침략명분 쌓기와 전쟁준비

1587년 9월에 대마도주인 종의조(宗義調)는 조선에 관한 일을 잘 알았던 가신 귤강광(橘康廣)을 조선에 보내서 통호(通好)하기를 요구하였다[54]. 귤강광은 일본 국왕 사신이라고 사칭하여 조선에 와서 일본의 정권이 교체되었음을 설명하는 한편, 조선의 국왕을 일본에 오도록 하라는 풍신수길(豊臣秀吉)의 명령을 엄폐하고 다만 조선 통신사의 파견을 간청하였다. 일본의 통신사 파견 요청은 종전과 같은 외교관계의 재개가 아니라 조선을 위력으로 굴복시켜 그들의 대륙침략에 조선을 이용하고자 하는 것이었다.

조선에서는 바닷길에 어둡다는 이유를 들어 이를 거절하고 마침내 사신을 보내지 않기로 하자 수길(秀吉)이 귤강광(橘康廣)을 죽였다[55].

---

52) 이이화. 조선당쟁관계 자료집. 여강출판사. 1983.
53) 『明史・日本博』. 入中國北京者 用朝鮮人爲導 入浙閩沿海者 用唐人爲導.
54) 『隱峰全書』 권6, 記事・壬辰記事.

조선의 거절을 받은 풍신수길(豊臣秀吉)은 다시 1589년 6월에 정사 현소(玄蘇)와 부사 종의지(宗義智)를 사신으로 보냈다[56]. 이에 조선은 해마다 왜구들이 노략질하는 것을 문책하였는데, 수길(秀吉)은 곧 사화동(沙火同) 및 적왜 신삼보라(賊倭 信三甫羅) 등을 붙잡아 승현소(僧玄蘇)와 종의지(宗義智) 등으로 하여금 이들을 압송하여 조선에 바치도록 하였다.[57] 또한 풍신수길(豊臣秀吉)은 지난 해 붙들려 갔던 공태원(孔太元) 등 백 여명을 돌려보내 조선을 속이고 회유하였다[58]. 이에 조선에서 태도를 바꾸어 서로 축하하고 남쪽 변방에서는 이로부터 근심거리가 없을 것이라고 생각하여 통신사 파견 무제를 상의하였다.

결국 조선은 선조 23년 봄에 통신사로 정사 황윤길(黃允吉)과 부사 김성일(金誠一), 서장관 허성(許筬) 등을 파견하였는데, 이는 세종 25년(1443) 통신사 변효문(卞孝文), 서장관 신숙주(申叔舟) 등을 파견한 이래 약 150년 만에 처음 있는 일이었다.

조선 통신사가 받았던 풍신수길(豊臣秀吉)의 서신에는 일본이 대명을 침략하려 하니 조선이 선구(先驅)가 되어 달라고 하는 내용이 있었다. 이는 일본의 침략 의사를 조선 사신에게 공식적으로 표명한 선전 포고였으며, 조선을 왜군의 향도로 이용하겠다는 음모였다[59]. 그러나 조선 사신 일행은 전쟁이 곧 발발할 것이라는 사태의 심각성을 인식하지 못하고, '일본이 중국을 침략한다는 말을 고치지 않으면 국서를 받아들일 수 없다'는 대의명분만을 고집하였다.

통신사의 개서(改書) 요구에 현소는 '여입대명(子入大明)'을 '입조대명(入朝大明)'으로 해석할 수 있다는 말로 변명하여 조·일간의 외교 단절 위

---

55) 『宣祖實錄』 권21, 선조 20년 9월.
56) 현소(玄蘇)의 제1, 2차 來朝에 관한 내용을 이형석, 『壬辰戰亂史』 上卷, 壬辰戰亂史刊行委員會, 1874. pp.91-95.
57) 『宣祖實錄』 권23, 선조 22년 11월 壬戌.
58) 『宣祖實錄』 권21, 선조 20년 12월.
59) 『宣祖實錄』 권24, 23년 3월 丁酉.

기를 모면하였다[60]. 이는 명을 침략한다는 말을 조공하러 명에 들어간다는 표현으로 바뀐 것이었지만 그것은 침략 의사를 일시적으로 모면하기 위한 임기응변이었다. 즉, 조선 통신사와 함께 귀국 상경한 현소는 선위사 오억령(宣慰使 吳億齡)에게 '내년에 가도입명(假道入明)할 것'이라고 하여 조선을 경유하여 명을 침략할 것을 확언하였다. 이 점에서도 알 수 있듯이 일본의 침략 의지는 일관된 것이었다[61].

풍신수길(豊臣秀吉)은 국내의 환란을 염려한 나머지 중국을 침범하려 하였다. 그러나 이전에 뱃길로 절강(浙江)을 침범하려 하다가 끝내 뜻대로 되지 않았으므로 먼저 조선을 점거하려 하였다[62]. 그는 조선에 대한 정보를 얻기 위해 봉건 영주 소서행장(小西行長)의 딸 마리아[천주교 영세명(領洗名)]를 종의지(宗義智)에게 시집보내기노 하였다.

종의지는 장인 소서행장(小西行長)에게 왜군이 쉽게 조선에 침입할 수 있는 방법과 정확한 정보를 주었으며 자신도 선봉대에 참가하기를 자원하였다. 다음의 자료는 종의지가 조선에 대한 정보와 침략 방법에 대해 보고한 내용이다.

"종의지(宗義智)가 전하기를, 조선으로 가는 해로(海路)는 비전(肥前) - 명호옥 - 일기(壹岐)까지 18리(일본다위, 1리=4km), 일기 - 대마도까지 48리, 대마도 - 조선 부산포까지 또한 48리이며, 조선국을 나누어 보면 경기도, 강원도, 함경도, 평안도, 황해도, 충청도, 변산도(경상도), 전라도가 있으며 그 나라의 크기는 일본보다 괴히 크지 않다고 아뢰었다."[63]

마침내 대마도의 도주는 대마도를 조선 침략의 전초기지로 삼는 것에

---

60) 『宣祖實錄』 권25, 선조 24년 3월.
61) 『宣祖實錄』 권25, 선조 24년 3월.
62) 『宣祖實錄』 권21, 선조 20년 9월.
63) 『左賀縣近世史料集』을 참조.; 국립진주박물관 편. 『사료로 보는 임진왜란: 싸워 죽기는 쉬워도 길을 빌려주기는 어렵다』 해안, 1999. p.16.

동의하게 되었다. 이러한 보고가 풍신수길(豊臣秀吉)에게 전해지자, 수길(秀吉)은 몹시 기뻐하면서 소서행장(小西行長)에게 선봉장의 명예를 주었다.

풍신수길(豊臣秀吉)은 1591년 정월에 전국에 군량과 병선, 그리고 군역의 수를 할당하여 거두어들이는 한편, 구주(九州)의 한 촌락이었던 명호옥(名護屋)에 행영(行營) 본부를 정하고 축성하여 조선 침략의 전진기지로 만들었다. 그리고 8월 23일에는 조선 침공의 날짜를 다음해 3월 1일로 결정하였다.

수길(秀吉)은 조선 침략을 위한 총동원령을 내리자 일본은 전국에서 소동이 일어났다. 이에 수길은 조선침략에 반대하는 봉건영주들을 단호히 처단하여 그들의 충성을 얻었으며, 일본은 전쟁의 광기에 휘말려갔다.

구 분	내 용
일본 천하통일	1591년 12월에 풍신수길(豊臣秀吉)은 궐백(闕白)의 지위를 조카인 수차(秀次)에게 물려주고 조선 침략에 몰두하기 시작하였다. 수길(秀吉)은 국내 통치를 그의 조카에게 넘겨주고 자신은 중국을 무력으로 점령하기 위하여 그의 군대를 중국으로 보내든지, 아니면 원정에서 죽든지 하여 후손들에게 영원히 자신의 이름을 남기고자 하는 뜻을 품고 있었다[64]. 다음 해인 1592년 정월에는 일단 수륙 침략군의 편성을 마치고 다시 3월에 재편하였다. 구체적인 편성 상황을 보면 육군은 1번대에서 9번대까지 총 118,300여 명이었다. 이외에도 수군을 별도로 편성하였다[65]. 침략군은 치밀한 침공 계획 하에 침략의 전초기지인 대마도로 속속 집결하여 풍신수길(豊臣秀吉)의 침공의 날만을 기다리고 있었다.

---

64) 루이스 데 구스만, 『선교사들의 이야기』, 국립진주박물관 편, 『사료로 보는 임진왜란』(혜안, 1999, p.17)에서 재인용.
65) 국사편찬위원회 편, 『한국사』 29, 1999. p.21.

제 3 장
조선과 명나라와의 관계

1. 조선과 명나라 관계

　임진왜란 이전 조·명·일 3국의 정세와 상호 관계를 보면, 중국이 지리적·문화적으로 세계의 중심이라고 스스로 자처하면서 조·명 양국의 전통적인 책봉·조공관계를 유지하고 있으며, 다발적인 왜구(倭寇)의 침해에 대해서 조·명 양국이 상호 협조적으로 대응한 사실을 확인할 수 있다. 16세기 조선 사회는 점차 쇠퇴의 기운이 나타나기 시작하였다. 선조의 치세 기간은 사화(士禍)를 통해 성장한 사림세력(士林勢力)이 대거 중앙 정계에 진출하여 정국의 주도권을 장악하면서 사림정치의 기반을 확립했던 시기였다. 또한 이 때는 훈척정치(勳戚政治)를 극복하는 과정에서 일어난 갈등으로 인하여 당파는 동인과 서인으로 나눠지고, 학연·지연·혈연 등에 따라 정치적 입장을 달리하는 이른바 붕당정치(朋黨政治)가 발생한 시기였다. 이렇게 당쟁이 치열한 상황 속에서 이미 일본은 온갖 침략의 준비를 다하였다. 당시 조선의 정국과 임란에 끼친 당쟁의 부정적 영향은 적잖았다[66].

　이러한 혼란스런 정치 상황하에서 양반관료와 지주들의 농장 확대와 농민들의 실지(失地) 문제가 대두되기 시작하였다. 토지 겸병 문제로 인해 많은 농민들은 토지를 상실(喪失)하였으며 급기야 사회모순은 날로 격화되었다. 게다가 방납제(防納制)의 폐단과 환곡제(還穀制)의 폐해 등으로 인하여 농민의 부담은 더욱 가중되기도 하였다.

　이러한 사회적·제도적인 모순으로 말미암아 농민의 생활은 도탄에 빠지고 농촌은 황폐하게 되었으며, 도처에 거지와 도둑의 무리가 횡행하였다. 이와 같이 농민 생활이 불안하게 되자 외적에 대한 저항력은 당연히

---

[66] 이 시기의 당쟁에 대한 내용은 성악훈(成樂熏)의 『韓國黨爭史·第 1篇 黨爭第一期』, 高大民族文化研究所 編, 『韓國文化史大系』 2(1979, pp.232-268) 참고.

약화될 수밖에 없었다. 국력이 쇠약해진 것을 염려한 이이(李珥)는 일대 개혁을 단행하고자 하는 한편, '남왜북호(南倭北胡)'의 침입에 대처하기 위하여 수미법 및 '십만양병론(十萬養兵論)'을 주장하였으나 부실한 국가 재정상의 문제로 뜻을 이루지 못하였다[67].

한편 당시의 양반들은 태평무사와 안일에 젖어 국방에 대해서는 소홀하였다. 이에 류성룡은 '우리나라는 태평세월 누린 지 오래되었으므로 군사들이 겁쟁이이고 약해서, 과연 위급한 일이 있으면 적에게 항거하기가 아주 어려울 것 같다'[68]라고 하여 국방에 대한 문제를 남달리 인식하였다. 남쪽에서 여러 번에 걸쳐 일본의 침략을 받은 바 있는 조선은 군국의 기무(機務)를 맡아보는 비변사라는 합의 기관을 설치하여 일본의 침략에 대비하고자 하였으나 무사안일(無事安逸)에 젖어 있던 양반들의 고식적인 대책으로 인해 실효를 거두지 못하였다[69].

이와 같이, 임란 전 조선의 국내 정세는 당파 싸움과 타성에 젖은 무사안일적인 인식이 팽배된 상황이었고, 이러한 총체적인 문제로 말미암아 임란의 여파는 더욱 심각해질 수밖에 없었다.

구 분	내 용
조명관계	조선은 대명 사대외교(對明 事大外交)를 통해 동아시아 세계에서 안정된 국제적 지위를 확보하고, 중국의 고급한 물자와 문화를 수입하였다. 명은 조선과의 조공제도를 통해 중국 중심의 동아시아세계 질서를 안정적으로 운영하며, 조선으로부터 필요한 물자를 공급받았다. 반면에 명과 조선은 일본에 대해 기미·교린이 정책을 폈다. 이런 상황 속에서 명·일 관계는 조·명 관계처럼 순조롭지 못하였다. 조·명 양국에 많은 영향을 끼친 것은 바로 왜구 문제였는데 왜구의 약탈로 인해 양국이 많은 피해를 입었다. 그렇지만 왜구문제는 임란처럼 전통적인 동아시아세계 질서에 큰 타격을 준 문제는 아니었다.

---

[67] 안방준, 『隱峰全書』, 권6, 記事 壬辰記事. 『韓國文集叢刊』 권80, p.415.
[68] 『懲毖錄』 권1. 國家昇平日久 士卒怯弱 果然有急 極難支
[69] 조선의 사정은 국사편찬위원회 편, 『한국사』 29, 1995. pp.22-27.

1) 명나라의 군사력 약화

명나라 건국의 주력이었던 한족들은 건국 이후 주변국의 추이보다 본토 지배에 주력하였다[70]. 명 조정은 이갑제(里甲制)[71]를 이용하여 중앙과 지방의 관청을 황제의 직속으로 만들고 주변국에게는 화이관(華夷觀)을 강조하였다. 이것은 명 조정이 내적으로는 독재체제를 구축하고, 외적으로는 주변국을 통제하려 했던 것이다[72].

명나라의 이러한 정책은 황제의 개인 자문기관이었던 내각대학사(內閣大學士)가 권력기관으로 변화되고, 임시직으로 지방에 파견되던 총독(總督)·순무(巡撫)가 지방의 행정 사법 군사권을 갖고 있던 각성의 기존 장관을 지휘하는 상급기관으로 변화되었다. 또한 황제의 일반생활을 보필하던 환관(宦官)들이 황권을 빙자하여 관리들을 통제 감독하는 실권자로 부상하게 되었다. 이것은 모두 황제의 독재를 강화하는 방편이었지만, 기존 관제를 혼란시키는 역기능을 갖고 있었다.

정치적 혼란 속에서도 농촌경제는 활발하게 발전하고 있었다. 그것은 은(銀)본위의 화폐가 농촌수공업의 상품생산을 촉진시켜 농촌의 소농경영의 자립화를 가능하게 만들었기 때문이다[73].

부를 축적하기 시작한 농민들은 지연적인 결합을 통해 촌락공동체를 결성하여 수탈을 일삼았던 지주(地主)와 총독·순무·각성장관에게 저항하기 시작하였다. 그들의 저항운동을 조직화하고 강화시킨 것은 향신(鄕紳)들이었다. 향신이란 지방의 중소지주의 자제로 퇴직관료와 임관하지 못한 과거급제자들이었다. 그들은 농촌경제의 발전으로 축적한 부를 고수하려

---

70) 이현종, 16세기 후반기 동아의 정세,『한국사』12, 국사편찬위원회, 1977, p.262.
71) 명나라 초기 촌락조직, 부역 의무가 있는 110호를 1리(里)로 정하고 그 중 부강한 10호를 갑수호로 임명하여 1 갑수호가 10호를 담당하여 조세와 관청의 잡비 그리고 각종 부역 등을 배정하는 제도를 말한다.
72) 이현종, 전게서, p.263.
73) 이현종, 상게서, p.264.

는 촌락공동체에 참여하여 지방과 중앙의 수탈정책에 반대하는 이념을 제시하여 농촌의 지도자가 된 사람들이다. 그들이 제시한 이념은 환관정치와 해금정책을 반대하는 정치투쟁이었다.

환관정치의 반대운동은 권신정책의 정횡, 매관매직을 반대하는 정풍운동(整風運動)이었으며, 해금정책을 반대하는 운동은 수출 활성화를 주장하는 것으로서 농민들로부터 전폭적 지지를 받고 있었다.

명나라가 정치적으로 혼란할 때 북방의 달단(韃靼)이 내몽고 일대를 지배하면서 그 여력으로 1550년에는 북경을 침략하여 수일동안 그 곳을 포위할 정도로 명나라에 위협적 존재로 등장하였다. 또한 동남아 연안에는 무역과 약탈을 겸행하는 왜구들이 발호하여 명나라의 대외무역과 연해민의 생활을 위협하였다.

구 분	내 용
명나라의 군사력 약화	왜구들은 명의 반국가적 밀무역상과 긴밀한 관계를 맺게 되자 명나라 조정은 밀무역을 방지하기 위해 자국 사람들의 해외무역을 엄격히 제한하는 해금정책을 강화하였다. 그것이 활발해진 농촌경제를 제약하게 되자 농민들은 대대적인 저항운동을 전개하였다. 정치 경제의 문란은 명나라 군사력을 급격히 약화시키게 되었다.

2. 조·명(朝·明)연합

1) 대명 사대관계(對明 事大關係)

조선이 건국하면서부터 심혈을 기우려 구축한 외교관계는 명나라와의 사대관계였다. 그 방법은 명나라를 상국으로 섬김으로써 명나라 중심의 위계질서에 편입되는 것이었다. 조선이 국가의 위상을 스스로 낮추면서까지 대명사대관계를 구축하려 했던 것은 평시에는 명의 선진물질문명을 수입하여 국가를 부흥시키고 전시에는 명의 군사력을 이용하여 국가안보를 유지하기 위해서였다.

특히 국가 위기에 봉착했을 때 명나라와 연합방위체제를 구축하기 위해 1419년(세종 원년) 대마도정벌을 단행하여 왜구가 명나라 연안을 침탈하지 못하게 하였으며[74], 1467년(세조 13)과 1479년(성종 10) 2차에 걸쳐 명나라가 여진족을 공격할 때 조선이 압록강을 건너 여진족을 공격함으로써[75] 조선이 명나라의 돈독한 연합국이라는 사실을 표명한 바 있었다. 뿐만 아니라 임진왜란 발발 5년 전인 1587년 9월 일본사신 다치바나 야스히로(橘康廣)가 조선에 와서 단절된 교린관계 복원을 간청하는 도중 "도요토미 히데요시가 일본 국내환란을 두려워하여 중국을 침략하려다가 뜻대로 되지 않자 조선을 침략하려고 한다."[76]고 하였을 때, 조선 조정은 "왕위를 찬탈한 도요토미 히데요시가 상국인 명나라 침략을 운운하였으니 그가 보낸 시신을 국사로 인정할 수 없다."고 하여 교린재개를 단호히 거절하였다. 또한 1590년(선조 23) 조선통신사가 일본으로 건너갔을 때 도요토미 히데요시가 보낸 서신 중에 "일본이 명나라를 침략하려 하는데 조선이 안내를 해 달라"는 내용이 있었다[77].

일본의 실질적 실권자가 조선외교관에게 조선을 경유하여 명을 공격하겠다는 사실을 공식적으로 통보한 것은 선전포고나 다름없었다. 그러나 조선 통신사 일행은 일본이 곧 조선을 침략할 것이라는 사태의 심각성을 인식하지 못하고 "일본이 중국을 침략한다는 말을 고치지 않으면 국서를 접수할 수 없다"고 하였다[78].

일본이 조선을 침략하는 것보다 명나라를 침량할 것을 염려하여 국서

---

74) 장학근, 상게서, 1994, pp.141-148.
75) 서인한, 한민족 역대파병사, 국방부 군사편찬연구소, 2002, pp.117-176.
76) 『宣祖實錄』, 선조 20년 9월 丁亥.
77) 『宣祖實錄』, 선조 23년 3월 壬寅.
78) 상게서.

수정을 요구한 조선 통신사 일행의 태도는 조선의 안보보다 명나라의 안보에 우선순위를 둔 것을 의미하며 이와 같은 인식은 조선 위정자들의 일반적 사고형태였다. 조선 조정이 조선의 안위보다 명나라의 안위를 더 걱정했던 그 심정 중에는 자위력을 갖추지 못한 조선의 명나라의 신임을 얻어 필요한 때 명의 군사지원을 받기 위한 태도가 내재되어 있었다.

2) 왜정통보(倭政通報)의 갈등과 明의 조선 불신(不信)

대명사대관계는 조선의 필요에 따라 조·명 연합방위체제로 전환된다는 의무규약이 아니라 명나라의 국가이익에 따라 그 내용이 변할 수 있는 의례적인 외교관행이라는 취약점이 있었다. 따라서 대명사대관계가 조·명 연합방위전략으로 전환되기 위해서는 명나라가 조선을 신뢰할 수 있는 신하의 나라로 인정할 때만 가능한 것이었다. 조선이 자국의 안보보다 명나라의 안보를 더 중요시하면서까지 일본과 교린관계 재개여부에 고심하였지만 전쟁이 가시화된 상황에서 명나라의 신뢰를 상실하는 사태가 발생하였다. 그것은 왜정통보(倭情通報) 때문이었다.

왜정통보란 일본이 조선을 경유하여 명나라를 침략할 것이라는 사실을 중국에 통보하지 않아 발생한 외교문제를 말한다. 일본이 조선을 침략할 것이라는 사실은 임진왜란 발발 5년 전에 일본사신 다치바나 야스히로(橘康廣)에 의해 조선 조정에 전해졌다.

이후 매년 조선에 온 일본 사신들은 거의 같은 내용을 조선에 알려 전쟁에 대비하라고 경고하였다. 일본이 조선을 침략할 것이라는 최후통첩을 한 것은 전쟁발발 1년 전인 1591년(선조 24) 윤3월1일 일본사신 다이라 히라노부(平調信)와 겐소(玄蘇)에 의해서였다.

"명나라가 오랫동안 일본의 조공을 거절하였다. 도요토미 히데요시가 이것을 분하게 여겨 전쟁을 일으키려 한다. 만일 조선이 명나라에 건의하여 일본에게 조공할 수 있는 길을 열어준다면 조선은 무사할 것이고 일본 백성들도 전쟁의 노고를 덜게 될 것이다."79)

일본이 조선을 경유하여 명을 침략하려고 하는 것은 명나라가 일본의 조공요구를 거절하였기 때문이며, 조선이 명나라에 간청하여 일본의 대명 조공 길을 열어주면 조선은 일본의 침략을 면하게 될 것이라는 말은 진실이 아니었다. 대화가 계속되자 일본 사신은 일본의 대명조공과 관계없이 일본은 조선을 침략할 것이 분명하다는 말을 다음과 같이 실토하게 되었다.

"옛날 고려가 원나라 군사를 인도하여 일본을 침략하였다. 그것으로 인해 일본은 조선에 원한을 갚고자 한다."80)

고려 말 여몽연합군이 일본을 공격한 것에 대한 원한을 갚기 위해 일본이 조선을 침략하려 한다는 것은, 일본이 반드시 조선을 침략할 것이라는 강한 암시인 동시에 고려가 몽고군을 안내하였듯이, 이번에는 조선이 일본군을 안내하여 명을 침략하자는 왜군향도역(倭軍嚮導力)을 강요한 것이기도 하다. 1591년(선조 24) 5월 1일 어전회의가 개최되었다. 논의의 주제는 일본의 침략정보를 명에 알려야 하느냐의 여부문제였다. 논의는 찬반으로 나뉘었다.

첫째, '일본이 명나라를 침략한다는 확실한 증거 없이 일본의 침략설을 명에 알리면 명나라 조정을 놀라게 할 뿐만 아니라 일본의 원한을 사고, 명의 허락 없이 일본과 교린(交隣)한 것이 탄로나 명의 문책을 받게 될 것' 이므로 일본의 침략정보를 명에 알려서는 안 된다는 의견이었다.

둘째, '명나라가 일본의 침략정보를 모르고 있다가 침략을 받게 되면 후환이 있을 것이니, 일본에 잡혀갔다 돌아 온 사람에 의해서 일본의 침략정

---

79)『宣祖實錄』, 선조 24년 윤 3월 丙寅.
80) 상게서.

보를 수집하여 명에 보고 한다'는 식으로 일본의 침략설을 명에 알려야 한다는 의견이었다. 대신들이 왜정통보(倭情通報) 문제를 결정하지 못하자 선조는 "일본이 명나라를 침략하면 문책을 피할 수 없다"고 말함으로써 명나라에 왜정을 통보하기로 결정하였다.

조선은 왜정통보문제로 명나라와 외교적 마찰을 피하기 위해 문안작성을 신중을 기했으며, 하절사(賀節使) 김응남(金應南)에게 중국에 들어가 중국 관료들이 왜의 침략정보를 모르면 포로 송환자로부터 수집한 정보에 '일본이 중국을 침략할지 모른다'는 말이 있다는 정도로 알리되 일본 사신이 알려준 정보라는 사실을 절대 발설하지 말 것을 당부하였다.

명나라에 들어간 김응남은 인편을 통해 다음과 같은 놀라운 소식을 전하였다. 즉 "명나라 조정은 일본의 명나라 침략 정보를 상세히 알고 있을 뿐만 아니라 조선이 일본군을 안내하여 명나라를 침략하려고 한다는 소문이 파다하다"는 것이었다.[81] 명나라 조정은 조선이 왜정통보를 하기 전에 다름과 같은 경로를 통해 일본이 조선을 경유하여 명나라를 침략하려 한다는 사실을 알고 있었다.

첫째, 일본의 살마주(薩摩州)에 잡혀 있던 중국인 허의후(許儀後)가 일본이 중국을 침략하려 한다는 말을 듣고 비밀리에 중국의 변방 장수에게 편지를 보냈다.[82]

둘째, 유구국(琉球國)이 명나라에 조공을 바치는 과정에서 도요토미 히데요시가 중국을 침략하는데 유구에서 안내를 요청하였다고 보고하였다[83].

셋째, 일본을 내왕하면서 무역을 하던 중국 상인 진갑(陳甲)이 귀국하여 일본이 조선의 안내를 받아 중국을 침략하려 한다고 보고하였다[84].

위와 같은 경로를 통해 일본이 중국을 침략하여 한다는 정보를 입수한

---

81) 『宣祖實錄』, 선조 25년 5월 乙쓴.
82) 상게서.
83) 상게서.
84) 상게서.

명나라 조정은 사대의 신국(臣國)인 조선이 즉각적인 보고를 하지 않은 점에 대해 강한 의구심을 갖게 되었고 그 의구심을 향간에 떠도는 소문, 즉 조선이 일본을 안내하여 중국을 침범하려 한다는 조선의 왜군향도역에 심증을 두게 되었다.

사태의 심각성을 뒤늦게 알게 된 조선 조정은 사신을 파견하여 조선의 왜군향도역 자임은 사실이 아님을 변명하였지만 명나라 조정은 그들의 의구심을 풀지 않고 '일본이 침략하면 조선·섬라(暹羅)·유구(琉球)가 연합하여 일본을 공격하라'는 지시를 하였다.[85]

구 분	내 용
조·명 연합 방위전략	자국의 안보보다 사대의 상국인 명나라의 안보를 더 걱정했던 조선이 왜정통보를 신속히 처리하지 못함으로써 조·명 연합방위전략은 원만히 추진되기 어렵게 되었다[86].

3) 일본의 정보혼란과 조선의 판단부족

이상으로 역사를 훑어보았듯이 일본이 조선을 침략한다는 사실이 여러 경로를 통해 확인되었고, 특히 임진왜란 1년 전에 일본 통신사에 의해 직접 확인되었다. 당시의 선조임금이나 조정에서 결단을 내려 전쟁방어태세를 갖추어야 했는데, 그렇지 못한 것이 참으로 통탄스럽다. 오히려 왜군향도역의 왜정통보문제로 공론(公論→空論)만 하다가 세월 다 보내고 명나라에게는 신뢰만 잃었고, 일본에게는 앉아서 당한 꼴이 되었다.

일본의 풍신수길은 옛날 고려가 일본침공의 몽고군에 대한 앙갚음으로 원수갚기 교육을 강화했고, 明을 친다는 명분은 조선의 전쟁준비를 방해하는 고도의 전쟁정보 혼란전이었다. 이것을 간파하지 못한 조선의 역량이 통탄스럽다.

---

85) 『宣祖實錄』, 선조 25년 6월 甲寅.
86) 『중종실록』, 중종 5년 10월 庚子.; 장학근, 상게서. 1994, p.180.

제 4 장
일본 24만 대군으로 조선을 침략

1. 일본의 조선 침략

일본 전국을 장악한 도요토미 히데요시(豊臣秀吉)는 전국 대명들에게 조선 출병 결의를 선포하고, 1591년 1월 6일 전국에 조선침략을 위한 동원령을 하달하였다. 도요토미 히데요시의 명령에 따라 동원된 일본군의 총 병력 수는 24만 대군이었다[87].

교토(京都)에 집결한 장수들에게 내린 부대가 편제되었다. 작전명령에 따라 일본군은 대마도로 이동한 후, 약 1개월간 전투 편성을 정비하였다[88].

일본군 제1진 19,700여 명이 부산 앞바다 상륙에 성공한 후 부산지역에 교두보를 확보하자, 19일에는 제2진 22,800여 명이 부산에 상륙, 경주와 영천을 거쳐 신영 방면으로 향했고, 같은 날 제3진 11,700여 명이 김해에 상륙한 후 창원과 성주 개령을 거쳐 추풍령 방면으로 향하였다.

이후 왜군의 후속부대가 속속 상륙하여 북진하기 시작하였다. 일본군은 조선의 지상군 위주의 방어전략이란 오판에 의하여 해상에서 아무런 저항도 받지 않고 상륙에 성공하여 파죽지세로 진격하기 시작하였다.

---

87) 조선출정부대: 9개 군(158,700명)
　　대본영 대기부대: 8개 군(102,960명)
　　병력 수송 및 해상작전부대: 4개 군(9,200명)
　　대본영 직속군(본토방어): 5개 군(29,000명)
88) 장학근, 상게서, 1993. p.268.

구 분	내 용
작전전략	조선 출정부대 9개 군은 순서에 따라 조선에 상륙하는 즉시 가능한 빠른 속도로 한성을 향해 진격하되, 한강 이남의 조선군 주력을 섬멸하고 그 다음 전국을 점령 확보하라.
작전편제	총대장 : 우끼다 히데이에(宇喜多家秀) 참모장 : 마시따 나까모리(增田長盛) 선봉장 : 고니시 유끼나까(少西行長) 　　　　 가토오 기요마사(加藤淸正) 수군장 : 구끼 요시다까(九鬼嘉隆) 　　　　 토오도우 따가토라(藤堂高虎)
공격로	중로 : 부산-대구-조령-충주-용인-한성 동로 : 울산-경주-죽령-원주-여주-한성 서로 : 김해-성주-김천-추풍령-청주-한성

2. 조선의 대응

1) 부산포 현장의 대응

1592년 4월 13일 고니시 유끼나까(少西行長)가 지휘하는 19,700여 명이 7백여 척의 전선에 분승하여 오후 5시경 부산 앞바다에 도착하여 상륙지점을 물색한 후, 14일 새벽부터 부산포에 상륙을 감행하였다.

왜적은 부산포에 상륙하여 당일로 부산성을 공격해 조선은 부산첨사(僉使) 정발(鄭撥)장군의 지휘아래 군관민이 함께 결사 항전하였으나 끝내 정발 휘하 모든 성민이 전사하고 성은 함락되었다. 또한 동래성 전투에서도 군관민이 뭉쳐 싸웠으나 동래부사 송상현과 참전군사가 전사함으로써 동래성도 함락되었다[89].

---

89) 『宣祖實錄』, 선조 25년 5월.

2) 선조임금에게 올린 장계 3가지

조선 조정이 임진전쟁의 시작을 안 것은 박홍의 첫 번째 장계가 도착한 4월 17일이었다. 조선 조정의 중신들은 경상좌수사 박홍의 장계에 놀란 가슴을 주체하지 못하였다. 그리고 곧이어 두 번째 김성일의 장계가 올라왔다[90].

"적선은 400척에 불과하고 일본군은 모두 합해 1만 명을 넘지 못한다."

이 잘못된 장계를 보고 조정은 안도의 한숨을 내쉬었다. 그 한숨이 끝나기도 전에 위급을 알리는 김수의 세 번째 장계가 도착하였다[91]. 조선 조정에 도착하는 장계들은 하나 같이 일치하는 보고가 아니어서 전쟁의 사태를 정확히 파악하기 힘들었다[92].

조선 조정은 어수선했고, 어떤 장계가 진실인지 대응책을 세우기 분주했으며, 그러는 와중에 부산진과 동래성 함락 소식이 전해져 옴에 따라 그 때가 되어서야 사태가 더욱 심각함을 인식하였다. 조선 국왕 선조는 북진해 오는 일본군을 급히 막아야 한다고 판단만 하였지 전혀 정확한 상황을 파악하지 못해 초기 대응을 못했던 것이다[93].

3) 선조의 김성일 징계와 조치

선조는 경상 우병사 김성일(金誠一)을 잡아다 국문하도록 명하였다가 미저 도착하기 전에 석방시켜 도로 본도의 초유사(招諭使)로 삼고, 함안 군수 유숭인(柳崇仁)을 대신 병사로 삼았다.

이에 앞서 선조는 전에 김성일이 일본에 사신으로 갔다가 돌아와 적이

---

90) 송정현, 『임진왜란 발발과 경과』한국사, 1995, p.29.
91) 『연려실기술』권15, 「壬辰倭亂 大驚四守」.
92) 『李忠武公全書』권수, 「命從水路激襲賊船」.
93) 『선조실록』, 선조 25년 5월 壬申.

틀림없이 침략해 오지 않을 것이라고 말하여 인심을 해이하게 하고 국사를 그르쳤다는 이유로 의금부 도사를 보내어 잡아오도록 명하였다.

일이 장차 측량할 수 없게 되었을 때 얼마 있다가 김성일이 적을 만나 교전한 상황을 아뢰었는데, 유성룡이 김성일의 충절을 믿을 수 있다고 말하므로 선조의 노여움이 풀려 이와 같은 명이 있게 된 것이다[94].

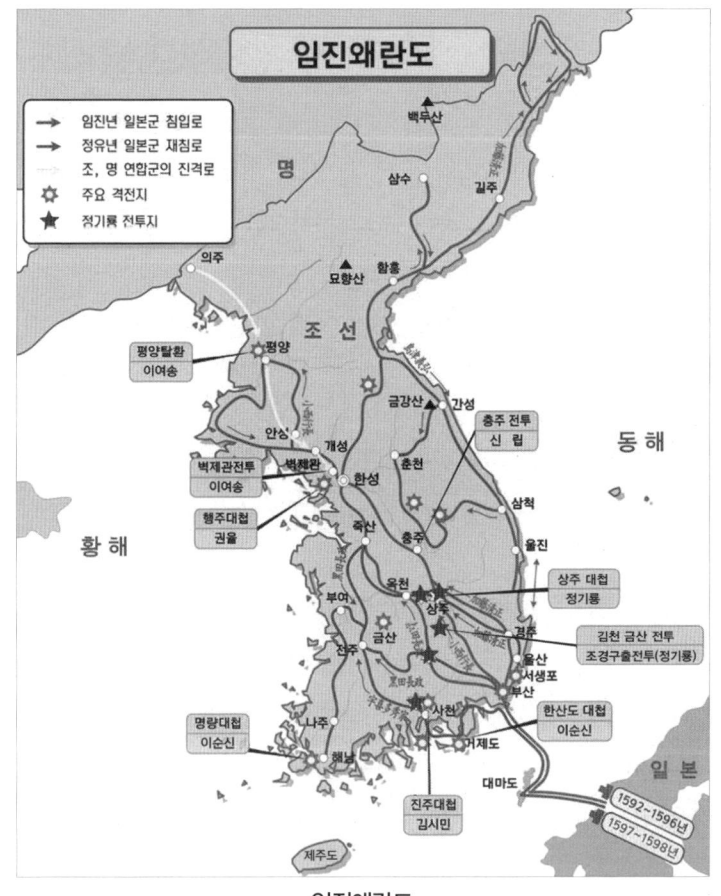

임진왜란도

---

94)『宣祖實錄』26권, 25년(1592 임진/명 만력(萬曆) 20년) 4월 14일(계묘).

3. 일본 종군기자가 찍은 임진왜란 때 사진

1592. 4. 13일 일본이 조선을 침략하면서 일본군이 찍은 부산포 전경
(日本の 战史5 朝鮮の役 120쪽)

일본군 제1진 소서행장(小西行長)이 한성(서울)에 먼저 입성해 찍은 남대문(숭례문) → 지금과는 달리 나무가 무성하다.(朝鮮の役 99쪽)

제4장 일본 24만 대군으로 조선을 침략

장군의 출생과 성장기

제1장 땅의 큰 울림, 영웅의 탄생
제2장 정기룡장군의 결혼 이야기
제3장 국방불안 중 임금님의 이름하사 "정기룡(鄭起龍)"

제1장
땅의 큰 울림, 영웅의 탄생

　1562년 4월 24일, 조선 제13代 明宗 17년 임술년 明나라 世宗(嘉靖) 41년 탄생하였다. 즉, 곤양군(昆陽郡) 태촌 출생인 정기룡은 좌찬성(左贊成), 참판공(參判公)휘 浩와 남양홍씨(南陽洪氏)간의 三男(夢龍, 仁龍, 起龍)中 막내로 태어났다. 初名은 무수(茂樹), 字는 경운(景雲) 호(號)는 매헌(梅軒), 시호는 충의공(忠毅公)으로 모친 洪氏부인은 산달을 훨씬 넘기고도 산고가 심했는데 당시 유행하던 천연두까지 앓으면서 진통이 심해 사경을 헤매는 산고(産苦)를 여러 날 겪으면서 12달 만에 출산(出産) 하니 하얀 서기(瑞氣)가 마치 햇볕이 비치듯이 지붕을 뚫고 사방으로 뻗어 나갔다고 한다.
　곤양현 중평(昆陽縣仲坪) 지금의 경상남도 하동군(河東郡) 금남면(金南面) 중평리(仲坪里) 경충사(景忠祠)이며 지금도 이곳을 찾노라면 정기룡에 관한 여러 가지 일화(逸話)를 어른들의 말을 통해 들을 수 있다.
　출산할 때 아기의 울음소리도 우렁차 집안이 쩌렁쩌렁 울렸으며, 집과 대밭(竹田)에 서기(瑞氣)가 어리고 있어 이를 본 동리 사람들은 정기룡을 일컬어 태중구모(胎中救母)의 출천지(出天之) 大人으로 장래에 큰 인물이 될 징조라 하며, 아기의 출생을 축하하였다. 또한 「매헌실기(梅軒實記)」[95]에는 아래와 같이 기록되어 있다.

---

[95] 「매헌실기(梅軒實記)」: 정기룡장군의 전승자료가 분실, 훼손되어 기록보존의 필요성을 느낀 증손 정륜(鄭綸)의 요청으로 1718년(숙종 44년) 당대의 학자였던 인천 채휴징(蔡休徵)이 고증을 거쳐 연보와 서문을 작성하고 조정융(曺挺融)이 한문으로 찬술한 장군의 일대기. 이것이 목판으로 판각되어 종가에서 보관하다가 성역화 사업 후 충의사에 보관 중인데 이를 번역한 책이 국역매헌실기이다. 매헌은 장군의 호(号)인데 상주 매호(梅湖)에서 연유되었다. 저자가 장군의 성장과정을 추적하며 체취를 느끼기 위하여 매호를 찾았으나 시가지 확장으로 매호는 사라진지 오래이고, 다만 매호 1리, 매호 2리 등 명칭만 남아있었다.

"장군의 모부인께서 처음에 장군을 배고 난후에 이상한 꿈을 많이 꾸었다. 이미 낳을 달이 찼는데 천연두(天然痘)에 걸려서 구료(求療)하지 못하여 숨이 끊어진 지가 여러 날이 되었다. 어린애가 배 속에서 놀고 움직이는 것이 보통 사람과 같기에 이를 이상히 여겨 숨이 끊어진 사람을 염습(殮襲)을 하지 않고서 살아나기를 기다리고 있었더니 이렛밤을 지난 후에 다시 살아나게 되었다. 사람들이 말하기를 귀한 아들을 배고 있는 까닭이라고 하였다. 아이를 낳을 때를 당하여 또 흰 빛의 서기(瑞氣)가 지붕을 지나간 이상한 일도 있었다."

1. 장군의 유년기

1) 병정놀이 꼬마대장

정기룡은 태어나면서부터 체격이 크고 우람하였다. 뼈마디가 굵고, 팔다리가 길었으며 눈빛이 빛나 안광(眼光)이 사람을 압도하였다. 또한 고집이 세었고, 음성도 무겁고 근엄하여 장차 天下를 호령할 기상이 넘쳤다. 정기룡은 점차 장성함에 따라 그의 행동 또한 범상치 않았다. 어려서부터 식우지기(食牛之氣 소를 삼킬 만한 기상을 말함)가 있었고 뽕나무 활(상호, 桑弧)을 쏠 적부터 관인(官人)의 양상을 흉내 내어 뭇 아이들을 위엄으로 복종시켰으므로 아이들이 감히 어기지 못하였다. 의관(儀觀)이 웅위(雄偉)하고 눈빛이 횃불과 같았으며, 청렴결백하여 흠결이 없었고 항상 남의 곤궁함을 급히 여겨 자기의 사정을 돌아보지 않았다.

기룡은 동네 아이들을 거느리고 전쟁놀이를 하려고 뒷산(지금의 金鰲山)에 자주 올라갔다.

동네 아이들과는 항상 전쟁놀이를 벌였다. 그의 음성은 어릴 적 터 쇠북소리 같은 컬컬한 탁임이었으나 한번 소리만 치면 그 소리가 십리 밖에까지 들렸다. 또 힘이 매우 억센데다가 위엄을 갖추고 있어 아이들뿐만 아니라 인근 어른들까지도 두려워했을 정도다.

하루는 한 아이가 화살을 주어 오라는 꼬마 대장 기룡의 영(令)을 어겼다. 이에 화가 난 기룡은 꼬마 병졸들을 모아놓고 말하기를 '대장의 군령(軍令)을 어겼으니 군법으로 다스리겠다'고 호령하며 그 아이를 향해서는 '너 이놈 듣거라 군령을 어겼으니 죽음을 면치 못하리라 그러나 내 너를 가엾게 여겨 곤장(棍杖) 다섯 대에 옥살이를 시킬 터인즉 그리 알라'고 하며 실로 추상같은 호령이었다. 동시에 다른 꼬마 병정들은 다른 일을 시켜 돌을 쌓아 옥(獄) 모양으로 짓게 한 다음 그 아이의 엉덩이를 까고는 손수 곤장을 친 다음 투옥시켰다.

그는 이와 같이 어릴 적부터 군률(軍律)이 엄하였으므로 꼬마 병정들은 기룡을 호랑이 대하듯 두려워하였다.

2) 출생지, 하동 경충사와 금오산 일대

장군의 생가가 있는 지금의 경남 하동군 금남면 상촌리 경충사 일대에는 활 쏘고 말 달리던 터가 그대로 남아 있고, 생가의 뒷산 금오산 기슭과 중평 당사골에는 어린 시절 병정놀이하고 무술을 닦던 터가 그대로 남아 있다.

뒷산 금오산은 장군의 전투사를 말해 주듯 멀리 일본을 바라보고 있으며, 한려수도를 끼고 남해군과 마주 보고 있다.

금오산 기슭 중방계곡은 경치가 아르답고 4계절 맑은 물이 흐르는 청정 명승지로 어린 시절 동네 또래들과 기마전과 병정놀이를 하며 힘차게 뛰놀던 곳이다.

산중턱에는 장군이 3년간 시묘살이를 했던 부친묘소가 있으며, 임란 중 진주성이 함락되자 장군의 강씨부인이 조선여인의 절개와 기상을 지키기 위해 진주남강에 투신자결 전에 정기룡장군에게 보낸 혈서가 적힌 저고리가 옆에 묻혀 있는 곳이다. 경충사와 하동군청에서는 2008년부터 "정기룡장군 탄생지 성역화사업"을 계획하고 생가복원, 활 쏘던 곳, 승마장, 무술 단련장, 병정놀이터 등을 개발하고 있다.

3) 한문공부

아버지 찬성공(贊成公)은 기룡으로 하여금 장차 문관(文官)으로 출세시키려고 서책(書册)을 주고, 활쏘기, 창, 칼 쓰는 무예에 열중하는 것을 못하도록 막았다. 그러나 그의 활달한 천생 성품도 그러려니와 그의 노는 모습이 무관(武官) 소질(素質)을 타고 났음을 알고 한 학도가 가르쳐 문무를 겸하도록 교육하였다.

(1) 전통적 유교가문의 엄격한 가정교육

유교사상이 세상을 지배하던 조선시대 양반가에서는 자녀들이 학문을 하여 과거시험(科擧試驗)에 급제한 뒤 높은 벼슬을 하는 것이 꿈이었다. 당시 선비집안에서는 자식을 낳아 말귀를 알아들을 나이가 되면 글공부를 시켰는데 요샛말로 하면 어린이 조기교육이다. 무수(茂樹, 정기룡의 처음 이름)도 아버지의 뜻에 따라 5살 때부터 「천자문(千字文)」[96]을 배우기 시작하였다.

7살 때부터는 동네 서당(書堂)에 나가 「동몽선습(童蒙先習)」[97]과 「명심보감(明心寶鑑)」[98] 등을 차례로 공부하여 나갔다.

---

[96] 「천자문(千字文)」은 한문(漢文) 초학자를 위한 교과서 겸 습자교본으로 중국 남조 양(502~549)의 주흥사가 양 무제의 명을 받아 지은 책이다. 모두 다른 한자 1000자로 1구 4자의 사언 고시 250구로 되어 있다.
[97] 「동몽선습(童蒙先習)」은 어린이들에게 가장 기초적인 윤리와 역사적 정통을 가르치기 위하여 만들어진 책이다. 추구나 「천자문」을 통해서 글자를 조금 익히고 나면 대부분 이 「동몽선습」을 배우곤 하였다. 따라서 문법적으로 아주 단순하고 초보적인 문장에 토까지 달아서 기초적인 문법을 익히기에는 더 할 나위 없이 좋은 교재이다. 「격몽요결(擊蒙要訣)」이란 어리석음을 깨우는 긴요한 비결이란 뜻이다.
[98] 「명심보감(明心寶鑑)」은 고려 시대 충렬왕 때의 문신인 추적(秋適)이 어린이들을 위하여 각종 고전에서 가르칠 때 쓰이기 위해 문구들을 발췌하여 만든 책이다. 지

제2부 장군의 출생과 성장기

10세부터 15세까지는 향교(鄕校)[99]에 나가 「소학(小學)」[100], 「주자가례(朱子家禮)」[101] 등을 수학(修學)하였다.

(2) 조선시대의 한학공부 방법

서당과 향교에서의 교육방법은 요즘의 공부방법과는 사뭇 다르다. 서당에 나가면 전날까지 배운 것을 숙지하고 암기해야 다음진도로 나아간다.

만약 숙지상태가 부족하면 체벌이 가해지고 처음부터 어제 배운 데까지 다 외우고 숙지해야 하니 진도가 나아갈수록 공부량이 많아지는 것이다. 또 하루공부를 마치면 습자(習字)라 해서 붓글씨로 그날 배운 것을 다 외워 써야 하니 한문공부는 완전체득교육 방법이었다.

(3) 한학은 인성종합교육(人性敎育)

옛날의 한문교육은 한문글자만 가르치는 것이 아니라 사람 사는 이치, 사회의 도리, 하늘의 법칙까지 설명하는 종합교육이었고, 세상의 문리를 터득하는 것이 주안점이었다.

아무리 좋은 제도도 시행 400~500년이 지나면 인간의 욕심과 습관이 결부되어 혼탁해지다가 부패하기 마련이다. 그렇게 숭고하고 무욕(無慾)하다는 불교도 삼국시대에 들어와 고려 말이 되니까 불교가 부패하여 사

어진 때는 고려 충렬왕 31년(1305년)으로 전해진다. 19편으로 이루어져 있으며 유불선의 복합된 사상을 망라하여 만든 책이다. 조선 시대에 서당에서 어린이들을 위한 교과서로 자신을 수양하고 반성하고 양심을 기르는 인격수양의 목적으로 가르쳤다.
[99] 향교(鄕校)는 고려시대를 비롯하여 조선시대에 계승된 지방 교육기관으로서 국립 교육기관이다. 일명 교궁(校宮)·재궁(齋宮)이며, 고려시대에 처음 생겼을 때에는 향학이라 불렀다. 향교는 지방의 문묘와 그에 속한 학교로 구성된다.
[100] 「소학(小學)」은 중국 남송(南宋)시대 주희(朱熹, 朱子)의 감수아래 그의 제자 유청지 등이 편찬한 책으로, 1187년 주희가 58세 되던 해에 완성한 것으로 중국의 문자 및 훈고에 관한 학문, 또는 그것을 교수하는 학문소(學問所)이다.
[101] 「주자가례(朱子家禮)」는 주자가 유가(儒家)의 예법의장(禮法儀章)에 관하여 상술한 책으로 성리학을 집대성한 주희가 가정에서 사용하던 예절을 모아 엮은 것이다.

회개혁의 불씨가 되었고 결국 이성계가 유교를 통치이념으로 하는 이씨조선을 건국하지 않았는가.

불교적 사고(思考)와 생활습관에 젖어 있던 국가를 일시에 생활습관이 다른 유교체제로 전환하는 것은 큰 충격이었고 혁명이었다. 공리적(公利的)이고 철학적이던 사고의 틀에 삶의 중요성을 강조하는 현실적 사고의 틀로 바꾼 것이다. 그래서 유교에서는 수신제가치국평천하(修身齊家治國平天下)[102]라는 사회에 진출하는 4단계 방법론을 제시한다.

제 몸을 닦고 가정의 화합과 질서를 위해 효도(孝道)를 권장하였고, 사회질서를 위하여 예(禮)를 강조하였고, 나라를 위하여 충성(忠誠)을 강조하였다.

조선시대의 교육제도는 한양에 국립대학격인 성균관이 있었고 각 현(각현(縣)마다 성균관 산하 교육기관인 향교(鄕校)가 있었다.

뜻이 있는 각 가정에서는 집에서 기초교육을 시킨 뒤 서당이나 서원에 보내 집합교육을 받았고, 그 단계를 마치면 향교에 들어가 조직교육을 받아 가치관과 국가관까지 갖추게 된다. 즉, 자력으로 학문을 해나갈 능력이 배양되는 것이다.

구 분	내 용
성장	여덟 살에 벌써 활쏘기와 창, 칼 쓰는 법을 익혔으며 동네 아이들을 모아 진(陣)치기 전쟁놀이를 했으며 이럴 때마다 그는 언제나 대장 노릇을 하였던 것이 그가 훗날 발휘한 탁월한 지략은 이미 이때부터 싹트고 있었음을 짐작할 수 있다.

---

102) 수신제가치국평천하(修身齊家治國平天下)라는 말을 풀어놓자면 −수신(修身) : 심신을 닦는다. −제가(齊家) : 가정을 바르게 한다. −치국(治國) : 나라를 다스린다. −평천하(平天下) : 세상이 평안해진다. (혹은) 세상을 평정한다. 는 말의 조합이다. 이는 4서5경중 하나인 대학에 나오는 말인데 그 해석이 두 가지로 나뉘는 것으로 알고 있다. [내가 바르면 / 당연히 가정도 바르게 되고 / 나라도 잘되고 / 세상이 평안하다라는 것이 그 하나요, [나를 먼저 바르게 해야 / 비로소 가정도 바로잡을 수 있고 / 그런 후에야 나라를 다스릴 수 있고 / 그 다음에라야 세상을 평정할 수 있다는 것이 그 하나다.

2. 정기룡장군의 "孝의 실천 – 여묘살이"

1) 성인(聖人)도 하기 힘든 효행의 극치

장군의 아버지 좌찬성공 휘 호(浩)는 13살 때인 1563년 음5월 17일 세상을 떠났다.

부모님을 여의면 내가 어버이를 잘못 모셔 세상을 떠났다고 보고 무덤 옆에 여막(廬幕)을 쳐놓고 죄인에 대한 반성을 3년 간 하는 것을 여묘살이103)라고 하는데 성인(聖人)도 하기 힘든 일을 13살 어린이가 이 어려운 일을 해낸 것은 대단한 일이었다.

부친의 묘소는 금오산 기슭 산중턱에 모셨는데, 13살 밖에 안 된 가장 어린 막내가 시묘살이를 하겠다니 가족과 친척들 깜짝 놀라 만류하였으나 뜻을 굽히지 않았다.

여묘살이란 산짐승도 많은 캄캄한 산중에서 혼자 묘 앞에서 不孝를 반성하며 제대로 먹지도 못하고, 자지도 못하면서 3년 간 추위, 더위를 견뎌내야 하는 어려운 일인데, 이일이 어디 쉬운 일인가?

그러나 둘째형 인룡이가 자기도 하겠다며 따라나서 두 형제가 같이 시묘살이를 시작하였다.

여막이라야 무덤 근처에 널빤지 깔아놓고 비 피할 정도로 휘장쳐 놓은 정도라 편히 잠자거나 쉴 장소도 못되니 하루하루가 힘들었다. 낮에는 찌는 무더위에 시달리고, 밤에는 모기떼가 극성을 부렸다.

비오고 태풍이라도 부는 날이면 여막이 다 날아가 버렸다. 겨울에는 더욱 힘들었다. 눈보라가 치는 날이면 추위가 뼈 속까지 파고들었다.

---

103) 여묘(廬墓)살이 : ① 3년간 무덤 앞에 무릎 꿇고 곡(哭)을 하여 생전의 不孝를 반성한다. ② 집에 가지 않고 음식과 수면을 제한하여 죽지 않을 정도로만 절제하여 1일 1회 집에서 물과 소량의 음식을 만들어주고 간다. ③ 세수, 목욕도 하지 않고 손톱, 발톱, 머리, 수염도 깍지 않는다(3년간). ④ 가족도 세상일도 멀리하고 오직 생전의 不孝를 반성한다.

형 인룡은 혹독한 겨울을 이겨내지 못하고 병이 나서 결국 下山하고 말았다.

아침이 되면 어머니께서 약간의 음식과 물을 가져오는데 인룡이 병난 것을 보고 크게 걱정하며, 이제 그만하고 같이 집에 내려가자고 하였다. 그러나 기룡은 "대장부가 한 번 세운 뜻을 중간에 포기할 수 없다"며 어머님의 만류를 뿌리치고 산중 무덤가에 혼자서 여묘살이를 계속하였다.

2) 여묘살이 3년간 한학을 파고들어

칠흑같이 어두운 산속 무덤가, 산짐승이 괴성을 지르며 후다닥 지나갈 때면 머리카락이 서고 등골이 오싹하였다.

더욱이 바람 불고, 비오는 밤이면 금방 귀신이 삼킬 것 같은 공포를 느끼기도 하였다. 정기룡은 담력을 키울 수 있는 좋은 기회라 생각하고 공포심을 없애기 위해 공부하던 책을 가져오게 하여 「명심보감」, 「소학」, 「주자가례」 등 그간 배운 것을 달달 외우고 한학을 파고들었다. 여묘살이와 장례법을 설명하고 있는 「예기(禮記)」104)도 이때 공부한 것으로 추정된다.

3) 인격과 학문, 큰 그릇 만드는 계기되어

인고의 세월이 가고, 15세가 되던 1576년(선조 9년, 병자년) 무더운 7월 여묘살이 3년차가 되어 묘소에 마지막 예(禮)를 올리고 상복을 벗어 탈상을 하니 만감이 교차하였다.

이제 어떠한 상황에서도 참고 견딜 수 있는 담력이 생겼고, 효(孝)와 충(忠)에 대하여 각고의 깨달음을 얻었으며, 고행속의 한학공부 등은 어느덧 인격과 학문의 큰 그릇을 다듬는 큰 계기가 된 것이다.

---

104) 「예기(禮記)」란 중국 고대 유가(儒家)의 경전인 오경(五經)의 하나로, 예법(禮法)의 이론과 실제를 풀이한 책이다. 공자(孔子)와 그 후학들이 지은 책들을 한나라의 제후인 헌왕(獻王)이 131편으로 정리하여 엮은 것을 뒷날 유향(劉向)과 대덕(戴德)·대성(戴聖)의 형제들이 잇따라 증보하거나 간추린 것으로 전한다.

집에 도착하자 어머니는 큰일을 해냈다며 감격해 했고, 동네 사람들은 어른들도 하기 어려운 대단한 일을 해냈다고 칭찬이 자자하였다.

요즘같이 노인을 학대하고 부모를 구박하는 일이 가끔 있는 오늘의 우리들에게 장군의 효행은 충격적 화두를 던져주고 있다.

"효행이 지극한 자는 나라 충성도 지극하다"는 장군의 가르침은 큰 교훈으로 받아들여져야 할 것이다.

3. 정기룡장군의 가계(家系)

1) 장군의 족보

예부터 진양(晋陽), 진주(晋州) 지역에 터를 잡고 살아온 진양정씨 세보(世譜)에는 8개의 갈래가 있는데 이를 진양 8파(晋陽 8派)라 한다. 그 중에서 고려 때 과거에 급제하여 첨정(僉正)의 관직에 오른 정중공(鄭仲恭)을 시조로 모시는 갈래가 첨정공파(僉正公派)인데 정기룡장군은 진양정씨 첨정공파 15대손(代孫)이 된다.

8대조 청계 정가원(鄭可願)은 조선 초기 생원시에 합격하여 우찬성겸 안주도병마단련사판덕주사(右贊成兼 安州道兵馬團鍊使判德州事)의 관직을 수행하였다. 9대인 중추공(中樞公) 정헌(鄭憲)을 거쳐 15세손(世孫) 당시 좌찬성(左贊成)의 벼슬을 지낸 정호(鄭浩)와 정경부인 남양홍씨 사이에 아들 셋을 두었는데 그중 막내가 성기통상군이다.

엄격한 유교가문에서 태어난 그는 5살 때부터 아버지로부터 「천자문」을 배웠고, 뒤에는 서당에 나가 한문을 공부하였는데 천성이 착하고 충직한 편이라 이때부터 충효정신(忠孝精神)이 다져나간 것으로 볼 수 있다.

世系分派之圖(세계분파지도)

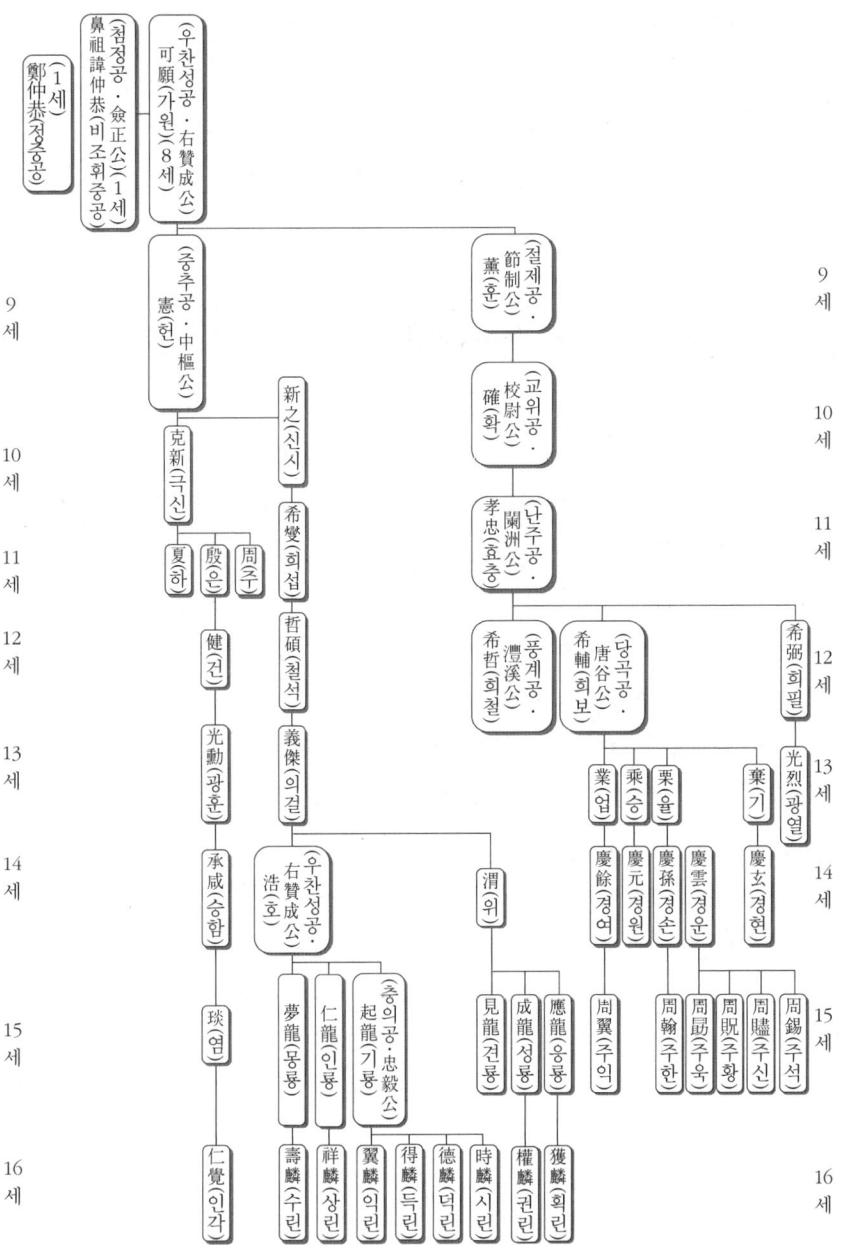

2) 장군의 가족

장군이 24세 때 진주강씨부인과 혼인하였는데, 진주성 항전에 가담하였다가 진주성이 함락되자 왜적에게 짓밟히기 보다는 죽음으로써 조선의 절개와 기상을 지켜 낸다며 남강에 투신자결 함으로써 첫 부인에게는 후손이 없다.

두 번째 부인은 예천권씨(醴泉權氏)로서 선전관(宣傳官) 권홍계(權弘啓)의 따님이고, 홍문관교리 권오기(權五紀)의 증손녀이다. 장녀는 생원 김시절(金是梲)에게 시집갔으니 김시절은 세마(洗馬) 김집(金集)의 아들이고, 김학봉(金鶴峯)의 손자이다.

무과별시에 합격하여 벼슬이 첨지중추부사(僉知中樞府事)에 이르렀으며, 차남은 득린(得麟)이니 또한 무과에 합격했으며, 그 다음 아들은 덕린(德麟)과 시린(時麟)이다.

막내딸은 첨사(僉使) 박언두(朴彦枓)에게 시집갔다. 익린(翼麟)이 아들은 6명이니 하영(夏韺)·원영(元韺)·순영(舜韺)·미영(美韺)·우영(禹韺)인데, 선영(善韺)은 계부(季父) 시린에게 양자로 나갔다.

득린의 아들은 2명이니 두영(斗韺)·진영(震韺)이고, 덕린의 아들은 4명이니 시영(是韺)·찬영(燦韺)·은영(殷韺)·세영(世韺)이고, 시린의 아들은 1명이니 선영(善韺)으로서 모두가 12명인데, 부모에게 효도하고 어려운 백성들을 널리 구휼하였고, 나라를 위기에서 구해낸 공덕으로 자손들이 번창하였다.

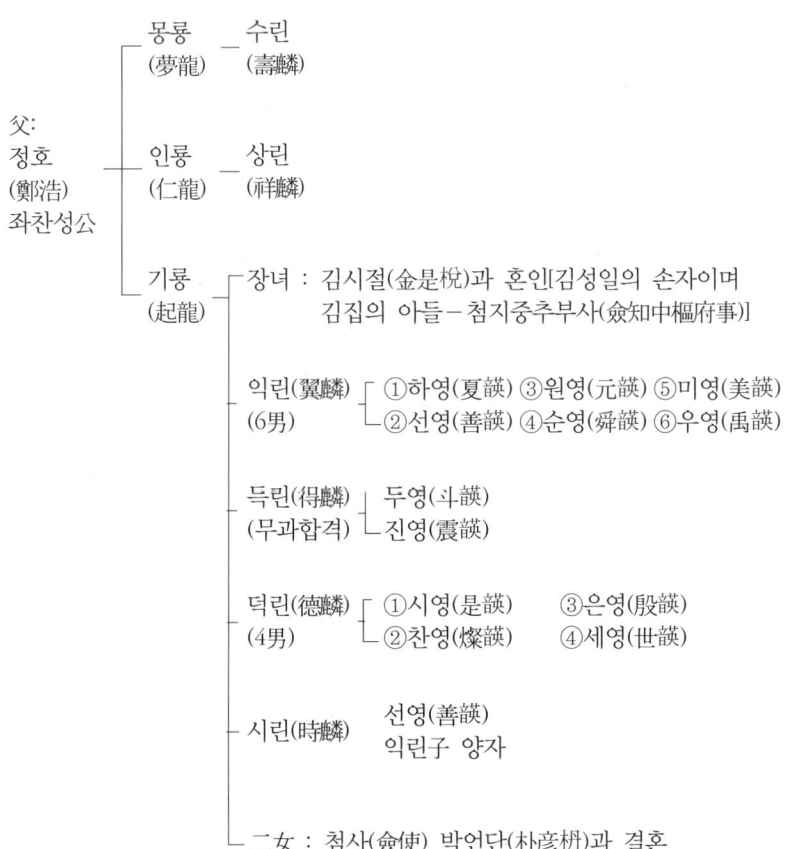

※ 참 고
① 무과급제 후 두만강변 수자리 근무 3년, 군사훈련, 부인이 진주성에서 항전하다 진주남강에 투신자결하기까지 24세부터 32세 8년간은 사회불안과 전쟁의 연속이었다.
② 두 번째 부인 권씨는 학식과 재력을 갖춘 현모양처로 장군의 전쟁수행을 자금과 지혜로써 도왔다.
③ 6남 2녀를 잘 길러 훌륭한 인재로 길러냈다.
④ 후손들은 장군을 닮아 건장하고 무과출신들이 많으며, 부인을 닮아 미모에 영특하다는 평가를 많이 하였다고 한다.

3) 후손들의 수난

장군의 후손들은 상주군 사벌면 금흔리 일대에서 장군의 충효정신을 이어가며, 씨족사회를 이루며 오순도순 살았다. 그러나 일제 강점기가 시작되면서 수난을 겪기 시작하였다.

임진왜란 때 일본군을 가장 많이 죽인 정기룡의 후손이란 이유로 툭하면 끌고 가 조사하고 고문하며 못살게 괴롭혔다.

장군의 전쟁기록, 교지, 교서 등은 일본관헌에 빼앗기고 불태워져 소실되었다. 지금의 남은 자료는 종손이 항아리에 넣어 땅속에 묻어놓고 고문을 당하면서까지 목숨 걸고 지켜낸 것이다. 그리고 모든 기록에서 정기룡이란 이름과 공적은 삭제되었다. 그러니 자료와 근거 얘기는 하지 말라.

인조반정에 이어 일제에 의한 압살정책이었다. 해방이 되면 좀 낫겠지 했지만, 친일파의 득세에 의하여 탄압정책이 계속되어 오늘에 이른 것이다. 나라에 충성하고 나라위해 싸웠다는 이유 하나로 후손들이 이렇게 고생하고 핍박받는다면 누가 나라를 위해 싸우겠는가?

이제 국민의 힘으로 장군을 흔들어 깨우고 영웅은 죽지 않았음을 보여야 할 것이다.

한편 족친 세보로는 10世 정확(鄭碻)은 학식이 뛰어 났는데 당시 남해현 교육을 총괄하는 교위(校尉) 벼슬을 하면서 남해현에 정착하기 시작하였다. 그의 손자 당곡(唐谷) 정희보(鄭希輔)는 당시 대성리학자로 퇴계 이황과 함께 획계의 기목이었으며 남명(南冥) 조식(曺植)과도 교류가 깊었다. 당곡의 손자 14世 정경운(鄭慶雲)은 정기룡과 같은 시기에 살면서 임진·정유양란 등 전쟁 체험사 18년 일기집, 고대일록(孤臺日錄)이란 위대한 저술을 남겼다.

오늘날의 인사로는 25세(世) : 화촌(和村, 정창주 전 서울대 농대 학장), 하윤(河允), 진암(眞岩), 26세(世) : 백영(白影), 지남(志南), 송강, 을병, 27세(世) : 남석(南石), 문항(文巷), 송정(松靜), 학성, 28세(世) : 화촌(和村),

남포(南浦), 덕산(德山), 29세(世) : 해원(海圓), 송산(松山)으로 이어지는 많은 학자들을 배출하였다. 또한 26세(世) : 병철, 27세 : 청곡(靑谷)은 경제인이며, 27세 기목은 종손이다. 그리고 정기룡장군의 직계에는 무과급제로 인한 무사(武士)출신이 많았고, 족친에는 학자출신이 많은 편이다.

4. 교육환경이 나은 진주로 이사

1) 17세 때 진주남강 근처로 이사

힘든 시묘살이로 인해 약해진 막내의 몸을 추슬러 회복시킨 뒤 어머니는 아들 셋의 장래를 걱정하지 않을 수 없었다. 셋 중 막내가 가장 영리하고 재주가 있었고, 무술도 특출하여 장래가 촉망되었기 때문에 더 넓은 곳 진주로 나왔다.

기룡은 새로운 각오로 병서 공부와 무술 단련도 열심히 하였다.

2) 남강 변 훈련도중 큰 참변 일어나

19세까지 무술과 글방 공부에 힘썼다. 이럴 즈음 하루는 향교 훈장님이 좀 쉬라는 시간이었다. 이날에도 기룡은 진주(晉州) 남강 촉석루(矗石樓) 변에서 친구들과 같이 군사(軍事) 훈련이 있을 날이었다.

이 때 군사(軍士)들을 점호해 보니 마침 12명 중 1명이 불참하였다.

기룡은 곧 다른 군사에게 명령하여 불참자를 불러 오게 하고는 11명이 보는 앞에서 '너는 우리 군사가 아니라'면서 혼을 내고 규율을 잘 지킬 것을 맹세 받았고 곧 수륙군사 훈련에 들어갔다. 바로 이 때였다. 별안간 먹구름이 천지를 분별할 수 없게 뒤덮으며 뇌성벽력은 하늘과 땅을 갈아엎을 듯 진동 했으며 눈을 뜰 수 없게 뒹구는 번갯불이 물고 온 주먹 같은 빗방울은 폭포처럼 쏟아졌다.

정기룡의 군율은 엄격했고, 한 번 시작한 작전은 중단하는 성격이 아니었기 때문에 남강을 횡단하는 수륙작전은 계속되었다. 이윽고 산중에 내린 폭우가 한꺼번에 밀려오면서 훈련 중이던 병사 11명이 모두 휩쓸려가 버린 것이다. 정기룡장군은 눈앞이 캄캄하였다. 정기룡은 갑자기 당한 일이라 처음에는 많은 고통을 받았으나 차분히 사태를 수습해 나갔다.

이 같은 내용은 보통 설화의 기법으로 처리하는데 호랑이와 연관된 설화 기록이 있으나 여기서는 생략한다.

5. 고성현 무과향시 급제

정기룡은 1579년 18세(宣祖 12년 기묘년)에 드디어 성년이 되어 갓을 쓰니 풍모가 의젓하였으며, 계속해서 「병서(兵書)」와 「사서삼경(四書三經)」을 열심히 공부하였다. 그리고 1580년 19세(宣祖 13년 경진년) 8월에는 고성현 향시(鄕試)에 급제하였다.

그 동안 갈고 닦은 무술훈련과 글공부와 병서탐독의 결과로 매우 기뻤다. 그러나 그의 이번 장원에 뽑힌 기쁨이 곧 슬픔으로 바뀔 줄 어찌 알았으리요. 호사(好事)다마(多魔)라더니 동생 기룡의 응시(応試)를 격려하고자 고성(固城)까지 따라왔던 형 인용이 여로(旅路)에 지쳐 병(病)을 얻어 귀가한 직후 운명(殞命)하였다는 비보(悲報)를 듣게 되었기 때문이다. 「내헌실기」에는 아래와 같은 기록이 있는데 형제가 우의가 대단했음을 알 수 있다.

19세 9월 2일에 중형이 별세하였다는 기별을 듣고 달려 돌아와서 이내 활 쏘는 기구를 버리고는 소찬(素饌)[105]을 3년 동안이나 먹었다.

장군의 형제는 우애가 돈독하여 상시 떠나있지 아니하였다. 장군이 향

---

105) 소찬(素饌)이란 고기나 생선이 들어있지 않는 반찬을 말하나 반성하는 의미에서 연명만 할 정도로 채식을 조금 먹는 것.

시에 나가게 되자 형도 함께 향시 보는 장소에 도착하였다. 장군이 초장에 이미 합격했는데 형은 대단치 않은 병이 나서 먼저 집으로 돌아왔으나 병의 형세가 갑자기 위중하여 뜻밖에 별세하게 되었다. 장군은 크게 상심하여 달려서 돌아왔다.

이미 초상을 치르고 나자 즉시 활 쏘는 기구를 던져 버리면서 말하기를 '내 형님에게 병을 얻어 오도록 하고서, 형님이 살아 있을 때에 약을 써보지도 못하게 되고, 별세할 때에 서로 작별하지도 못하게 되어 마침내 끝이 없는 슬픔을 마음속에 품도록 한 것은 내가 이 활 쏘는 것을 직업으로 삼았던 까닭이다'라고 하였다.

6. 상주로 이사

1) 진주 남강 참변 후유증에 시달려

진주(晉州) 남강 촉석루(矗石樓)에서 뜻하지 않았던 천변(天變)으로 일시에 열두 명의 어린 생명이 없어졌다. 그러나 이로 인하여 정기룡 모자(母子)에게는 형용할 수 없는 박해(迫害)와 고통이 밀어닥쳐 왔다. 죽은 아이들 부모들이 "내 자식 살려내라"는 성화같은 무리한 독촉으로 정기룡과 그 모친에게 강박했기 때문이다.

이로써 시간의 흐름에 따라 눈에 보이지 않는 협박으로 긴장의 연속이었고, 이로 인해 언제 신변에 어떠한 일이 닥칠지도 모른다는 불길한 예감이 감돌기 시작하였다. 이일로 인해 아들 기룡의 장래에 대한 기대와 관심이 지대(至大)한 그의 모친은 마음속으로 중대한 결심을 하게 된다. 즉, 앞서서 죽기를 기다릴 것이 아니라 활로(活路)를 뚫어야겠다는 결심이 선 것이다.

결심을 단행하려는 정기룡의 모친은 기회를 엿보고 있다가 아들 기룡을 데리고 진주(晉州)를 떠나 이사를 하였다. 그리하여 산 설고 물 설은 먼 상주(尙州) 땅으로 오게 되었다. 일단 안주(安住)의 땅 상주(尙州)로 온 정기룡 모자(母子)는 그런대로 위기를 모면하고 정착(定着)하였다. 정기룡은 상주향교에 나가 성인의 글을 읽으며 마음을 추슬렀다. 이때가 1581년 선조 14년 신사년으로 정기룡의 나이 20세 때의 일이다.

2) 경천대 용마 이야기

낙동강(洛東江) 상류지방(上流地方)인 경상도(慶尙道) 상주(尙州) 동쪽에 있는 경천대 부근의 청소(靑沼)에는 용마(龍馬)가 나서 녹수청산(綠水靑山)을 마음대로 뒹굴고 달리다가 푸른 물속으로 뛰어 들어갔다. 굴레 없는 용마의 일과는 매일 이와 같이 계속되고 있었으나 누구 한사람 언제부터인지 아는 사람도 없었고 또한 감히 가까이 가려는 사람도 없는 때였다.

정기룡은 상주에 와서도 다른 지방에 있었을 때와 같이 여전하게 쉬지 않고 무술(武術) 단련(鍛鍊)에 힘과 마음을 쏟고 있었다. 이때 정기룡도 지방에 널리 퍼진 경천대 용마(龍馬) 이야기는 듣고 알고 있었으므로 하루는 청소(靑沼)로 달려갔다. 가서 보니 과연 소문과 같이 푸른 물속에서 뛰어 나온 용마는 나는 듯이 한동안 뛰다가 다시 물속으로 들어가는 것을 직접 목격한 것이다. 이와 같은 용마를 본 때부터 궁리(窮理)하던 기룡은 6일 만에 비로소 강변에다 똑같은 사람 모양을 닮은 허수아비를 만들어 세우고 용마의 동정(動靜)을 살폈다.

허수아비를 처음 본 용마는 놀라서 가까이 오지도 않다가 차츰 시간이 지나면서 친숙해지더니 가까이 오는 것은 물론이고 심지어 허수아비에게 몸을 문지르기까지 하였다. 이틀을 지켜보아 온 기룡은 용마가 아직 물속에서 나오기 전에 먼저 나와 허수아비 뒤에 찰싹 붙어 숨어 지켜보았다.

그러나 이런 줄 모르는 용마는 오늘도 전과 같이 물속에서 뛰어나와 넓은 강변을 뒹굴기도 하고 한없이 달리기도 하다가 마침내 허수아비 곁으로 다가왔다.

바로 이 때였다. 숨을 죽이며 때를 기다리던 기룡은 마치 번개처럼 용마에게로 달려들어 갈기를 움켜잡고 등에 뛰어오르며 "네 어찌 임자(主人)를 모르는고"하며 호통을 쳤다. 하늘이 낸 장군(將軍)에게 하늘이 보내온 용마(龍馬)거늘 어찌 주인을 못 알아 보리요.

용마도 사람을 아니 주인을 알아보는 듯이 큰 입을 벌리고 하늘을 향해 기쁜 듯이 〈으흥〉 소리를 벽력같이 지르며 신나게 달리기 시작하였다. 사람과 말 아니 장군(將軍)과 용마(龍馬)는 한 덩어리로 뭉쳐진 물체(物體)로 되어 자욱한 모래먼지를 일으키며 넓고 넓은 낙동강변을 번갯불처럼 달렸다. 이렇게 용마를 얻게 된 기룡은 매일 새벽부터 밤늦게까지 새 고향(故鄕) 상수(尙州)에서 아무런 구애도 받는 일 없이 전심전력 무예연마(武藝鍊磨)에 거듭 정진하였다. 뿐만 아니라 이곳에서도 자기 또래의 지방 청년들을 모아 병서(兵書)의 진법(陳法)대로 실전(實戰)과 다름없는 군사훈련을 행했으며 그는 언제나 훈련대장(訓練大將)을 맡았다. 기린과 용마는 성인과 장군의 상징으로 뗄 수 없는 대명사(大名辭)로 되고 있으며, 인류(人類)에게 불멸의 진리(眞理)를 가르쳐 준 성인(聖人)이 된 것이다.

정기룡장군에게는 말(馬)이야기가 두 번 등장하는데 하나는 20세 때의 경천대 용마이고, 두 번째는 권씨 부인이 결혼선물로 가져온 준마인데 성질이 사납고 체격이 준수하며 머리가 영리하여 신마(神馬)라고 불렀다. 장군은 이 신마를 타고 전쟁을 치렀는데 날래고 용감하며 주인의 뜻을 잘 알아차려 승리에 큰 역할로 장군을 도왔다.

용마는 상주 경천대에 용마상으로 남아있고, 신마는 조경장군 구출도에 그림으로 남아있다.

제 2 장
정기룡장군의 결혼이야기

1. 효행과 내조가 지극했던 강씨 부인

 정기룡은 24세 되던 선조 18년(1585)에 진주의 향리 강세정(姜世鼎)의 딸과 혼인하였는데 그는 진주에서 가장 부유한 향리였다. 정기룡의 장인이 진주의 향리였다는 사실은 당시 의성의 향리로 관찰사 김수(金睟)를 수행했던 이탁영(李擢英)의 친필일기 『정만록(征蠻錄)』에서도 광교산전투에서 전공을 세우자 "정기룡은 진산(晉山)의 동풍(同風)인 강세정(姜世鼎)의 사위"라고 기록한데서 확인할 수 있다. 그 후 정기룡은 처가의 지원이 힘이 되었던 듯 다음해 선조 19년(1586년) 10월 25세의 나이로 무과에 급제하였다. 시어머니를 잘 모셨고, 전쟁터에 나간 남편을 노심초사 걱정하였다.
 이 같이 내조에 큰 힘이 되었던 부인 강씨(姜氏)는 임진왜란 당시 왜적을 피하여 진주성(晉州城)에 들어갔다가 성이 함락되자, 손가락을 깨물어 적삼에 혈서를 써서 죽음을 고하고 마침내 그 어머니 및 소고(小姑 시누이)와 함께 촉석루(矗石樓) 아래 큰 강물에 몸을 던져 죽었는데, 그 혈서 쓴 적삼을 후에 정기룡은 곤양(昆陽)의 선영(先塋)에서 장사 지내 주었다.

2. 진주성 전투와 항전

1) 진주성 사수를 위한 긴박한 상황

 정기룡장군의 부인은 임진왜란이 터질 때는 일시 지리산으로 피난해 있다가 전세가 역전되어 적의 횡포가 나약한 틈을 타 친정인 진주에 머물러 있었다. 이때가 계사(癸巳)년 6월 가장 안전한 곳으로만 믿었던 진주성에 적은 다시 공격을 가해 왔으며 이는 전년에 함락 못한 앙갚음을 하기 위해서였다.

창의사(倡義使) 김천일(金千鎰)이 발분하여 제장에게 말하기를 "진주는 호남(湖南)에 이르는 요충으로 입술과 이빨의 관계와 같다. 진주성이 무너지면 호남도 필시 적의 말발굽에 유린될 것이다. 이제 진주성을 버리고 달아남은 오직 적의 마음을 쾌하게 하는 것으로 이는 천추의 한을 남기는 일이다. 우리는 다 함께 죽음을 각오하고 능력견수(能力堅守)하여 적세를 막아야 한다."고 역설하였다.

그러나 제장들은 그의 이러한 간절한 말에 귀를 기울이려고 하지 않았다. 김천일(金千鎰)은 경상우병사(慶尙右兵使) 최경회(崔慶會), 충청병사(忠情兵使) 황진(黃進), 의병장(義兵將) 고종후(高從厚), 사천 현감(泗川縣監) 장윤(張潤) 등과 함께 군사를 거느리고 진주성으로 들어갔다.

이때 김해부사(金海府使) 이종인(李宗仁)이 약간의 군사와 함께 먼저 입성해 있었다. 이때 성내의 병사는 겨우 수천명에 불과했으나 성내 백성은 남녀 합하여 약 칠만명에 달하였다. 의병장 강희열(姜熙悅), 이체(李替) 등이 계속 성을 수비하고 있었으나 목사(牧使)인 서예원(徐禮元)은 병법을 알지 못하므로 모든 방수(防守)의 계책은 김천일에게서 나와 마치 주객이 전도된 감이었다. 또 주변에는 명군(明君)과 군사가 있었으나 모두 방관 태도를 취하였다.

다행히 성벽은 가파른 험지를 택하여 쌓아올린 관계로 수비에 유리하였으나 동쪽은 약간 평찬하여 적침의 허점이 되어 있었다.

제장들은 부대를 재편성하여 구역을 나누어 성을 지키고 황진(黃進) 이종인(李宗仁), 장윤(張潤) 등은 각기 군사를 나누어 기동적(機動的)으로 돌아다니며 구급 응원하는 임무(지금의 기동예비대)를 맡았다. 이리하여 각기 군사 배치가 끝나니 아장들은 한자리에 모여 생명이 다할 때까지 성을 지킬 것을 맹세하였다.

2) 강씨부인, 진주성 방어전에 참여

6월 21일, 적의 선봉인 척후병 수십명이 주변을 침범하여 성내 동태를 살피려 하였다. 이때 오유(吳宥), 이체(李替) 등이 성위로 나아가 정찰도중 이들을 발견하고 활을 쏘아 몇 명을 죽였다. 그리하여 목벤 적의 수급을 들고 돌아오니 성중의 사기는 고조되었다. 다음날 적의 대부대 약 5만의 군사는 성을 세 겹으로 둘러싸고 성 밑으로 침공해 왔다. 적은 대(竹)로 사다리를 엮어 그 위에서 총기를 난사하니 탄환이 마치 비오듯 성중으로 날아들었다. 성내에서도 이에 굴하지 않고 용감하게 잘 싸웠다. 성안의 백성들은 남녀노소 할 것 없이 모두 혼연일체가 되어 병기를 나르는 자, 물을 공급하는 자, 돌을 주어 성위로 옮기는 자, 부상당한 환자를 돌보는 자, 각기 능력에 따라 병사들을 도왔다. 이때 정기룡의 부인 강씨도 전쟁터로 나아간 병사들의 자녀를 안전한 곳으로 옮겨 보살피기에 여념이 없었다.

적은 또 어두운 밤 야음을 이용하여 평탄한 동쪽으로 돌격해왔다. 이때 그들의 함성과 총성은 마치 천지가 진동하는 듯하였다. 그리고는 성벽으로 기어올라 바야흐로 성중으로 난입할 기세였다. 그 다음에는 적이 성의 동성에 다섯 개의 고부(高阜)를 쌓고 그 위에 책(柵)을 세워 총기를 난사하였다.

이때 이를 분쇄하러 나아갔던 강희보(姜希輔)는 전사하고 말았으나 황진이 다시 방패막에 몸을 은식하고 나아가 화전(火箭)을 쏘아 불태워 버렸다. 적은 이에 굴하지 않고 관(棺) 모양의 큰 궤를 만들고 그 위에 생우피(生牛皮)를 여러 겹으로 쌓아 사륜차(四輪車)에 싣고는(소위 龜甲車) 갑옷 입은 자가 그것을 끌고 성쪽으로 육박하여 성을 파괴하므로 황진(黃進)은 횃불에 기름을 부어 그것을 불태워 버렸다. 그 후에 적이 성 밑에 잠입하여 성에 구멍을 뚫으려하므로 물을 끓여 붓는 등 사력(死力)을 다하여 방전(防戰)하니 적의 괴수 한 사람은 총에 맞아 죽고 기타 전사자가 천명이 넘었다. 적은 견디다 못해 위(圍)를 풀고 물러날 때 황진은 성루에 올라 전지를 시찰하다가 홀연 적의 총탄에 왼쪽 눈을 맞아 비장한 죽음을 하였다. 창의사 김천일은 장윤(張潤)으로 하여금 그를 대신하여 싸우게 했으나 그도 조총에 맞아 죽음을 당하였다. 황진은 난전(亂廛)에 군관으로 통신사(通信使) 황윤길과 김성일을 따라 일본에 갔다 돌아온 후 황윤길과 의견을 같이 한 사람이다. 그는 비록 동인 출신이지만 그가 보고 느낀 그대로를 말하여 서인 황윤길에 매수되었다는 둥 온갖 빈축을 받은 바 있었으나 그는 말하기를 "나라가 위급한데 동서가 있을까 보냐"하였다. 인간됨이 이러한 그의 지용(智勇)과 방전(防戰)의 장군은 제장들 가운데 가장 뛰어났다.

그의 전사(戰死)는 병졸들의 사기를 떨어뜨리게 되었고, 또 성의 장래를 비운에 빠지게 하였다. 이때 동문의 성이 비로 인하여 무너지자 적이 이때를 놓칠세라 돌격해 왔다. 이종인(李宗仁)이 병사 백여 명을 거느리고 역전(力戰)하여 간신히 위급을 면하였다.

그러나 마구에 적의 대병력이 북문에서 칼을 휘두르며 대나무 사다리를 올라 넘어 들어오니 목사(牧使) 서예원(徐禮元)은 먼저 성루를 빠져 남문으로 달아났다. 병사들도 견디다 못해 그 뒤를 따라 흩어졌으니. 성은 적의 칼도마에 오르게 되었다.

김천일(金千鎰)등은 촉석루(矗石樓)에서 그 아들 상건(象乾)과 고종후(高從厚) 등 수십인은 북향사배(北向四拜) 이체(李替) 강희열(姜熙悅) 등 십여인은 칼을 휘두르며 적진에 돌입하다가 힘이 다하여 숨져 갔고 특히 놀라운 것은 이종인이 죽을 때 좌우 양팔에 한 놈씩 적을 끼고 강물로 뛰어 들어가며 크게 외쳐 말하기를 "김해부사 이종인이 여기서 죽는다"고 하였다.

이때가 9월 29일 방전 8일만이었다.

3) 진주성 함락 후의 아비규환

적은 사방의 문을 깨뜨리고 쳐들어 왔으니 아녀자들은 살 길을 찾아 분주히 돌아갔다. 그러나 가는 곳마다 적의 천지였으니 과히 아비규환이라 할 수 밖에 없었다. 정기룡의 부인 강씨는 적을 피하여 가솔과 함께 집 뒤 동산으로 올라갔다. 그러나 예측한대로 적의 일대가 그곳으로 몰려옴으로 다시 내려와 부엌 위에 있는 다락방으로 몸을 숨겼다.

6만의 대병력으로 몰려든 적은 그들의 손실도 컸던 만큼 민가에 불을 지르는 한편 남녀 노유(男女老幼)를 가리지 않고 마구 학살하였다. 기력을 못 쓰는 노인을 잡아다 곤장을 치는가 하면 젖먹이 아이들까지 목을 잘랐다. 성내에 명색이 집이라고 하는 집은 모조리 돌아가며 불 질렀으니 그 화광은 하늘을 뒤 덮을 만 하였다.

다락방 혹은 안방구석 깊이 숨었던 부녀자들은 화마를 피해 달아나니 적은 그녀들을 잡아 마구 겁간(怯姦)하였다. 이런 치욕적인 욕을 당하느니 보다는 차라리 죽음을 택하는 게 옳다 하여 더러는 스스로 목숨을 끊는 자가 많았다. 인간이 인간으로서의 대우를 받기는커녕 마치 금수처럼 유린되었으니 전쟁의 참혹함을 다시 한 번 되씹지 않을 수 없었다.

3. 투신자결로 조선여인의 기상을 떨쳐

1) 자결할 것을 결심하고, 정기룡장군에게 혈서(血書)

정기룡의 부인 강씨는 친정어머니와 시집안간 동생을 데리고 몸종 걸이(傑伊)와 함께 다락방을 빠져 나와 담벼락이 있는 헛간으로 나아갔다. 이미 안채는 적의 방화로 검붉은 화염을 토하며 쓰러지고 있었다.

사세가 이러하니 빠져나갈 길이 없음을 깨달은 강씨 부인은 붉은 벽돌조각을 주어 손가락을 찔었다. 그리고는 입고 있던 하얀 비단 적삼을 벗어 그 위에 혈서를 썼다. 붉은 선지피가 비단적삼 위에 번져갈 때 부인은 조용히 눈물을 떨구었다. 그리고는 정하게 접은 적삼을 작은 상자에 넣어 몸종 걸이(傑尹)에게 주어 훗날 남편에게 전하게 하였다. 그러나 무자비하게 학살하는 적(敵)인지라 몸종 역시 생사를 보장할 수 없어 부인은 다시 걸이를 불러 당부하였다[106].

부인은 눈물을 흘렸다. 그리고는 상자를 주어 내어 보냈다. 성내는 남녀의 아우성소리로 들끓었고 하늘을 덮은 검은 연기는 마치 지옥을 연상케 하였다. 그날 밤 어둠이 폐허된 진주성을 내려 덮을 때 부인은 촉석루로 나아갔다. 적군에게 잡혀 욕보느니 보다 차라리 죽음을 택하겠다는 그녀의 곧은 절개(節介)가 이렇게 비극의 죽음을 재촉했던 것이다.

2) 비분강개한 의절부인, 남강에 투신자결!

고요한 촉석루의 밤은 점점 깊어왔다. 바람이 회진된 성터를 마치 아기가 어머니의 젖가슴을 어루만지듯 가볍게 불어왔다. 이젠 천지를 진동하듯 터지는 총성도 멎었다. 이따금 들려오는 여인의 비명소리가 들려올 뿐 무서우리만큼 어둠과 침묵이 흘러갔다. 부인은 가지고 온 갓끈을 풀어 세 여인의 몸을 묶었다. 남강에 몸을 던져 한 많은 인생을 청산하기 위함이었다.

그는 북향사배(北向四拜)를 하였다. 생사를 알길 없는 남편의 무운(武運)을 빌었다. 그리고는 절벽 가까운 곳으로 나아갔다. 온갖 시름을 안고 흘러가는 검푸른 남강 이제 〈첨벙〉소리만 나면 유명을 달리할 생사의 경계선에서 있는지 온갖 감회가 오고 갔다. 부인은 소매를 잡고 몸부림치는 몸종 걸이의 머리를 쓰다듬어 달랜 후 치마를 머리위로 뒤집어썼다. 그리고는 남강 물속으로 뛰어 들었다. 순간 〈첨벙〉하는 소리가 주위의 고요를 깨뜨렸다.

---

106) "이같이 모진 난리를 당하였으니 너의 생사도 또한 보장할 길이 없구나. 그러니 내가 준 상자를 가까운 성벽 돌막에 감추어 두어라. 훗날 성을 수리(修理)할 때 찾아내어 알리는 게 옳겠다."

어둠속이기에 그녀들이 떠 흘러가는 모습은 알 수 없었으나 재촉 받는 죽음의 고행이 어떠했겠는가는 능히 짐작할 수 있다. 남강의 물결소리, 조용하기만 한 촉석루의 밤, 어두움이 장막처럼 처진 속으로 궂은 가랑비가 내리고 있었다. 애달프게 죽어간 그녀들의 죽음을 하늘도 조상(弔喪)의 뜻을 표하듯…… 주인이 떠나간 촉석루 절벽 위에서 걸이는 머리를 풀고 오래도록 울부짖었다. 다시 못 올 길, 어찌하여 이 민족에게 이러한 시련을 내리시는지 하늘도 애달팠다.

정기룡은 진주성 함락 하루 전날인 6월 27일에야 진주 목사 서예원(徐禮元)이 보낸 원병 요청의 통첩을 받게 된다.

"부산 김해에 둔거하던 6만의 적이 진주성을 포위하고 있소. 고립무원의 궁지에 빠진 성내 관군은 기천명에 불과하오. 이대로라면 장차 진주성 함락은 불가피하오. 진주성은 호남에 이르는 군사적 요충지대요. 진주가 없으면 호남도 없는 것이니 청컨대 원병을 보내어 진주성을 구원하시오. 시각을 다투는 것이니 되도록 많은 병을 발하시기를 비오. 진주 목사 서예원"

3) 지원군 정기룡장군 6만여 명 학살 현장을 목격

편지를 받아든 정기룡의 얼굴은 순간 일그러 질대로 일그러졌다. 적을 대할 때 굳어지는 그의 독특한 인상이기도 하였다. 그는 즉시 제장들을 소집하여 길 떠날 차비를 서두르게 하였다. 보기(步騎) 700명의 군사를 이끌고 밤낮으로 달려 진주성에 다다랐을 때는 이미 성은 석의 손에 분낭된 후였다.

그는 비봉산(飛鳳山)에 올라 회진된 성내를 내려다보고 주먹을 불끈 쥐었다. 참혹한 살육(殺戮)이요 방화임을 멀리서도 알 수 있었기에 말이다. 성이 함락되자 적은 외쳐 말하기를 "임진 10월의 복수를 하라"는 구호를 내어 걸었다. 작년 10월 1차 침공시에 그들이 입은 피해를 앙갚음 하겠다는 비계였다. 그리하여 성이 함락되자 그들은 무차별 학살을 감행하였으니 군관민 모두 합쳐 6만여 명이 학살당하였다. 가는 곳마다 시산(屍山)을 이루었으니 그때의 참상을 어찌 글로서 표현하랴. 심지어 소와 말은 고사하고 닭 한 마리 남기지 않고 모두 죽여 10리 안에 닭과 개 소리를 들을 길이 없었다.

그러나 이 진주성의 혈전이야 말로 비굴하게 도망만 치던 몇몇 관군에게는 좋은 본보기가 되었다. 조선 혼의 용명을 철저히 나타낸 사상 일대 금자탑이라 할 수 있다. 군관민이 한 덩어리가 되어 끝까지 사력을 다하여 싸우다가 성과 함께 운명을 같이 하였다는 것은 한국 민족 사상 가장 빛나는 광채라 하겠다.

4) 몸종 걸이, 혈서 찾아 장군에게 건네다

부인의 몸종이던 걸이(傑伊)는 다행히 산곡간으로 피신해 있다가 정기룡이 원병을 이끌고 진주로 왔다는 소문을 듣고 그를 찾았다. 그리고는 중차림으로 변장하고 적의 소굴이 된 성안으로 잠입 해 들어갔다. 돌막 사이에 감추어 둔 부인의 혈서가 들어있는 상자를 찾기 위함이었다. 주인은 가도 흔적은 남아있는 상자, 허물어진 성벽에서 상자를 찾아 든 걸이는 마치 기는 사람처럼 어둠 속을 빠져나왔다. 그리고는 상전인 정기룡이 둔거하고 있는 비봉산 뒤를 찾았다.

그녀는 병졸의 안내를 받아 상자를 안고 그의 앞으로 나아갔다. 그렇지 않아도 부인의 생사를 몰라 궁금해 하던 정기룡이기에 걸이를 보자 반색하며 우선 안부를 물었다. 그러나 걸이는 대답할 바를 잊고 멍청히 그를 쳐다보았다. 그리고는 한줄기 눈물을 떨구었다.

"어인 눈물인고? 어서 안부나 말하여 보라"
"저 마님께서 이것을 전하도록 하시고는 촉석루에서 그……만 흑흑"

그녀는 이렇게 말하고 고개 숙여 통곡하였다. 정기룡은 이미 예측한 바이나 순간 자기도 모르게 북 바치는 울분을 억제할 수 없어 몸을 떨었다. 그는 얼른 상자를 빼앗아 들어있는 적삼을 펼쳤다.

5) 정기룡장군, 피로 쓴 유서 받고 통곡

"부디 당신의 무운(武運)을 비오. 욕을 당하느니 보다 차라리 죽음을 택하여 먼저 가오니 상념(傷念) 마옵시기 바라나이다 계사년 6월"[107]

장군은 피로 물든 적삼에 얼굴을 파묻고 통곡하였다. 허리에 찬 칼 자루를 잡고 발을 동동 굴렀다. 난시를 당하여 떨어져 있기 수 년 여, 남편으로서 할 일을 다 못한 죄스러움과 적에 대한 적개심으로 눈은 충혈 되었다. 전쟁 중에 시체를 찾을 수도 없었고, 훗날 그는 부인이 남긴 혈서가 들어 있는 상자를 아버님 찬성공(贊成公)이 잠든 묘소(墓所) 옆에 부장(祔葬)하였다. 그리고 부인이 남긴 의인적 기상(擬人的 氣像)을 가슴에 깊이 새기며, 장군은 다시 말을 몰아 왜적을 무찌르기 위한 전장으로 나아갔다.

구 분	내 용
부인 강씨의 절개와 기상	정기룡의 부인 강(姜)씨는 어릴 때부터 지조가 굳고 정결할뿐더러 성행이 단정하기로 이름난 분이었다. 왜적에게 짓밟혀 치욕을 당하느니 조선여인의 기상과 절개를 지키기 위해 친정어머니와 세 모녀가 남강에 몸을 던지니, 이 나라 이 민족에 던지는 강한 절규인 것이다. 이때가 선조 26년 1593. 6. 29일이니 성기룡상군이 32세 때의 일이다. 부인의 의절(義節)은 논개의 義死보다 먼저 행한 일이니 진주 남강에 가면 논개의 얼도 흐르지만 강씨 부인의 나라를 지키자는 기상도 절규로 흐르고 있다.

---

107) 전게서.

4. 예천 권씨 부인과 재혼

1) 학식과 덕망 갖춘 권문세가의 외동딸

임진왜란으로 진주성이 함락되자 정기룡장군은 첫 부인 강씨가 진주남강에 의절사(義節死)하여 부인을 잃은 후 슬퍼할 시간도 없이 긴박하게 전쟁을 치르고 국난극복에 여념이 없었다.

전쟁 중에도 혼사는 이루어져 선조 27년인 1594. 6. 10일 새 배필을 맞으니 이 때 장군의 나이 33세로 꼭 1년만의 경사였다. 권씨는 전공판서(典工判書) 권섬(權暹)의 8대 손녀이고, 홍문관 교리(弘文館 校理) 권오기(權五紀)의 증손녀이며, 선전관(宣傳官) 권홍계(權弘啓)의 딸이었다.

권문세가의 외동따님으로 학문을 높이 쌓았고, 영리하고 미인의 용모를 갖추었고 마음씨가 후덕하였다. 권씨가 처음 시집와서 아중(衙中)에 아이들이 있는 것을 보고서 장군의 이전 아내가 낳은 아이인가를 의심하니 장군은 웃으면서 말하기를 "이 아이는 아무 벼슬을 한 아무의 아들이고, 저 아이도 또한 아무집의 아이요"라고 하였다. 장군이 이 아이들을 어루만지며 사랑하고 있었기 때문에 부인도 또한 아이들을 친척과 같이 보살펴서 친히 그 아이들의 머리를 빗질까지 하였다.

시어머니를 극진히 모시고 가족, 친척을 잘 배려하였으며, 장수의 아내로써 역할을 잘 처리해 나갔다. 슬하에는 4남 2녀를 두어 교육도 잘 시켜 가문을 번창시켜 나갔다(가족관계는 제 2부 1장 3. 장군의 家系 참조).

2) 권씨 부인, 배필을 결정하기까지

권씨는 미모에다 선견지명이 있고 식견이 출중해 신랑감을 고를 때도 까다로워 부모가 애를 태웠는데 「매헌실기」, 「동야휘집(東野彙輯)」[108], 「대

---

108) 동야휘집(東野彙輯)은 조선 후기의 문신 이원명(李源命)이 전해오는 야담과 패설(稗說) 등을 수집하여 편찬한 한문소설집으로 총 8권 8책으로 되었다.

동기문(大東奇聞)」109) 등의 책에 실려 있는데 그 내용을 요약하면 다음과 같다.

(1) 정기룡 이처득화 이마성공(鄭起龍 以妻得貨 以馬成功)110)

정기룡장군이 어느 날 전주에 갈 일이 생겼는데, 그 이웃에 전주 향감 권 아무개와 사돈을 맺은 사람이 있어 편지를 전해달라고 하기에 정기룡이 편지를 가지고 그 집에 가게 되었다. 권이란 사람은 큰 부자이긴 하였으나 아들은 없었고 하나뿐인 딸은 재주와 슬기가 상대할 사람이 없을 정도라 부모가 손 안에 든 구슬처럼 애지중지하였다.

딸이 자라면서 지혜와 식견이 출중하여 다가올 일을 미리 짐작하였고 또한 선견지명이 많았다. 시집갈 나이가 차자 부모가 배필을 골라 주었으나 여러 번 부모 뜻을 따르지 않았다. 부모가 그 까닭을 묻자 이렇게 대답하였다. "여자가 우러러 바라보고 평생을 의지할 사람은 오직 배필 한 사람뿐입니다. 만약 낭군 감이 못될 사람을 배필로 삼으면 평생을 그르치게 됩니다. 혼인이야말로 정말 대사(大事)이니 어찌 신중해야 하지 않겠습니까? 우리 아버님께서 예전부터 사람을 알아보는 눈이 있다는 말은 들은 적이 없으니, 제가 비록 안목이 얕으나마 마땅히 하늘이 정한 인연을 구해 보겠습니다. 바라옵건대, 번거로이 다그치지 마소서." 부모 또한 그 굳은 결심을 어찌 해볼 도리가 없었다.

하루는 부모가 마침 친척 집안 잔치에 가게 되어 딸 혼자 집에 있으려니 어떤 객이 문을 두드리며, 자신은 진주에서 온 사람으로 편지를 전하러 왔다고 하였다. 딸이 그 음성을 듣고 특이하다는 생각이 들어 문틈으로 몰래 내다보니, 헌칠하고 빼어난 기상을 가진 청년이었다. 의복은 남루하고 몰골이 수척했으나 예사롭지 않은 기상이 은영 중에 드러나고 있었다. 이

---

109) 대동기문(大東奇聞)은 1925년 서울의 한양서원(漢陽書院)에서 조선시대의 인물들에 얽힌 일화를 모은 책이다.
110) 鄭起龍 以妻德貨 以馬成功 : 정기룡, 처 덕에 재물 얻고 말 덕에 공을 이루다.

에 계집종을 시켜 "우리 집안 어른께서 곧 돌아오실 터이니 잠시 사랑에 앉아 기다리십시오."라고 전하게 하였다가, 다시 "사랑이 쓸쓸하고 추우니 안 문 곁방에 드시는 것이 좋겠습니다"라고 이르게 하였다. 그리곤 여종을 불러 술과 음식을 마련해 대접케 했는데, 잠시 뒤 부모가 돌아와, "저 자가 누구 길래 내실 부근에 앉아 있느냐?"고 물었다.

딸은 그가 진주 아무개 집의 편지를 전하러 온 사람이라고 대답하고는, "평생 몸을 의지할 사람을 다행히 이제야 찾았나이다"고 알렸다. 부모가 그 사람을 보고는 크게 놀라며, "너가 부모 가르침도 듣지 않고 중매쟁이 말도 따르지 않으면서 늘 시집갈 데를 스스로 택하겠다고 한 말이 결국 이것이란 말이냐? 저 자는 길가에 쌓아둔 돈대 흙더미 같은 멍청이가 아니면 눈에 그러둔 염병 쫓는 두억시니 같은 놈인데 너가 정말 두 눈이 멀었구나! 정말 착하고 유순한 배필을 구하려다가 두꺼비 같은 놈을 얻었다는 말이 바로 이것이구나. 우리가 너를 규중에서 늙어 죽게 만들지라도 누더기나 걸친 저런 늙은 거지 아이와는 결코 혼인시킬 수 없다"고 혀를 끌끌 차기를 마지않았다.

그러자 딸이 말하였다. "부모님 명령이 비록 엄하시나 저는 마음속에 이미 결심했으니 맹세코 죽어도 저 사람에게 시집가야겠습니다." 부모가 어쩔 도리가 없어 정기룡을 불러 여러 가지를 묻고 나서 장가들었는지 여부를 물어보았다. "홀어머니를 모시고 있고 가세가 심히 빈곤하니 어찌 장가를 들었겠습니까?" "내게 딸아이 하나가 있는데, 별 예쁘지는 않으나 남편을 잘 모실 것이니 옛날 진나라와 진나라가 서로 혼인을 맺듯 서로 좋은 정의를 맺는 것이 어떤가?" "저에게도 노모가 계시니 제 함부로 정할 일은 못됩니다." "빨리 편지로 아뢰고 자네는 여기에 머물러 혼례를 치르면 안되겠는가?" "인륜대사를 어찌 그런 식으로 처리하겠습니까? 마땅히 직접 가서 면전에서 아뢴 뒤에 폐백을 올려도 늦지 않을 것입니다." "자네 말이 정말 옳으이, 내 마땅히 종과 말을 마련해 줄 것이니 속히 갔다 오도록 하게나." "제가 걷는 쪽이 편합니다. 무엇하러 종과 말을 쓰겠습니까?" 권씨가, "나에게 마침 말 한 필이 있으니 굳이 사양할 필요는 없네."하였다.

그 전에 어떤 장사꾼이 끌고 가는 말 한 필을 본 권씨 딸이 자기 부친더러 사라고 권한 일이 있었다. 부친이, "너가 백락도 아니면서 어찌 말을 감정하는고?"하자 딸은, "훗날 반드시 쓸 곳이 있을 겁니다."하면서 자신이 그걸 사 두었다. 그 말이 체구는 장대했으나 비쩍 말라 뼈가 울퉁불퉁 드러나 있었는데, 딸이 잘 먹여 기르자 몇 개월이 못 되어 살이 크게 찌고 기름이 흘렀다. 또 성질이 매우 사나와, 사람만 보면 입을 벌리고 뛰어오르면서 발로 차고 이빨로 물어뜯으려 하니 먹이를 줄 때마다 긴 장대에다 꼴을 꽂아 던져 줄 정도였다. 권씨가 하도 괴로워 그 놈을 팔아치우려 했으나 딸이 극력 말려 그대로 놔두었다.

일이 이렇게 되자 딸이 부친더러, "아버님께서는 저 젊은이가 어떤 인물인지를 모르십니다. 저 말이 비록 사납긴 하나 구름 같은 갈기에 달 모양 발굽을 가졌으니 바로 용마입니다. 어디 저 젊은이로 하여금 말을 한 번 부리게 해 보시지요."라고 권하였다. 권씨가 정기룡에게 물었다. "자네가 저 사나운 말을 다룰 수 있겠는가?" "남자의 몸으로 말 하나쯤 다룰 수 없겠습니까?" 그리고는 곧장 마구간 앞으로 가자 말이 또 발굽을 뒤집으며 울부짖었다. 이에 말의 뺨을 때리고 꾸짖으니 말이 마침내 머리를 숙였다. 이 틈을 타 들어가서는 쓰다듬어주며 말배끈을 매고 안장을 얹자 저절로 양순히 길이 들었다. 딸은 "이 말이 사람을 알아보는구나."하고 기뻐하였다.

그 말을 타고 진주로 돌아가 모친을 뵈옵고 아내를 맞게 된 전말을 모두 말씀드린 후, 다시 전주로 돌아와 혼례를 올렸다. 장인이 사위에게, "자네가 진주에 잇게 되면 대대로 내려온 가업이 없으니 변변찮은 음식이라도 봉양하기가 필시 어려울 걸세. 모친을 모시고 여기 와서 처가에 살면서 서로 의지하는 것이 어떨꼬?" 그러자 딸이 말하였다. "여자의 덕행은 부모형제와 떨어져 살면서 생기는 법이라 하니, 여자의 몸으로 지아비를 쫓는

제2장 정기룡장군의 결혼이야기

것이 떳떳한 법도일 것입니다. 아버님께서는 제가 평생 입고 먹을 비용을 주셔서 저희들로 하여금 같이 작은 수레를 끌고 고향으로 돌아가게 해주십시오. 이것이 저의 바라는 바입니다." 권씨가 허락하고 금은 비단 따위를 많이 장만해서 보내주었다. 시댁에 와보니 집에 있는 것이라곤 벽 네 개밖에 없어 온 집안이 썰렁하기 짝이 없었다.

신부가 나머지 재산을 가지고 살림살이를 꾸리고 정기룡장군의 통솔과 전쟁수행에 어려움이 없도록 최대한 지원했던 것이다.

(2) 큰 난리날 것을 예견하고 화살 만들 철물 준비

부인은 낫, 삽, 호미, 쟁기보습, 솥 등 철물(鐵物)을 많이 사서 모으며 훗날 소용될 곳이 있을 것이라고 하였다. 얼마 후에 임진왜란이 일어나자 정기룡의 부인은 그 동안 사 모은 쇠로 병장기를 만들어 말과 함께 정기룡에게 주며 거병하게 하였다. 정기룡이 전장으로 나가면서 노모를 근심하자 부인은 이미 노모를 모시고 피난할 곳을 마련해 두었다고 하면서 걱정하지 말라고 하였다. 이에 정기룡은 전장으로 나가서 여러 차례에 걸쳐 승리하여 벼슬이 높아져 병사에 이르는 계기가 되었는데 이 또한 부인의 사랑과 준마의 절절한 사랑이 함께 오랜 동안 다져온 훈련이 있었기에 가능하였다.

3) 정기룡장군의 神馬 - "장군나면 용마 난다"

장군이 타던 신마(神馬)는 부인 권씨가 기르던 말로서, 평지에서 여섯 길이나 되는 호(壕)를 건너뛰었고 절벽(絕壁)을 오르고 험지(險地)를 건너기를 마치 날카로운 발톱, 빠른 날개가 돋은 것과 같아서 적을 제압하고 위기를 벗어나는 데 그 힘을 많이 얻었다. 그 기세가 정말 대단하였다. 일찍이 서로 떨어져 있을 때 적에게 일시 잡혔었는데 갑자기 위급한 목소리를 듣고는, 고삐를 잡고 있던 적을 물어 넘어뜨리고 가파른 언덕 위로 달려와서 장군을 구하였다. 이 같은 애마의 활약은 오랜 기간 애마에 대한 친근감이 있었기에 가능했으며, 이 같은 오랜 애마와의 생로병사로 뒤에 애마가 병들어 죽자 제문을 직접 지어 제사할 정도로 애착을 갖고 서글퍼 했었던 점에서 그 애정을 엿볼 수 있다.

기린과 용마는 성인(聖人)과 장군(將軍)을 상징(象徵)하는 말이다.

그러므로 예부터 성인(聖人) 날 때 기린(麒麟)나고 장군(將軍) 날 때 용마(龍馬)난다고 말하였다.

과연 이 말은 헛된 말은 아니었다. 하늘이 육전(陸戰)의 맹호(猛虎) 정기룡(鄭起龍) 장군(將軍)을 냄에 있어 용마(龍馬) 내는 것도 잊지 않았다.

4) 결혼 첫 날밤에도 토적을 잡으려 밤을 세워

1594. 6. 10일 밤 예천군 금야(金野), 토적(土賊)은 지방의 도적떼들이니 흉년이 들고 전쟁으로 기근이 들자 토적들이 기승을 부렸다.

이 때 토적들이 여러 곳에서 벌떼처럼 많이 일어나니 장군은 몸소 스스로 뒤쫓아 잡느라고 잠자고 밥 먹을 여가도 없었다. 심지어 혼례를 치르는 밤에 알리지도 않고 몰래 밖으로 나갔기 때문에 아내인 권씨의 집에서는 장군의 간 곳을 몰라서 의심하고 놀라서 어찌 할 바를 모르고 있었는데, 그 이튿날 그제야 도적의 무리를 많이 잡아가지고 왔던 것이다. 대개 도적들은 장군이 사고가 있는 것을 엿보고는 마음을 놓고서 노략질을 한 까닭으로 장군도 또한 그들의 뜻밖에 나가서 잡아왔던 것이다.

당시 장군은 상주복사로써 전쟁뿐만 아니라 지안, 구휼까지 해결하는 탁월한 행정가였으며, 백성들의 안전과 고통을 자기 가정일보다 우선적으로 먼저 처리하는 성격이었다.

제3장
국방불안 중 임금님의 이름하사 "정기룡(鄭起龍)"

1. 조선의 안보 불안과 사회분열

선조(宣祖) 19년(1586년) 10월 4일 선조(宣祖)는 이른 아침부터 만조백관(滿朝百官)을 모아놓은 어전(御前)의 궁중회의(宮中會議)를 주재하며 국사를 숙의(熟議)케 하였다.

북쪽에는 여진족(女眞族)들이 두만강(豆滿江)을 건너와서 우리나라 양민(良民)을 학살하는 등 노략질이 심하다는 급보(急報)가 연이어 들어왔기 때문이었다. 설상가상(雪上加霜)으로 남쪽의 왜인(倭人)들 움직임 또한 심상치 않다는 장계(狀啓=報告)도 있었기 때문이었다.

조선(朝鮮)은 개국(開國) 이래 겉으로는 전쟁 없는 평온한 태평성세(泰平聖世)를 구가(謳歌)했으나 속으로는 지배 계급의 부패와 당쟁(黨爭)에 의한 분열(分裂)이 극도에 달하고 있을 때였다.

그러나 이때 그들 왜인은 오다노부나가(織田信長)라는 유력한 호족(豪族)을 중심으로 국내 대세를 통일할 수 있는 계기(契機)를 만들어 놓고 중도에 죽으니 그의 부장이었던 기노시다도오기찌로오(木下藤吉郞)가 정권을 장악하고 도요도미히데요시(豊臣秀吉)라고 이름까지 고쳤다.

뿐만 아니라 그 여세(餘勢)를 빌어 대륙침략(大陸侵略)의 야심까지 품기에 이르렀다.

우리나라 주변형세(周邊形勢)가 이렇게 변화하고 있음에도 불구하고 조선(朝鮮)에서는 성종(成宗)이래의 고질병인 유자 문인(儒者文人)의 암투(暗鬪)는 치정(治定) 보다 앞서고 있는 실정(實情)이었다.

연산군조(燕山君朝)에 이르러서는 무오(戊午) 갑자(甲子)의 이대사화로 피 비린내 나는 정치 싸움을 일삼았고 중종조(中宗朝)에는 기묘사화 명종

조(明宗朝)에는 을사사화가 있어서 간신들이 어진 신하를 모함하여 큰 살육사건을 일으키어 정치가 매우 어지러워졌고 선조조(宣祖朝)에 이르러서는 지배 계급간의 당쟁(黨爭)은 동서(東西)에서 남북(南北)으로 또 다시 분열되고 있어 마치 분열을 위한 분열을 일삼고 있는 상태에 있었다. 그러므로 지배 계급의 당쟁은 필연적으로 분열을 가져오게 했으니 정치기강(政治紀綱)은 어지러울 대로 어지러웠다.

이런 정치 싸움의 틈바구니 속의 고관대작들은 오직 스스로의 벼슬자리를 지키는데 급급(吸吸)했고 소관(小官)의 무리들은 기회를 엿보아 사리를 취하는 일에 바빴다.

이년 임기(任期)로 교체(交替)가 잦은 감사(監司=觀察使)는 극소수인(極少數人)을 제하고는 지방 민정(地方民情)은 알지 못하고 주색(酒色)에 빠짐은 물론이고 뇌물의 많고 적음과 문서(文書)의 공졸(工拙)로서 관하 관리(官吏)에 대한 성적의 우열(優劣)을 매겼다.

더욱이 문치(文治)에 편중하며 무비(武備)를 소홀히 하여 군사 행정은 말뿐이고 거의 마비 상태에 빠져 있었다.

6년 마다 군적(群籍)을 정비하려던 법도(法度)는 유명무실하여져서 군적은 거의 무용의 공적(空籍)으로 치부되고 있었다.

뿐만 아니라 호정부당병(好丁不當兵)이란 사고(思考)로써 권세와 돈 있는 집안 장정(壯丁)은 갖은 명목으로 피역(避役)과 면역(免役)을 일삼았으니 실제 군인 수는 태부족이어서 사경(四境)의 변방수비(邊方守備)는 거의 불가능에 가까웠다.

그러므로 변방을 지키는 군사들의 사기(士氣)는 땅에 떨어졌고 겸하여 장수들의 탐학과 능멸이 심했기 때문에 도망치는 자가 늘어만 갔다.

더욱이 중앙에서의 인물 전천(人物詮薦) 역시 불공평 하였다. 당파(黨派) 싸움과 매관매직이 공공연하게 성행하고 있어 세칭 채수(債帥)[111]도

---

111) 채수(債帥)란 돈을 써서 된 장수를 말한다.

적지 않았다.

　이와 같이 나라의 기강(紀綱)이 땅에 떨어져 있었으니 민심의 이반(離反)은 필연의 추세였다. 그러므로 굶주린 백성들은 떼를 지어 도적질을 일삼게 되었으니 가히 말세라 말할 수 있었다.

1) 선조의 탄식

　선조(宣祖)는 옥좌(玉座)에 고쳐 앉으며 만조백관을 향해 전반에 걸친 수습책(收拾策)을 물었다. 그러나 당쟁(黨爭)과 안일(安逸)에 젖어 있었던 만조백관들에게서 뾰족한 묘안(妙案)은 나올 리 없었다. 서로 고개를 숙인 채 상대방 쪽의 입만 바라볼 뿐 무거운 침묵 속에 시간만 흘렀다.

　얼마동인 당상(堂上) 시열(序列)에 시있던 좌의정(左議政) 류성룡(柳成龍)이 성상(聖上) 앞으로 한걸음 나아가 이렇게 아뢰었다.

　"소신의 의견으로는 무비(武備)를 서두르고 나아가 병사(兵史)들을 돌려하여 변경(邊境)을 튼튼하게 수비(守備)토록 함이 가당할 줄 아옵니다. 아울러 각 고을 수령(守令)들을 독찰(督察)하여 허물어진 성보(城堡)를 수축케 해서 방비를 갖추게 하는 동시에 군적(群籍)을 정리하여 병졸을 확보해서 차질이 없도록 함이 시급한 줄로 아옵니다."

　이때 만조백관은 약속이나 한 듯 일제히 허리를 굽히며 이 말을 가당함을 표시하였다.

　선조(宣祖)는 눈살을 찌푸리며 만조백관을 훑어보더니 이렇게 입을 열었다.

　"짐(朕)이 부덕(不德)해서 나라꼴이 오늘의 이 지경에 이르렀소. 이제 좌의정의 말을 들으니 이는 연전 이이(李珥)가 주장하던 말, 그때 좌의정은 이이(李珥)의 불가를 역설하더니 이제 와서 이이(李珥)의 진언(進言)하던 바를 되풀이하다니 어인 일이요"

선조의 반문에 만조백관은 모두 황공하여 머리만 조아릴 뿐 침묵만 계속할 뿐이었다.

오직 류성룡 만이 엎드려 "황공무지로소이다"를 연발할 뿐이었다.

선조대왕은 허공을 바라보며 한숨짓다가 다시 무거운 입을 열었다.

"이렇듯 문무백관이 한자리에 모였거늘 사세를 통찰하고 민심을 수습하여 국난(國難)을 극복할 묘안 하나 제대로 내어놓지 못하니 도대체 경들은 무엇하는 사람들이오. 어리석은 무리들 썩 물러가시오"

이렇게 말하는 선조의 노기(怒氣)는 극도에 달한 듯 음성은 약간 떨렸고 용안(龍顔)은 붉으락푸르락 하였다.

모두들 머뭇거리는 참에 선조는 손으로 옥좌(玉座)를 치며 일어나서 모두들 빨리 물러가기를 독촉까지 하였다.

어전의 분위기가 이렇게 되니 문무백관은 모두 황공하여 몸 둘 곳을 몰라 연신 허리를 굽신거리며 물러날 뿐이었다.

2) 선조, 이율곡을 아쉬워하다

선조는 텅 빈 근정전(勤政殿)의 옥좌에 주저연전 이이(李珥)가 살아있을 때 양병 십만론(養兵十萬論)을 진언하던 일이 제일 먼저 떠올랐다.

"전하(殿下)께서 신(臣)의 진언을 청납하시어 3년 동안 변함없이 굳게 실행해 보시다가 만일 민생(民生)이 편하지 못하거나 국용(國用)이 부족하거나 양병(良兵)이 여의(如意)치 못하거든 신(臣)에게 비록 부철(斧鐵)을 가(加)하신다 해도 신은 달게 받겠나이다"

어전에서 애타게 부르짖던 신념에서 우러난 이이(李珥)의 말은 회상되나 그는 이제 가고 없었다.

오늘의 조정엔 신념 없는 어리석은 무리들만 남아 있어 국록(國祿)을 침식하며 자당자파(自黨自派)의 세력 부식에만 혈안이니 선조인들 어찌 외롭지 않으리요.

십만 양병론에 대한 이이(李珥)의 진언 때에 좌의정 류성룡(柳成龍)은 태평성대(太平聖代)에 양병(養兵)하면 오히려 스스로 화(禍)를 불러일으키는 우책(愚策)이라고 기를 쓰며 반대했던 것이니 어찌 오늘을 뜻하였으리요.

3) 율곡의 정책론

이이(李珥)는 이황(李滉, 浪溪)과 함께 널리 동방성자(東方聖者)로 알려졌던 철인 정치가일 뿐만 아니라 그의 해박한 지식은 민생(民生)을 비롯하여 재정(財政), 국방(國防), 사회문제(社會問題) 등 어느 한 곳도 소홀함이 없었다.

그는 평소 조선(朝鮮)이 당면한 모든 문제를 두 가지 원칙 밑에 해결할 것을 주장하였다. 그 하나는 경제론(經濟論)적 입장이었고 다른 하나는 변법론적(變法論的) 입장이었다. 그는 항상 말하기를 모든 문제의 초점은 경제에 귀결되는 것이므로 우선 국력과 정비례(正比例) 되는 민생문제 해결에 중점을 두는 것이었다.

이에 실천을 위한 소극책(消極策)으로는 절약(節約) 절용주의(節用主義)를 외치며 탐관오리(貪官汚吏)의 숙청, 주현(州縣)의 병합으로 낭비(浪費)를 없이 하고 관혼상제(冠婚喪祭)의 비용을 축소하고 일반적인 부공(賦貢)을 경감(輕減)하여 백성의 부담을 덜어주도록 주장하였다. 그리고 적극책(積極策)으로는 각종 물산을 장려하여 그 증산에 힘쓰게 하고 황무지를 개간하여 국용(國用)에 비축(備蓄)할 것을 주장하여 나라에 진언하였다.

이 밖에도 국방 문제에 있어서는 십만 양병론과 아울러 성보(城堡)의 수축, 군적(群籍)의 정리는 물론이고 보충병 제도인 열읍 액외병제도(額外

兵制度)의 실시를 주장하였다. 뿐만 아니라 당시 가장 폐단(弊端)이 컸던 병역의무 면제(免除) 값으로 바치는 각종 공물(貢物)과 곡류(穀類)의 방납제(防納制)를 시정 통일하는 수미법(收米法) 시행도 촉구하였다.

더욱 유명한 것은 서얼(庶孼)을 등용(登用)하여 납세의무를 지게 하는 동시에 비복(婢僕)도 납전(納錢)으로 자유민의 자격을 얻도록 풀어주기를 주장한 사회문제(社會問題)였다. 그러나 사대적(事大的)인 고루한 조신들은 〈조종(祖宗)의 법도(法度)를 함부로 고칠 수 없다〉고 하여 완강히 서정개혁을 반대하였다.

이런 때에도 이이(李珥)는 말하기를 아무리 조종의 법도라 할지라도 현실에 맞지 않는 것은 시정함이 옳다는 변법론(變法論)을 주장했으나 끝내 그의 주장은 메아리 없는 외침으로 임금에게 청납되지 않았다. 이러한 지난 사실(史實)을 눈으로 보고 귀로 들어 알고 있는 선조는 심기(心氣)가 자못 괴로울 뿐이었다. 안타깝다고 한번 가버린 이이(李珥)가 다시 되돌아올 턱은 없었다. 현신(賢臣)과 양상(良相)이 없는 오늘의 조정(朝廷)에 대한 책임을 대왕은 스스로의 부덕한 소치로 자책도 해볼 뿐이었다.

이날도 북변으로부터 전해 온 급한 장계의 사연인 즉 두만강(豆滿江) 넘어의 여진족(女眞族) 무리 가운데 가장 세력이 강성한 니탕개(尼蕩介)가 무리를 이끌고 변방으로 쳐들어와서 촌락(村落)을 약탈(掠奪)하고 아낙네들을 붙잡아 간다는 내용의 것이었다.

뿐만 아니라 현재의 북변 병력으로서는 중과부적이라 적을 무찌를 수 없다는 사연이 있다. 그러므로 이 수습책을 강구하기 위해서 열린 문무백관 회의가 진종일 뾰족한 묘안도 없이 공염불(空念佛) 같은 〈황공하옵나이다〉로 끝났으니 선조대왕인들 어찌 심기가 평안하리요.

뿐만 아니라 국사(國事)가 어지러운 때인데도 조신(朝臣)들은 나라 일 돌보기보다 당파의 세력 다툼에 혈안이 되어 서인(西人)을 헐뜯어 몰아내더니 이제는 동인(東人)끼리도 틈이 벌어져 서로 암투하는 꼴을 직접 목격

제3장 국방불안 중 임금님의 이름하사 "정기룡(鄭起龍)" 97

하는 대왕이고 보면 심기(心氣)가 평안할리 없었다.

선조는 생각함이 이에 미치자 땅이 꺼지도록 한숨을 내쉴 뿐이었다.

"나라 일이 장차 어찌될 것인고. 짐이 부덕하여 현재(賢材)를 얻지 못해 기울어져 가는 국운을 바로 잡을 길이 막연하니"

이와 같이 탄식도 하였다. 이날도 선조는 혼잣말로 입버릇처럼 되어버린 탄식을 하다가 잠깐 잠이 들었다. 용안에는 아직도 수심이 걷히지 않은 채였다. 선조의 보수(寶壽)는 비록 젊었으나 이마에는 잔부름살이 갑자기 늘어난 모습이었다. 국난의 위기를 당하니 절대 권력자인 선조의 힘으로서도 어쩔 수 없는 것 같은 안타까움을 숨기지 못하는 표정이었다.

4) 선조, 꿈에 본 장정을 찾아

한동안의 짧은 단잠을 즐기다가 갑자기 깨어난 선조는 어의(御衣)를 여미며 내시(內侍)를 불렀다. 그러면서도 연신 고개를 갸웃거리며 단잠의 꿈속에서 본 놀랍고 기이(奇異)한 사실을 되새긴다. 흰 구름이 종로에 있는 종각(鐘閣)을 에워싸더니 난데없이 거대한 용(龍) 한 마리가 일어나서 다락기둥을 타고 올라 유유히 하늘로 올라갔다. 왕방울 같은 눈에서는 형용할 수 없는 푸른 기운을 발산하였다.

황금빛으로 빛나는 찬란한 동체에 달린 여덟 개의 발이 뭉개구름을 휘저으며 주홍(朱紅)같은 입으로 불길을 뿜는 형상(形狀)으로 하늘로 올라 멀리 나는 광경을 보다 말고 꿈에서 깨어난 선조는 아직도 풀리지 않는 수수께끼 다루듯 손으로 턱을 고인 채 눈을 지그시 감고 내시(內侍)가 나타나기를 기다렸다. 이때 황망히 나타난 내시는 문밖에 부복(俯伏)한 채 분부를 기다렸다.

선조는 침전(寢殿)의 문을 열게 하고 다음과 같이 분부를 내렸다.

"지금 곳 종루로 나가 은밀하게 어떤 일이 있나 사실(査實)하고 오렸다"

예에- 하는 대답과 아울러 내시는 다시 한 번 읍(揖)하고 번개 같이 물러나와 한걸음에 종루로 달려갔다 와서 다음과 같이 아뢰었다.

"아뢰오 종루 부근은 어둠이 짙어 자세한 정황을 알 수 없었아오나 다만 종각 기둥뿌리에 경상도서 과시(科試)보러 왔다는 칠척장신의 거인(巨人)이 누어 드렁드렁 코를 골고 있었아옵니다"

"음……기이한지고 네 다시 가서 그 장정(壯丁)을 궐내(闕內)로 불러 오렸다"

구 분	내 용
정기룡 임금님과의 대면	얼마 후 내시의 안내를 받아 나타난 칠척 거구(巨軀)의 사나이가 선조대왕 앞에 나타났으니 이 사람이 바로 임진왜란(壬辰倭亂)때 육전(陸戰)의 맹호(猛虎) 그 용명(勇名)을 천하에 떨친 정기룡(鄭起龍) 장군(將軍) 이었다.

2. 일어나는 용 "정기룡"으로 이름 내리다

1) 선조의 하문(下問)과 정기룡의 대답

대왕은 침전 뜰아래 부복(俯伏)한 거구의 사나이를 바라보며 천천히 입을 열었다.

"고개를 들라"

사나이는 황공하여 어쩔 줄 몰라 몇 번이고 머뭇거리다 말고 겨우 고개를 들어 대왕의 용안(龍顏)을 우러러 보았다.

대왕은 그의 늠름하고 출중한 모습을 바라보며 회심(懷心)의 미소를 지으며 천천히 걸어서 사나이 앞으로 다가갔다.

칠 척이 넘는 거구에다 유별나게 튀어나온 광대뼈는 마치 무쇠 뭉치를 연상케 하였다.

눈에 눈썹 밑에 눈꼬리가 위로 찢어진 것 같은 유난히 큰 두 눈에서는 불꽃을 뿜는 것 같은 정기(精氣)가 서려 있었다.

떡 버러진 앞가슴, 강철 같이 단련되어 매끈하고 단단한 두 팔, 곰 같이 늘씬한 어깨, 하나하나 뜯어보던 대왕도 새삼 그의 빈틈없는 체구에 속으로 감탄하였다.

"과연 짐의 꿈은 헛되지 않았군. 보아하니 일국의 장수로 부족함은 없으렸다"

"황공무지로소이다"

사나이는 다시 머리를 조아리며 몸 둘 곳을 몰라 하였다.

"그대는 어찌하여 이 밤중에 종각 밑에 쉬었던고"

대왕의 물음에 사나이는 거듭 머리를 조아리며 다음과 같이 대답하였다.

"소인은 경상도 곤양(昆陽=지금의 慶南 河東郡) 사람으로 무과별시(武科別試)에 응시한바 있고 내일로 박두한 방(榜)을 기다리던 중 종루 구경을 갔다가 오랜 노독(路毒)에 지쳐 잠깐 졸았아온 바 뜻밖에도 성상을 지척에서 뵙게 되어 황공하와 몸둘 곳을 모르겠나이다"

마치 호랑이가 포효(咆哮)하듯 느릿느릿한 것 같아도 웅장한 그 음성은 침전(寢殿)에 메아리쳤다.

대왕은 고개를 끄덕이며 내심 이와 같은 걸출한 인재를 얻게 된 것을 기쁘게 생각하였다. 꿈을 통해 계시(啓示)한 천지신명에 감사하였다. 고개 숙여 가만히 부복한 사나이는 틀림없이 하늘이 나에게 보내준 귀인(貴人)인지도 모른다.

예부터 국난(國難)을 당했을 때는 의례껏 양상(良相)을 얻게 된다더니 하늘도 무심치 않아 나에게 보낸 이 사나이로 하여금 중대한 소임을 맡게 함인 것인지도 모른다.

대왕은 마음속으로 인재를 얻었다는 기쁨과 함께 이 나라와 이 나라의 억조창생(億兆蒼生)을 꼭 지켜야겠다는 용기를 얻은 것이었다.

"그대는 누구의 자손이며 이름은 무엇인지 소상히 말하라"

"예 - 소인의 태생(胎生)은 경상도(慶尙道) 곤양현(昆陽縣) 중평(仲坪=지금의 慶南 河東郡金南面仲坪)이옵고 관향(貫鄕)=(本貫)은 진양(晋揚)이오며 유생(儒生) 호(浩)의 아들로서 이름은 무수(茂樹)라 부르옵나이다"

2) 임금님, "起龍"으로 이름 하사(下賜)

선조는 고개를 끄덕이며 천천히 말하는 사나이의 동작을 눈여겨보고, 또한 말소리도 귀담아 듣고 다시 입을 열어

"짐(朕)이 오늘 특히 그대를 어여삐 여겨 이름을 하나 지어 줄 터인즉 명심하여 듣거라"

"짐이 오늘 그대를 만나게 된 것은 천지신명(天地神明)의 가르치신 바라 몽중(夢中)에 종루(鐘樓)에서 일어서서 하늘로 나는 용(龍)을 보았는데 즉 그대 이름을 기룡(起龍)이라 지어 내리는 터이니 그리 알라"

"예 - 명심불망(銘心不忘)하겠나이다"

선조는 곧 중사(仲使)를 시켜 통예원(通禮院)에 전교(傳敎)를 내리어 정무수(鄭茂樹)를 정기룡(鄭起龍)으로 고쳐 방(榜)을 붙이게 하였다.

그리고 다음날 아침 대궐(大闕) 밖에 나붙은 무과(武科) 급제(及第)의 방(榜)에는 과연 정무수가 아닌 정기룡(鄭起龍)이란 이름으로 나붙었다.

홍패(紅牌)를 받아 쥔 칠척장신 사나이의 기쁨은 하늘을 훨훨 나는 것만 같았다.[112]

3. 과거시험, 무과별시에 급제

조선시기의 과거는 문과·무과·잡과, 문과의 예비시험으로서 생원·진사시가 있었다. 문·무과와 생원·진사시는 주로 양반이 보는 시험이었고, 잡과는 중인들이 주로 보는 시험이었다. 문과와 생원·진사시는 예조에서, 무과는 병조에서 각각 주관하였다. 잡과는 예조와 해당 관청에서 주관하였다.

1) 문과(文科)

문과는 고시 중에서 가장 수준이 높고 경쟁이 심했던 고급 문반의 등용문이었다. 문과는 정규시험인 식년시(式年試)와 특별시험인 각종 별시(別試)로 구분되어 있었다. 식년시는 문과뿐 아니라 모든 과거시험의 공통적인 정규시험으로서 3년마다 한 번씩 실시되었다. 식년은 12간지(干支) 가운데 자(子)·묘(卯)·오(午)·유(酉)가 들어간 해를 가리킨다. 식년시는 초시(初試)·복시(覆試)·전시(殿試) 등 모두 세 차례 시험을 치르게 되어 있었다. 3년마다 시행되는 정기시험인 문과 초시는 향시·한성시·관시가 있었다. 향시는 8도(경기 20인, 강원 15인, 황해 10인, 충청 25인, 경상 30인, 전라 25인, 평안 15인, 함경 10인)에서, 한성시는 한성부(40인)에서, 관시는 성균관(50인)에서 실시하여 각 도의 인구비율에 따라 모두 240인을 선발하였다.

2차 시험인 복시(또는 회시, 會試)에서는 지역과 상관없이 성적순으로 33인을 선발하고, 3차 시험인 전시에서 갑과(3인), 을과(7인), 병과(23인)의 등급을 정하였다. 갑과 3인 가운데 1등을 장원(壯元)이라 하였다. 이들

---

112) 武科及第 放榜 前日夕 公在 鍾樓下 倚桂而坐 宣祖大王 夢中 神龍起 自鍾樓之 桂下飛上天衢 夢中貴人 注視知己而 還報 宣祖 召見 大奇之因賜 今明 補 展力副尉 訓練院奉事.

33인은 등급에 따라 종 6품의 실직에서 정 9품의 품계를 받을 수 있었다. 현직관리는 1~4품계까지 승진할 수 있었다. 문과 급제자에게는 무과 급제자와 함께 붉은 종이에 쓴 합격증서인 홍패를 주었다.

문과 별시에서는 증광시(增廣試)·별시(別試)·알성시(謁聖試)·정시(廷試) 등이 있었다. 이들 별시는 국가의 경사가 있거나 문·무관, 성균관 유생들의 사기를 진작시키기 위하여 실시되었다. 증광별시를 제외한 각종 별시는 문과 또는 무과만 특별히 실시되었다. 조선왕조 500년간 문과실시의 횟수는 정시 206회, 별시 180회, 식년시 167회의 순이었다. 정시, 별시 등 각종 별시를 모두 합치면 638회 9,014인으로 식년시의 167회 6,123인 보다 훨씬 많다.

2) 무과(武科)

무반으로 진출하는 과거시험으로 무과가 있다. 고려 말에 무과를 실시토록 하였으나 왕조의 멸망으로 실시되지 못하다가 태종 2년(1402)에 이르러 처음 실시되었다. 무과에도 문과와 마찬가지로 3년마다 한 번씩 실시되는 정기시험인 식년시와 부정기시험인 별시가 있었다.

식년 무과에는 초시·복시·전시의 3단계 시험이 있었고, 문과의 생원·진사시 같은 별도의 시험은 없었다. 무과 초시는 훈련원에서 실시되는 원시(院試)와 각 도별로 실시되는 향시가 있었다.

초시에서 선발된 190인(훈련원 70인, 경상 30인, 충청·전라 각 25인, 강원·황해·평안·함경 각 10인)은 병조에서 실시하는 복시를 통해 28인이 선발되었다. 이들 28인은 전시에서 갑과(3인), 을과(5인), 병과(20인)의 등급이 정해졌다.

식년 무과에서는 28인의 정원이 대체로 지켜졌고, 별시 무과의 경우는 항상 식년 무과의 선발 인원보다 많이 뽑혔다. 세조대에 북방 정벌에 따른 야인의 회유책 또는 서북지방민을 위한 인심수습책의 하나로서 이용되었다.

3) 무과별시(武科別試)

9대 성종 때부터 나라에 경사(慶事)가 있을 때 중시자(重試者)에 대하여 특별히 실시하던 것으로, 초시(初試)와 전시(殿試)로 나누어 시험하였다. 초시는 2품 이상의 문관 1명, 무관 2명, 당하관(堂下官)인 문관 1명, 무관 3명이 시관(試官)으로 파견되어 두 곳에서 시험을 보았으며, 전시에서는 의정(議政) 1명이 시험관이 되었다.

시험과목은 초시나 전시 모두 목전(木箭)·철전(鐵箭)·유엽전(柳葉箭)·편전(片箭)·기추(騎芻)·격구(擊毬)·기창(騎槍)·조총(鳥銃)·편추(鞭芻)·강서(講書) 등이다.

4) 잡과(雜科)

잡과에는 역과(譯科)·의과(醫科)·음양과(陰陽科)·율과(律科) 등 네 종류가 있었다. 3년마다 역과 19명, 의과 9명, 음양과 9명, 율과 9명 등 모두 46명을 선발하였다.

역과 중에는 한어(漢語)·몽어(蒙語)·여진어(女眞語)·왜어(倭語)의 4과가 있었고 대명 외교의 중요성 때문에 한어가 가장 중시되었다.

역과를 담당한 관청은 사역원(司譯院)이었다. 의학교육이나 의과시취(醫科試取)를 담당한 관청은 전의감(典醫監)이었다. 율학교육과 율과시취(律科試取)는 형조의 고율사(考律司)에서 담당하였다. 음양학가 음양과는 관상감(觀象監)에서 주관하였다. 세종대에 음양학·천문학·풍수학으로 삼분되었으며, 세조대에는 풍수학을 지리학, 음양학을 명과학(命課學)으로 개칭하였다.

5) 과거제도의 역할

과거제는 조선 후기에 들어와 여러 가지 과폐(科弊)가 거론되었고, 나아가 당쟁·서학·문체 등과 연결되면서 커다란 사회문제로 대두하였으나

1894년 과거제가 철폐될 때까지 구조적인 개혁은 없었다. 문과는 식년시를 통해 전국의 양반층을 포섭하였고, 잦은 별시를 통해 양반지배층을 서울 중심으로 재생산하였다. 무과에서는 만과(萬科)가 성행하여 하급계층을 부방군(赴防軍)으로 흡수하였다. 문과는 중앙정치세력의 끊임없는 재생산에 봉사하였고, 무과는 서얼이나 양인 상층의 신분상승 욕구를 포섭하는 기능을 수행하였다.

신분제도가 뚜렷했던 조선시대에 신분상승을 할 수 있는 유일한 방법으로 온 백성들의 자녀교육의 희망이었다. 나라에 봉사하고 가문을 빛내면서 개인이 출세할 수 있는 길이었기 때문이다.

당시 머리가 좋다는 사람들은 거의 과거시험급제를 꿈꾸고 도전하였고 학문을 숭상하게 되었다. 그 흐름이 오늘날까지 이어져 세계에서 가장 교육열이 높은 나라가 되었고, 인구 5,000만 명도 안 되면서 미국유학생 세계 2위를 차지하고 있다.

미국 오바마 대통령도 한국의 교육열을 극찬하고 있다.

땅덩어리가 작으면 小國이었다. 그러나 앞으로는 과학의 힘, 지식의 힘으로 大國이 얼마든지 될 수 있다. 이미 한국의 기업이 세계 첨단산업으로 세계를 누비고 있지 않은가?

그 원천적인 힘은 어디서 나오는가?

한민족의 意志, 한민족의 DNA.

한민족의 응축된 힘! "흔얼"에서 나오는 것이다.

4. 급제 후 홍패차고 금의환향

선조 19년 병술년, 만력 14년. 서기 1586년 10월 궁궐 무과별시가 열렸다. 이 자리에는 선조임금도 친히 임석하셨는데 임금께서는 어제 밤 꿈꾼

일로 정기룡을 만난 보고 오늘 그의 무술 솜씨를 확인하기 위해서였다.

칠척장신 육중한 체구에 빛나는 눈, 날렵한 동작에 좌중을 압도하는 호령소리는 장수의 자질이 넘쳤고 활쏘기, 칼싸움, 창 싸움, 마상궁술, 마상창투, 격구, 총쏘기를 비롯한 각종 무술은 탁월하였고, 병법(兵法) 강론도 잘해 시험관을 비롯하여 임금의 마음이 만족한 점수를 획득하여 선조 19년 1586. 10. 26일에 급제하였다.

25세 밖에 되지 않은 시골 무명 청년에게 나랏님께서 지난밤 꿈 꾼 일로 "일어나는 용이란 뜻의 鄭起龍"으로 이름을 하사하고, 무과별시급제 증표로 "鄭起龍"이라고 쓴 홍패113)를 허리에 채워주니 갑자기 "떠오르는 젊은 별"로 주목받기 시작하였다.

조정에서도 뭇사람의 부러움과 축하를 받았다.

무과별시에 급제한 후 듣기만 해도 짐작이 가는 임금이 내린 이름을 하사받고 영광스러운 홍패를 차고, 고향에 당도하니 친척과 동민이 모여 반가워하였고, 관청의 관리들도 앞 다투어 찾아와 머리를 조아렸다.

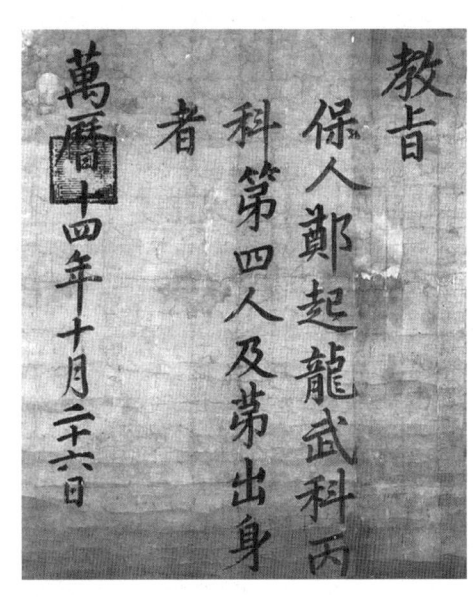

가문에 경사나고 고을에 인물났다고 축하하며 고향백성들이 다 모여 흥겨운 잔치를 벌였다.

첨부 교지(敎旨)는 무과별시급제증이다.

---

113) 홍패(紅牌)는 '붉은 빛깔의 증서'라는 의미로, 조선 시대에 문과나 무과 과거(科擧) 시험 급제자에 발급한 합격증이다. 생원, 진사 등을 선발하는 소과(小科) 합격자에게는 흰 빛깔의 백패(白牌) 교지를 주었다.

5. 율곡이이의 십만양병설

1) 6조계(六曹溪)

1582년(선조 15년) 12월 율곡은 병조 판서에 임명되었다.

국방의 대임을 맡아 노심초사하던 율곡은 이듬해인 1583년 2월 시급하게 해야 할 일들을 '6조계'란 글로 써 올리면서 국방 강화를 건의하였다. 그는 "적이 나를 이기지 못하도록 먼저 준비하여 내가 적을 이길 수 있는 기회를 기다리라."라는 옛 말을 인용하면서 여섯 조목을 강조하였다.

① 임현능(任賢能) : 어질고 유능한 사람을 임용할 것.
② 양군민(養軍民) : 군사와 백성을 양성할 것.
③ 족재용(足財用) : 재용(財用)을 풍족히 할 것.
④ 고번병(固藩屛) : 번병(藩屛)을 견고히 할 것.
⑤ 비전마(備戰馬) : 전마(戰馬)를 준비할 것.
⑥ 명교화(明敎化) : 교화(敎化)를 밝힐 것.

그러나 이러한 주장은 조정의 반대와 신료들의 무관심 속에 받아들여지지 않았다. 율곡은 '6조계'가 받아들여지지 않자 심사숙고한 후 이해 4월 경연석상에서 양병십만론을 제기하기에 이른다[114].

2) 10만 양병설

"국세지부진극의: 나라의 기운이 부진함이 극에 달했습니다.

불출십년당유토붕지화: 10년이 못 가서 땅이 무너지는 화가 있을 것입니다.

원예양십만병: 원하옵건대 미리 10만의 군사를 길러서

---

114) 『宣祖實錄』, 선조 25년 5월 壬申.

도성이만: 도성에 2만,

각도일만: 각 도에 1만을 두되,

복호연재: 그들의 세금을 덜어주고 무예를 훈련시키며

사지분육삭체수도성: 6개월로 나누어 교대로 도성을 지키게 하였다가,

이문변즉합십만파수: 변란이 있을 경우에는 10만 명을 합쳐 지킴으로써

이위완급지비: 위급한 때의 방비를 삼으소서.

부즉일조변기: 이와 같이 하지 아니하고 하루아침에 갑자기 변이 일어날 경우,

불면구시민이전: 백성들을 내몰아 싸우게 하는 일을 면치 못하여

대사거의: 전쟁에 지고 말 것입니다."115)

이 글에서 율곡은 십만의 병사를 길러야 하는 이유와 병사를 양성하는 방법, 병사를 어떻게 활용하는지 등 대비책을 실제적으로 제시하면서, 이와 같이 하지 않을 경우에는 전쟁에 지고 말 것이라고 단정 짓고 있다.

그러나 붕당에 휩싸인 조정에서는 이처럼 원대한 안목을 이해하고 찬성할 사람이 많지 않았다.

3) 율곡과 도승지 류성룡의 의견다툼

율곡의 개혁론에 이의를 제기하던 동인 측의 도승지 류성룡은 이번에도, "평화시에 군사를 양성하는 것은 호랑이를 길러 우환을 남기는 것과 같다(養虎遺患: 양호유환)"며 반대하고 나섰다.

율곡은 이유를 조목조목 따져가며 설명을 하였지만, 다른 신하들은 율곡의 염려를 지나친 것으로 보고 마침내 더 이상 거론하지 않기로 하였다.

율곡은 자리를 물러나와 류성룡에게, "속유(俗儒)들은 진실로 시의(時

---

115) 國勢之不振極矣 不出十年當有土崩之禍 願像養十萬兵 都城二萬 各道一萬 復戶鍊才 使之分六朔遞守都城 而聞變則合十萬把守 爲緩急之備 否則一朝變起 不免驅市民而戰 大事去矣

宜)를 알지 못하겠지만 장군도 또한 이런 말을 하오?"하면서 걱정스러운 빛을 띠었다. 그러나 류성룡은 도리어 율곡을 향해116), "지금은 태평시대 이니, 경연에서 권면(勸勉)하는 것은 마땅히 성학(聖學)을 우선으로 해야 하고, 군사의 일은 급무(急務)가 아닌데도, 장군은 어떠한 소견을 가지고 계시기에 우리들과 상의도 하지 않고 이처럼 곧장 진달(陳達)을 하시었소?" 하며 따지듯 말을 하였다.

이렇게 되니 율곡도 기분이 좋지 않았던지라, 마침내 류성룡을 속유로 몰아내심으로, '속유가 어찌 시무(時務)를 알리오'하고는 웃으며 답하지 않았다고 한다.

4) 이율곡의 탄핵

율곡은 십만양병론을 주장한 지 2개월 후인 같은 해 1583년 6월에 '권력을 제멋대로 휘두르고, 임금에게 교만을 부렸다'는 이유로 삼사의 탄핵을 받게 된다.

그 이유는 첫째, 북쪽의 변방에 오랑캐가 침입하여 국토변방이 유린당하고 있을 때 병마를 모집하면서 왕의 재가없이 처리하였다는 것이요, 둘째는 어전회의에 나가다가 어지러움 병이 도져 다른 곳에 머물렀는데 이것이 교만하다는 것이다.

선조가 탄핵을 물리쳤음에도 반대파들이 강력히 주장하자 율곡은 '6소후청죄계(六疏後請罪啓)117)'란 글을 올려 임금께 벌주기를 자청하였다. 그러면서 임금이 율곡 자신만을 아끼고 다른 높은 신하들의 말을 듣지 않으면 다른 신하들의 입장이 곤란해진다고 하였으니, 자신의 곤란한 입장에도 상대방과 국가를 위하는 마음이 얼마나 컸는지 짐작할 수 있다.

---

116) 『宣祖實錄』 임오년, 선조 24년 3월.
117) 6소후청죄계(六疏後請罪啓)란 율곡이 48세 되던 해에 삼사(三司)의 탄핵을 받고 병조판서의 사직소를 여섯 번 올리고 나서 죄를 자청한 계이다.

5) 허균의 10만 양병설 평가

훗날 허균은 다음과 같이 그 안타까움을 말하고 있다.

"앞으로 또한 이와 비슷한 일이 있다면 참고가 될 것이다. 전쟁을 겪은 뒤에야 조정에서는 부지런히 연마를 강구하였다. 구하여 도적을 막고 백성을 편안하게 함이 여기에서 벗어나는 것이 아니지 않는가? 대개 이이의 선견(先見)은 이미 수십 년 전부터 밝았다. 단 몇 사람이라도 그 뜻을 헤아려 난리를 생각하고 예방하기 위한 개혁을 하였다면 역사가 바뀌고 백성들의 목숨을 그렇게 많이 잃지는 않았을 텐데……"라고.

6) 류성룡의 때늦은 후회

서애 류성룡은 왜란 당시 선조임금을 모시고 개성으로 평양으로 의주로 피난을 다니다가 왜란이 평정된 뒤에 징비록이란 책을 남겼는데, 이 책에서118)

'율곡은 참으로 성인이다. 만일 그의 말을 시행하였다면 나라 일이 어찌 이 지경에 이르랴! 또 그 전후의 계책을 혹 비난하는 사람도 있었지만, 지금은 그의 말이 모두 척척 들어맞는다. 만일 율곡이 있으면 반드시 오늘에 맞는 일을 할 것이니 참으로 오래 기다릴 필요도 없는 명백한 일이다.'고 진술하면서 율곡의 정확한 예언을 듣지 않았던 것을 크게 후회하였던 것이다.

또 율곡은 생전에 "이현(而見: 류성룡의 호)은 재주는 훌륭하나 자기보다 나은 사람을 시기하는 병통이 있어 나와 함께 일을 하려 하지 않는다."고 말하며, "우리네가 죽고 나면 그 재주를 펼 것이다."119)라고 하였는데,

---

118) 『징비록』 류성룡.
119) 전게서.

과연 그의 말대로 율곡이 별세 후 임진왜란 동안에 맹활약을 하였다.

일찍이 경연에서 율곡이 청하기를 '10만의 군병을 미리 길러 위급한 사태에 대비해야 할 것입니다. 그렇지 않으면 10년이 지나지 않아서 장차 토붕와해(土崩瓦解)의 화가 있을 것입니다'라고 하자 정승 류성룡이 '사변이 없는데도 군병을 기르는 것은 화근을 기르는 것입니다.'라고 말하였다. 그때 오랫동안 태평이 계속되어 모두가 편안에 젖어 있었으므로 경연에서 주대하는 신하들이 다 율곡선생의 말을 지나치게 염려라고 여겼다.

선생이 밖에 나와 성룡에게 이르기를 '나라의 형세가 누란의 위기에 처했는데도 속유(俗儒)들은 시무에 통달하지 못하니 다른 사람에게 기대할 것이 없지만, 그대 또한 어찌 이런 말을 하는가'라고 하였다.

임진란을 맞은 후에 유 정승이 조정에서 다른 사람에게 말하기를 '지금 보니 이문성(李文成, 율곡의 시호)은 참으로 성인이다. 만약 그의 말을 채용했더라면 국사가 어찌 이 지경에 이르렀겠는가…'라고 하였다[120].

구 분	내 용
이이의 십만양병설	이렇게 해서 율곡의 10만 양병설은 결국 실현되지 못하였고, 조선은 거의 무방비 상태에서 임진왜란을 당하고 말았으니, 비록 선각자의 선견지명이라도 이것을 받아들이지 않으면 아무 쓸모도 없게 되는 것이다. 그러나 5.16 혁명 후 박정희대통령은 "일하면서 싸우고 싸우면서 일하자"란 슬로건 하에 경제건설과 국방강화 정책을 추진하며 율곡을 재평가함으로써 "율곡의 10만 양병설"과 "박정희의 유비무환(有備無患)"은 한국의 국방철학으로 자리매김하게 되었다.

---

120) 김장생. 『율곡행장』 1582. 9. 1.

임진왜란 전개와 조선의 대응

제1장 조선의 三路 방어선과 항전
제2장 한양함락의 충격
제3장 선조의 평양파천과 의주파천
제4장 조선의 국방자주권을 행사한 정기룡장군
제5장 임진왜란 당시의 양국 무기 비교

제1장
조선의 三路 방어선과 항전

1. 조령, 죽령, 추풍령 방면의 방어선과 항전

임진왜란으로 조정은 영남지방으로부터 조선의 내륙으로 접근하는 길목인 중로(中路), 동로(東路), 서로(西路) 등 세 길목(三路)과 조령, 죽령, 추풍령 등 3대 요충지를 방어토록 조치하였다[121].

먼저 이일을 순변사로 임명하여 중로로 나가 경상도 부산–밀양–대구–상주–문경–조령으로 소백산맥을 넘어 충주–경기도 용인–서울로 오는 일본군을 경상도의 요충이며 주진이 설치되어 있는 상주에서 방어토록 명하였다.

성응길(成應吉)을 좌방어사로 임명하여 동로로 나가 부산–경주–영천–안동–영주–죽령으로 충청도 단양–충주–경기도 양평–서울로 오는 일본군을 막기 위해 경상좌도를 방어토록 명하였다.

조경(趙儆)을 우방어사로 임명하여 서로(西路)로 나가 김해–함안–창녕–금산–추풍령으로 충청도 영동–청주–경기도 죽산–용인–서울로 오는 적군을 막기 위해 경상우도를 방어하도록 명하였다.

그리고 소백산맥의 죽령에는 유극량(劉克良)을 조방장으로 임명하고, 이일을 전진 배치한 중로의 조령에는 변기(邊璣)를 조방장으로 임명하였다. 이어서 류성룡을 도체찰사, 김응남을 부체찰사, 김여물을 종사관으로 임명하면서 전시(戰時) 체제로 돌입하였다.

1) 왜적의 약탈과 질주

한편 일본군은 조직적인 지휘 체계가 무력해진 조선군의 반격을 받지

---

121) 송정현, 전게서.

않은 채 쾌속 진격하여 10여일 만에 경상도 전역을 초토화시켰다.

고니시가 지휘하는 일본의 제1군은 17일 양산과 울산을 돌파하고 18일 밀양에 도착 19일에 밀양성을 점령한 후 청도, 대구를 거쳐 23일 인동으로 진격해 24일 낙동강을 건너 24일 선산을 지나 25일 상주 외각까지 진출하였다.

가토 키요마사가 이끄는 일본의 제2군은 4월 18일 부산에 상륙하여 19일 언양을 치고 21일 경주로 진격하였는데, 경주성에는 판관 박의장과 장기 현감 이수일 등이 거느린 관군이 주둔해 있었다. 이들은 일본군이 몰려오자 성을 버리고 도주하였다.

경주성을 무혈점령한 일본의 제2군은 계속 북진을 하여 4월 22일에는 영천을 돌파한 후 신녕, 군위, 용궁을 점령하면서 북상다가 점촌-문경 방면으로 진로를 선환하였나.

일본의 제3군은 20일 김해성을 격파하고 21일에는 창원을 위협하였다. 당시 창원 마산포에는 경상우병사 조대곤의 부대가 주둔하였다. 조대곤은 김해성을 구원할 생각도 않고, 일본군이 창원 방면으로 진격해오자 진을 버리고 달아났다. 이렇게 일본군은 파죽지세로 부산진성과 동래성, 밀양성을 무너뜨리며 한양을 향해 북상하였다.

제3군은 창원에 이어 낙동강을 건너 영산, 창녕, 현풍 등 낙동강 동안을 거슬러 올라가다가 경상우도로 진로를 전환하여 27일에는 성주(星州)를 점령하였다. 이 지역의 지휘관인 박홍과 이각은 행방불명되어 연락이 되지 않았다. 지휘관이 나타나지 않고 백성들의 눈물의 원성처럼 연일 많은 비가 내렸다.

한편, 이일 등이 내려가기에 앞서 경상감사 김수는 왜란이 터졌다는 소식을 접하고 여러 읍에 공문을 보내고, 각자 소속 군사를 인솔하고 안전한 지역에 모여 주둔하게 하고 중앙군이 도착하기 바라며 대기하였다.

문경 이하의 수령들도 각기 소속 군사를 인솔하고 대구 천변에 나가 순변사를 기다렸다. 여러 날이 지나도 순변사가 당도하지 않았다. 그러던 중

적세가 점차 가까워오자 군사들이 놀라 동요하기 시작하였다. 마침 비도 많이 내려 우장이 젖은 데다가 군량 보급마저 끊기자 밤중에 모두 흩어져 싸워보지도 못하고 붕괴되었다. 수령들은 할 수 없이 홀로 말을 달려 순변사가 있다는 문경으로 바삐 돌아갔다.

이미 텅 빈 고을에서 순변사 이일은 사람 구경조차 할 수 없었다. 이에 곡식이 있는 창고를 털어서 이끌고 온 잔여 군사를 먹이고 함창을 거쳐서 상주에 이르니 목사 김수(金睟)는 보이지 않고, 판관 권길(權吉)만이 읍(邑)을 지키고 있었다.

중로의 방어책임을 맡고 내려간 이일은 상주에 이르러 판관에게 군사가 없음을 꾸짖으며 참수하려 하였다. 권길이 용서를 빌며 자신이 나가 군병을 불러 모으겠다고 자청하였다. 밤새 촌락을 탐색하여 수백 명을 불러 모았다. 그들은 군사 훈련도 한 번 받지 않은 농민들이었다.

2) 이일의 상주북천 전투의 패배

이일은 상주에 하루를 머무르면서 창고를 열고 관곡을 내서 흩어진 백성들을 모이게 하였다. 산 속에 숨어 있던 사람들이 하나하나 모여들어 수백 명에 이르자 이일은 급히 대오를 정비하였다. 이일은 상주에서 모은 800여 명과 서울에서 내려온 군사 60여 명을 합해 군대를 편성하였다.

그는 900여 명을 인솔하고 상주 북천변(北川邊)에서 습진(習陣)을 시키면서 둔진하여 전세를 갖추었다. 임진전쟁이 시작된 이후 사실상 최초로 편성된 조선의 주력 방어군인 셈이었다.

23일 저녁에 개령에 사는 한 사람이 이일을 찾아와 적이 근방까지 왔다고 알려왔다. 순변사 이일은 이 정보를 믿지 않고, 개령 사람을 옥에 가두었다. 이일은 다음날 아침 24일에도 일본군이 나타나지 않자 옥에 갇혀 있던 개령 사람을 '민심을 혼란케 하였다'라는 죄명으로 처형하였다.

사실은 고니시가 이끄는 일본군 제1군은 19일 밀양성을 함락시킨 후 21

일에 대구로 진출, 대구에 무혈입성하고 24일 낙동강을 건너 선산에 진출하여 이 날 저녁 상주 남쪽 20여 리 지점인 장천에 진을 치고 있었다.

24일 아침부터 순변사 이일은 군사들을 상주성 북쪽의 북천(北川: 현재는 상주시의 중심지로부터 북쪽 방면 1.5km 떨어져 있고, 좌편으로 점촌가는 국도와 인접해 있다. 상주 삼악(三岳)의 하나인 천봉산 줄기의 자산성 기슭으로 상주 시가지가 한 눈에 내려다보이는 곳이다)으로 데리고 나갔다.

조선군은 자산을 의지하여 진을 치고, 진 가운데 대장기를 세운 후 이일은 갑옷을 입고 말을 타고 종사관 윤섭과 박지, 판관 권길과 사근찰방 김종무 등은 말에서 내려 이일의 말 뒤에 세우고, 대장의 위세를 갖추고 군사 훈련을 실시하였다. 또 이일은 군사훈련을 시키는 중에 적이 어느 정도까지 진출했는지 그 주변 지역에 보초도 보내지 않았다. 그러나 일본군은 몇 차례나 척후병을 보내 조선군의 상황을 일거수일투족까지도 정찰하였다. 훈련을 받고 있던 조선군사들은 정찰을 하고 있는 일본군 척후병들을 발견했지만, 아침에 처형당한 사람이 생각나 보고를 하지 않았다.

조선군 병사들이 훈련을 하고 있던 중 상주성 안 두어 군데에서 검은 연기가 치솟았다. 급히 이일은 군관 한 명을 보내 상황을 알아보라고 명하였다. 군관이 다리 밑을 지나가던 순간, 다리 밑에 숨어 있던 일본군 저격병이 조총으로 저격한 뒤 목을 베어 사라졌다. 이 광경을 보고 있던 조선군 병사들은 본격적인 전투가 시작되기도 전에 기세가 꺾였다.

잠시 후 일본군 본진이 조선군을 사면에서 포위해 왔다. 이일이 거느린 조선군은 불시에 일본군의 대규모 기습 공격을 받고 동요하였다. 일본군은 조선군을 향해 더욱 요란한 소리를 내며 쉴 새 없이 조총을 쏘면서 압박해 갔다.

조선군은 활로 응사했으나, 전투가 벌어지고 얼마 안 되어 후퇴를 거듭하였다. 이일이 '나가서 싸우라'고 독전했으나 뛰어나가는 병사는 몇 사람이 되지 않고 도망치는 자가 더 많았다. 한성에서 데려온 60여 명의 군관만이 가까이 온 일본군을 향해 활로 응사했을 뿐이었다.

고니시 유키나가가 이끄는 일본군의 선봉 주력부대의 기습을 받은 이일은 거의 단신으로 말을 타고 적진에 뛰어들어 격전을 벌였다. 그는 전세가 절대적으로 불리해지자 산길을 타고 전장터를 탈출하였다.

2. 신립장군 패전의 충격

1) 근접전으로 항전하다

조선이 북상하는 왜군을 저지할 수 있는 군사적 요새지인 조령·죽령·추풍령으로 적들이 차례로 통과하고 있다는 소식을 접한 조정은 여진족 정벌에 영웅이라고 칭송받던 신립(申砬)을 삼도순변사에 임명하고 그를 도와줄 종사관에 김여물(金汝岉)을 임명하고 그들에게 한성에서 징집한 병사 8,000여 명을 인솔하여 북상하는 일본군을 저지하도록 하였다.

신립은 적은 병력으로 대군을 방어할 수 있는 방법은 조령을 차단하는 것이라고 건의 했으나 신립은 '적은 보병이고 우리는 기병이므로 개활지 보다 평야전투가 유리하다'는 이유를 들어 단월역에 방어선을 구축하였다[122].

당시 일본군은 비록 보병이긴 했으나 그들은 모두 원거리에서 아군을 살상할 수 있는 조총을 휴대하고 있었다. 4월 28일 고니시 유끼나까(小西行長)·소 요시노리(宗義智)·마쓰우라 시스노부(松浦鎭信)의 일본군이 신립군을 포위 접근하기 시작하였다. 신립은 4차례나 기병을 이용하여 일본군의 포위망을 벗어나려 했으나 사상자만 승가하면서 패선을 낭하고 말았나.

조선의 조정은 이일의 패전을 4월 26일에, 신립의 패전을 4월 28일에 접하였다. 다급해진 조정은 이양원(李陽元)에게 서울 도성을 막게 하고 김명원(金命元)과 신각(申恪)에게 한강 방어선을 구축하게 하였다. 하지만 5월 2일 김명원과 신각이 이끄는 7,000여 조선군은 강 건너 일본군의 위협

---

[122] 『연려실기술』 권15, 「壬辰倭亂 大驚四守」 4월 27일.

사격에 놀라 달아나는 바람에 한강 방어선도 별다른 저항 없이 붕괴되었다.

2) 신립장군의 패전원인 분석

일차로 천혜의 요새 문경새재의 자연조건을 활용하지 않은 점과 충주 목성을 중심으로 한 항전을 하지 않고, 탄금대의 넓은 들판에서 남한강에 배수진을 친 것이다. 그리고 8,000명 기병의 실력만 과신하고 왜적 조총의 위력을 파악하지 못한 점도 있다. 사정거리가 먼 활이나 화포공격으로 기세제압 후 기병으로 돌격하는 장병(長兵)전술이 적중하지 못하였다.

신립장군의 8,000여 기병은 처음에는 기세를 올렸으나 조총으로 무장한 왜군 15,000여 군사에 3면으로 포위되었다. 탄금대 들판은 주로 논, 밭이자 후퇴 시 말발굽이 빠져 매우 불리하였다. 즉, 요새항전을 하지 않고 열세병력이 개활지로 나선 작전은 착오로 판단된다.

3. 근왕군 10万군사, 광교산전투 참패

1) 3도 근왕군 편성과 부대이동

임진왜란 초기(1592년 4월)에 왜군이 북상한다는 급보가 계속해서 들어오자 선조는 당황하지 않을 수 없었고, 조정의 대신들도 과연 선조가 피난을 가야 할 것인가에 대해 의견이 양분되고 있었다. 그러나 4월 29일 충주에서 신립의 패전소식이 전하여지자 그 전까지 한양 사수를 고수하던 신하들도 마음을 바꾸지 않으면 안 되어 유성룡의 말에 따랐다. 유성룡은 왕자를 여러 도에 파견하여 근왕병(勤王兵)으로 호송하고 세자는 어가를 따라 갈 것을 청하였다. 따라서 선조는 피난을 결정하게 되고, 이에 앞서 4월 28일 이원익(李元翼)을 평안도도순찰사로, 최흥원(崔興源)을 황해도도순찰사로 삼아 그 곳의 지역에 사는 주민을 무유(撫諭)[123)]하게 하였다.

뿐만 아니라 5월 3일 도성이 점령당하였다는 소식을 듣고 가용 병력을 임진강 전선에 투입하는 한편, 시강원 심대(沈岱)를 충청·전라·경상도에 파견하여 근왕군을 모집하도록 명령하였다. 그리고 전라감사 이광(李洸)에게 근왕할 것을 촉구하였다. 이광은 4월 8일 관할 지역에서 군사 8,000명을 조직하여 5월 4일 공주에 도착하였는데, 이미 한양이 왜군에 의해 점령되었고 선조 또한 서행하였다는 소식을 듣고 회군한 적이 있었다.

심대가 전해 조정의 명을 접한 이광은 다시 전주·나주·광주 지역의 군사를 다시 모아 북상을 시도하였는데, 전라도방어사 곽영(郭嶸)과 함께 징발된 군사 4만 명으로 2개 군을 편성하였다. 이광군의 편성은 병력 2만명으로 대장에 전라도관찰사 겸 순찰사 이광, 전부사(前府使) 이지시(李之詩), 나주목사 이경록(李慶祿)이 담당하고, 전라도 방어사 곽영 역시 군사 2만 명으로 선봉장에 부사를 역임한 백광언(白光彦)과 중위장에 광주(光州) 목사 권율(權慄)이었다. 이들은 북진하여 충청도와 경상도의 근위병과 합류, 군세가 10만에 이르렀다. 6월 3일 수원에 도착하자, 당시 이곳에 있던 소수의 왜군은 싸우지도 않고 그 위세에 눌려 용인지방으로 퇴각하였다. 그들은 다음날 왜군이 용인 부근에서 약탈을 일삼고 있다는 소식을 듣고, 일단 이들을 먼저 격멸한 후에 한강으로 북상하기로 하였다[124].

2) 광교산 전투

광교산(光教山) 전투는 1637년 경기도 용인시 광교산에서 벌어진 청나라 군대와의 전투로 1637년 1월 4일부터 6일까지 전라병사 김준룡(金俊龍)이 광교산에서 청나라 장수 양굴리(楊古利)가 이끄는 청군과 싸워 승리한 전투를 말한다.

1월 5일, 김준룡의 부대는 13일 만에 남한산성 근처인 용인 광교산까지

---

[123] 무유(撫諭) : 민심을 무마하고 안정시키는 일.
[124] 『병자호란사』. 국방부전사편찬위원회. 1987.

진격하였다. 김준룡은 군진을 사각대형으로 형성하게 하고 식량과 화약을 사각진형의 중앙에 배치하였다. 그리고 정찰병을 보내 청군이 광교산으로 몰려오고 있다는 정보를 입수하여 광교산 곳곳에 복병을 두게 하였는데 복병의 1선은 포수, 2선은 사수, 3선엔 살수하였다.

광교산 전투에서 청나라 군대는 반수 이상의 병력을 잃고, 광교산 동방 10리 지점까지 퇴각하였다.

광교산 전투는 병자호란 기간 중에 얻은 최대의 전과로, 청나라 군대에 큰 충격을 가져다주었다. 특히 사살된 청나라 장수 양굴리(楊古利)는 청나라 태종의 매부이며, 청국 제일의 명장이었기 때문이다. 한편 조선의 군대는 1월 6일 밤, 탄약과 군량이 고갈된 상태에서 청군과 교전을 계속하기가 어렵나는 판단을 내리고 수원 방면으로 철수하였다.

이 당시 근왕군의 주력인 이광의 군대는 용인 부근에 도착하자 북두문산(北斗門山)에 소규모의 왜군이 주둔하고 있는 것을 보고 곽영으로 하여금 공격하게 하였다. 한편 왜군은 조선군의 대병력이 북진하고 있다는 정보를 입수하고, 이어 자신들의 주장인 협판안치(脇坂安治)에게 증원군을 요청하고, 아울러 문소산의 방어태세를 강화하여 조총을 사용하여 조선군의 전진을 막으면서 지구전으로 들어갔다.

5일 문소산에서 왜군의 목책(木柵)을 포위하고 있었던 근왕군은 그들의 완강한 수비에 고전하다가 지쳐서 급기야 숲속에서 휴식을 취하게 되었다. 그러한 가운데 협판안치의 본대가 도착하여 측방을 공격하니 이에 합세하여 포위되어 있던 왜군도 일제히 나와 출격하였다. 왜군의 수는 4, 5천에 불과하였고 조선군의 진과 서로 2, 3리 거리에 있었는데, 적의 총소리가 한 번 나자 조선의 대군은 쉽게 무너졌다. 이광 등이 흰옷을 갈아입고 서로 잇따라 달아나니 10만의 군사가 순식간에 싸워보지도 못하고 도망한 것이었다.

이 싸움에서 단지 권율이 지휘하는 중군만이 대열을 유지하고 퇴각하였을 뿐 전라·충청의 나머지 군사들은 광교산(光敎山)으로 분산되었다. 그러나 광교산으로 들어갔던 군사들도 다음날 왜병과의 싸움에서 대패하게 되자 모두 자신들의 고향으로 도망갔다. 이렇듯 하삼도의 5만의 군사가 불과 4, 5천도 못되는 왜군에 참패를 당하였다는 소식을 듣고 조정은 더 이상 한강 이남 지역에서 조선 관군의 활약을 기대할 수 없게 되었다.

왜군이 침략하였을 때 조정의 전략은 지상의 군대를 이용하여 적의 북진을 막고 수군을 이용하여 해로를 차단함으로써 북진 중에 있는 왜군을 양분하려 하는 것이었다. 그러나 근왕병들이 이처럼 무기력하게 패하자 계획은 수포로 돌아갔다. 단지, 수군이 남해안에서 연전연승하여 더 이상의 조선 정벌군을 오지 못하게 함과 아울러 군량의 조달도 어렵게 하여 왜군을 곤경에 빠뜨렸다. 이는 의병의 활약과 함께 왜군 철수의 결정적 계기가 되었다.

3) 패전 원인 분석

이 같이 근왕군 10만 명이 3도에서 편성되어 왜군 4~5천여 명에 불과한 왜국에 패한 원인을 요약해 보면 다음과 같이 정리할 수 있다.

첫째, 지휘관의 리더십 부재로서 이광의 3도 근왕군에 대한 강력한 리더십을 가지고 솔선으로 모범을 보여야 했으나, 쉽게 무너지는 대군을 제압하려는 용기와 용병술 없이 자신이 부하들과 함께 도망감으로서 지휘체계가 갑자기 무너진 점을 들 수 있다.

둘째, 전술부재로서 적의 소총이 앞의 선봉장에만 있었기 때문에 측면을 위시한 기병이나 기습공격을 감행했어야 함에도 기존 포위하고 있는 수비부대에 정면공격만을 지양해 왜군의 지원부대가 오는 것에 대한 측방방어와 전술 부대배치의 계획 없이 대응하다 일시에 무너진 점을 들 수 있다.

셋째, 정보 및 정신력 부재로 왜군의 수비부대에만 관심을 갖고, 본대지원에 대한 지원 병력이 오기까지 충분한 시간이 있었음에도 불구하고 대비나 예상 침투로를 많은 병력이 있었음에도 불구하고 반대로 측면공격을 당하고 또한, 조총부대의 위력에도 분산 각개막진을 통해 대응이 되어야 하나 충분히 훈련되지 못한 병력과 전술, 전략, 정신력 사기에서 모두 헤이해진 기강으로 패전의 원인이 되었다.

4. 임진왜란 첫 승전보 - 정기룡장군 거창신창전투

1) 선봉 돌격대장(正3品)에 임명

한편 종군하는 우방어사 조경은 새재를 지나며 일본군이 가까이 왔다는 정보를 접하고, 휘하 막료들에게 계책을 물었다. 아직 젊고 하급 군관에 불과한 정기룡은 다음과 같이 건의하였다.

"적은 오래토록 순비하여 출동한 강한 군대로 대포와 조총을 장기로 하고 있으므로 대평한 세상에서 훈련되지 않은 우리 병졸로서는 정면으로 승부하면 이기기 어렵습니다. 그러나 적은 보병을 중심으로 하므로 말을 잘 타는 기병을 뽑아 훈련시키고 지혜와 용맹을 겸비한 사람을 가려 뽑아 돌격장으로 삼아, 적을 기다리고 있다가 뜻밖에 나아가 부딪친다면 적은 반드시 놀라 흩어지고 대오가 어지럽게 될 것입니다. 이를 틈타 기병과 보졸이 합세하여 적을 공격하면 이길 수 있습니다. 보졸만 가지고 선두에 서서 교전한다면 무익한 죽음이 있을 뿐입니다. 이 밖의 기묘한 계책은 제가 할 수 있는 것이 아닙니다."

라고 하였다. 조경은 좋은 계책이라고 칭찬하고는 즉시 장군을 선봉돌격장으로 삼았다[125].

2) 정기룡장군, 임란 후 처음으로 왜적 100여 명 살상

수십 명의 기병과 함께 임란 후 처음으로 전장을 향해 돌격하였는데 그

---

125) 상주시, 『국역梅軒實記』, 상주시. 1999. pp.34-35.

대상지가 신창이었다. 그 당시 경상도 지례현(知禮縣)의 우지현(牛旨峴)을 넘어 오니 5백여 명의 왜군이 이미 거창군의 신창(新倉)126)(거창군 웅양면 노현리)에 도착해 있었는데 장군은 기병을 이끌고 바로 앞으로 나아가니 여러 기병들은 적군을 보고는 얼굴에 모두 두려워하는 빛이 있으면서 감히 먼저 나아가는 사람이 없었다.

장군은 말을 몰아 적진을 종횡무진으로 돌격하여 수십 명을 베니 적이 흩어져 달아났다. 비로소 기병들이 장군을 따라 싸우면 이길 수 있음을 알고 싸워 크게 이기고 돌아왔다. 적군의 진(陣)을 자세히 살펴보니 두 곳이 있었는데, 그 중의 하나는 곧 우리나라의 적군에게 사로잡혀간 사람이었다.

대개 적군이 우리에게 패전을 당한 후에 사로잡혀간 우리나라 사람이 난리를 일으킬까 의심하여 그 곳을 따로 만든 것이었다. 이제야 장군은 다시 그의 기병을 거느리고서 바로 적군의 진중으로 달려가서 혼자서 적병 1백여 명을 쳐서 죽이니 남은 적병들은 모두 도망하였다. 장군이 바야흐로 돌아오려고 하는데 4명의 적병이 길가의 우거진 숲속에 엎드려 있다가 장군이 겨우 지나가자 칼이 장군의 등 뒤에 미치므로 장군은 몸을 뒤쳐 화살을 뽑아 연달아 3명의 적병을 쏘아 꺼꾸러뜨렸으나 1명의 적병은 빠져 나갔다. 여러 진영(陣營)이 뿔뿔이 흩어지는 때에 장군이 홀로 외로운 수십 명의 병사로 강한 적병을 꺾었으니 임란 최초의 승리라 할만하다127).

5. 좌의정 류성룡, 도제찰사로 전군지휘

1) 압록강 넘으려는 선조를 설득

1592년부터 7년간 벌어졌던 임진왜란은 한민족 최대의 위기였다. 평양을 거쳐 의주에 당도한 선조는 왜군에게 무릎 꿇기보다 명나라로 가는 것

---

126) 『慶尙道邑誌』 거창군 지도에 신창이 표시되어 있다.
127) 상주시. 『국역梅軒實記』. 1999. pp.34-35.

이 낮다고 압록강을 건너려 하였다. 그때 그랬다면 한반도는 일본 땅이 되거나 중국의 영토가 되고 말았을 것이다.

서애 류성룡은 이 전쟁의 거의 전 기간에 걸쳐 도체찰사, 좌의정, 영의정 등으로 난국 타개를 주도하였다. 그는 강을 건너려는 왕을 붙잡고 이 전쟁은 국제전이어서 명군이 곧 제 발로 올 것이므로 기다리자고 극구 만류하였다. 명군은 그의 예측대로 며칠 되지 않아 강을 건너 들어왔다. 통찰력은 리더의 요건이다128).

류성룡은 인재를 분별하는 식견에서도 탁월하였다. 전쟁이 일어나기 1년여 전인 1591년 1월 정사 황윤길과 부사 김성일이 일본에서 돌아왔다. 왕은 이들의 보고를 듣자마자 우의정 류성룡에게 이조판서의 권한을 겸하도록 하는 특별 조치를 내렸다. 류성룡이 이순신과 권율을 발탁한 것이 바로 이때였다. 그는 경상도의 방어가 중요하다고 생각해 나이가 많은 경상도 우병사 조대곤을 당대 최고의 명장으로 알려진 이일로 교체할 것을 건의하였다. 이 천거는 병조판서가 명장은 서울에 있어야 한다고 고집해 끝내 이뤄지지 못하였다. 그는 전쟁 후에 지은 '징비록(懲毖錄)'에서 이를 못내 안타까워하였다. 그의 주장이 관철되었더라면 전란 초기의 관군 참패의 역사는 없었을 것이다.

그는 전략·전술가로서도 탁월하였다. 평양을 점령한 일본군은 평안도 주민들을 매수해 간첩으로 삼았다. 명군의 첫 평양 공격 실패도 이들의 정보 제공에 원인이 있었다. 이 사실을 안 류성룡은 일벌백계로 다스려 2차 공격을 성공시켰다.

2) 명군에게 한강(충주)상륙작전 제안

평양성을 탈환한 후 그는 조선군에게 후퇴하는 일본군에 대한 강력한 추격전을 명령하였다. 그리고 개성에 당도해서는 명군 장수들에게 서울

---

128) 류성룡. 『서애문집』. 한국고전번역원.

수복을 위한 수륙 양면 공격을 제안하였다. 즉 명군 주력의 일부를 해로로 한강에 직접 투입해 강의 남안을 장악, 일본군의 퇴로를 남·북한강 쪽으로만 허용해 충주에 이르는 긴 협곡에서 격멸 작전을 벌이자는 것이었다. 이는 한국전쟁 때의 인천 상륙작전을 방불케 하는 것으로 당시 명나라 장수들의 감탄을 자아냈다. 그러나 명군 총사령관 이여송이 수용하지 않아 끝내 실현을 보지 못하였다.

명군은 또 임진강이 반만 결빙된 상태를 보고 진군 속도를 늦추려 하였다. 류성룡은 산에서 칡넝쿨을 거두어 대형 부교를 만드는 일을 직접 지휘해 5만의 대군을 안전하게 도강시켰다.

류성룡의 임기응변으로 임진강을 건넌 명군은 벽제관에서 일본군에게 대패하였다. 이 싸움을 지휘한 이여송은 개성으로 후퇴해 평양으로 되돌아가려하기까지 하였다. 도체찰사 류성룡은 동파(현 판문점)에 도체찰사부를 설치하고 이여송과 기 싸움을 벌였다. 그는 이곳에서 경기 일원의 조선군을 지휘하면서 서울 수복의 전투력을 키웠다.

이때 야전 막사의 풀더미 위에서 기침하면서 업무에 열중해 입은 옷이 풀색이 되는 것도 몰랐다. 서울 수복 후에는 아픈 몸을 마상에 싣고 영남까지 왕래하다 실신 상태가 되기까지 하였다.

3) 임란기는 자연재난 소빙기(小氷期)시대

임진왜란은 1490년께부터 시작된 소빙기(little ice age) 대자연재난의 한가운데 있었다. 대기권에 쌓인 우주먼지가 태양의 빛과 열을 차단해 일어난 재난이었다. 대기권의 기류, 기상의 이변은 농사를 망치고 병충해와 전염병의 만연을 가져와 많은 굶주림과 아사자를 낳았다.

조선처럼 농민이 곧 군사가 되는 제도를 가진 나라에서 농민의 굶주림은 국방력에 치명적 타격을 주었다. 전란 초기 조선 관군의 참패는 바로 여기에 원인이 있었다.

4) 농촌이 넉넉해야 전쟁도 이길 수 있어

류성룡은 농민을 살려야 전국적 방어조직이 살아날 수 있다는 것을 잘 알고 진휼 차원의 경제정책을 펴는데도 힘을 기울였다.

둔전 경영 외에 염업, 광업, 수공업, 상업 등 백성의 생계에 도움이 되는 것은 모두 지원하였다. 바닷가 사람들은 소금을 구워 내륙 사람들과 교역해 서로 생계에 보탬이 되도록 하였다.

교역의 중요성에 대한 인식은 중강진의 국제교역시 개설로까지 이어졌다. 서울 수복 후 경기 이북 지역에 집중적으로 기울여진 이런 노력의 성과는 정유재란 때 일본군의 북상을 저지하는 힘이 되었다. 정유재란 때 한강변에서 조선군을 열병하던 국왕은 "군사의 위용이 이 정도가 된 것은 오로지 경의 힘이라"고 크게 칭찬하였다.

5) 류성룡의 지도력과 징비록, 日人의 평가

서애 류성룡은 멀티형 리더였다. 사세를 다변적으로 파악해 맥을 잡은 다음 임기응변과 근본치유를 병행해 파국에서 벗어나는 리더십을 보여주었다. 그는 우의정으로 인사권을 부여받은 때로부터 7년10개월간 전시국면 타개라는 중요한 임무를 수행하였다.

이 책무에 혼신의 힘을 쏟았던 만큼 전란의 복기(復碁)라고 할 '징비록' 저술도 어렵지 않게 해냈다.

이 책이 1695년 일본에서 처음 번역돼 나왔을 때, 저명 유학자 가이바라 에키켄은 서문에서 도요토미 히데요시의 '조선출병'은 하늘의 법도를 어긴 것이기 때문에 실패할 수밖에 없었다고 평하였다.

가이바라는 도요토미와 류성룡의 대결에 대한 판정에서 류성룡의 손을 들어주었다. 백성 살리기에서 출발한 그의 위기 대처는 하늘의 뜻에 부합하는 것이자 리더십의 영원한 본보기였다.

제2장
한양함락의 충격

1. 왜적 한양 침입로와 조선군의 한양방어 헛점

1) 왜군의 한양 침입루트

왜군 제1진(소서행장, 小西行長)은 충주 탄금대에서 신립장군의 방어선을 무너뜨리고 경기도 여주에서 남한강을 건넌 뒤 진을 치고 1박을 하고, 그 다음날 배를 탈취하고 뗏목을 만들어 타고 양근(양평)을 지나 1박하였다. 익일 북한강을 건넌 뒤 양수리에서 한강 물길을 따라 한양 동쪽을 공략하였다.

제2진(가등청정, 加藤淸正)은 음성→죽산→용인을 거쳐 5월 2일에는 한강 남쪽에 도착하여 한성 남부를 공략하여 제1진과 협공계획을 하였다.

제3진(구로다 나가마사, 黑田長政)은 추풍령을 저항 없이 넘어 청주→진천→죽산→용인 등 제2진 루트로 북상하였다.

2) 조선군의 한양 방어상태

도원수 김명원(金命元)장군이 군관 50여 명, 1,000여 명 정예군사로 한강 북쪽 방어선을 구축했으나 새까만 일본군에 놀라 싸워보지도 않고 투구와 갑옷을 벗어던지고 평민복으로 전선이탈 도주하니 방어선이 붕괴되었다. 종사관 심우정(沈友正)이 끝까지 항전을 주장했으나 군사 도주로 무위하였고, 선조로부터 유도대장(수도방위수령)으로 특명을 받은 좌의정 이양원(李陽元)은 도원수가 사수키로 한 한강 방어선이 붕괴되었다는 보고를 받고, 도성 방어를 포기하고 양주로 퇴각하고 말았으니 도읍지 한양의 방어선이 전무한 상태가 되었다.

이는 선조가 끝까지 한양사수결의로 항전을 독려하고 방어조직을 가동시켜 상륙부대를 공격했어야 할 것을 먼저 겁먹고, 피난함으로써 전의를 상실하고 방어선이 무너진데 그 첫 패인이 있다고 하겠다.

2. 경복궁을 적에게 그냥 넘겨주다

1) 한강을 방어선으로 끝까지 항전했어야

일본의 풍신수길은 제 1진, 2진, 3진 왜장에게 "누가 먼저 한양에 입성하느냐?"하고 경쟁을 시켰다. 그래서 왜장들은 명예와 전공 출세를 위해 목숨 걸고 밤낮으로 군사를 독려해 20일을 강행군으로 달려와 왜적들은 지칠 대로 지쳐 있었다.

조선은 한양을 사수할 목표를 세우고 천혜요소 한강을 방어선으로 항전하여 격퇴시키거나 지연하면서 명나라 원병을 요청했더라면 한양은 충분히 지킬 수 있었을 것이다.

왜냐하면 조총의 사정거리도 미치지 않고, 후방 보급로를 차단하고, 야간 집결지에 화공전법으로 총공격하거나 지리에 미숙한 왜적의 이동경로를 미리 파악해 도강, 승선, 하선, 진지 등 취약시점, 취약지점을 화공전법으로 총공격하고 한강도하 작전을 분쇄했더라면 오히려 왜적들을 한강에 모두 수장시킬 수도 있었을 것이다.

나라를 짓밟는 왜적을 무찌를 생각은 하지 않고 어찌 도주할 궁리만 했단 말인가? 이것이 백성의 재산과 생명을 책임진 임금이 할 처신인가 역사에 묻고 싶다.

2) 함락 전야 상황과 선조의 피난길

선조실록의 기록을 발췌하면 다음과 같다[129].

---

129)『宣祖實錄』25년 4월 조 1592년.

제3부 임진왜란 전개와 조선의 대응

4월 30일 마침내 선조는 피난길에 올랐다. 당시의 상황은 혼란 그 자체였다. 다음은 당시 선조실록의 기록들 중 일부를 모은 것이다.

이때 도성의 백성들은 모두 뿔뿔이 흩어졌으므로 도성을 고수하고 싶어도 그럴 형편은 못되었다.

❑ 1592년 4월 28일

인심이 위구(危懼)해 하자 상이 대신들에게 이르기를, "세성(歲星: 목성)이 있는 나라를 치는 자는 반드시 그 재앙을 받는다고 하였는데, 이제 세성이 연분(燕分)에 있으니 적은 반드시 자멸할 것이다."하고 또 전교를 내려 안심시켰다.

❑ 1592년 4월 28일

선조는 민심을 잃었다. 민심이 떠나가고 있음에도, 고작 점성술로 안심시키려고 하였다. 이때 파천(播遷: 임금이 도성을 떠나 난이나 전쟁을 피하는 것)에 대한 논의가 결정되어 수십 명이 문을 두드리고 통곡하니, 상이 전교하기를, "가지 않고 마땅히 경들과 더불어 목숨을 바칠 것이다."하였다. 이에 그들이 물러갔다.

❑ 1592년 4월 29일

선조는 이미 피난 갈 생각을 굳혔다. 그럼에도 종친 대표들에게 지키지 못할 거짓말을 하고 있다. 이런 선조를 믿고 따를 백성이 어디 있겠는가. 이날 호위하는 군사들은 모두 달아나고, 궁문(宮門)엔 자물쇠가 채워지지 않았으며, 금루(禁漏)는 시간을 알리지 않았다.

❑ 1592년 4월 29일

새벽에 상이 인정전에 나오니 백관들과 인마(人馬) 등이 대궐 뜰을 가

제2장 한양함락의 충격

득 메웠다. 이날 온종일 비가 쏟아졌다. 상과 동궁은 말을 타고 중전 등은 뚜껑 있는 교자를 탔는데, 홍제원에 이르러 비가 심해지자 숙의(淑儀) 이하의 교자를 버리고 말을 탔다.

궁인들은 모두 통곡하면서 걸어서 따라갔으며, 종친과 호종하는 문무관은 그 수가 1백 명도 되지 않았다. 점심을 벽제관에서 먹는데, 왕과 왕비의 반찬은 겨우 준비되었으나 동궁은 반찬도 없었다. 저녁에 임진강 나루에 닿아 배에 올랐다. 임금이 신하들을 보고 엎드려 통곡하니 좌우가 눈물을 흘리며 감히 쳐다보지 못하였다. 밤은 칠흑같이 어두운데 한 개의 등촉도 없었다. 백관들은 굶주리고 지쳐 촌가에 흩어져 잤는데 강을 건너지 못한 사람이 반이 넘었다.

❏ 1592년 4월 30일

임금이 신하들 앞에서 눈물을 보일 정도로 당시 상황은 참담하였다. 더 어이없는 것은 당시 조정은 피난 준비조차 제대로 해내지 못할 정도로 무능하였다는 점이다.

당시 상황을 기록한 선조실록 5월 3일의 기록을 보자.

"적이 흥인문(興仁門) 밖에 이르러 문이 활짝 열려 있고 시설이 모두 철거된 것을 보고 의심쩍어 선뜻 들어오지 못하였다. 10여 명의 군사를 뽑아 입성시킨 뒤 수십 번 탐지하고 종루까지 이르러 군병이 한 사람도 없음을 확인한 뒤 입성하였다. 일본군 병사들은 발들이 죄다 부르터서 걸음을 겨우 옮기는 형편이었다."

3. 왜적들의 한양 무혈입성

1) 개전 20일 만에 도읍지 한성 함락

선조가 한양을 버리고 파천한 지 이틀 후 1592. 5. 2일, 왜적 제1진(고니시 유키나가, 小西行長)이 동대문에 도착하고, 주저 않고 흥인지문 안으로 쏟아져 들어갔다. 성문은 활짝 열려 있었다. 산발적인 저항이 있을지도 모른다는 우려를 했지만 인구 20여만 명의 도성 안은 그저 쥐 죽은 듯이 고요하기만 하였다. 밤부터 불타오르기 시작한 경복궁을 비롯하여 창덕궁, 창경궁, 덕수궁의 커다란 불길만 하늘을 치솟고 있었다.

다음날인 5월 3일에는 일본군 제2군도 마침내 한성의 남대문인 숭례문 앞에 당도하였다. 이어 구로다 나가마사(黑田長政)가 이끄는 제3군이, 모리 데루모도(毛利輝元)가 이끄는 제7군이, 우기다 히데이에(宇喜多秀家)가 이끄는 제8군이, 고바야가와 다가게(小早川隆景)가 이끄는 제6군이, 시마쓰 요시히로(島津義弘)가 이끄는 제4군이 그 뒤를 이어 차례대로 도성 안으로 속속 입성해 들어왔다.

개전 20일 만에 부산에서 한양까지 대부대가 질주해 왔으니 일본군은 예상 밖의 빠른 입성이었으나 조선은 얼마나 전쟁준비가 없었던 통탄의 사실이 아닐 수 없다. 이로써 1392년 태조 이성계가 천년사직을 세운지 200년 만에 제대로 항전 한 번 못하고 도읍지 한성이 점령당하니 슬프도다! 역사의 뼈아픈 교훈이 아닐 수 없다.

2) 궁궐은 불타고 백성은 죽임을 당해

점령군은 맨 먼저 상징건물에 불을 질러 점령사실을 알리고 공포 분위기를 조성한다. 그들의 발길이 닿는 곳마다 그랬던 것처럼 동성 안의 민간인들을 상대로 약탈, 강간, 살인, 방화가 곳곳에서 끔찍하게 자행되었다. 먼저 일본군은 도성안의 남자들을 모조리 베어 죽였다. 그런 다음 집안에 숨어 있다 끌려나온 남자들을 결박하기 시작하였다. 미처 피난을 떠나지 못한 늙은이들이거나 나이 어린 사내아이들이 대부분이었지만 점령군은 그들을 결박하여 숭례문 바깥에다 기다랗게 열을 지어 세워놓은 뒤 위쪽에서부터 검을 치켜들고서 한 사람 한 사람 참수시켰다. 그들의 사체는 남대문 바깥에는 물론 동대문 밖에도 구릉을 이루었고, 종각 주변에도 산더미같이 쌓여 갔다.

도성을 점령한 일본군은 여자들을 닥치는 대로 강간하기 시작하였다. '사녀다피오욕(士女多被汚辱)'이라는 남은 기록으로 보아 양가집 아녀자들의 피해가 유독 많았다. 도성 안 백성들의 귀를 자르고, 눈알을 빼며, 살점을 도려내고, 피부를 온통 벗기고, 심장을 도려내며, 사지를 절단하여 머리와 몸뚱이는 긴 징대에 메어 달아놓는 등 그 참상을 이루 다 말할 수 없다. 이렇듯 전쟁에 지면 참혹한 일이 벌어지는데 도성을 사수하다 죽어야지 어떻게 싸워보지도 않고 한양을 포기한단 말인가?

왕통(王統)이 중요하다면 분조(分朝)를 하더라도 임금은 정위치 해서 한양사수 결의만 다졌더라도 이렇게 참혹한 꼴은 당하지 않았을 것이다.

3) 정기룡장군의 건의사항

한양이 20일 만에 왜적에게 함락되었다는 소식을 접한 장군은 충격을 받고 "왜적을 한강에 수장(水葬)시킬 수 있는 방법이 있었는데 안타깝다"는 요지의 장계를 올리며, 도강(渡江)지점을 몰라 헤매고 있을 때 야간 숙영지에 공격의 맥이 있다고 알려주지만 선조와 책임신료들은 항전은 커녕 파전길만 재촉했으니 백성들만 고생하고 죽임을 당했던 것이다.

정기룡장군은 임진왜란 전체를 손바닥 보듯이 꿰뚫고 있었고 나라가 실수할 때마다 잘못을 안타까워하였다. 정기룡장군은 임진왜란은 충분히 막아내거나 이길 수 있는 방책이 있다고 확신하였다. 여기에 정기룡장군의 위대성이 있다.

제3장
선조의 평양파천과 의주파천

1. 왜적 10일 만에 4로(路) 북진

왜적들은 한양점령 후 창고를 털고 가축을 잡아 포식하고 살인, 강간, 방화 등 온통 도성을 아비규환 상태로 짓밟아 놓고 10일이 지난 1592. 5. 12일 다시 평양성 점령을 목표로 다시 북진하기 시작하였다.

고니시 유기나가(小西行長)의 제1군은 선조를 뒤쫓아 평안도로, 가토 기요마사(加藤清正)의 제2군은 함경도로, 구로다 나가마사(黑田長政)의 제3군은 황해도로, 모리 데루모도(毛利輝元)의 제7군과 시마쓰 요시히로(島津義弘)의 제4군은 강원도로 제각기 진격해 나아가는 한편, 고바야가와 다가가게(小早川隆景)의 제6군은 남쪽의 배후 지역을 담당하였다.

도성 안에는 정부(情婦)의 아들로 태어나 풍신수길의 양자로 자란 열아홉 살에 불과하지만 일본군 총사령관이기도한 우기다 히데이에(宇喜多秀家)의 제8군만 남게 되었다. 그들은 그대로 진을 치고 남아 이듬해 4월 18일 남쪽으로 철수할 때까지 그 1년여 동안이나 도성을 점령하였다.

당시 조선은 고려시대의 불교에서 유교시대가 되면서 선비나라로서의 문화가 발달하여 국보급 각종 문화재가 많았는데 왜놈들은 조선의 귀한 문화재를 다 훔쳐 운반선으로 실어갔던 것이다.

2. 임진강 방어작전

1) 천혜의 요새, 임진강 항전

다시 왜적 제1진(小西行長)에게 쫓기게 된 선조는 마음이 다급해졌다.

명나라에 구원을 요청하러 진주사(陳奏使)[130]로 갔다가 되돌아온 한응인(韓應寅)을 급히 제도도순찰사(諸道都巡察使)[131]로 임명한 뒤 평안도 군사 3천여 명을 주어 임진강 방어에 투입시켰다.

거기에 도원수 김명원 장군이 이끄는 경기도와 황해도 군사까지 가세하면서 한응인이 이끄는 군사는 1만 5천여 명이나 되었다.

한응인은 곧 군사를 이끌고 나가 임진강의 북쪽 장단에 방어선을 구축하였다. 나루터의 배와 뗏목도 모두 다 거둬들여 놓도록 하였다.

5월 13일 임진강 남쪽 문산에 일본군 제1군이 도착했으나, 그들은 강을 건너지 못하였다. 강물이 급류로 흘러내리는데다, 나루터 말고는 깎아지른 듯한 절벽의 강변이 끝도 없이 이어져 있어 천혜의 방책을 두르고 있는 것이나 다름없었다. 때문에 조선군과 일본군은 임진강을 사이에 두고 서로 빤히 마주보며 신경전을 벌였다. 왜적들은 정찰조를 양쪽으로 보내 강을 건널 수 있는 지점을 찾았으나 임진강 나루터 말고는 건널 수 없음을 확인하고, 4일간 진을 치고 머물러 있었는데 이때 화공전술로 야간습격을 하면 몰살시킬 수 있었으나 그러지 못하였다.

2) 왜적 회유책에 걸려 비책(秘策)탄로나

왜적들은 도강할 방책이 없자 4일간 작전회의 끝에 일단 철수하는 척하면서 상대방 동태를 살피기로 하였다.

4일째 아침, 마침내 임진강 남쪽의 일본군이 군막을 거두고서 철군하기 시작하였다.

"도원수 장군, 저건 필시 강을 건널 수 없다고 판단한 일본군이 퇴각하고 있음이 분명한 것 같습니다. 그러니 우리 군사로 하여금 강을 건너 추격케 하도록 합시다."

---

[130] 진주사(陳奏使)는 주청사(奏請使)와 같은 말로 이는 조선 시대에, 동지사(冬至使) 이외에 중국에 주청할 일이 있을 때 보내던 사신을 말한다.
[131] 제주도순찰사(諸道都巡察使)는 병권을 총괄하는 수령을 말한다.

제도도순찰사 한응인 장군은 자신감에 넘쳐나는 음성으로 주장하였다. 적군이 속임수를 부리고 있을지도 모를 일이니 좀 더 신중히 관망하자는 주장도 있었으나 그는 주장을 굽히지 않았다. 퇴각하고 있는 이때야말로 적을 무찌를 수 있는 절호의 기회라며 동조 세력을 불러 모았다.

그리하여 도원수 김명원 장군과 제도도순찰사 한응인 장군 등의 수뇌부와 5천여 군사만을 남기고, 나머지 1만여 군사가 임진강을 일제히 건너갔다.

"한 놈도 그냥 살려 보낼 수 없다! 끝까지 추격하여 모두 죽여라!"

조선군 선봉대가 임진강을 건너 남쪽 강변에 오르자, 미처 철군하지 못한 일본군 잔류 부대가 놀라 황급히 달아나기 시작하였다. 조선군 선봉대는 그들을 발견하곤 맹렬히 뒤쫓아 갔다. 그러나 얼마 지나지 않아 상황이 급변하고 말았다. 조선군을 보고 소스라치게 놀라 달아나기 시작하던 일본군 잔류 부대가 곧바로 돌아서 반격에 나선 것이다. 그뿐 아니었다. 좌우에 매복되어 있던 일본군이 일제히 조총을 퍼부어 댔다.

뒤늦게야 적의 계략을 눈치 챈 지휘부가 퇴각을 명했으나 그땐 이미 적이 파놓은 함정 안으로 너무 깊숙이 들어간 뒤였다. 달아나던 적의 잔류 부대를 보고 추격에 나섰던 조선군은 일본군이 쳐놓은 포위망에 꼼짝없이 걸려들고 말았다.

결국 절벽에서 떨어져 죽거나, 일본군 총수들의 총알받이가 되어 차례대로 쓰러져 갔다. 강을 건너갔던 조선군 1만여 군사가 단 한 명도 살아 돌아오지 못한 채 순식간에 전멸하고 만 것이다.

임진강의 북쪽 강변에서 그러한 참상을 우두커니 바라볼 수밖에 없었던 조선군 수뇌부와 5천여 군사들은 크게 동요하였다. 그때부터 병영을 탈출하는 병사들이 하나 둘 속출하더니, 조선군 최고 사령관이 지휘하는 도원수 김명원 장군의 군사는 이내 와해되고 말았다.

일본군은 그 다음에야 임진강을 유유히 건너오기 시작하였다. 천혜의 방책이었던 임진강 방어선마저 그처럼 어이없이 붕괴되면서, 일본군은 선조가 파천해 있는 평양성을 향하여 말발굽 소리를 높였다.

3) 임진강 방어전략 실패원인 분석

조선군 15,000군사를 半으로 나누어 한응인 장군이 7,500군사를 지휘하여 북쪽 임진강을 사수하고, 한강방어에 실패한 김명원은 임진강 남쪽 나루터 근처에 군사 각 3,700명씩 양족에 매복시켜 야간 화공전법을 준비하고 있어야 하였다.

왜적이 도착해 임진강을 건너지 못하고 3일 밤이나 진을 치고 있을 때, 미리 준비한 화공전술로 야간에 일시에 공격했더라면 왜적들을 몰살 시킬 수 있었을 것이다.

적군이 3일간이나 머물며 방책을 찾지 못하자 위장철군계획을 읽시 못한점, 철군시에는 매복함정이 있다는 기초전술도 파악하지 못하고, 적군이 가장 알고 싶어 하는 도강길을 스스로 가리켜준 어리석음을 범했고, 야간 화공전 공격이라는 절호의 공격기회를 잡지 못한 것이다.

3. 내부(內附) 문제 논의에 허송세월

선조가 피난길을 떠나고 한성이 왜적에 점령되어 무법천지가 되자 국가기능이 마비상태가 되었다. 그러면 조정과 임금은 남은 지역이라도 천연요새를 이용한 함정 등 작전명령을 계속 하달했어야 하는데 피난길만 재촉하였으니 안타까운 상황이 아닐 수 없었다[132].

이윽고 민심이 이반되고, 인심이 흉흉해져서 조정에서는 이에 대한 수습책의 일환으로 이른바 '군저지의(君儲之議)'와 '거빈지의(去邠之議)'가 거론되고 분조(分朝)문제도 거론되기 시작하였다[133].

---

132) 『宣祖實錄』 권27, 선조 25년 6월 壬子條 참조.
133) 상게서.

제3부 임진왜란 전개와 조선의 대응

　이런 위급한 상황에서 선조의 측근 세력인 이항복 등은 명에 '청병(請兵)'하는 것과 아울러 선조가 요동에 '내부(內附)'할 것을 거의 동시에 공론화하게 되었다. 이것이 소위 '내부'와 '청병'에 관한 논의의 발단이다.[134]
　2개월에 걸쳐 조신들 간에 중요한 문제로서 논의되었던 '부요내부론(赴遼內附論)'은 사실상 패전의 결과로 나온 수습책이었다.[135]
　왜군 침략의 충격을 해결하려는 목적으로 요동 '내부(內附)' 문제가 실효를 거두지 못하고 일단락 된 후, 그 후속책으로 청병 문제가 다시 불거지게 되었다. 조선의 정식 원병 요청은 선조 25년 6월 11일에 청원사 이덕형에 의해서 이루어졌고, 이 후에도 계속해서 사신을 보내 조선의 위급함을 알리며 원병을 요청하였다. 이런 논의는 당시 도승지 이항복과 반의정 이산해 등이 제의한 것이었다.
　파견되었던 조승훈의 군대가 패배한 후, 조선은 왜군의 요동침입이 임박하였다는 이유를 들어 요진에 계속 청병하였다. 선조는 1592년 8월 하순 진주사(陳奏使) 정곤수로 하여금 명 조정에 5만 병사를 직접 청하기도 하였다.[136]
　조선이 명에 원군을 요청한 근거는 대체로 '사대의리론(事大義理論)'에 바탕을 둔 것이었다. 다시 말하면, 조선은 일본이 명을 침범하는 '범상(犯上)'행위에 대한 '군제(君臣)의 의리(義理)'에 의하여 일본의 '가도(假途)'요구를 거절하다가 침략을 당하였다는 논리를 강조한 것이다.[137] 이에 대해 명이 조선을 구원하고자 한 근거는 조선을 조공국 일번속(一藩屬)으로 대

---

134) 『宣祖實錄』 권27, 선조 25년 6월 己亥候; 『寄齋史草』下, 壬辰日錄2, 6월 11일 條.
135) 『宣祖實錄』 권27권, 선조 25년 6월 辛丑, 癸卯, 庚戌, 壬子, 甲寅. 『寄齋史草』下, 壬辰日錄 2, 6월 14, 15일.
136) 『宣祖實錄』 권29, 선조 25년8월, 丁末.
137) 『宣祖實錄』 권29, 선조 25년 11월, 壬甲候 참고. 且小邦被兵本未 亦有可言者 被賊於上年誘小邦 要東犯上國 或借都 或借兵糧 小邦隱其凶逆 誓不與此賊共戴天 據義斥絕 染觸其怒 遂有今日之酷禍 雖其扭于久安 兵力不振 終至於喪地失國 而其一心向上之忠 皇天后上寬宥鑑臨 而亦天朝之所明也 夫以小邦之藩衛天朝 而力拒其說 擔足以挑怨而 致禍況其本謀 實在于直搶遼 射天之心 罹然未已.

제3장 선조의 평양파천과 의주파천

우해서 명의 의무로 받아들이고자 했던 것이다[138].

조선은 명에 청병 구원을 하면서 왜군이 반드시 요동까지 침범하려고 하는 이유를 명에게 거론하였다.

구 분	내 용
논의와 청병	조선의 청병은 임진왜란으로 발생한 문제를 외교적으로 해결하는 과정을 설명해 주는 것이다. 하지만 그 결과 사대적 외교의 틀을 고착시키는 결과를 가져왔다.

4. 명나라 원군요청과 파병논의

1) 전쟁 28일만에 明에 전쟁사실만 보고

전황이 날로 불리해져 국왕이 도성을 버리고 파천을 단행하면서도 명나라에 군사지원을 요청하지 않았다. 단지 일본이 침략하였다는 전쟁발생 상황만 명나라 예부(외교부)에 통보했는데 그것이 1592년 5월 12일이었으므로 전쟁발발한 지 28일이 지나서였다. 그 이유는 두 가지였다. 첫째는 당시 전황이 너무 급박하여 지원군을 요청할 경황이 없었다. 둘째는 조선이 원군을 요청하면 명나라는 요동병이나 광동병을 파견할 것인데 그들은 모두 호달(胡韃) 족으로 난폭하여 그들이 백성을 유린한다면 패강(청천강) 서쪽의 고을이 황폐하게 될 것이라는 염려 때문이었다[139].

---

138) 『宣祖實錄』 권34, 선조 26년 정월 辛酉滌 참고. 黃裳曰 前日殿下謂 「倭奴不道 要犯上國 小邦君臣 與義斥絕 遂觸其怒 先被凶鋒」 云 若倭奴要犯上國 浙江寧波府等 處亦可來犯何必由貴國乎 雖欲犯遼 · 薊 高嶺 · 靑石嶺之險 其能飛越乎 皇上念屬國 被兵 發天兵以救之 且令琉救 · 暹儸等國 蕩覆倭奴巢穴 貴國但堂感恩而已 不當爲 此言 戒飭臣僚 不出此言可也.
139) 『宣祖實錄』, 선조 25년 5월 戊子.

2) 明, 조선을 "日향도역"으로 不信

명나라는 일본의 조선 침략 계획초기부터 전쟁경과에 이르기까지 소상이 알고 있으면서도 조선에 지원군을 파견하지 않았던 것은 조선의 미숙한 외교행정으로 명나라는 조선을 신뢰할 수 없는 나라로 생각하고 있었기 때문이다.

또한 명나라는 전쟁 전부터 '조선이 일본의 향도'라는 의심을 하고 있었다. 그 의심 전쟁이 시작된 지 불과 19일 만에 도성이 실함되고 국왕이 서둘러 파천을 단행한 행동은 그가 조선의 왕이 아니라 가짜왕일지도 모른다는 의심으로 확대되고 있었다[140].

조선이 정식으로 명나라에 지원군을 요청한 것은 1592년 6월 1일이었다. 당시 일본군이 평양 가까이 진군하자 불안을 느낀 선조는 평안도 숙천(肅川)으로 이동하였다. 전황이 계속 불리해지자 대사헌 이덕형(李德馨)이 청원사(淸源使:원군을 요청하는 사신)를 자청하여 요동으로 들어가 요동도사(명의 요동 방어책임자)에게 눈물로 지원군을 요청한 것이다[141].

그러나 명나라 조정은 조선을 충실한 사대 신하의 나라로 보지 않았다. 당시 친조선파였던 행인사행 설번(薛藩)마저도 "신이 걱정하는 것은 조선이 아니라 조선의 패배로 명의 내륙이 진동할 것이 두렵다"라는 발언에서 알 수 있듯이 명나라 관리들은 사대의리로 조선을 돕는 것보다 중국내륙 방어가 중요하다고 생각했던 것이다. 단지 북상하는 왜군이 대동강만 넘지 않는다면 명나라는 안전함으로 군대를 파견할 필요가 없다는 것이 중국 관료들의 일반적 생각이었다.

3) 지원군과 정탐군 급파, 사대국(事大國) 설명

조선 지상군이 구축한 대동강 방어선이 붕괴되고 조선왕이 의주에서 요

---

140) 송정현,『임진왜란 발발과 경과』,「한국사」29. 국사편찬위원회. 1995. p.72.
141)『宣祖實錄』, 선조 25년 6월 己丑.

동으로 망명하려 하자 명나라 조정은 전장(戰場)을 조선 영토내로 한정시키기 위해 조승훈(祖承訓)의 요동수비대 3,500명을 급파하여(1592년 7월 10일) 대동강에서 왜군의 북상을 저지하도록 하는 한편, 최세신(崔世臣)과 임세록(林世祿)을 비밀리에 조선으로 보내 "조선이 일본과 동맹을 맺고 명나라를 공격하려 한다.", "조선왕은 북도로 피신하고 가짜 왕이 일본군의 향도역할을 하고 있다."는 소문의 진위를 파악하도록 하였다[142].

궁지에 몰린 조선 조정은 일본국사(日本國史)가 조선에 전달한 국서(國書) 중에 "일본은 조선과 원한이 없다. 단지 중국을 침범하려는 것뿐이다." 라는 기록과 조선의 회답서 중 "조선은 중국의 울타리 나라다. 일본이 중국을 침략하려 한다는 내용이 있어 그 국서를 접수하지 않았다."는 내용을 보여 줌으로씨 조선은 명의 충실한 사대국(事大國)이며, 일본을 안내하는 향도가 아니라는 점을 강조하였다[143]. 조선의 해명으로 명의 의심이 어느 정도 풀어갈 즈음 '조선이 일본의 향도'라고 생각할 수 있는 사건이 다시 발생하였다. 즉, 명나라 조승훈이 7월 17일 평양성 공격에서 섬멸적 타격을 입고 퇴각하자, 명나라 조정은 왜군이 곧 압록강을 넘어 중국 내륙으로 진입하게 될 것이라는 위기의식을 갖고 대대적인 군사력을 조선에 파견하여 일본군을 격퇴시키겠다는 계획을 하였다. 명나라가 일본군을 격퇴시킬 수 있는 병력을 10만으로 파악하였다. 그것은 북상하는 일본군이 10만 미만으로 파악했기 때문이다. 명나라는 10만 이상의 군대를 조선에 파견하기로 하고 그 군을 유지할 군량문제를 조선과 협의하기 위해 설번(薛藩)을 파견하였다. 설번은 선조를 배알한 자리에서 명나라 지원군의 수와 군량 문제에 대해 다음과 같은 의견을 제시하였다.

"명나라 군 10만 정도가 곧 도착할 것입니다. 그러나 천리 먼 길로 군량을 운반할 수 없으니 은을 갖고 와 조선에서 쌀과 교환하면 어떻겠습니까?"

---

142) 『宣祖實錄』, 선조 25년 5월 戊子.
143) 『宣祖實錄』, 선조 25년 9월 己未.

이 때 선조는 그가 원하는 명나라 지원군 수를 말하지 않고, '조선은 가난한 나라라 은을 갖고 와야 쌀과 교환할 수 없다'고 대답하였다. 그런 후 명의 지원군 5만을 요구하였다[144].

명나라 입장에서 자국의 안전방어선을 대동강으로 한정했으나 그 선이 무너져 일본군이 명나라의 국경을 곧 넘어 올 것이라는 위기의식이 팽배해 있는 상황이었으며, 조선의 입장도 이미 삼경(三京:한성·개성·평양)이 함락된 절박한 상황에서 명나라에게 10만 이상의 병력을 요구하는 것이 당연했음에도 불구하고 도리어 명나라가 지원하겠다는 수의 절반을 요구한 것은 명의 입장에서는 이해할 수 없는 일이었다. 명나라 조정은 조선을 다음과 같이 힐책하고 나섰다.

"그대 나라가 위급하다고 하면서 요청한 군사가 어찌 그리 적은가? 만일 군량 지원이 어렵다면 당연히 중국에서 실어갈 것이고 우리 군사가 귀찮게 구는 것이 두렵다면 군율을 엄하게 할 것이다."[145]

명나라의 힐책이 있자 조선은 명의 지원군 반감 요청에 대한 구체적 설명과 이해를 구하지 않은 채 일본이 명나라를 침략하려 했을 때 조선이 일본을 책망하자 일본이 분노하여 조선을 침략하였다는 사대의리론(事大義理論)을 강조하여 지원군 파견을 강조하였다[146]. 그러자 명나라는 조선의 사대의리에 대해 "일본이 명나라를 침략하려고 하였다면 가까운 절강(浙江)이나 영파(寧波)로 공격하지 않고 조선을 경유해서 명나라를 치려고 했겠느냐?"고 반박하고 나섰다.

---

144) 『宣祖實錄』, 선조 25년 7월 兵戌.
145) 『宣祖實錄』, 선조 26년 1월 辛酉.
146) 상게서.

5. 분조(分朝)와 의주파천

1) 광해군 세자 책봉

세자책봉문제는 왕조의 운명과 연결되기 때문에 신중에 신중을 거듭하여 결정될 사항이나 정쟁 중에 그럴 경황이 없었고, 평양성마저 위협받고 있어 나라의 운명이 경각에 달려 있었다.

선조는 전쟁의 참상과 백성의 고통을 체험한 둘째 아들 광해군을 세자로 책봉하고, 조정을 둘로 나누는 분조를 단행하였다. 만에 하나 자신에게 어떠한 변고가 생긴다 할지라도 왕위를 계승하여 국권을 이어갈 수 있도록 하기 위해서였다.

일본군이 이미 대동강 남쪽에 나타나 진을 치고 있는 마당에 언제까지 앉아 있을 수만은 없는 노릇이었다. 결국 평양성마저 포기하고 또다시 굴욕스러운 파천 길에 오르지 않으면 안 되었다.

광해군은 함경도로 피난시켜 왕조를 보존케 하고, 선조는 명나라에 더 많은 지원군 요청차 직접 설명할 것까지 생각했는지 모른다.

2) 요동순안어사, 왜적침입을 직접 확인

사실 그 동안 명나라 조정은 개전 이래 일본군의 진격 속도가 너무도 빨랐던 탓에, 혹시 조선이 일본과 밀약하고서 길을 안내하고 있는 것이 아닌가 하며 한때 의심의 눈초리까지 보내기도 하였다. 그 때문에 특사를 보내어 직접 확인하기도 하고, 다시 임세록을 요동순안어사(遼東巡按御史)로 임명하여 평양성에 파견한 것이다.

임세록은 곧바로 일본군이 나타났다는 대동강으로 달려 나갔다. 그런 뒤 일본군을 자신의 두 눈으로 확인하고 나서야 그렇지 않다는 사실을 깨닫고 돌아왔다. 그러나 명나라의 사정 또한 복잡하기만 하였다. 때맞추어 일어난 반란으로 말미암아 나라 안이 온통 어수선하였다. 몽고 사람 발배가 서북방에서 일으킨 반란을 토벌하는 데 병력을 총출동시키고 있어서, 위기에 처한 조선에 당장 구원군을 파견할 입장도 아니었다.

3) 평양에서의 눈물의 分朝

선조 31년, 1592. 6. 10일 선조는 평양성을 떠나기에 앞서 압록강 건너 명나라로의 망명까지 염두에 둔 듯 묘사주(廟社主)147)에 눈물로 하직했다. 또한 함경도 방면으로 떠나갈 분조한 대신들과 왕세자 광해군에게도 당부를 잊지 않았다.

"짐은 살아서 망국의 임금이 되었고, 죽어서 장차 이역의 혼이 되려 하니, 아, 이제 부자가 다시 만날 기약이 없구나. 바라노니 세자는 이 나라를 반드시 다시금 일으켜 위로는 조종(祖宗)의 영을 위로하고, 아래로는 부모의 돌아옴을 맞이하여라……."

선조는 차마 북받쳐 오르는 오열을 참아내지 못해 연신 눈물을 흘렸다. 정녕 마지막이 될지도 모른다는 생각에 왕세자도 조정의 중신들도 대성통곡하였다.

4) 선조의 의주파천

광해군은 함경도로 피난시켜 왕통을 계승하고, 선조는 明나라와 더욱 가까운 의주로 파천길에 올랐다. 사직의 운명은 경각에 달렸고 임금의 가슴을 타고 흐르는 눈물은 주체할 수 없었다.

선조는 안 되면 요동을 건너 明나라에 직접 설명할 준비까지 생각한 것으로 생각된다.

---

147) 묘사주(廟社主)는 종묘와 사직을 말한다.

6. "평양을 사수하라"

1) 평양성 항전 계획

선조와 분조한 왕세자가 떠나간다 하여도 당장에 그들의 안위를 위해서라도 평양성은 반드시 사수해야만 하였다. 좌의정 윤두수(尹斗壽)를 비롯하여 도원수 김명원(金命元), 평안도 병사 이원익(李元翼), 평양 감사 송언신(宋言愼) 등이 남아 결사 수성키로 하였다.

성을 지키는 병력은 정규군만 1만여 명인데다가, 곧 징집이 가능한 장정만도 수천 명에 달해 평양성과 대동강의 천혜적 요새를 잘 이용해 싸우면 왜적들을 대동강물에 수장시킬 절호의 기회였다.

2) 평양성의 요새적 특징

평양성은 그 둘레만도 무려 10여 킬로미터에 달하며, 성 앞으로는 수심이 깊은 대동강이 흐르고 있으며 성은 북성(北城)·중성(中城)·외성(外城)으로 겹겹이 둘러싸여 요새화되어 있는 철옹성이었다.

성안이 넓어 평양백성들이 다모여 죽을 각오로 싸운다면 얼마든지 지켜낼 수 있는 천혜의 요새였다.

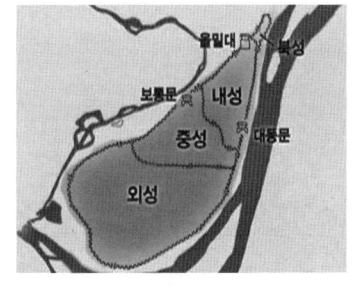

평양성

3) 왜적, 대동강변 도착하여 3일간 대치

1592년 6월 이윽고 왜적들이 대동강변에 모습을 드러냈다.

왜적 제1진과 제3진이 합세한 대군이었다. 그들은 대동강이 넓고 깊어 건너오지 못한 채 강변 여기저기에 진을 친 채 벌써 며칠째 대치한 상태였다. 그처럼 대동강을 사이에 두고 사흘 동안이나 대치 상태가 계속되었는데 이때 미리 잠복시켜 둔 화공 잠복군으로 야간 기습공격을 했더라면 오히려 왜적을 몰살시킬 수 있는 절호의 기회를 또 잃고 마는가?

4) 대동강 건널목의 실책

사흘째 적과 대치하던 중 1592년 6월 13일 한밤중이었다. 도원수 김명원 장군이 적진을 살피다가 적의 경비가 조금 허술해진 것 같아 정예군사 4백여 명을 은밀히 출전시켜 칠흑 같은 어둠을 틈타 대동강 능라도에서 도강하여 일본군을 야간에 기습공격하여 왜적들을 무참히 쳐 죽이고 군마 300여 필을 빼앗아 우리군사들은 비교적 강물이 얕은 능라도 아래 왕성탄을 건너 유유히 병영으로 돌아왔다. 이것은 조선군의 큰 실수였던 것이다.

5) 능라도 왕성탄 건너, 평양성 무혈입성

강물이 깊고 넓어 벌써 며칠째 도강하지 못하고 대동강을 거널 궁리만 하고 있는 일본군에게 그만 능라도 아래 왕성탄이 얕은 곳이라고 우리 스스로가 그들에게 일러주고 만 꼴이 되었다.

다음날 밤, 일본군의 총공격이 시작되었다. 그들은 이미 전날 밤에 눈여겨보아 두었던 능라도 아래 왕성탄으로 몰려들어 대동강을 건너왔다.

도원수 김명원 장군의 명을 받은 조선군 정예 부대가 뛰쳐나가 강을 건너오는 일본군을 막아 보려고 안간힘을 다하였다. 그러나 조총부대의 집중 사격을 받고 진열이 무너지면서 결국 왕성탄에서 밀려나고 말았다.

일본군이 대동강을 건너오기 시작하였다는 급보를 전해들은 좌의정 윤두수는 싸워 보기도 전에 벌써 전의를 상실하고, 곧바로 성안의 백성들을 피난케 하였다. 그 자신도 서둘러 평양성을 탈출해 버렸다.

도원수 김명원장군을 비롯한 군 수뇌부도 아무 말 없이 그의 뒤를 따랐다.

이튿날 아침 날이 밝아오면서, 왕성탄을 건너 대동강을 도강한 일본군은 조선의 두 번째 도성인 평양성에 무혈입성하였다. 이미 전날 밤에 성을 깨끗이 비워 아무런 저항도 없이 성안으로 물밀 듯이 밀려들어왔다.

6) 대동강 항전과 평양성 실패 원인

적이 큰 강에 도달하면 수심을 몰라 망설이고, 진을 치고 머무르게 되는데 전군사가 강을 건너가지 말고 50% 병력은 강남쪽 건널목 양쪽에 매복시켜 야간 기습공격이 필수인데 실시하지 않았다. 또한 일본조총보다 화력(火力)이 월등한 2단 로켓 신기전(神機箭)을 비롯하여 화공전법을 작전계획이 전무한 상태였다(후방 매복 야간기습 공격으로 최대효과).

도강작전의 핵심인 건널목을 아군이 스스로 알려주는 실책을 계속 반복하였고, 도원수 김명원 장군은 한강, 임진강, 대동강에서 똑같은 실수를 계속 반복함을 방치하였으며, 평양성 철옹성을 사수해야 하는데 문 열어놓고 성을 비우고 도망한 점이다.

장수들 지혜를 짜내는 전략회의를 하지 않고 임시 변통식이었고, 육군·수군·전군을 통제할 사령탑이 없었다. 강, 산, 요새지에서 목숨 걸고 싸워야 한다는 정신교육도 없고 도주할 생각부터 하는 정신자세와 나라유지의 기본, 군사훈련과 국방력 부실 등을 대동강 항전과 평양성 실패 원인으로 들 수 있다.

정기룡장군이 알려준 도강시의 작전 활용은커녕 거꾸로 아군이 도강지점을 알려주는 꼴을 범하니 이래서야 어떻게 전쟁을 막아내며 나라를 다스릴 자격이 있다고 하겠는가?

한강, 임진강, 대동강의 천연요새를 이용하여 왜적을 침몰시킬 방책이 많았다. 작전은커녕 거꾸로 이적 행위만 하였다면 책임과 처벌을 해야 하는데 그렇지도 않으니 재발, 삼발 실수만 하고 있는 것이다. 우리자신이 부끄러울 뿐이다.

7) 明, 선조임금 경호군 긴급파견

평양성이 함락된 지 사흘이 지난 6월 18일, 선조는 압록강을 건너온 명나라의 요동 부총병(副總兵) 조승훈(祖承訓)장군을 관산 땅에서 만났다. 명나라 구원군이 도착하기 전까지 의주에서 선조의 피난조정을 지키라는 임무를 부여받고 급히 출동한 1천여 기병대였다.

선조는 훈련된 명나라 기병 천여 명이 경호를 맡고 있으니 일단 다급한 위기심은 가라앉힐 수가 있었다. 그러나 명군은 전투병이 아니라 경호병에 불과했던 것이다.

8) 의문의 북진중단 －왜장의 고민

평양성을 무혈 입성한 고니시 유기나가(小西行長)의 일본군 제1군은 선조를 마저 추격하지 않았다. 분조한 왕세자 일행에게도 마찬가지였다. 더 이상의 북진을 멈춘 채 평양성 안에서만 머물러 있었다.

조선의 국왕과 조정이 지척의 거리인 의주에 있고, 조선군이 바로 눈앞인 순안에서 다시금 전열을 가다듬기 시작했음을 뻔히 알고 있으면서도 왠지 모르게 움직이지 않았다.

더구나 북진을 멈추고 있는 사이 조선으로서는 흩어진 병력을 재편성하여 명나라에서 구원군이 도착하기를 기다렸다가 연합군을 편성해서 반격할 수도 있는, 그런 천금과도 같은 시간을 벌어주고 있다는 사실을 모를 리 없었을 텐데 참으로 이상한 일이며, 필시 무슨 사유가 있을 것이 분명해 보였다.

9) 조선공략, 수륙병진책(水陸竝進策)

전쟁을 시작하면서 도요토미 히데요시는 일본군 선봉대를 제1군, 제2군, 제3군으로 각기 편성시켜 서로 경쟁을 부추겼다. 그리고 그러한 경쟁 속에서 그는 항상 한 발 앞서 있었다.

그런 선봉대 가운데서 자신이 전공을 모두 독차지하겠다며 조선의 국왕과 조정이 파천해 있는 국경의 끝자락 의주까지 섣불리 밀고 올라갔다가는 명나라를 자극해서 끝내 전쟁을 동양 삼국으로 확대시켰다는 오명을 뒤집어쓰게 될지도 모른다는 우려를 하지 않을 수가 없었다.

더군다나 도요토미 히데요시의 조선 침략전략은 처음부터 육군만의 진격이 아닌 수륙병진(水陸竝進)으로 짜여 있었다. 일본의 육군이 부산포에 상륙하여 북진하게 되면, 일본의 수군이 조선의 남해와 서해 바다를 돌아 대동강까지 곧바로 올라가 평양성에서 육군과 수군이 합세한 다음 조선의 마지막 국경지역은 물론 명나라까지도 진격해 들어가도록 사전 전략이 수립되어 있었다. 풍신수길은 조선공격에는 수로(水路)의 중요성을 미리 알고 있었다.

그것은 먼저 ① 낙동강은 김해 칠성포에서 상주까지 상선들이 6백리를 거슬러 올라갈 수 있었고, ② 남강은 서쪽으로 갈라져 진주까지, ③ 호남의 영산강은 나주와 광주까지, ④ 만경강은 전주까지, ⑤ 충청의 금강은 부여·공주·옥천까지, ⑥ 한성의 한강은 마포와 용산나루를 지나 내륙 깊숙한 강원도 정선까지, ⑦ 평안도의 대동강은 평양을 지나 안주까지, ⑧ 두만강은 함경도 끝까지 큰 배가 드나들 수 있을 정도였으므로 이 방법으로 조선을 쉽게 삼킬 계획을 세웠던 것이다.

10) 보급선차단, 왜적을 평양성에 묶다

일본 육군을 3로로 나누어 북진케 해서 한성을 함락한 다음, 그곳에서 다시 2로로 나누어 평안도의 압록강과 함경도의 두만강까지 단숨에 진격해 올라간다는 각본 아래, 대규모 지원군과 군수물자를 남해와 서해의 해로를 돌아 대동강변의 평양성까지 일거에 실어 나른다는 수륙병진 전략을 수립해 놓은 터였다.

일본 육군을 3로로 나누어 북진하여 한성을 함락했듯이 그곳에서 다시 2로로 나누어 평안도의 압록강과 함경도의 두만강까지 단숨에 진격해 올라간다는 전략이었다.

그러한 전략 아래 이미 조선에 투입한 제1군에서 제10군까지의 24万여명의 군사 말고도 제11군에서 제16군까지의 군사를 전쟁 지휘소로 삼고 있는 나고야 성에 대기시켜 놓고 있었는데 도요토미 히데요시의 명령만 떨어지면 언제든지 조선으로 출병이 가능한 병력이었다.

지원군과 군수품이 당도하기만하면 지원군과 합세하여 명나라까지도 진격해 들어간다는 도요토미 히데요시의 애당초 전략에 따르기 위해서였다. 그런데 기다리고 있던 이 지원군과 군수물자가 소식이 없는 것이다. 북진에 북진을 거듭하던 소서행장(小西行長)은 전쟁을 멈추고 깊은 고민에 빠졌다. 수로는 고사하고 상주창, 마포창에서 올라오던 육로 보급선마저 차단되었기 때문이다.

11) 선조임금에게 항복권유 서찰 보내

평양성에서 수일간 일본의 작전지시를 애타게 기다렸지만 아무런 연락이 없자 왜장 고니시 유기나가(小西行長)는 종군 승려 겐소(玄蘇)를 통해 의주까지 파천해 있는 선조에게 항복할 것을 권고하는 서찰을 보내왔다.

"일본에서 지원군 10만 명이 지금 또 서해 바다로 오는 중이요. 그렇게 되면 대왕의 행차는 장차 어디로 가시려 합니까?"

전쟁상황이 한계에 도달했음을 느낀 고니시 유기나가(小西行長)는 이런 서찰을 보내 상대방을 떠 보려 한 것이다. 그가 그토록 기다리던 대규모 지원군과 군수물자는 끝내 대동강에 나타나지 않았다. 그것은 조선 전역의 전황이 전쟁 초반의 일방적인 열세에서 벗어나 점차 조선군에게 유리한 국면으로 전환되어 가고 있음을 말해 주는 것이었다.

12) 육지와 바다에서 왜적보급로 차단 분쇄

임진왜란의 최전방은 남쪽이었다. 조선에 도착한 24만여 군사의 식량문제는 현지조달원칙에 따라 조선의 곡식과 식품을 약탈하여 왜적이 북진하는 전선으로 계속 실어 보내는 식량보급로가 형성되어 있었는데 각 지방에서 일어난 의병들과 손바닥 보듯이 꿰뚫어 내려 보고 있는 육전의 명장 정기룡장군에 의해 이 보급로가 여지없이 차단 분쇄되었던 것이다.

　바다에는 이순신장군이 버티고 있었다. 왜적들이 호남지방을 그렇게 노린 것도 호남의 곡창지대 식량을 빼앗기 위해서였는데 이러한 시도를 정기룡장군이 미리 알고 요새매복 작전으로 끊어나갔던 것이다.

　풍신수길이 처음에 계획했던 서해이용 군수물자, 수송은 불가능하였다. 서해는 풍랑이 심하고 당시 일본기술로는 대형선박을 만들 수 없었다. 그래서 가까운 조선의 육로를 이용할 수밖에 없었는데 이 육지의 동력선과 보급로를 차단시켰던 것이다.

　어느 새 육지도 바다도 그만 그 길이 다 가로막히고 만 것이다. 그리하여 그와 일본군 세1군은 평양성에 발이 묶인 채 점점 더 고립무원에 빠져들고 있었다.

　조선이 4색당파로 갈라져 싸우지 않고 임금을 중심으로 국방에 신경을 썼더라면 임진왜란 초기같이 이렇게 참혹하게 당하지는 않았을 것이다.

　적의 계책을 읽어내고 우리가 대책을 세워 방비하고 요새사수 결의만 다졌어도 이렇게 비참하지는 않았을 것이다.

　조선은 무능한 나라가 아니었다. 단, 신료와 임금이 무능했을 뿐이다.

　나라를 다스리는 者의 역할과 판단이 얼마나 중요한가? 국방과 안보문제는 예나 지금이나 같은 원리로 통한다.

　지도자는 어떻게 해야 하는가?

　인류는 과거에서 미래를 헤쳐나 갈 지혜와 교훈을 찾는다. 역사는 흘러가 이야기가 아니다. 과거의 실패에서 현재의 난제를 해결하는 지혜를 찾고, 미래 전략을 찾아내야 하는 것이다. 즉, 역사를 읽어내는 능력이 있어야 역사의 주체가 될 수 있다.

　이것이 역사의 중요성이다. 그럼 목숨을 아끼지 않고 싸웠던 정기룡장군의 활동과 전투사에서 그의 국란극복사를 읽어보기로 하자.

제 4 장
조선의 국방자주권을 행사한 정기룡장군

한민족의 유구한 역사이지만 군사지휘권, 즉 국방명령원은 대국이 갖고 있었다. 현재 한국의 전시작전권은 미국에 속해 있듯이 임란 당시 국방지휘권을 중국, 즉 明나라에 속해 있었다.

국방자주권은 예나 지금이나 국력에 비례하여 결정되는 강대국과 약소국 간의 엄격한 질서 규범이었다.

1. 明황제로부터 총병관 벼슬을 하사받고 明군을 지휘

얼마나 정기룡장군이 용맹스런 덕장이었으면 명나라 군사가 부하가 되기를 원하였고, 다른 明장수들도 정기룡장군의 용맹성과 인품을 극찬한 장계를 明황제에게 올려 明의 어왜 총병관직을 제수 받고 명군과 朝·明연합군을 지휘했겠는가? 이는 유사 이래 처음 있는 일로 정기룡장군이 조선의 국방지휘권을 자주적으로 행사함으로써 조선의 국격을 높이는 크나큰 공적이었다.

다음은 「매헌실기」에 실려 있는 내용이다[148].

"함양군(咸陽郡)의 사근역(沙斤驛)이 노 석군에게 점거되었기 때문에 장군은 부총병(副總兵) 이절과 함께 합세하여 왜적을 공격했는데 명나라 군대가 적병의 수급 1백여 개를 베었으며, 우리 군대가 적병의 수급 2백여 개를 베었던 것이다. 그런데도 명나라 부총병 이절이 적병의 탄환을 맞아 전사했기 때문에 그의 남은 병졸 7백여 명 모두가 장군에게 예속되기를 원하여 상장(上將)에게 청구하였다. 이 때 명나라

---

[148] 『매헌실기』 제1권, pp.67-68.

장수는 경리(經理) 양호(楊鎬) 이하의 장수들이 모두 장군을 사랑하고 소중히 여기고 있었기 때문에 사유(事由)를 열거하여 명나라 황제에게 주문(奏聞)하여 공으로써 이절의 관직을 대신 임명해 주기를 청하니 황제가 이를 옳게 여겨 특별히 그 주청(奏請)을 허가하였다. 이제야 장군이 명나라 조정의 어왜 총병관(禦倭 總兵官)으로 임명되어 이절을 대신하여 그 군사를 거느리게 되었다. 이 명령이 내려지자 사람들이 모두가 무릎을 치면서 말하기를 "외국(外國)의 배신(陪臣)149)의 명성이 중국의 황제에게 알려져서 중국 조정의 관작(官爵)을 받은 것은 옛날이나 지금이나 아직 있지 않았던 일이니 이것은 실로 성천자(聖天子, 지덕이 높은 황제란 말)께서 아주 총명하여 먼 지방의 일을 환하게 내다보시기 때문이다"라고 하였다. 장군은 스스로 생각하기를 "영광스런 관직이 본분(本分)에 지나쳐서 황제의 사랑이 한(限)이 없는데도 몸이 먼 지방에 있기 때문에 황제의 조정에 가서 공손히 절을 할 수가 없게 되었으니 다만 마땅히 한결같은 마음으로 왜적을 토벌하는 것만이 황제의 큰 은혜에 보답할 뿐이다"라고 여겼다. 장군은 사졸에게 있어서 즐거움과 괴로움을 자기와 같이하고, 의복과 음식을 반드시 균등하게 하며 병든 사람은 구료해 주고, 다친 사람은 위로해 주니 거느리고 있는 군졸들이 받은 은혜에 감격하지 않은 사람이 없었던 까닭으로, 명나라 병졸들도 또한 장군에게 예속되기를 원하고 있었다. 장군은 그 병졸들에게 모두 적병의 수급(首級)을 각기 1개씩 주어서 그들로 하여금 자기 공(功)으로 하도록 하였다. 총병(總兵)이란 것은 곧 한(漢)나라 때의 장군(將軍)의 칭호인데, 위·진(魏·晉)시대에서는 이를 도독(都督)이라 하였고, 주·수(周·隨)시대에서는 이를 총관(總管)이라 하였고, 당(唐)나라에서는 이를 절도사(節度使)라고 했는데, 송(宋)나라에서도 그대로 따르게 되었다. 명(明)나라 때에는 이를 고

---

149) 배신(陪臣)이란 제후(諸侯)의 대부(大夫)가 천자(天子)에 대하여 자기를 지칭(指稱)하는 말인데, 우리나라의 관원들이 중국의 황제에게 자기를 지칭하는 말임.

쳐 총병관(總兵官)이라 하였다. 명나라 경리(經理) 양호(揚鎬)와 도독(都督) 마귀(魔鬼)가 모두 표패(標牌)[150]로써 장군을 표창 칭찬하였으며 사세용(史世用)도 또한 시(詩) 2장(章)을 지어 주었다."

2. 정기룡장군의 조·명연합군지휘

명나라 장수의 연합작전 요청에 기꺼이 응해 전공(戰攻)을 모두 그들에게 돌리니 명장(明將)이 항시 두려워하고 존경하던 차에 함양의 사근역 전투에서 명장 이절이 전사하자 명나라 군사 700여인이 모두 장군의 휘하에 들기를 간청하므로 이를 받아들여 조명(朝明) 연합군을 편성하니 명의 신종황제(神宗皇帝)가 장군을 총병관(摠兵官)에 제수(除授)하니 임진(壬辰) 정유재란(丁酉再亂)을 통하여 조선의 장수가 명나라 군사를 지휘한 유일한 장군이었다.

즉, 적장 도진의홍(島津義弘)의 천여 군사가 산음(山陰)을 침범하자 장군은 기병(騎兵) 400명을 거느리고 섬멸하였으며 12월에는 적에게 빼앗겼던 울산성을 탈환하였다.

서기 1598년 정월에 도산(島山)이 적에게 함락 직전 명장(明將) 경리(經理) 양호(楊鎬)가 도망치고 명나라 군사가 대패하여 구원병으로 나섰던 장군을 왜병이 네 겹으로 포위하고 달려 들 때 장군이 신마(神馬)를 채찍질하여 포위망을 뚫고 달려 나와 금산 상주의 왜적을 쳐부수고 또 거창에 주둔하던 적을 격파하고 가조에서 접전하여 연파하였으며 다시 명의 부총병(副摠兵) 이절과 함께 조명 연합군으로 사근(沙斤)에서 적과 대적중 이절 부총병이 적의 탄환에 맞아 전사하자 명의 군사가 모두 장군의 휘하에 들기를 원하므로 명의 신종황제가 장군에게 총병관직을 맡겨 명나라 군사를

---

150) 표패(標牌)란 전쟁 때 화살·창·돌 따위를 막는 무기, 보병용(步兵用)의 장형(長型)과 기병용(騎兵用)의 원형(圓形)이 있음.

지휘하게 하였다.

그때 명장이 추중(推重)하지 않은 이가 없었으며 양경리(楊經理)와 마도독 귀(麻都督 貴)가 장군에게 신패(信牌)를 보냈으니 이는 자기나라, 황제가 장군에게 백장지장(百將之長)으로 명하였기 때문이다. 이는 우리 고금의 역사를 통틀어 전무 후무한 쾌거라 아니할 수 없으리. 이때 명나라 도독부 신패에 이르기를 흠차(欽差) 제독(提督) 남북 수륙관병 어왜 총병관(禦倭 摠兵官) 후군 도독부 도독 동지(同知)는 마(麻: 삼베에 쓴 글)로서 충용한 관원들에게 아래와 같은 사적(史蹟)과 절개를 밝혀 권장하는바 보고에 의하면 조선 절도사 정기룡은 경상도 지방에 있으면서 왜적을 막아 무찌르고 적의 목을 무수히 베었다 한다.

이를 통해 왜적이 조선을 침략하고 지방을 잠식함을 알 수 있으니 실로 이 나라의 불공대천(不共戴天)의 원수인지라 정히 임금과 신민이 와신상담하는 바이라 지금 오직 정기룡이 관군을 감독 인솔하여 몸을 바쳐 나라의 어려움을 구하고 힘을 떨쳐 적을 때려 부수고 여러 차례나 기특한 공훈을 세우니 충성되고 용감하며 지모가 겸비하여 권장하고 격려할 만한 일이로다. 만약 이 나라 문무(文武)제신이 다투어 서로 이 사람의 충을 본받는다면 왜노(倭奴)따위를 어찌 평정하지 못하랴 이 패(牌)를 만들어 본관(本官)에 의거하여 곧 떠나보내니 예(禮), 폐(幣), 궁(弓), 시(矢)는 수에 의거하여 영수하시라. 이로서 본진(本陣)의 우례(優禮)함을 표시하는 바다. 곧 국왕에게 아뢰고 각관에 이패를 통행하여 서로 알게 하고 권면하여 해적을 소탕하도록 하라 인하여 경과의 연유를 들어 알리는 바이니 패가 가거든 사고(査考)하라.

計開應裝官一員(계개응장관일원)151)

『절도사 정기룡 청단 한필, 녹견 한필, 활 한자루, 화살 일파, 우패는 절

---

151) 『매헌실기』 제2권, pp.175-176.

제3부 임진왜란 전개와 조선의 대응

도사 정기룡에게 드리노니 이에 준하노라』 이렇게 명나라 신종황제도 예우를 극진히 하였다.

또 우리 조선에 파병한 명나라 군사를 총감독하던 사세용(史世用)감군(監軍)은 대도독(大都督) 경운(景雲), 정장군 존장(尊丈)께 드리는 시를 지어 올렸다.

3. 임란 중 정기룡장군의 주요 활약상

1) 임진왜란의 명칭 정리

임진왜란은 1592. 4. 13일 선조 25년 임진년, 왜적 제1진이 부산포 침공을 시작으로 5년 간 24만 왜군이 조선 8도를 짓밟은 제1차 전쟁과 1597년 정유년에 재침한 제2차 전쟁 정유재란으로 세분되지만 이 책에서는 편의상 "1592년 임진년에서 1598년까지의 7년 전쟁"이란 통칭 개념에 따른다.

2) 정기룡장군 전사(戰史) 시대 구분

(1) 추풍령 방어선, 우방어사 조경장군부대의 돌격대장 활동기

① 국제정세에 어두웠고, 일본의 발전을 모르고 국지전 정도로 오판했던 선조는 신무기 조총으로 무장한 24만 대군이 몰려와 온 나라를 파죽시세로 공격하는 왜적에 놀란 조정과 선조는 항전방어라인으로 ㉠죽령방어선(성응길 장군), ㉡조령방어선(이일장군), ㉢추풍령방어선(조경장군)을 구축하였는데 정기룡장군은 조경장군 부대에 "훈련원봉사"직에 있었으나 그의 용맹성을 인정받아 돌격대장에 임명되어 전쟁초기부터 능력을 발휘하여 큰 전과를 올렸다.

② 거창전투에서 대승하고 왜군의 목 100여 개를 침으로써 조선의 분노심을 대변하고 "우리도 이길 수 있다"는 자신감을 부여하는 계기가 되었다.

(2) 한양공격 주력선을 끊고, 호남진출차단 분쇄하는 전투시기

풍신수길은 1, 2, 3진중 누가 가장 먼저 한양을 함락시키고 평양을 선점하는가 경쟁을 시켰다. 그래서 왜장들은 명예와 전공을 위해 목숨을 걸고 밤낮으로 진격을 계속하였다. 그 중에서 부산-상주-충주-한양으로 이어지는 제1진이 가장 막강하였고, 소서행장(小西行長)이 풍신수길의 야욕을 충족시켰으니 조선의 상처와 아픔은 오죽하였겠는가?

왜적들은 점령지역을 방화, 살인, 강간, 약탈 등으로 조선을 난장판으로 만들었고, 왜적들이 먹을 곡식을 빼앗아 계속 한양으로 올려 보내는 보급조가 형성되어 있었다.

당시 상주는 낙동강을 끼고 물류 중심지로 물자와 곡식이 많은 전략요충지였다. 이때 선조임금은 "상주를 수복하라"는 밀명을 내리고, 정기룡장군은 지략과 용맹성을 떨쳐 연전연승한 전성기였다.

(3) 朝·明연합 전투시기

1596년 9월 도요토미 히데요시는 심유경(沈惟敬)과 고니시 유끼나까가 주도한 강화교섭이 자신의 요구대로 진행된 것이 아니라는 사실을 알게 되자 즉시 재침공을 지시하였다. 준비가 끝나자 1597년 1월 일본군은 다시 조선을 침공하였다. 정유재란의 시작이었다. 대규모로 부산으로 이동하는 일본군을 견제하기 위해 출동한 원균 지휘하의 조선수군은 역공격을 당해 6월 16일 거제도 칠천량에서 전멸에 가까운 타격을 입었다. 바다에서의 저지선이 제거되자 일본군은 임진왜란 때 점령하지 못한 전라도를 우선 공략한 후 서울로 진군한다는 전략을 세우고 서쪽으로 진군하기 시작하였다. 정기룡은 급히 임진년 일본군의 진격로였던 대구로 이동하여 일본군의 진격에 대비하였다.

　재침공한 일본군은 남원성과 황성산성을 함락시키고 거침없이 북진하였으나 9월 직산(稷山) 전투에서 패하여 퇴각하였다. 일본군은 전선을 축소하여 남해안의 울산, 사천, 순천의 3개의 본거지를 마련하고 축성하여 조·명 연합군에 대항하였다. 정기룡은 정유년 8월부터 실제 경상우도 병마절도사의 역할을 하였다. 그러나 그의 휘하군은 보잘 것이 없었다. 경상우도 지역의 일본군은 사천왜성을 급히 축성하여 2개월여 만에 완공하였고, 여기에 시마즈 요시히로(島津義弘)가 주장으로 주둔하였다. 그리고 이를 중심으로 晉州城·望晉寨·永春寨·泗川舊寨·昆陽寨·남해왜성 등지에 각각 일본군이 포진하고 있었다. 경상우병사 정기룡은 1598년 5월 조정의 밀지에 따라 이를 조사한 기록을 남겼다.

　이에 의하면 5월 14일 내려진 밀지에 따라 29일 진주목사 이현(李玹)이 회보하였는데, 진주에 있는 왜적 2천 명이 남강 건너 산 아래 초막을 짓고 가시나무로 목채(木寨)를 만들었고, 투항한 자가 사는 곳이 200여 집이나 되었다. 또 영춘성(英春城)은 토성을 만들어 3면은 단단하고 남변은 사천현의 왜적이 추가로 가담하여 부역하고 있다는 것이다. 또 5월 1일 회보에는 사천 본현의 적병은 3백 명, 고성 죽도에는 7천 명, 곤양에는 2천 명, 진주 읍성에 3천 명, 영성에 2천 명, 창원 마산 등지에 2백 명, 김해 등지에 1천 명이 있으며, 촉석루 건너 망진봉(望晉峯)에 성을 쌓기 위해 척량하고 있다고 보고하였다. 이를 통해 보면 사천을 중심으로 한 일본군의 수는 대략 1만 5천 명 가량으로 추산된다.

　이곳에 주둔한 일본군은 진주·하동·함양·산청·거창 등 경상우도 지역뿐만 아니라 무주·장수 등지에 전라도 지역과 지리산의 반야봉을 중심으로 깊은 산 속의 사찰까지도 철저하게 수색하고 약탈하였다.

　이에 대응하는 조선군은 매우 적어 3백~4백 명을 단위로 한 일본군이 마치 고려 말의 왜구처럼 내륙 깊숙이 들어와 약탈을 일삼아도 제대로 저지하지 못하는 형편이었는데 당시 정유재란 후 11월 도원수 권율의 징계에 나타난 조선군의 병력의 수를 보면 대략 다음과 같다.

조선군 병력	• 경상좌도병마절도사 成允文 : 경주 안강 주둔, 帶軍官 160, 아병 250, 속오군 3000 • 경상우도 병마절도사 鄭起龍 : 진주 삼가 주둔, 대군관 80, 무사 100, 아병 200, 속오군 2080 • 방어사 權應銖 : 대구 경산 주둔, 대군관 180, 아병 140, 속오군 500 • 별장 金雲成 : 진구 고령현 주둔 대군관 50, 아병 100, 항왜 40 • 경주부윤 朴毅長 : 본부 防守 속오군 1000 • 울산군수 金太虛 : 본부 방수 속오군 200

이를 살펴보면 경상우병사인 정기룡의 휘하의 군사는 군관을 포함하여 2천4백60명이나 대부분이 훈련의 숙련도가 떨어지고 군량 운송 등을 담당하는 속오군(束伍軍)이고, 항상 인솔하면서 같이 전투를 할 수 있는 군사는 약 500명 정도였다. 그나마 새로 파병되는 명나라 원군에 1천명이 갈라 정속시키기도 하였다.

경상우병사 정기룡은 군량이 부족하자 스스로 군사를 해산시켜 직접 거느린 군사가 정예군 약 500명 선으로 유지했으나 그것도 군량미가 제대로 보급되지 않아 3개월이나 왜적으로부터 빼앗은 물품이나 수급 등을 팔아 연명하는 실정이어서 이를 호소하고 군량을 독촉하는 품계를 수차 올리기도 하였다. 이런 역경 속에서도 조선의 관군과 명나라 구원군은 연합전선을 펴나갔다.

그러나 명군은 남의 나라에 와서 피 흘려 싸우지 않으려는 태도를 취하였기 때문에 정기룡장군은 명군을 설득하는데 진땀을 빼기도 하였다. 전쟁은 공격시기가 있는데 명군의 비협조로 반드시 이길 전쟁을 안타까워하면서 정기룡부대 단독으로 싸워 승리할 때도 많았다.

조선군은 군량의 결핍과 제대로 된 훈련조차 받지 못한 군사밖에 없었으나, 수시로 출몰하는 일본군을 견제하기 위하여 진력하였다. 이러한 상황은 명의 제독 동일원(董一元)이 지휘하는 중로군(中路軍)이 본격적으로 사천의 일본군을 압박할 때까지 지속되었다. 명군이 도착한 후 정기룡은 수차에 걸쳐 사천의 정세를 알려 주고 공격할 것을 종용하였으나, 명의 지휘부는 좀처럼 움직이지 않았고, 4로에서 동시에 일본군을 공격하기 위해 보조를 맞추느라 서로 정보교환만 하였다. 사천의 일본군을 공격하기 위해서는 9월 하순까지 기다려야만 하였다.

동일원이 지휘하는 명군은 성주로 이동함으로써 작전을 개시하였다. 이후 중로군은 동로군, 서로군과 진격의 속도를 조절하며 8월 말 삼가로 이동하였고, 명나라 안찰부사 양조령(梁祖齡)은 가야산에서 적세를 파악하고 있었다.152) 이렇듯 대기상태였던 중로군은 사천의 일본군 공격이 결정되자 9월 19일 삼가에서 밤에 110리를 달려 새벽에 남강을 건너 망진봉 앞 들판에 진을 쳤으며, 다음날 일본군을 급습함으로써 사천전투가 시작되었다.

사천 전투는 9월 20일 조명연합군이 진주성과 남강 너머 자리한 망진채를 공격하는 것으로 시작되었다. 이후 사천왜성을 공격하기까지 열흘 간 조·명 연합군은 진주성, 사천읍성을 수복하였다. 조·명 연합군은 승세를 타고 10월 1일 사천왜성을 공격하니 조·명 연합군과 일본군의 주력에 전면적인 접전을 벌이게 되었다. 본격적인 전투는 辰時(오전 7~9시)에 시작하여 未時(오후 1~3시)까지 벌어져 대체로 6~7시간 가량의 비교적 단시간에 끝났다.153) 조명 연합군 가운데는 모국기(茅國器)나 정기룡처럼 성중에 우물이 없으니 성을 단단히 포위하고 지구전을 벌이자는 의견도 있었으나 무시되었다.

---

152) 『난중잡록』 3(대동야승 28), 무술년 8월 27일 및 30일.
153) 『매헌실기』 권1, 연보 무술년 10월.

조·명 연합군이 성안으로 들어가려는 순간 보화를 탐내 명군이 다투어 성채로 난입하여 통제를 할 수 없는 상황이 되었고, 이 순간 진중에서 화약이 터져 대규모의 폭발이 시작되면서, 일본군이 성에서 몰려나와 역습하기 시작하였다. 이 때 유격장 모국기와 섭방영(葉邦榮)은 성채 북쪽의 고지에서 군사를 수습한 뒤 적 출격대의 배후를 돌아 왜성에 돌진하여 일본군을 괴멸직전까지 몰아넣기도 하였다. 그러나 본진의 동요와 혼란에 따라 조·명 연합군은 전열이 흩어져 북으로 패주하고 말았다.

이 싸움에서 조·명 연합군은 참장 이녕(李寧)이 전사하는 등 수많은 희생자를 내었으며 이후 조·명 연합군의 전술 구사에도 막대한 지장을 불러왔다. 이는 4로 병진작전의 실패를 의미하였다. 동일원은 진주까지 도주하여 1차 수습한 후 다시 성주까지 퇴각하고 말았다. 사천의 일본군 토벌을 포기하는 것은 일본군이 안전하게 본국으로 퇴각할 수 있는 거점을 안전하게 확보할 수 있도록 해 준 것이었다. 뿐만 아니라 진주에 있던 군량 1만 2천 석을 고스란히 내어줌으로써 일본군이 퇴각할 때까지 양식도 제공해준 꼴이 되었다. 또한 울산의 가토 기요마사 군을 공격하던 마귀(麻貴) 역시 사천의 패배 소식이 전해지자 역습을 우려하여 퇴각하고 말았다. 또한 순천의 고니시 유끼나가(小西行長)군과 치열한 공방전을 벌이던 유정(劉綎)군 역시 후퇴하여 정세를 관망하기에 이르렀다.

다음으로 사천왜성 전투의 패배는 임진왜란 최후의 대회전인 노량해전의 변수가 되었다. 즉, 이 전투의 조·명 연합군 패배로 시마즈 요시히로 등 일본군은 순천왜성에 고립된 고니시 유끼나까의 군대철수를 도울 수가 있었다. 11월 19일 여명부터 노량바다에서 철수하려는 일본군을 차단하고 격멸하기 위한 임진왜란 최후의 대회전이 벌어진 곳이다.

(4) 종전 시기

1597년 6월~1598년 종전까지로 정기룡이 경상우도지역에서 명군과 합세하여 전투를 벌인 시기이다.

정유재란이 일어나자 정기룡은 금오산성을 방수하게 되면서 목민관의 입장에서 지휘관으로 활약하게 되었다. 그는 9월 충청도 영동에서 일본군과 접전을 벌여 3백여 명을 사살하는 전과를 올렸는데 이는 정유재란의 국면 전환을 가져온 전략상 매우 중요한 전투였다. 앞으로 이 전투에 대한 재평가도 함께 이루어져야 할 것이다.

이후 한방면의 총지휘관인 경상우도병사이지만 자신이 직접 인솔하고 있는 5백여 명의 군대도 먹일 군량조차 조달할 수 없는 극심한 군량난 속에서도 경상우도 지역 각지에 출몰하여 약탈을 일삼는 일본군을 토벌하였다. 그리고 1598. 7. 13일(선조 31년) 전쟁원흉 풍신수길 사망소식을 선조임금에게 최초로 보고한 정기룡장군은 이후 벌어질 왜군철수가 있을 것을 알리고, 적을 섬멸한 마지막 작전을 제의하였다.

이순신장군은 이보다 40일 늦은 8월 22일에야 부랴부랴 선조에게 풍신수길 사망 장계를 올렸다. 선조임금은 이미 다 알고 정기룡의 작전제의까지 받은 후였다. 그러나 선조는 화공무기와 군량미를 보급해주면 철수하는 왜적을 1명도 살려 보내지 않겠다는 장군을 뒷받침하지 못하였다.

정기룡장군의 전투사는 위의 내용을 바탕으로 볼 때 크게 4단계로 구분할 수 있으며, 임진왜란 전반의 연관성과 연대별(년, 월, 일) 전투상항은 다음과 같다.

(5) 임진왜란과 정기룡장군 활약상 요약

1592년 임진년(단기 3925년, 선조 25년 만력 20년)

시기		임진왜란 전반(조선, 중국, 일본)	정기룡장군 활약상
1592 宣祖25 萬曆20 임진년 (31세)	4.13	임진왜란발발(육군 15만＋수군 9천 침입) - 제1진 18,000여 명 부산포 상륙	정기룡장군 나이 31세 훈련원 봉사(정8품) ↓ 추풍령 방면 : 우방어사 선봉장 조경장군에 편입되어 남하하며 전의 다짐 전략회의에서 돌격전 주장 → 돌격대장
	4.14	부산성 함락, 첨사정발, 군관민 전사	
	4.15	동래성함락, 동래부사 송상현 등 전사	
	4.22	홍의장군 곽재우 의병봉기(경상도 현풍)	
	4.23		서창·신창전투승리 : 임진왜란 첫 승전보/왜적 500여 명을 무찌르고 수급 100여 개 파죽지세로 밀리던 조선, 자신감 회복기회
	4.26	상주북천 전투 패배(순변사, 이일)	
	4.28	충주 탄금대 전투패배하자 선조임금 큰 충격 도순변사 신립장군전사(小西行長 왜군)	조경장군 진군기피하며 날쌘 기병 8명 차출, 거창읍 정탐 중 객관에서 포위되어 적 6명을 죽이고, 높은 담 말 타고 탈출성공
	4.30	한양을 향해 진격해 오는 왜적의 급보에 따라 선조임금이 한양을 따라 의주로 파천(명원병 요청)	
	5.01		금산(金山)전투에 승리하고 왜적에 생포된 상관 조경장군 구출에 성공하여 나라에 용기를 주고 세계 전투사에 유례없는 기록을 남기다(옛 중국 촉한 조자룡탈출기보다 월등).
	5.02	왜군, 한양입성(제1진 小西行長) 경복궁 불태우고 약탈, 살인, 방화, 도적질	

1592년 임진년(단기 3925년, 선조 25년 만력 20년) — 계속

시기		임진왜란 전반(조선, 중국, 일본)	정기룡장군 활약상
1592 宣祖25 萬曆20 임진년 (31세)	5.07	전라좌수사 이순신장군, 첫해전 승전보 거제옥포해전에서 왜선 26척 격침(도도다카와)	
	5.10	내부(內附) 문제 논란 겪다가 늦게 明나라에 왜군침입사실 알림(신점)	조경장군을 직지사에서 치료하게 하고 부대를 지휘
	6.01	전 동래부사(東萊府使) 고경명, 의병봉기	
	6.06	수원 광교산 전투 패배(와키자키) 경상·전라·충청 3도(김수, 이광, 윤석각 감사) 근왕병 선봉장 : 백광언, 이시지 의병장 정인홍, 손인갑, 성주무계 전투 적 100여 명 사살	충청·전라·경상 3도 근왕군의 일원으로 경상도에 소속되어 수원 광교산까지 북상. 적군 수급을 베었으나, 패배로 후퇴
	6.08	왜군 선봉대 평양 대동강 도착	곤양군수 이광익의 요청에 의해 곤양 수성장(守城將)이 되어 호남으로 진출하려는 왜적을 쳐 부서 왜적의 곡창지대 호남점령을 저지
	6.14	왕세자 광해군, 전쟁참상보고 분조활동시작	
	6.15	왜적 제1진(小西行長), 평양함락, 방화, 살인, 약탈 明나라군사 압록강 건넘(요동부총병 조승훈)	
	7.08	금산웅치전투, 김제군수 정담 전사 전주판관 이복남, 해남현감 변응정 참전 왜장, 안코쿠지(安国寺恵瓊) 전주이치승첩(관의병 1,500명으로 왜적 1만명 격퇴 광주목사 권율, 동복현감황진(왜장 고바야카와, 小早川隆景) 한산대첩, 견내량해전 승리(와키자키) 조선3도수군, 왜선 73척 중 47척 격파, 나포 12척 전라좌수사 이순신, 우수사 이억기, 경상우수사 원균	

제4장 조선의 국방자주권을 행사한 정기룡장군

1592년 임진년(단기 3925년, 선조 25년 만력 20년)　　　　　　　－계속

시기		임진왜란 전반(조선, 중국, 일본)	정기룡장군 활약상
1592 宣祖25 萬曆20 임진년 (31세)	7.09	광해군, 김천일 장군을 창의사로 임명 의병 정인홍, 김준민, 성주안언역 전투 승리 왜적 400여 명 사살	곤양군수 이광익의 요청에 의해 곤양 수성장(守城將)이 되어 호남으로 진출하려는 왜적을 쳐 부서 왜적의 곡창지대 호남점령을 저지
	7.10	의병장 김면, 지례우척현 전투 왜군 1,500기습 전라 관의군 7,000여 명, 금산성 눈벌에서 패배 전라방어사 곽영, 고경명 부자, 유팽로 등 전사	
	7.14	제1차 평양성 전투 풍신수길 일본수군 내 조선수군 투금지령	
	7.17	명군 3,000명, 조명연합군 평양성탈환 실패	
	7.24	임해군(臨海君)과 순화군(順和君) 등 회령에서 포로로 잡힘	
	7.28	경상도 영천성 수복 의병장 권응수, 정세아	
	8.07	부산-서울 간의 보급로를 차단하는 의병 진압을 위한 일본군 2만명 서울에서 경상도로 남하(경상좌병사 박진)	
	8.18	제2차 금산전투, 의병 7백 명 금산 연곤평에서 전멸(의병장 조헌, 승장 영규) 비왜군무경략(備倭軍務經略) 임명 : 조선 방어관장 일임	
	9.01	부산 포승첩 부산포 일본군 본진, 공격 1백여 척 격침 이순신, 이억기, 원균 명-일본 50일 휴전 합의	9월 진주의 초유사 김성일이 유병별장에 임명 왜적의 호남곡창지대 점경계획을 분쇄, 저지

1592년 임진년(단기 3925년, 선조 25년 만력 20년) — 계속

시기		임진왜란 전반(조선, 중국, 일본)	정기룡장군 활약상
1592 宣祖25 萬曆20 임진년 (31세)	9.02	연안대첩, 4일 전투로 황해 연안성(延安城) 포위 공격으로 일본군 격퇴(초토사 이정암, 왜장 구로다, 黑田長政)	
	9.08	경주성 탈환, 비격진천뢰 사용·경상좌병사 박진(朴晉)	
	9.16	함경도 경성 탈환(의병장 정문부)	
	10.09		진주 살천창에 접근하는 일본군 격퇴
	10.10	제1차 진주성 전투 관군 3천 8백명 등 일본군 2만 격퇴 일본군 전라도 진출 저지 진주목사 김시민(金時敏), 왜장 기무라, 하세가와	감사 김성일, 상주(가)판관에 임명 "상주를 수복하라"는 선조의 밀명을 받고 밤새 말을 달려 뒷날 상주에 도착하자 왜적의 陣이 가득 차 있었음 중간 장감산 영수암에서 관병장 김광복 의병장 김각 만나 정토벌 회의
	11월		속리산과 백화산사이 험준한 골짜기 용화동전투 피난민과 상주목사 김해 구출
	11.23		상주수복 전투 ① 감사군포함 3,500군사로 진치고 있는 왜적 17,000 군사 쳐 죽이고, 왜적을 상주에서 완전히 몰아낸 대첩 ② 남은 왜적은 다 도망가니 외곽에 경비를 세우니, 시달리던 경상도민 20万명이 정기룡 휘하 상주로 몰렸음

1592년 임진년(단기 3925년, 선조 25년 만력 20년)   - 계속

시기		임진왜란 전반(조선, 중국, 일본)	정기룡장군 활약상
1592 宣祖25 萬曆20 임진년 (31세)	11.23		상주성 탈환 전투 ① 군사 500명으로 왜적 3,500여 명 중 3,000명을 몰살시킴 ② 야간작전으로 신기전, 화차사용, 불 질러 퇴로에서 몰살작전
	12월	의병장 이봉, 정경세, 전식, 조정, 채유회, 채유종	상주의 중모현과 화령현 등지에서 참수한 일본군 수급 3백여 개를 관찰사영에 수송 당교에서 의병과 합세하여 일본군 토벌, 수급 50여 개 획득 북현전투에서 전사한 시체, 해골을 수습하여 매장
	12.25	명군 본대 압록강 도강	
1593 宣祖26 萬曆21 계사년 (32세)	1.09	평양성 탈환	정기룡장군 나이 32세
	1.27	벽제관(碧蹄館)전투, 일본군기습으로 패배, 파주로 퇴각	
	2.12	행주대첩(전라감사 권율), 전라관군 2천 3백명, 일본군 3만명 대파 전라감사 변이중이 제작한 화차 사용	
	봄		둔전 개설, 제방 수축, 영천 관곡으로 종자 보급
	4월		명장 유정(劉綎)과 사대수(査大受) 조승훈(祖承訓) 등을 응접
	4.13	선릉(宣陵: 성종의 묘)과 정릉(靖陵: 중종의 묘)도굴 사실이 밝혀짐	

1592년 임진년(단기 3925년, 선조 25년 만력 20년) – 계속

시기		임진왜란 전반(조선, 중국, 일본)	정기룡장군 활약상
1593 宣祖26 萬曆21 계사년 (32세)	4.29	진주에서 경상우도 관찰사 김성일(金誠一) 56세로 서거	
	5.28		중훈대부(中訓大夫:종삼품) 군자감 부정으로 승진. 정식 판관겸진관 병마절제도위 됨
	6.14	권율 도원수로 임명	
	6.19 ~ 6.29	제2차 진주성전투 일본군 약 10만 명의 공격에 조선군 3천8백 명으로 11일간 공방 끝에 함락. 성민 7만여 명 학살, 성벽 파괴(김천일, 최경회, 황진, 서예원)	진주성 함락으로 부인 강씨 순절 친정母와 3모녀 남강 투신 자결
	8.01	삼도수군통제사 신설 : 전라좌수사 이순신 겸직	
	8.06	임해군, 순화군 석방 명사신 서일관(徐一貫)	
	8월		명장 오유충(吳惟忠)을 응접
	9월		상주 가목사가 됨
	10월		충청·전라의 토적 서현에서 평정평정
	11.30		정식 상주목사로 승진되고 감사군대장(敢死軍大將)을 겸무
	12.03	무군사(撫軍司) 설치(광해군 중심 전방에 설치한 임시 관청)	회령부사가 됨
	12.23	경성서 별시 실시, 시험과목에 조총사격 추가	

1592년 임진년(단기 3925년, 선조 25년 만력 20년)   - 계속

시기		임진왜란 전반(조선, 중국, 일본)	정기룡장군 활약상
1594 宣祖27 萬曆22 갑오년 (33세)	2.01	훈련도감 설치 도제조 류성룡 임명	정기룡장군 나이 33세
	6.10		선전관 예천권씨 권홍계의 딸과 혼인(4남 2녀를 둠) 정기룡과 용마이야기
	6월	일본군 중 도망자 [항왜] 속출 : 경상우병사 김응서 휘하에 수용	예천군 금야 등지에서 토적 토벌(6/10 결혼 첫날밤) 전쟁 외에도 구료, 치안에도 밤낮을 가리지 않았음
	7.03	경 상좌도방어사에 권응수 임명	통훈대부(正3品)에 가자됨
	7.12	유정 서생포왜성의 가토 진영에 들어가 강화회담 진행과 일본군 동태를 살핌	
	8.23		통정대부에 가자되고 토포사를 겸무하여 왜적 토벌
	9.29 ~ 10.4	장문포해전(1,2차) 조선 수군과 의병의 수륙 연합작전(이순신, 곽재우)	
	11월	조정에서 이순신과 원균(元均)의 불화문제를 논의	
1595 宣祖28 萬曆23 을미년 (34세)	5.22	도요토미 강화회담을 위해 왜성 파괴 지시	정기룡장군 나이 34세 닥쳐올 사변에 대비하여 군사훈련, 무기수리, 군량미 조달 등 전쟁대비와 목민관으로서의 백성구휼과 전란수습에 전력
	5.28	명 책봉사 이종성, 양방형 조선에 도착	
	6월	강화협상 진전에 따라 일본군 대부분 철수	

제3부 임진왜란 전개와 조선의 대응

1592년 임진년(단기 3925년, 선조 25년 만력 20년) － 계속

시기		임진왜란 전반(조선, 중국, 일본)	정기룡장군 활약상
1596 宣祖29 만력24 병신년 (35세)	4월	명나라 책봉정사 이종성이 부산의 일본진영에서 탈주	정기룡장군 나이 35세 경상도 지역에 전쟁이 소강상태로 되자 상주에 석문서당을 세워 백성들 교육시킴 (전쟁, 농사법, 백성구료, 한문 공부 등)
	5.10	울산 서생포 두모포 왜성 주둔군 일본으로 철수	
	6.27	명 책봉부사 심유경, 후시미성에서 도요토미 접견	
	7.11	이몽학(李夢鶴)의 란은 충청도 홍산현을 근거로 위세를 떨치다 진압됨	지역내 시체를 수습하여 매장 군사훈련, 병기수리
	8.23	분의복수장 김덕령 옥사 : 이몽학의 난 가담 혐의	8월 첫아들 익린(翼麟)출생
	9월	명－일 강화협상 결렬 명 책봉사 후시미성에서 도요토미와 회견 도요토미의 조선 재침 지시	
1597 宣祖30 만력25 정유년 (36세)	2월초	삼도수군통제사 이순신 나국	정기룡장군 나이 36세
	2.21	조선 재침을 위한 일본군 규모 확정	
	6월	정유재란 발발	선산부 금오산성 방수
	7.16	칠전량해전, 선선 약 2백 척 침몰로 조선수군 궤멸, 배설 휘하 전선 12척 도주 (삼도수군통제사 원균, 전라좌수사 이억기, 충청수사 최호/와키자카 가토 요시아키)	왜선 200척의 왜군이 금오산에 진친 것을 공격
	7.22	이순신을 전라좌도수군절도사 겸 경상 전라 충청 삼도통제사에 재기용 권준 충청수사 임명	

제4장 조선의 국방자주권을 행사한 정기룡장군

1592년 임진년(단기 3925년, 선조 25년 만력 20년) - 계속

시기		임진왜란 전반(조선, 중국, 일본)	정기룡장군 활약상
1597 宣祖30 만력25 정유년 (36세)	8.15 ~ 8.16	남쪽의 왜적이 합세하여 한양을 진격한다는 정보를 입수하고 급히 성주로 내려온 이원익 정승	고령현 전투, 척후장(斥候將) 이희춘(李希春) 황치원(黃致遠) 등과 일본군을 격파 하고는 일본 장수를 나포
	8.16	남원성 전투 : 일본군 5만 6천 명 공격으로 남원 함락, 조명연합군 4천 명, 병사 이복남 전사 일본군 전공보고를 위해 코를 베어 일본으로 수송 황석산전투 : 일본군 2만 7천 함양 석산성 공격으로 함락. 안음 현감 곽준, 함양군수 조종도 전사, 김해부사 백사림 도주 명 경략 양호(楊鎬) 광해군의 전라, 경상, 충청도 지역 군무 관장 요구	체찰사 이원익 정상이 토왜대장에 임명, 도원수 권율 방어사 곽재우 등 성주 4자 전략회의 명나라 장수 모국기 정기룡장군을 보고 "싸움만 하면 이기는 용상을 지녔다"고 평가 고령 전투대승(정기룡토왜대장) ① 28고을군사 합쳐 고령 관죽헌에서 적수급 100여 개 ② 용담천 전투 : 왜적 3,000명 몰살시키고 왜장생포 ③ 고령 이동현 전투 : 보병, 기병 합세하여 이동현에서 협공하여 왜적 2万명 부대 절반 사살, 적 수급 6山, 왼쪽 귀만 잘라 10필 말에 실려 이원익 정승에 보고 고령현 수복
	8.17		고령현에 주둔하고 현청에서 활쏘기 모임 개최 경상우병사 직무대행 김응서는 패군 책임 논죄
	9.02		영동·보은 전투, 충청도 영동현에서 일본군 3백여 명 사살
	9.08		가등청정을 보은에서 비안까지 추격함

1592년 임진년(단기 3925년, 선조 25년 만력 20년) － 계속

시기		임진왜란 전반(조선, 중국, 일본)	정기룡장군 활약상
1597 宣祖30 만력25 정유년 (36세)	9.09	직산전투 : 경기도 직산에서 명군이 일본군 격파. 일본군의 북상 좌절	성주 수복, 성주 수룡동에 군 진영을 설치함
	9.16	명량대첩, 해남 울돌목에서 조선 수군 13척으로 일본수군 133척 중 31척 격파	의령수복
	9.22		절충장군 경상우도 병마절도사 직첩 수령(正3品 당상관의 직책)
	10월		합천군 수복/합천 야로에서 일본군 수급 40급 획득 안음현 일본군 습격 일본군을 습격하여 수급 90개 참수(가조현에서 60여 개, 거창현에서 30개 수급베다)
	10.15		선전을 당부하는 임금의 밀지 수령 서애 류성룡 정승 명군과 같이와 만나 경과보고, 류성룡 전과에 만족하면 정기룡장군 극찬 도원수 권율장군, 명나라 장수와 같이 만나 전략회의
	11월		明장수, 양호, 경리장군과 작전회의
	12.02		경주로 이동하여 명의 군대와 합동작전 경주초계 전투하여 수복
	12.22		선조임금의 전지(傳旨)수령 도산성포위 수급 660개 베다 (조·명합동작전) 가등청정의 소굴 도산성 포위 공격
	12.30	조명연합군 울산성 포위	울산성 전투에 참여 공격→도산도망, 함양군에 군대 주둔

제4장 조선의 국방자주권을 행사한 정기룡장군

1592년 임진년(단기 3925년, 선조 25년 만력 20년) － 계속

시기		임진왜란 전반(조선, 중국, 일본)	정기룡장군 활약상
1598 宣祖31 만력26 무술년 (37세)	1.03		정기룡장군 나이 37세 임금의 유지 수령
	1.25	울산 왜성 축조 시작	
	1월		경상우도 본진 귀환 금산 아산촌, 상주 남청리 등지에서 일본군 사살, 참수 50여급 획득, 거창 연송촌, 가조현 등지의에서 일본군 1백여 명 사살 사지지(沙只之)시켜 왜적 회유시킴
	1.26		거창가조현에서 왜적 연달아 격파 임금의 유지와 밀부 수령(선조임금 비상명령권 내림) 明총병 조승훈에게 적수급 주니 속죄하고 사양
	2.07		명나라 신패, 표패 도착 정기룡장군 조선의 국방자주권 행사하고, 명군사 지휘권 행사한 최초 조선장수 명부총병 이절의 전사에 따라 함양군 사근역 전투 적수급 200개 베고, 명군이 100개 베어 총 300개 수급 둔전설치 선조임금의 전지(傳旨)를 받고 왜적분쇄 강화, 둔전일구어 백성구휼, 군량미 자체조달
	2.18	삼도수군통제영 고금도에 설치	대솔하인 백홍제, 훈련원부정 박천기를 보내 삼가 일본군 사살, 주둔지 소각
	2.24		가선대부(종2품)에 가자(加資)

제3부 임진왜란 전개와 조선의 대응

1592년 임진년(단기 3925년, 선조 25년 만력 20년)   - 계속

시기		임진왜란 전반(조선, 중국, 일본)	정기룡장군 활약상
1598 宣祖31 만력26 무술년 (37세)	2.28		별장 한명련·군관 정구룡 파견 거창·지례 일본군 공격 금산군수 민정봉·지례현감 정홍에게 우지치 방어 지시
	3월	전부사 정인홍을 항병대장으로 임명을 계정(선조) 병사 신분 확인 요패법(허리에 차는 나무패)실시 건의	
	3.02		거창군 삼가현 왜적 공격
	3.24		명총병 허생장군과 함께 합천군 삼가현 왜적 토벌
	4.09		함양군 진군, 무주현으로 가는 왜적 격파
	4.14		산음현 왜적 격파 임금밀지받고 진주 형세보고
	5.01		적군형세보고 선조께 5차계문
	5월		명장 모국기 노득룡만나 진주공격 요청 여러 장수들을 각지로 보내 적 정탐과 수급을 베어오게 명령 원효길, 이영춘, 정인부, 사질고, 하여관, 강여우 조대함 등 저 수급 100여 개, 포로 300여 명 귀환
	6.03		권율장군 공격촉구, 왜장 심안도 정탐 명한양공격 정보계문
	7.09	풍신수길 사망(후시미성, 伏見城) 13살아들 즉위	명장수 이여송 장군과 성주 전략회의 명군의 조선지원 4로(路) 설명과 전략회의

제4장 조선의 국방자주권을 행사한 정기룡장군

1592년 임진년(단기 3925년, 선조 25년 만력 20년) － 계속

시기		임진왜란 전반(조선, 중국, 일본)	정기룡장군 활약상
1598 宣祖31 만력26 무술년 (37세)	8.12		3~9월 거창, 함양, 가조, 삼가, 합천, 초계 등지의 일본군 수시 토벌 명군 및 조정에 일본군 토벌 수차 건의
	8.18	풍신수길 사망 숨기고 철수 명령	선조께 풍신수길 사망 최초 보고
	8.22	이순신 도요토미 사망 보고	단성현 거주 안득(安得)이 적에 항부하여 300여 명을 대동 약탈 징딤하는 자 체포하여 심문 결과 8/13 도망자 김은수 심문
	8.25	5봉행 이시다(石田三成) 부산에서 시마즈(島津義弘) 등과 노획물 수송, 일본군 퇴각 논의	
	9.20		명 제독 동일원 등과 합세 진주성 수복
	9.21	왜교성전투, 명 서로군과 조선수군 합동으로 순천 왜교성의 일본군 열흘 간 공격	
	9.22		고성 영성 수복
	9.23		곤양 수복
	9.28	사천전투, 명 중로군과 조선군 연합으로 사천왜성의 일본군을 공격. 일본군의 역습으로 성주로 퇴각	사천전투에 조선군 지휘관으로 참전, 명군의 패퇴 속에서 인솔병력 손실 없이 퇴각
	10.02	영의정 류성룡 사직	
	11월		단성에 주둔
	11.16		사천에 진격하여 시마즈 주둔지 수습

1592년 임진년(단기 3925년, 선조 25년 만력 20년) － 계속

시기		임진왜란 전반(조선, 중국, 일본)	정기룡장군 활약상
1598 宣祖31 만력26 무술년 (37세)	11.19	노량해전, 조선 수군과 명 수군 연합 함대 남해 노량에서 일본군을 공격 2백여 척을 격파. 이순신과 명 수군 등자룡 등 전사	
	11.24	일본군 부산에서 완전철수	
	12월초		창원 경상우병영에 주둔 전쟁 종결 후 수습 시작
1599 宣祖31 만력27 기해년 (38세)	1월	명군 한성 집결	정기룡장군 나이 38세
	1.14		경상우도 병마절도사에 임명
	2월	명군 본국철수 개시	
	2.06		임금의 전지접수 당미 4,000섬, 소미 4,000섬
	3.22		임금의 특지로 도착 현지 보급
	9.20		선조임금의 전지 접수 ① 다시 왜적 재침 징후가 있으니 대비하라 ② "육군의 정제는 경에게만 있다": 신임과 책임 강조
	10.10		선조임금이 내린 표신(標信) 수령 전후수습과 백성구휼, 병기 수리에 전력

제4장 조선의 국방자주권을 행사한 정기룡장군

제5장
임진왜란 당시의 양국 무기 비교

1. 일본의 무기와 전술

1) 일본조총

임진왜란 당시 왜군의 주요무기로서 조총은 신무기로 화력에서 절대우위를 자치하고 있었다. 즉, 조총(鳥銃)은 16세기 초반에 스페인에서 개발된 아퀴버스(arquebus)에서 유래된 소총으로서, 1550년경 포르투갈 상인에 의해 일본으로 전래되었던 것을 전국을 통일한 풍시수길이 이 조총 부대를 중심으로 한 신무기로 조선침략을 강행하였던 것이다.

조총은 전체 길이가 135cm 내외이고, 구경은 1.5cm 정도이다. 조총은 길이가 긴 천보총이나 장조총과 구분하여 평총(平銃)이라고 부르기도 하고, 보병이 휴대하는 총통이라고 하여 행용총(行用銃)이라고도 하였다.

기록상에 나타나는 조총의 종류로는 왜국에서 수입된 왜조총(倭鳥銃), 청나라에서 만든 호제총(胡製銃), 길이가 긴 장조총(長鳥銃), 입사를 넣는 등 특별히 공을 들여서 만든 별조총(別鳥銃), 총구가 밤처럼 두툼하게 생긴 율부리조총(栗夫里鳥銃), 총구가 나팔 모양으로 생긴 나팔별총(喇叭別銃), 총신을 검게 만든 흑골조총(黑骨鳥銃) 등이 있었다.

조총은 종래의 재래식 총통에 비해서 상당히 많은 장점을 지니고 있었다. 조총은 우선 주물로 제작하던 종래의 총통과는 달리 단조로 제작하였으므로, 염초 함유량이 높은 고성능 화약을 대량으로 사용할 수 있었다. 또한 조총은 총열의 길이가 길고 가늠쇠가 달려 있어서 정확한 조준이 가능하였다. 또한 종래의 육군 화기는 약선에 불을 붙여 발사하므로 사격이 더디고 조준이 어려웠으나, 조총은 용두(龍頭)를 이용하여 화승(火繩)을 화문(火門)에 접하게 하여 순간적으로 발사하므로 사격이 신속하고 정확하였다.

이 조총이 일본에 전래된 과정을 기록한 철포기(鐵砲記)에 의하면, 1543년에 포르투갈 인이 다네가시마(種子島)의 영주 다네가시마 도키타카(種子島時堯)에게 조총 두 정을 팔았고, 도키타카는 그중 하나를 분해하여 복제하는 데 성공하면서 전국적으로 보정하기 시작하였다. 그로부터 50년이 지난 1592년에 왜군은 이 신형 화기를 수만 정이나 보유하고 조선 정벌에 나선 것이다.

구 분	내 용
일본 조총	일본에 조총이 전래되기 이전까지만 해도 조선은 왜구에게는 없는 우수한 활과 화약 무기를 가지고 있었기 때문에, 수백 년의 태평세월을 보낼 수 있었다. 하지만 조총에 의해 활이 무력화되자 조선은 완전히 비무장 상태에서 적을 맞는 꼴이 되었다.

2) 조총의 발사단계

《신기비결》에 보면 임진란 당시 조총을 활용한 왜군이 초기전승을 올릴 수 있었던 전술이 다음과 같이 기록되어 있다.

① 세총(洗銃) : 총통의 내부를 닦아낸다.
② 화약(火藥) : 화약을 넣는다.
③ 삭장(槊杖) : 나무 꽂을 대인 삭장으로 화약을 다진다.
④ 연자(鉛子) : 납탄을 넣는다.
⑤ 삭장(槊杖) : 삭장으로 탄환을 밀어 넣는다.
⑥ 하지(下紙) : 종이를 넣는다.
⑦ 송지(送紙) : 삭장으로 종이를 밀어 넣는다.
⑧ 개화문(開火門) : 점화약을 담는 화문을 연다.
⑨ 선약(線藥) : 선약, 즉 점화약을 화문에 넣는다.
⑩ 요화문(搖火門) : 화문을 슬쩍 흔들어서 화문 속의 선약이 총열 안으

로 약간 흘러들어가게 한다.
⑪ 안화승(安火繩) : 화문에 불을 붙여주고 금속 부분인 용두에 화승을 올바르게 끼운다.
⑫ 개화문(開火門) : 명령에 따라서 점화약이 담긴 화문의 덮개를 연다.
⑬ 거발(擧發) : 적을 겨냥하여 발사한다.

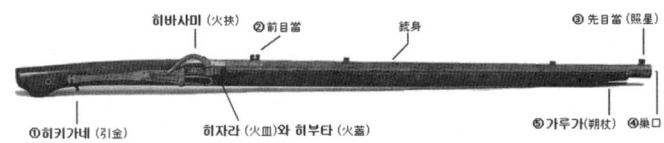

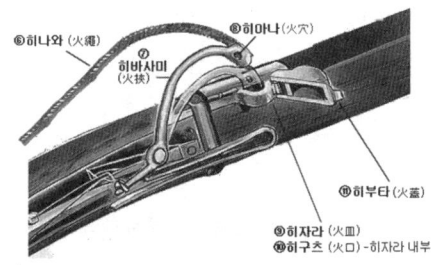

일본조총

일본 조총은 방아쇠를 당기면 불붙은 심지 끝을 물고 있는 8번이 화약에 불을 댕기는 구조로 되어 있다.

3) 일본의 전술

류성룡의 서애집(西厓集)에 나타난 글을 보면 왜군의 조총이 임신왜란의 전세에 미친 영향을 다음과 같이 설명하였다[154].

"우리나라 사람들은 본래 활을 잘 쏜다고 일컬어져 왔고, 또 전대에는

---

154) 류성룡, 『서애문집』, 한국고전번역원.

왜구가 단지 장창과 단도만을 가지고 도둑질하러 왔는데, 우리는 수십 보 밖에서 화살로 제어하니 여유가 있었으며, 우리나라가 성을 잘 지킨다고 일컬어져온 것도 역시 이 때문이었다. 그런데 임진년의 왜란이 일어나자 서울과 지방이 바람에 초목이 쓰러지듯이 수개월 만에 서울을 잃었고, 팔방이 여지없이 무너져버린 것은 비록 태평세월이 백 년을 계속해서 백성이 병사(兵事)를 알지 못한 데서 나오기도 했으나, 실제는 왜놈들은 수백 보 밖에까지 능히 미칠 수 있고, 맞으면 반드시 관통하는 바람에 우박이 날아오듯 하는 조총을 가져서 궁시(弓矢)와는 비교가 안 되었던 까닭에 초기 조선군인들이 패주하기에 급급하였던 것이라고 한탄하였다."

이렇듯 대군의 주요 전술이 제1선에 배치한 조총부대가 가장 앞도적인 화력으로 조선군 병사들이 속수무책으로 당할 수밖에 없었다. 당시 일본군의 전투방식을 보면, 제병협동작전의 구사와 훈련된 군기의 양호로 기병의 양익포위 진영형성, 조총부대 일제사격(주력), 궁수부대 엄호사격(재장전), 조총부대 재사격(임무교대), 기병부대 양익 포위 공격, 보병 정면돌격·육박전의 속전속결로 단기간 승부를 구가할 수 있었다.

즉, 일본의 무기와 전술의 특징은 조총이라는 신형 화기로, 병사가 원하는 순간에 목표물을 향해 사격할 수 있었고, 조선의 무기보다 유효사거리나 최대사거리가 길었다.

게다가 일본군은 100년간에 걸친 전국시대를 통해 많은 전투기술을 습득하고 있었다. 그 중에서도 조총에 의한 연속밀집사격진술은 주목된다. 조총, 궁수, 보병(창, 검)의 세 종류로 혼합편성하여 효용성을 극대화시킨 것이다.

이 같이 왜군은 신무기인 조총을 주력 무기로 편성하여 제1열을 조총부대로 하고, 다음 궁수부대와 그 뒤에 창과 칼로 무장한 보병을 삼열로 배치하는 제병협동작전으로 전술을 구사하였다.

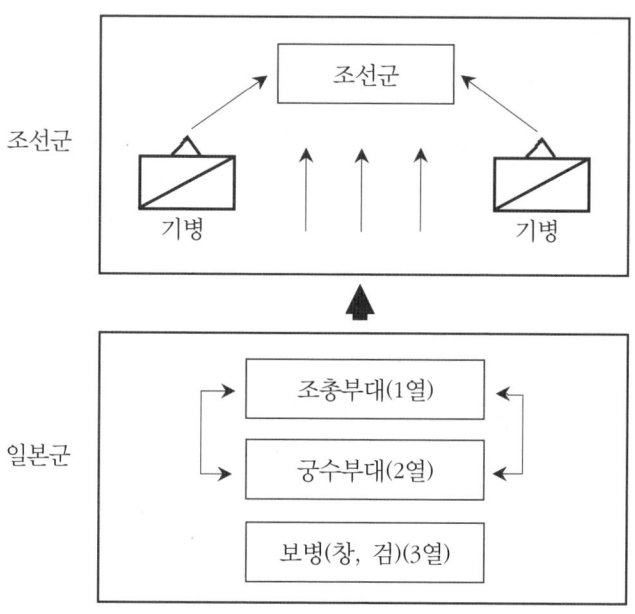

2. 조선의 전술과 무기

1) 조선의 전술

임진란 당시의 전술은 진법을 그대로 계승하는 데서 출발하여, 정도전의 진법(陳法)과 하경복 등의 계축진설(癸丑陳設)로 발전을 거듭하였다. 그리고 이 모든 조선시대의 진법을 집대성하여 구체적인 병법서로 완성한 것이 바로 문종의 오위진법(五衛陣法)이었다.

오위진법은 군사를 5개의 부대로 나누고, 보병과 기병을 균형 있게 운용하면서 사방의 적을 막고 각 부대간에 상호지원할 수 있도록 만들어진 탄력적인 진법이었다. 오위진법에서 대장군 아래에는 오위(五衛)라는 5개의 부대가 있으며, 각 위의 위장(衛將) 밑에는 다시 오부(五部)가 있으며,

각 부 아래에는 다시 사통(四統), 즉 4개의 최소 전술단위 부대가 있다. 이 사통 중 두 부대는 기병이고 나머지 두 부대는 보병으로 구성된다.

기병 부대는 말을 타고 활을 쏘는 기사(騎射)가 60%를 차지하고, 창을 사용하는 기창(騎槍)이 40%를 차지한다. 기사는 조선의 활인 짧은 각궁으로 적진을 교란하고 포위 공격을 가하며, 적진이 흐트러지면 장창을 든 기창이 돌격전을 실시하였다. 기병은 모두 철갑옷으로 무장했으나, 말에는 갑옷을 입힌 기록이 없다. 당시에 기창과 기사는 모두 환도를 지녔으므로, 혼전이 벌어지면 환도가 주된 무기가 되었을 것이다. 기병의 또 다른 임무는 척후활동이다. 현재의 예비대 성격인 유군(遊軍)의 기병 일부는 본진의 외곽 밖 10여 리까지 진출하여 적의 접근 상황을 감시하였다.

보병은 활(弓), 총통(銃), 장창(槍), 장검(劍), 방패(彭排)의 다섯 가지 병종을 균등하게 갖추었는데, 총통과 방패는 반드시 한 통에 20%씩 포함시키며, 나머지 궁수, 창수, 장검수는 상황에 따라서 가감하거나 혹은 도끼와 철퇴로 대체할 수 있었다. 보병이 전열을 갖추었을 때 최일선에는 팽배수가 나무방패와 환도를 들고 줄지어 서고, 그 다음 열에는 총통수가 청동으로 주조한 화포에 화살을 넣고 대기하였다. 세 번째 열에는 창수가 장창을 지니고 서서 적은 근접을 저지하며, 네 번째 열에는 긴 자루가 달린 외날 칼인 장검으로 무장한 검수가 창의 안쪽으로 파고드는 적을 공격하였다. 마지막 줄에는 궁수(弓手)가 곡사무기인 각궁으로 멀리 있는 적을 공격하였다. 당시의 보병들은 철편이나 혁편을 가죽끈으로 엮어서 만든 찰갑(札甲)으로 무장했으며, 총통군을 제외한 모든 변사가 환도를 휴대하였다.

하나의 위가 펼치는 가장 기본적인 진법인 일위방진(一衛方陣)을 중심으로 각 부대의 배치를 살펴보면, 위장에게 속한 5개의 부가 각각 전후좌우와 중앙에 배치되며, 위장의 곁에는 예비대인 유군이 배치된다. 각각의 부에 편성된 기병부대와 보병부대는 진에 머물러 수비하는 주통(駐統)과 나아가 싸우는 전통(戰統)으로 나뉜다. 적이 접근해오면 주통과 전통이 합세해서 방어하고, 적이 물러가면 주통은 진을 지키고 전통은 나가서 싸운다. 수비를 중시하는 이러한 형태의 전법은 정도전이 고안한 것인데, 이는 한두 번의 승패로 인해 전군이 일순간에 무너지는 것을 막기 위한 것이다. 부대가 행군 중에 적을 만나더라도 앞서가던 부대는 현위치를 고수할 뿐이며, 후방의 부대가 전방으로 진격하고, 좌우익은 측면에서 적을 포위하여 적극적인 공격을 펼치게 된다.

이 오위진법은 조선 초기에 북쪽 국경을 어지럽히던 여진족과 몽골의 일족인 오이라트 등 북방 기병을 상대하기 위해 개발된 전술이었으며, 따라서 기병의 비중이 높은 편이다. 또한 전면 방어보다는 사방에서의 공격에 대응할 수 있는 능력을 중시했고, 각 부대간에 상호지원이 용이하도록 고안되었다. 이 오위신법은 조선 전기에만 채택된 것이 아니라 중국식의 절강병법이 한계를 드러낸 조선 후기에도 채택되었다. 한편 임진왜란이 발발한 이후 조선의 진법은 명나라의 장군 척계광이 지은 기효신서(紀效新書)와 이를 발췌하여 조선에서 편찬한 병학지남(兵學指南)을 따르게 된다. 기효신서는 척계광이 중국 남부에서 왜구를 토벌하기 위해 농민군을 편성하고 훈련시킬 때 저술한 병서로서, 진법과 신호체계, 무기체계 및 무기 사용방법 등을 폭 넓게 수록하고 있다. 기효신서에서 한 부대는 창검을 사용하는 살수대(殺手隊)와 조총으로 무장한 조총부대로 구분된다[155].

전체 부대원의 20%의 비율로 구성되는 조총부대는 진의 가장 전방에 포진하여, 적이 100보 이내로 접근했을 때 일제사격을 가한다. 사격할 때는 모든 조총수가 한꺼번에 발사하는 것이 아니라, 다섯 줄의 열을 짓고 차례로 나가서 발사하는 윤방(輪放)을 실시한다. 조총부대의 병사들은 조총 외에도 쌍수도를 지니며, 조총부대의 대장과 화병은 살수대와 동일한 무장을 한다.

살수대는 대장 1명과 취사병인 화병(火兵) 1명, 등패(籐牌) 2명, 낭선(狼

---

155) 민승기. 조선의 무기와 갑옷. 서울 : 가람기획. 2004. pp.13-28.

筅) 2명, 당파(鐺鈀) 2명, 그리고 장창(長槍) 4명 등 총 12명으로 구성된다. 등패는 등나무 줄기로 만든 가벼운 방패와 투창, 환도로 무장한 병사이며, 낭선은 가지가 많이 달린 대나무 창으로 적의 접근을 저지하는 역할을 한다. 장창은 나무로 만든 창을 사용하여 가장 적극적인 공격을 펼친다. 마지막으로 삼지창의 일종인 당파를 지닌 당파수는 로켓형 화약 무기인 화전(火箭)을 걸어놓고 발사한다. 병학지남의 장단상제편(長短相濟編)에는 각 병기간의 상호관계를 다음과 같이 기술하고 있다.

두 방패가 나란히 늘어서면 낭선으로 각각 방패 하나씩을 덮고 장창 두 자루는 방패수 한 명과 낭선수 한 명을 맡는다. 짧은 병기는 장창의 느림을 막을지니, 이는 도적을 죽이고 반드시 이기는 으뜸 싸움법이라. 낭선으로 방패를 쓰고 창으로 낭선을 구하고 당파로써 창을 구하느니라[156].

적이 100보 이내로 접근하면 살수대에 속한 당파수와 대장은 조총수 곁으로 달려가 함께 화전과 화살을 쏜다. 적이 더 가까이 육박해오면 등패수는 투창을 던지고 적의 칼을 막으며, 낭선은 적의 접근을 저지하고, 장창은 등패와 낭선으로 차단된 적을 적극적으로 공격하며, 당파가 이를 보조한다. 이때 조총수는 조총을 버리고 쌍수도를 뽑아 양손으로 휘둘러 적을 공격한다.

이상의 절강병법(絶江兵法)은 중국에서 왜구를 불리치는 데는 상당한 효과를 거둔 전술이었으나, 부대 구성이 보병 위주이고 진법의 대부분이 한쪽 방향으로 공격해오는 적만을 막을 수 있도록 고안되어 있기 때문에 탄력적인 부대 운용이 어려웠다. 청나라의 기병은 기동력을 이용하여 아군 방진의 후면이나 측면 등 어느 한 면에 대해서 집중적인 공략을 실시함으로써 어렵지 않게 보병의 대오를 무너뜨릴 수 있었다.

---

156) 상게서.

구 분	내 용
조선의 전술	창검의 사용을 꺼리던 당시의 풍조 때문에 조선군은 살수를 충분히 확보하기도 어려웠고, 조총의 공급 부족과 느린 연사 속도, 날씨에 따른 총기 운용상의 제약 때문에 종래의 장기였던 궁시(弓矢)를 완전히 배재하지도 못하였다. 따라서 결국 임진왜란 이후의 조선군은 조총으로 무장한 포수(砲手)를 중심으로 하되, 살수(殺手)와 더불어 사수(射手)를 양성하는 삼수병(三手兵) 체제로 정착되었다.

2) 조선의 조총

임진왜란 초기에는 조선에 조총이 없었으나 그 다음에 바로 이를 획득하여 조총을 만들어 사용하였다. 조선은 이미 수백 년간 화포를 제작한 경험이 있었기 때문에 이 신형 무기를 모방하는 데 그리 오랜 시간이 걸리지 않았다. 난중일기(亂中日記)를 보면 임진왜란 이듬해인 1593년 9월에 이순신장군이 처음으로 조총을 만드는 데 성공하였다는 기록이 있다. 그리고 그 후로도 김충선(金忠善) 등 조선에 귀화한 왜인들이 조총 제작기술을 전수하면서 조총 사용과 발전에 상당한 기여를 하였다.

그 결과 1614년 청나라와 싸우고 있던 명나라를 지원하기 위하여 강홍립(姜弘立)장군이 조선 군사 1만 3천 명을 이끌고 만주로 출병했을 때는 전체 병사 중 절반에 가까운 5천여 명이 조총으로 무장하고 있었을 정도로 조선에서의 조총을 주무기로한 편대가 주류를 이루었다.

구 분	내 용
조선의 무기	조총이 조선에 전래된 이후 수백 년간 조총에 대한 개량이나 중요한 변화는 없었던 것으로 보인다. 인조 9년에는 명나라에 다녀온 진주사 정두원(鄭斗源)이 부싯돌로 점화하는 수석식(燧石式) 소총을 구해왔고, 효종 7년에는 제주도에 표류해온 하멜 일행으로부터 새로운 조총을 입수하였다. 또한 1658년 청나라의 요청으로 연해주 지역의 러시아 군을 토벌하는 과정에서도 러시아의 수석식 소총을 입수하기도 해 이 총들을 모델로 제작하여 사용하였다.

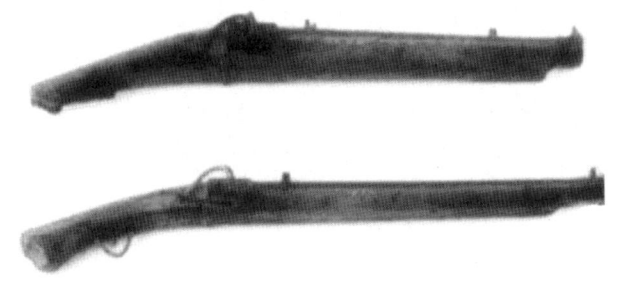

조선의 무기
자료 : http://blog.naver.com/jjyounjyong1

3) 조선 조총윤방도

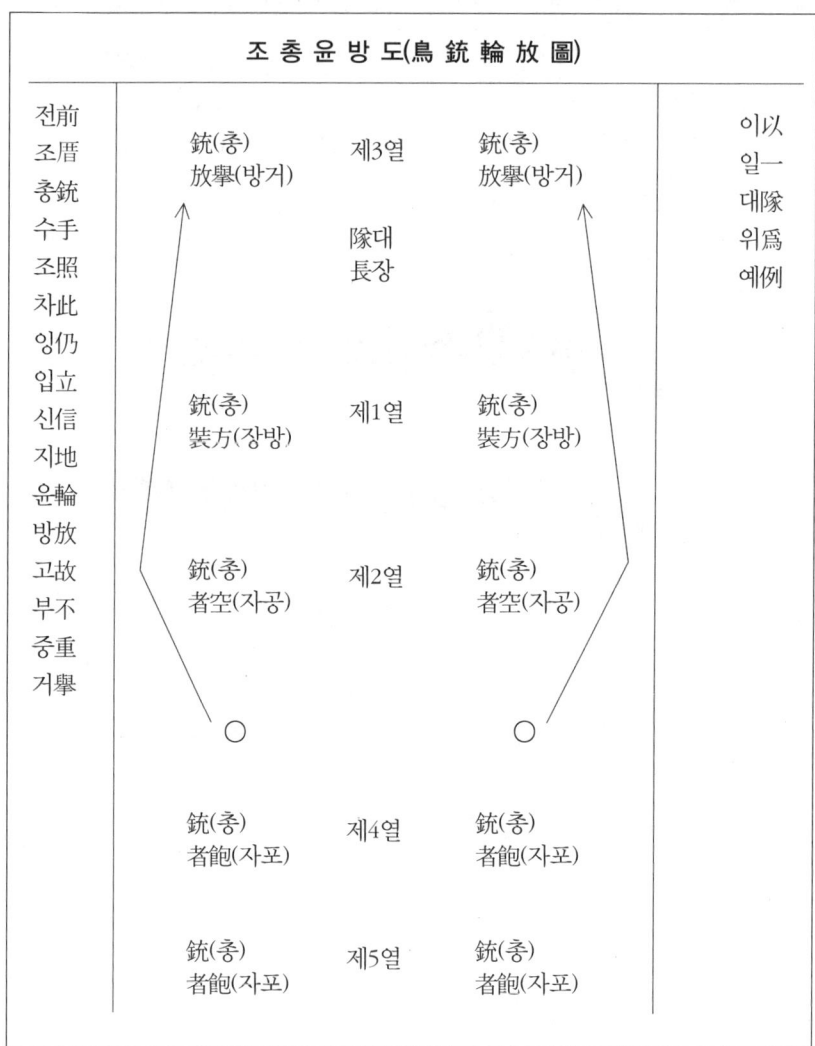

조총 윤방도. 조총 부대는 5열로 정렬하였다가 차례로 앞으로 달려나가 사격을 한다. 그림에서 맨 앞쪽에는 제3열이 전진하여 사격을 실시하고 있고, 대장의 뒤쪽에 있는 제1열은 장약을 하고 있으며, 제2열은 이제 막 제자리로 돌아와 빈 총을 들고 있으며, 제4열과 제5열은 장전된 조총을 들고 자신의 순서를 기다리고 있다.《병학통》

4) 대조총

대조총(大鳥銃)은 임진왜란 때 왜군이 사용하던 대형 조총으로서, 구경이 최고 8cm에 이른다. 대조총은 총열이 굵고 짧은 점을 제외하면 일반 조총과 기본 구조는 동일하다.

선조 27년의 기록을 보면, 국왕이 귀화한 왜인들이 가져온 대조총을 꺼내어놓고 여러 신하에게 보이는데, 이 대조총에 철환 20개가 작은 돌 4개를 넣어 발사하면 힘은 대포의 위력을 가졌고, 명중하는 것은 조총처럼 정확하여 당할 수가 없다고 하였다. 또한 이때 심충겸(沈忠謙)이 아뢰기를, "이순신 진중의 정운(鄭雲)이라는 사람이 그 대포를 맞고 죽었는데 참나무 방패 3개를 관통하고도 쌀 2석을 또 뚫고 지나 정운의 몸을 관통한 다음 선장(船藏)으로 들어갔다"고 하였다. 선조는 수전에는 우리나라 총통이 갖추어져 있으므로 이것을 꼭 쓸 필요가 없으며, 다만 육전에서 대조총을 만들어서 쓰도록 하였다.

당시의 대조총은 위력과 정확도가 뛰어났으며 무게가 너무 무거워 선반 위에 거치하거나 수레에 얹어야만 쏠 수 있었다. 일본은 대형 화포의 발달이 늦었기 때문에 대조총을 다수 개발하여 사용했지만, 조선은 비교적 우수한 대형 화포를 오래 전부터 보유하고 있었기 때문에 대조총의 필요성을 크게 느끼지 못하였다.

구 분	내 용
대조총	인조 22년에도 대조총 제작을 추진한 기록이 일부 있기는 하지만, 조선후기에 대조총이 대량으로 제작된 흔적은 없다. 《만기요람》에는 일반 대조총과 구리고 입사(入絲)를 한 동사대조총(銅絲大鳥銃) 등이 오군영에 소량 비축되어 있다고 기록되어 있다.

5) 신기전

　임진왜란 당시 조선의 주요 무기 중 가장 많은 전과를 올린 무기가 신기전이다. 신기전(神機箭)은 고려시대에 최무선이 개발한 로켓형 화약병기로서, 화살에 분사체를 달아서 스스로 날아가도록 만든 것이다. 원래 신기전은 주화(走火) 혹은 촉이 달려 있다고 해서 금촉주화(金鏃走火)라고 불렸으며, 세종 30년에 귀신같은 불화살이란 뜻으로 신기전이라는 명칭이 처음 사용되었다. 《조선왕조실록》과 《재물보》의 기록을 보면, 중국에서는 우리의 신기전과 유사한 무기를 화전(火箭)이라고 불렀으며 임진왜란을 전후한 시기에는 우리나라에서도 신기전과 화전이라는 이름을 혼용하여 사용하였다.

　신기전에는 크기에 따라서 대신기전(大神機箭), 산화신기전(散火神機箭), 중신기전, 소신기전이 있는데, 《국조오례의》에 기록된 각각의 제원은 다음과 같다.

구 분	길 이	화약통 길이	화약통 둘레	폭발물
대신기전	17척 (5.27cm)	2척 2촌 5분 (69.75cm)	9촌 6분 (29.76cm)	발화
산화신기전	17척 (5.27cm)	2척 2촌 5분 (69.75cm)	9촌 6분 (29.76cm)	주화, 발화
중신기전	4척 5촌 (139.5cm)	6촌 4부 (19.84cm)	2촌 8분 (8.68cm)	발화
소신기전	—	—	—	없음

자료 : 민승기. 조선의 무기와 갑옷. 서울 : 가람기획. 2004. p.270.

　신기전에 부착하는 추진체를 주화(走火)라고 하는데, 이 주화는 종이를 여러 겹으로 말아서 만든 통에 화약을 성기게 넣고 그 아래에 구멍을 뚫어 심지를 꽂은 것이다.

　대신기전의 경우, 주화 위쪽에 오늘날의 폭탄에 해당하는 발화(發火)를 연결하여 적의 머리 위에서 폭발하게 하며, 산화신기전은 발화와 함께 주화를 연결하여 공중에서 사방으로 불길이 흩어져 적을 놀라게 하였다. 하지만 대신기전의 폭발물 속에는 파편효과를 발생시킬 만한 물질이 들어있지 않기 때문에 직접적인 살상효과보다는 적군과 적군의 말을 놀라게 하는 효과가 크지 않았을까 생각된다. 중신기전에는 작은 발화를 연결하여 적진에서 폭발하게 하며, 소신기전은 폭발물 없이 화약의 운동 에너지를 이용하여 적을 관통시킨다157).

대신기전은 두 쪽의 긴 나무를 직각으로 연결해서 만든 발사대에 얹어서 발사했던 것으로 보인다. 소신기전이나 중신기전은 말 위에서 화살통에 넣어 발사하기도 하고, 대나무통으로 만든 별도의 발사통을 사용하기도 했으나, 화거가 개발된 이후에는 주로 화거에 실어 대량으로 발사하였다. 문종 화거에서 신기전을 장착한 발사대를 신기전기(神機箭機)라고 하는데, 여기에는 가로 15줄, 세로 7줄의 구멍이 있어서, 모두 100개의 중신기전을 넣고 한번에 15개씩 발사하였다.

신기전의 장점과 단점에 대해서 세종은 다음과 같이 언급하였다(세종 29년 11월 22일).

주화(走火)의 이익은 크다. 말 위에서 쓰기가 편리하여 다른 화포에 비할 것이 아니다. 기사(騎士)가 혹은 허리사이에 꽂고 혹은 화살통에 꽂아서 말을 달리며 쏘면 부딪치는 자가 반드시 죽을 뿐 아니라, 그 형상을 보고 그 소리를 듣는 자가 모두 두려워서 항복한다. 밤의 싸움에 쓰면 광염이 하늘에 비치어 적의 기운을 먼저 빼앗는다. 복병이 있는가 의심스러운 곳에 쓰면 연기와 불이 어지럽게 발하여 적의 무리가 놀라고 겁에 질려 그 진정을 숨기지 못한다. 그러나 화살나가는 것이 총통과 같이 곧지 못하고, 약을 허비하는 것이 너무 많아서 총통이 약을 쓰는 것만 같지 못하고, 거두어 갈무리할 때 조심하지 않을 수 없어 총통의 수시로 장약하는 편리

---

157) 상게서. p.270.

한 것만 같지 못하다. 이것으로 본다면 총통의 이익이 더욱 크다.

구 분	내 용
신기전	신기전은 초보적인 화약병기였고, 조준사격이 거의 불가능했지만, 사거리가 길고 적에 대한 심리적인 효과가 컸으므로, 임진왜란 당시에도 왜군의 조총에 대항하기 위해 널리 사용되었다. 또한 신기전은 군대의 신호용이나 군령을 내리는 데도 사용되었으며, 궁중에서는 부정을 쫓기 위해 소신기전을 사용하였다.

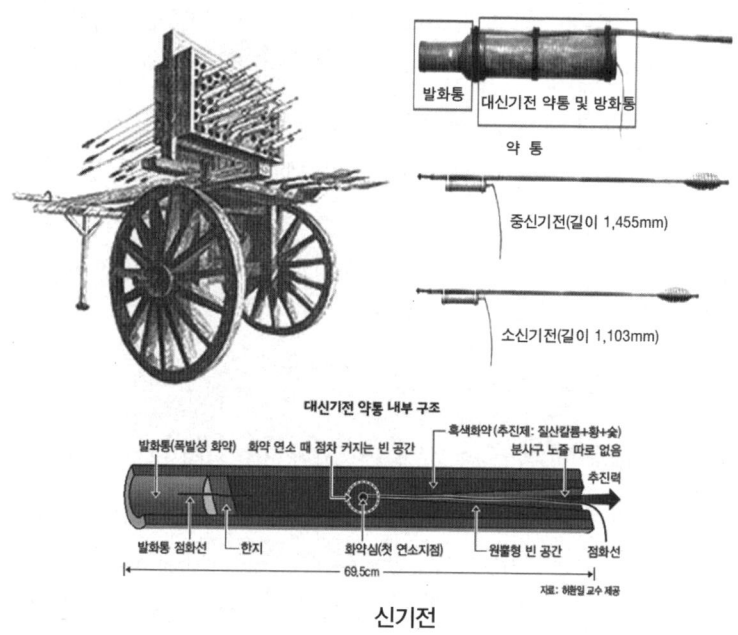

신기전

 이 신기전으로 인해 임진왜란 당시 초기에는 일본군의 조총에 무기력하게 무너졌으나 전열을 가다듬고 신기전을 대량 제작하여 각 전선에 보급시키면서 불 화약의 효능으로 큰 효과를 발휘하여 일본군이 풍비 백산하여 대열이 흐트러지고 이때를 틈타 정기룡장군의 경우 앞에 도열해 있던 기병으로 적진을 빠른 협공으로 화공과 기병전술을 병행했던 것이다.

3. 조선과 일본의 무기와 전술비교

이상의 조선과 일본의 무기와 전술을 비교해보면 다음과 같다.

구 분			내 용
조선	무기	장점	• 말을 타고 활을 쏘는 기사 60%, 창사용기사 40%, 적진교란 성공 • 종래의 장기였던 궁시에 의존 • 포수, 살수, 사수의 삼수병 체제정착과 신형무기 적극보급
		단점	• 창검 사용을 꺼리던 당시의 풍조 때문에 조선군의 살수를 충분히 확보하기 곤란 • 조총의 공급부족과 느린 연사속도와 날씨에 따른 총기 운영상 제약 • 기병중심의 화공무기에 의존
	전술	장점	• 오위진법에 의한 종합병법서에 의존 • 5개 부대로 나누고 보병과 기병을 균형있게 운영, 탄력적 전법구사 • 활, 총통, 장창, 장검, 방패의 다섯 가지 병종 균등하게 활용
		단점	• 부대구성이 보병 위주 구성운영으로 탄력적인 부대운영 곤란 • 진법의 대부분이 한쪽 방향으로 공격해오는 적만을 막도록 전술구사 • 신무기인 신기전과 기병과 보병의 협공화공전술 조화 부족
일본	무기	장점	• 조총에 의한 신형화기로 무장 • 조선의 무기보다 유효사거리, 최대사거리 길고 유리 • 조총의 연속밀집사격 기술 습득
		단점	• 너무 조총에 의존 • 조선에 조총기술 단기보급 모방으로 역전기회 상실 • 조선의 신기전 같은 대량화포 등 공급부족
	전술	장점	• 조총부대, 궁수부대, 보병부대, 제병협동작전 • 군기가 균형 잡힌 잘 훈련된 병사에 의한 전술구사 • 기병의 양익포위, 진영형성, 조총부대 일제사격, 궁수부대 엄호사격의 속전속결로 단기간 승부구사
		단점	• 해상보급로 차단에 따른 전술한계 노정 • 해군과 육군간 유기적 연대미비 • 지휘관의 지형지세 파악숙지 부족에 다른 전술운영의 한계 노출

4. 평 가

조선의 무기와 전술은 일본에 비해 조금도 뒤지지 않았다. 그런데 왜 일본에게 그렇게 당했는가?

일본은 조선을 침략하겠다는 목표를 세우고 조직적인 힘을 길러 전쟁을 준비한 반면, 조선은 힘을 조직화하지 못하고 전쟁준비를 하지 않았기 때문이다. 나라를 다스리는 지도자의 역사통찰력과 지도력이 얼마나 중요하며, 국가의 운명을 결정함을 여실히 증명해 주고 있다.

항상 미래를 준비하는 者, 유비무환(有備無患)이요, 무비유환(無備有患)이다.

5. 정기룡장군의 전술

1) 적 전술을 꿰뚫는 30초 번개 작전

일본군은 조총을 주 무기로 협공하였지만 정기룡장군은 일본군 선두조총부대가 대열로 모든 절차를 거쳐서 조총을 쏘려면 숙련된 조총수의 경우에도 가장 빨라야 30초 이상이 소요되었다. 따라서 조총 부대는 5열로 정렬하였다가 1열씩 차례로 앞쪽으로 달려 나가 사격을 하고 나머지 병사들은 장약을 하는 윤방(輪放)을 하였다. 《병학통》의 윤방도(倫放圖)를 보면, 대장 앞쪽에는 제3열이 전진하여 사격을 실시하고, 대장의 뒤쪽에 있는 제1열은 장약을 하고, 제2열은 이제 막 제자리로 돌아와 빈 총을 들고 있으며, 제4열과 제5열은 장전된 조총을 들고 자신의 순서를 기다리고 있다 차례가 오면 발사하는 식이었다.

이 같은 일본군의 배치도와 앞의 조총수의 1열씩 달려 나오는 시간을 계산하여 정기룡장군은 내전선에서 승리를 거둘 수 있었던 이유는 빠른 기병과 화살을 이용하여 30초에서 1분 이상씩 일본 조총부대가 장열하는 시간을 이용하여 옆에서 기병을 이용하여 순간적으로 협공함으로 이들의 대열을 무너뜨리고 빠른 기병의 순식간의 돌파에 의한 양익 포위공격으로 속전속결로 승리를 구가하였던 것이다.

2) 당시 일본 조총 유효사거리 50보 제원알고 대응

전체적으로 정기룡장군이 많은 주요전투에서 이길 수 있었던 전술을 보면, 다음과 같이 요약할 수 있다.

첫째, 사거리에 있어 기본적으로 조총으로 어느 정도 조준사격이 가능한 유효사거리는 50보 내외이다.

당시 총열은 탄환 구경보다 커서 탄환이 총열 안을 이리저리 부딪치며 튀어나가기 때문에 혼란스런 전장 상황에서 "겨누어 맞춘다"는 상황은 벌어지기 힘들었다. 그에 반해 각궁은 100보 정도, 사수의 숙련도에 따라서는 그 이상도 가능하였다. 다시 말하면 단기간에 육성 가능한 중간 숙련도 이하의 병사들로 화망을 구성해서 밀집 대형에 대한 공격을 할 경우엔 조총이 위력을 발휘하지만, 중간 숙련도 이상의 병사들로 구성할 수 있다면 겨누어 맞추는 데는 활이 위력적이었다.

당시 조선에는 편전이 있어 편전을 사용하면 사거리와 관통력이 일반 화살을 사용할 때보다 비약적으로 증대된다. 하지만 이 또한 상당한 사수의 숙련도를 전제로 한다.

당시 활의 사거리와 관통력이 편전이 아닌 일반 화살을 사용하는 조선 활에도 훨씬 못 미쳤던 일본의 경우엔 비용만 받쳐 준다면 같은 수의 궁병보다는 조총병을 운용하는 것이 훨씬 유리하였다. 가는 대나무 통에 넣어 길게 시위를 당긴 뒤 쏘아 보내고 다시 그 통에 편전을 장전하는 식으로 운용하였다. 이는 수십보 밖에서 단단한 철제 투구를 가볍게 뚫는 위력을 갖고 있었는데 정기룡장군은 이를 적극 활용한 것이다.

둘째, 조총의 연사속도의 단점을 역으로 이용한 점이다. 즉, 일본군 조총의 경우 총기는 모두 전장식 총구로 탄환과 화약을 집어넣는 방식으로 조총을 발사하는 과정은, ①총구로 적당량의 화약을 넣고, ②그 다음 탄환을 집어넣은 뒤 잘 쑤셔주고, ③심지를 잘라 불을 붙여준 뒤 격발하면 ④ 불붙은 심지가 화약에 닿으며 격발되는 식이었다.

임진왜란 당시 조총의 연사 속도는 기껏해야 2분에 1발 쏠 수 있는가 하면 최고로 숙련된 사수의 경우라야 30초에 한 발을 쏠 수 있다.

따라서 당시에 아무리 잘 해 봐야 1분에 한 발 정도로 정기룡장군은 이 1분이라는 시간을 적극 활용한 것이다. 그러나 활은 5~10초에 한 발은 충분히 쏠 수 있다. 어림잡아 활이 조총보다 6~12배 이상 빠른 연사가 가능하였다고 볼 수 있다.

셋째, 운용비율(숫자)에 있어 조총의 대량운용은 당시 조선군의 입장에서 볼 땐 충격적인 모습이라 사서에 크게 부각되어 있지만, 실제 모든 전장에서 조총 든 일본 병사를 볼 수 있는 건 아니었다. 조총은 당시에 꽤 비싼 무기였기 때문이다.

조선 전역에 투입된 연인원 15만~20만의 일본 병사 가운데 조총병은 수천 정도에 불과하였다. 매 전투에서 승패를 가른 무기가 조총은 아니었다는 이야기이다.

요컨대 조선의 복합궁(물론 값비싼 복합궁보다는 단일재질의 활이 주종을 이루었음)에 비해 조총은 절반 정도의 사거리와 1/6~1/12 정도의 연사속도밖에 지니고 있지 않은, 객관적으로는 도저히 우수하다고 할 수 없는 화기였다.

사거리와 연사력의 기능으로만 보면 M1반자동 소총과 MG34 기관총의 차이 정도는 된다. 더군다나 조달 단가가 너무 높아 대량으로 장비하기도 힘들었다. 그런데 도대체 왜 조선군은 그리 힘없이 무너졌을까?

일단 일본의 전면전 도발에 대한 대비가 되어 있지 않았던 데다, 결정적으로 각지에 흩어진 병사들을 전쟁이 난 뒤에야 한 곳에 일단 모은 뒤에 군대를 결성하는 제승방략체제가 이미 전쟁이 발발한 상황에서 제대로 작동할리 만무하였으므로 조총이고 활이고 제대로 대응할 만 한 군사력 자체가 형성되질 못했기 때문이다. 이런 상황에서 수천 수만명씩 대오를 이룬 왜군에 힘 한 번 못 쓰고 밀리면서 안 그래도 공황 상태인데 전투 초기에 천둥소리같은 조총 소리가 뻐벙거리니 넋이 나가지 않을 수 없고, 도저히 인정하고 싶지 않았던 초기의 참담한 패배에 대해 설명하면서 이전에는 들어보지 못한 조총의 대량 운용을 묘사하지 않을 수 없었다.

임진왜란 후기, 정유재란을 거치며 조선 병사들과 백성들이 뻥뻥거리는 조총의 총성에 익숙해지고 난 뒤엔 조총이 거의 전투의 승패에 결정적인 영향을 미치지 못하였다.

한양과 평양을 초기에 파죽지세로 쓸었지만 거기까지였다.

3) 일본군 보급 병참선 차단

전쟁에서 병참선 주도권을 갖는 것은 전쟁의 주도권을 갖는 전쟁의 맥이다. 낙동강 수로의 상주창을 빼앗는 것은 10万 대군을 얻는 것보다 더 큰 전세를 뒤집는 효과가 있었다.

정기룡장군은 상주창을 빼앗고 호남진출을 저지하여 왜적병참이 곤란해졌다. 다음 마포창이 있었으나 의병활동으로 어려움에 봉착하였다. 결국, 보급선 차단은 종전을 앞당기는 유리한 전쟁 전환효과를 가져왔다.

4) 적섬멸 5방책(敵殲滅 五防策)

한양이 20일만에 함락되는데 충격을 받은 정기룡장군은 선조임금에게 장계(보고 및 건의서)를 올려 강을 건널 때 적을 격침시킬 수 있는 방법을 알려주고 기회상실을 안타까워한다. 대동강을 건너 평양성이 함락될 때도 왜적 철수시에도 또 특별장계를 올려 적을 침몰시킬 수 있는 방법을 알려도 선조는 실행하지 못하고 건의를 수용해 주지도 못하였다.

여러 자료에서 조금씩 등장하는 정기룡장군의 전술을 읽어내고 그 전술을 저자는 "적섬멸 5방책"으로 묶어 본다.

즉, ① 적선이 상륙지점을 찾아 집단으로 헤매고 있을 때 화공무기로 집중 공격하여 수장시키는 방법, ② 적이 강을 건널 때, ③ 도강지점을 몰라 며칠간 야간 숙영시 매복조가 양쪽에서 화공무기로 집중사격(또는 행군 후 야간 숙영시), ④ 부대 이동시 요새양쪽에 미리 잠복해 있다가 주력부대 집중 공격하여 와해시키는 방법, ⑤ 적철수시 집단 숙영지나 승선시에 신기전으로 집중 공격하는 것이다.

5) 사전 정찰 및 치밀한 작전계획

사전 정찰 및 치밀한 작전계획을 수립하여 지형, 지세, 장애물, 아군의 장점을 최대 이용한 점을 지적할 수 있다.

그 밖에 기습공격에서도 주도권을 장악하여 기병대의 적극 활용과 전장 Tempo와 공격 기세를 유지케 하여 소수 정예부대로 적(敵)을 유인 후 격멸시키는 전술로 병력의 열세에도 불구하고 결정적 지점에 병력을 집중배치하여 적 취약점을 찾아 틈새 공략을 시도함으로써 이소제대(以小制大) 전략으로 1,000명 이내의 병력만을 가용하여 60戰 60勝이라는 무패신화를 창조하기에 이른 것이다.

제 4 부

60전 60승의 "정기룡 전술"

제1장 정기룡장군의 주요전투와 활약상

제2장 정기룡장군의 주요전투와 종합

제1장
정기룡장군의 주요전투와 활약상

제1전 거창군 신창전투 – 임진왜란의 첫 승전보

1) 조선의 방어선과 왜적의 북진

조선의 3大 방어선 중 서로(西路)인 추풍령 방면 방어선 책임자인 조경장군 부대는 비분강개한 마음으로 적을 무찌르기 위해 남하 중이었다.

한편 왜적 제3진 구로다 나가마사(黑田長政)는 4월 18일에 낙동강 하구 죽도에 상륙하여 19일 김해성을 함락시키고 창원의 경상우병영을 점령하였다. 이어 일본군은 창녕, 거창, 김천을 거쳐 추풍령을 넘으려는 계획이었다.

2) 조경장군의 전략회의와 정기룡장군의 건의사항

조경장군은 이미 충청도와 경상도의 경계에 있는 조령(鳥嶺)을 지나서 왜적의 선봉이 이미 가까이 왔다는 것을 듣고는 자기에게 딸린 사졸(士卒)들을 불러서 계책을 물어보고 맨 뒤에 정기룡에게도 계책을 물으니 이렇게 대답하였다.

"제가 나이도 젊고 재간도 노둔하며, 또 전쟁을 겪어보지 않았는데 적군을 제어(制御)하고 공격하는 방법을 어찌 능히 알 수가 있겠습니까? 대개 이 왜적은 천하의 강한 군사로서 남의 나라를 칠 것을 계획하고 있다가 여러 해를 지난 후 이제야 출동했으니 군대를 훈련하고 무기를 수리하는 일에는 반드시 정성을 들이고 잘 만들었을 것이며, 더구나 대포(大砲)와 조총(鳥銃)을 쏘는 것은 그들의 장기입니다. 그런데도 우리나라는 태평한 세상의 훈련되지 않은 병졸을 거느리고서 갑자기 강성한 적군을 만나게 되니 이기기는 정말 어려울 것입니다. 그러나 왜적은 본래 보졸(步卒)이므로 평탄한 들과 너른 벌판에서 이리저리 달리면서 돌진하여 공격하는 것은 결단코 기병(騎兵)에게 미치지 못할 것입니다. 어리석은 저의 계책으로서는 건장한 말을 뽑아 말을 탈 사람을 훈련시키고, 또 지혜와 용맹을 겸비한 사람을 가려 뽑아서 돌격장으로 삼아 그들로 하여금 군대의 앞에 서서 인도하도록 하고 적군을 평지에서 기다리고 있다가 갑자기 나가서 부딪쳐 친다면 적군은 반드시 놀랄 것이니 놀라게 되면 반드시 흩어질 것이고, 흩어지게 되면 반드시 대오(隊伍)가 어지럽게 될 것입니다. 이와 같이 된 후에 우리의 보졸로써 그 뒤를 쫓도록 하고 기병과 보졸이 합세하여 적군을 공격한다면 이길 수가 있을 것이니 이와 같이 하는 것이 좋을 것입니다. 만약 다만 보졸만 가지고 선두에 서서 교전한다면 무익한 죽음만 할 뿐입니다. 이 밖의 기묘한 계책은 제가 할 수 있는 것이 아닙니다."하였다.

3) 선봉 돌격대장(正3品)에 임명되어 왜적 척살

　조경은 좋은 계책이라고 칭찬하고는 즉치 정기룡을 선봉돌격장으로 삼았는데 갑자기 승진된데 불만을 품고, 여러 무관(武官)들이 모두 말하기를 "이 사람을 사용한다면 반드시 패전할 것입니다. 이 사람이 빨리 달리는 말을 가지고 있으니 위급한 사태가 있으면 반드시 먼저 달아날 것입니다. 그 사람이 이런 계책을 세우는 것은 곧 자기 혼자만 살아남으려는 계책일 것입니다."라고 했으나 조경은 끝내 마음이 흔들리지 않았으며, 정기룡도 또한 사양했으나 받아들이지 않았다.

　4월 23일 수십 명의 기병과 함께 먼저 출발하여 경상도 지례현(知禮縣)의 우지현(牛늡峴)을 넘어 오니 5백여 명의 적군이 이미 거창군의 신창(新倉)158)(거창군 웅양면 노현리)에 도착해 있었다. 정기룡은 기병을 이끌고

---

158) 『慶尙道邑誌』 거창군 지도에 신창이 표시되어 있다.

제4부 60전 60승의 "정기룡 전술"

바로 앞으로 나아가니 여러 기병들은 적군을 보고는 얼굴에 모두 두려워하는 빛이 있으면서 감히 먼저 나아가는 사람이 없었다.
　장군은 혼자 자기 말을 타고서 적군의 중군(中軍)에 뛰어 들어가서 돌진 공격하여 적군이 모두 흩어져 달아나 기병들은 적군을 공격할 수 있음을 알고는 그제야 정기룡장군을 따라 싸워서 크게 이기고 돌아왔다.

4) 왜적 잠복조 공격도 되받아쳐 죽임

　장군이 바야흐로 돌아오려고 하는데 4명의 적병이 길가의 우거진 숲속에 엎드려 있다가 장군이 겨우 지나가자 칼이 장군의 등 뒤에 미치므로 몸을 뒤쳐 화살을 뽑아 연달아 3명의 적병을 쏘아 꺼꾸러뜨렸으나 1명의 적병은 빠져 나갔다. 여러 진영(陣營)이 뿔뿔이 흩어지는 때에 장군이 홀로 외로운 수십 명의 병사로 강한 적병을 꺾었으니 임란 최초의 승리라 할만하다.

5) 적의 수급(首級), 베지 않아 이기고도 논공에 빠져

　조경의 진영은 그때 우지현 북쪽 수십 리 밖에 있었기 때문에 정기룡장군이 적병을 무찔러 죽이는 형상을 보지 못했고, 장군 또한 처음으로 싸웠기 때문에 막부(幕府)159)에서 전공을 위에 올리는 일을 알지 못하였으므로 적병의 수급(首級)을 한 개도 가지지 않고서 돌아왔다.
　조경이 "어찌 적병의 목을 바치지 않는가"라고 했으나 여러 무관들은 장군의 재능을 시기하여 모두가 정기룡장군이 실상이 없는 사실을 꾸며 만들어 공을 요구한다고 비난했으나 장군은 변명하지 않았다. 이런 이유로써 전공을 논하지 않으니 여러 기병들은 모두가 분개하고 원망하는 말이 많이 있었으나 장군은 이들을 말려서 그들에게 감히 말하지 못하도록 하였다.

---

159) 막부(幕府)란 장군이 집무하는 곳이다.

이상은 선조실록일부, 「정기룡전」160), 「매헌실기」에 그 기록이 실려 있다.

6) 전쟁특성과 전쟁효과

임진왜란 발발 후 부산성 함락, 동래성 함락, 충주 탄금대 신립장군 마저 패전하고 전사하자 선조와 온 백성들은 전의마저 잃고 있었다. 1592. 4. 23일 정기룡장군이 신창전투에서 왜적 100여 명을 쳐 죽였다는 장계가 올라가고 전국에 소문이 퍼지자 온 나라에서 환호하였고, 우리도 싸워 이길 수 있다는 자신감을 심어 주었다.

조선군 대부분이 일본 대군의 위세에 밀려 무너지고 뿔뿔이 흩어지고 있는데, 장군이 홀로 외로운 10명의 병사로 상한 석병을 꺾었으니 임란 최초의 승전보로 찌든 백성들에게 감동을 주었다.

보통의 장수는 뒤에서 작전 지시만 하는데 정기룡장군은 항상 선두에 나서 먼저 시범을 보이고 돌격전법을 지휘함으로써 목숨을 아까워하지 않는 용감성과 필승정신이 투철하였다.

적의 선봉과 우연히 만난 '조우전(遭遇戰)'에서 승리한 이 전투는 일당백(一當百)의 능력을 입증한 것이며 아무리 대군이라도 일시에 조직을 와해시키고 붕괴시킬 수 있음을 알 수 있다.

보통 매복조 공격에는 희생이 따르기 마련인데 정기룡장군은 오히려 되받아쳐 죽임으로써 어떠한 위기상황도 돌파할 수 있는 능력과 판단을 가졌다고 평가할 수 있다.

---

160) 「정기룡전」, 홍량호, 1794.

거창군 신창전투 요약표

구 분		내 용
전투일자 및 장소		1592년 4월 19일~23일, 거창군 신창(現, 거창군 웅양면 노현리)
거창군 신창 전투	관련 인물과 병력	(조선군) 경상우방어사 조경, 정기룡장군과 기병 10명 (일본군) 제3진 구로다 나가마사(黑田長政) 외 왜적 선견부대 500명, 흑전장정(黑田長政) 군사
	장수직책	조선 선봉 돌격장
	주요전술	선봉돌격장의 기병 돌진공격, 숲속 매복 동시 공격
	전 과	왜적 100여 명 살해하니 왜군 부대가 놀라 풍비박산 당하기만 하던 조선군, 임진왜란 첫 승리에 백성들 설욕감 느끼며 환호

제2전 거창군 객관 탈출기 – 야간포위되자, 적군 쳐 죽이고 탈출

선조 31년 1592. 4. 23일 야간, 왜적의 많은 부대가 거창군에 가득 차 있으니 조경은 지례현에 군사를 머물러 두고서 감히 앞으로 나오지 못하였다. 정기룡은 홀로 동료 김태허(金太虛)[161] 등 8인과 함께 다시 우지현을 넘어와서 거창군에서 왜적을 체포하고는 밤에 객관(客館)에 투숙하면서 난간(欄干)에 말을 매어 두고는 앉아서 옷을 입은 채 자고 있었다. 밤이 오래된 후에 적군의 염탐군이 있기 때문에 김태허를 흔들어 깨우니 사람들이 모두 놀라 두려워하면서 어찌 할 바를 몰라서 캄캄한 밤을 이용하

---

161) 김태허(金太虛) : 조선 중기(明宗 10~先海君 12년)의 무신으로 자는 여실(汝實), 호는 박연정(博淵亭), 본관은 광주이다. 선조 13년에 무과에 급제, 임진왜란 때 밀양부사(密陽府使)에 이어, 울산군수(蔚山郡守)로 전공을 세우고, 32년에 성주목사(星州牧使)를 거쳐 경상우병사(慶尙右兵使)를 역임하였다.

여 달려서 나가려고 하였다. 장군은 말하기를 "적군의 정세는 추측하기가 어려우니 모름지기 날이 밝기를 기다려 실물(實物)을 보고 난 후에 행동을 해야 될 것이다"라고 하였다.

그 지형을 살펴보니 문을 경유하여 나온다면 말의 재갈을 풀고서 나오기는 불편하고 또 가로막는 것이 많았기 때문에 반드시 앞에 있는 담을 뛰어넘어야만 나올 수가 있었다. 여러 사람들은 말하기를 "담이 높은데 어찌 말이 뛰어 넘겠습니까?"하므로 "한 필의 말이 먼저 뛰어넘는다면 뒤에 있는 말들은 당연히 따라 뛰어넘을 것이다.

그대들이 타고 있는 말은 모두 잘 달리는 좋은 말이니 어찌 되지 않을 것을 근심하겠는가"하고는 이에 먼저 고삐를 당기고 채찍질을 해 한 번 뛰어서 남을 넘어 밖에서 있으니 여러 기병들도 모두 본받아 서로 뒤따라 담을 넘어왔는데, 그 중 한 사람은 바야흐로 그의 탄 말이 뛰다가 넘어져서 담 안에 떨어졌던 것이다.

장군은 다시 말을 채찍질하여 뛰어서 다시 안으로 들어가서 말 위에서 그 사람을 겨드랑이에 기고는 담 밖으로 나와서 바로 적군의 포위를 뚫고 나오는데, 돌진하는 것이 마치 공중에 지나가는 별똥과 같았다. 왜적의 무리들이 처음에는 칼을 죽 들고서 다투어 모였으나 종말에 가서는 살별처럼 사라지고 바람 앞에 풀이 쓰러지듯 하였다. 말 머리가 향하는 곳에는 겹겹의 포위가 활짝 트이게 되니 여러 사람들도 이 기세를 타고서 탈출에 성공하였다.

거창군 객관 탈출기 요약표

구 분		내 용
전투일자 및 장소		1592년 4월 23일, 야간, 거창군 객관
거창군 객관 탈출기	관련 인물과 병력	(조선군) 경상우방어사 조경, 정기룡장군 홀로, 동료 김태허 외 7인 (일본군) 제3진 구로다 나가마사(黑田長政) 휘하 매복조 일부
	장수직책	돌격장
	주요전술	일본군에 야간 포위되자 기습돌격으로 탈출
	전과	3명 대검으로 쳐 죽이고 1명 도망, 불가능한 상황에서도 장군은 선두에서 시범보이며 헤쳐나감

제3전 금산전투 – 상관 조경장군 구출작전

1) "나를 따르라!" 외치며, 적중에 뛰어들어 구출

선조 31년 1592. 4. 28일 왜적이 경상도의 지례현으로 점점 가까이 오니 조경은 금산군으로 물러나 진을 쳤다. 적군이 있는 병졸을 다 동원해 와서 공격하기 때문에 정기룡장군은 홀로 적군의 선봉을 막아서 50여 명의 왜적을 작살(斫殺)하였다. 싸움이 한창 힘차게 전개될 때 적군이 다른 길로 와서 조경의 군대를 습격하니 조경이 패전하여 달아나다가 적군의 복병에게 사로잡히게 되었다.

장군이 즉시 적진을 돌진하려하자 참모들이 "적군이 저렇게 많은데 위험 합니다"하고 만류하자 장군은 부하 용장 10여 명을 지명하며 "할 수 있어! 나를 따르라!"하고 외치며 말을 몰아 선두에서 칼을 휘두르며 빨리 달려가니 적병은 바야흐로 조경의 목을 안고서 칼을 들어 치려고 하는 중이었다.

말을 빨리 달려 적군의 진중에 들어가서 말 위에서 그 적병을 베어 죽이고는 조경을 겨드랑이에 끼고는 밖으로 나오니 많은 사람들이 마치 바람 앞에 쓰러지듯이 감히 손을 쓰지 못하고 다만 서서보고만 있을 뿐이었다. 정말 눈 깜짝할 사이 회오리바람처럼 몰아친 특공작전이었다. 병사들의 함성이 하늘을 찔렀다.

조경이 나와서 그 손을 보니 오른쪽 손가락 세 개가 끊어졌고 겨드랑이도 한 번 찔리는 상처를 입었는데 장군은 벌써 그 손가락을 주워서 왔던 것이다. 조경을 직지사(直指寺)에 두고서 치료하였다.

2) 전황과 결과분석

1592년 4월 28일 낮(선조 31년, 임신년) 금산선투상 북쪽(김천시와 지례면 부근 들판)에 왜장 구로다 나가마사(黑田長政)는 매복조에 의해 조선군 서로방어선 사령관인 조경장군을 생포했으니 대단한 전과를 올린 셈이었다.

이를 계기로 일본군 병사들의 사기를 진작시키고 본국의 풍신수길에게 이 전과를 보고하기 위해 3진 군사 11,500명 전원이 참석한 가운데 약식 군사재판격인 처형식이 진행 중이었다.

얼마 후면 조경장군의 목이 잘려지고 풍신수길에게 올리는 전공장계와 같이 증거물로 조경의 수급(잘린 목 머리)이 일본으로 보내질 운명이었다.

일부 경계병을 제외하고 이 처형장에 관심이 집중되어 있을 때 정기룡장군이 용마를 타고 대검을 휘두르며 쏜살같이 나타나 처형장 10여 명을 눈 깜짝할 사이에 쳐 죽이고 조경을 낚아채 달아나니 이는 마치 회오리바람 신풍(神風)이 불고 독수리가 참새 한 마리 채가듯 하였다.

3) 선조임금의 격려와 백성들의 인식

연전연패의 소식만 전해지던 조정에 조경장군 구출성공 장계가 도착하자 선조임금은 크게 기뻐하며 오랜만에 우울했던 분위기를 일신하였다.

그리고 닷새 전 거창 신창전투와 구출작전 등 나라를 위해 모습을 아끼지 않고 싸우는 장군을 치하하고 격려하는 교지를 내려 보냈다. 선조임금은 처음 만나 이름을 하사 했듯이 앞으로 나라를 求해 낼 큰 장수로 지목했고 구출작전 소식이 온 나라에 퍼지자 백성들은 왜놈에게 당한 설욕전을 치른 기분으로 좋아하였다. 그리고 "상관이 부하구출작전을 들어봤으나 부하가 상관 구출소식은 처음 듣는다"며 감탄하였다.

이제 정기룡장군은 왜군을 이기고 분쇄할 수 있는 능력 있는 젊은 장수로 인정받고 그 명성이 널리 알려지게 되었다.

4) 중국 조자룡의 탈출기

중국의 삼국시대(三國時代), 위(魏)나라 조조(曹操)와 촉한(蜀漢)의 유비(劉備)가 한중(漢中)에서 싸울 때 유비의 용장 조운(趙雲)장군이 잘 싸워 위나라 군사를 쳐부수어 한수(漢水)지역을 방어하는 큰 공을 세웠다. 그런데 그러한 용장(勇將) 조운장군도 옛 당양현(當陽縣) 전쟁터에서 적군 조조의 군사에 포위되어 끔찍이 죽게 되었을 때 조자룡(趙子龍, 조운의 호)이 기지를 발휘하여 겹겹이 둘러싸인 포위망을 단신으로 바람처럼 뚫고 탈출한 고사로 위기에 처했을 때 기지와 담력을 높이 평가하여 세계 전투사에 유명한 일화로 남게 되었다.

5) 조자룡 탈출기와 정기룡 구출작전 비교

조운은 중국 옛 당양현 전투에서 적군 조조의 군사에 포위되었다가 도저히 빠져 나올 수 없는 상황인데 혼자 걸어서 살길을 찾아 빠져 나온 탈출기이다.

정기룡장군 정예 기병대는 조총으로 무장되어 있는 적군 11,500명의 진중을 대검과 용마로 뚫고 들어가 처형 직전의 왜적 10여 명을 단칼에 쳐죽이고 상관을 옆구리에 끼고 말을 달려 구출해 낸 작전이었다.

적군 11,000명이 넘는 대군이 신무기 조총으로 무장하고 있는 ①진중을 뚫고 들어가 ②적군 척살, ③상관을 겨드랑이에 끼고 탈출하는 3 단계 작전을 일시에 회오리바람처럼 순식간에 해치운 것이다.

조자룡의 탈출기 1 사건보다 정기룡장군의 3 사건이 동시에 벌어진 구출작전이 훨씬 어려우며 세계 전투사에 사례가 드문 유명한 구출작전이었다.

중국과 일본은 이 작전의 중요성을 알고 부끄러운 사실(史實)이기 때문에 은밀히 기록하고 가르치고 있다. 그리고 대만과 일본의 교관 및 연구소에서는 한국의 "정기룡 전술학"을 연구하고 있다고 한다.

당사국인 우리나라의 현실은 어떠한가? 우리가 더 귀한 역사를 가지고 있으면서도 비하해 버리고 남의 것만 찾는다. 이는 분명 사기역사의 낮춤이요, 부정이다.

6) 구출작전의 재음미

(1) 임진왜란 발발 보름째인 1592. 4. 28일 김천시 부근의 금산전투장, 왜장 흑전장정(黑田長政, 구로다 나가마사)은 참으로 기분이 좋았다. 조선의 이름 있는 장군 우방어사 조경장군을 생포하였으니 목을 쳐 그 수급을 풍신수길에게 바치면 출세길이 훤히 열리기 때문이었다.

부하 11,500여 명 대군이 지켜보는 가운데 참수식을 한 뒤 특별장계와 수급을 올리면 앞길은 따 놓은 당상이었다.

준비를 마치고 막 참수행사를 시작하려는 직전 회오리바람이 불면서 "후다닥"하면서 왜장 10여 명을 쓰러뜨려 죽이고, 붙잡았던 조경을 낚아채가 버린 것이다. 왜장은 순식간에 당한 일이라 "용이 신풍(神風)을 몰고 와 채가 버렸다."고 볼 수밖에 없었다.

제4부 60전 60승의 "정기룡 전술"

정기룡장군의 조경장군 구출도

(2) 정기룡 부대와 조선군은 환호했고, 의기충천하였다. 뒤에 특별장계를 받은 선조임금은 "과연 정기룡이로다!"라며 감탄하였다. 백성들은 피해의식에 젖어 기가 죽어 있다가 우리도 할 수 있다는 설욕감과 자신감에 환호하였다.

(3) 도저히 할 수 없는 전투를 선두에 나서서 박차고 해 내는 것이다. 정기룡장군은 전세(戰勢)를 한 번 훑어보면 틈새를 읽어내는 비법을 가졌다. 마치 물이 낭 속을 마음대로 흐르고 바위 속에도 미세한 틈을 찾아 흐르듯이… 뚫어지게 보면 통한다는 말이었다.

구출 광경을 보고 있노라면 팔뚝에 힘이 솟는다. 귀 기울이는 者, 광야의 함성과 민족의 맥박을 느낄 것이다.

(4) 서울 용산에 있는 전쟁기념관은 월 120~150万명이 다녀가는 교육 및 관광명소이다. 저자가 이 책을 쓰면서 몇 년 전에 방문하여 자세히 알

제1장 정기룡장군의 주요전투와 활약상

아보았는데 시정해야 할 부분이 많았다. 그 유명한 조경장군 구출도는 관광객이 가지 않는 4층 복도에 걸려 있어 관계관에게 건의한 바 있지만 여기서 다시 밝히면

① 1층 전시실에 정기룡장군 흉상 건립건의, 임진왜란 장수로는 이순신, 권율, 곽재우 3명뿐
② 정기룡장군 자료전시실 개설건의
③ 조경장군 구출도는 국내에서도 몇 점 안되는 국보급 그림인데 그 가치를 모르고 외딴 곳에 걸려있음
④ 정기룡장군 유물 전시 후 전시실 검토하라고 대화 진척되었으나 그 뒤 중단
⑤ 정기룡장군 문화행사 개최 문제 등을 다시 한 번 건의하며, 선조임금의 지적대로 우리나라를 구해낸 영웅을 이렇게 홀대해도 되는지 묻고 싶다.

금산전투 요약표

구 분		내 용
금산 전투	전투일자	1592년 4월 28일, 낮, 금산전투장(김천시 지례면 부근 들판)
	관련 인물과 병력	(조선군) 정기룡장군 휘하 정예 기병대 (일본군) 왜장 구로다 나가마사(黑田長政) 휘하 3진 11,500명
	장수직책	돌격대장, 승산이 없다고 만류했으나 정기룡장군 "나를 따르라!" 외치며 독수리전법으로 구출
	주요전술	기병대에 의한 전술
	전과	적 10명 사살과 처형전 조경장군 구출, 세계전사에 없는 명장면

제4전 진주곤양 왜적토벌 작전 - 유병 별장임명 되어 진주, 곤양 왜적 토벌

　장군은 명나라 장수들과 더불어 진주로 진군하여 진주에 진치고 있는 왜적을 크게 격파하였다. 당시 장군은 본영(本營)의 병졸을 거느리고서 선봉이 되어 곧장 진주로 달려갔는데 9월 20일 닭이 울 때 남강(南江)을 건너서 날이 밝기 전에 망진봉(望晉峯, 진주 남쪽 6리 지점에 있는 산)에 진치고 있는 왜적을 급히 공격하여 크게 패퇴시키니 성 안에 있는 적군은 모두 사천현으로 도망해 버렸다. 이는 진주성이 왜적에 함락된 지 6년만에 비로소 수복된 것이다. 이번의 싸움에 장군은 본도[本道: 경상도(慶尙道)] 군졸로 싸움에 나간 사람 이외에는 늙고 약한 사람을 논할 것 없이 명나라 군대의 영루(營壘) 뒤의 멀고 가까운 지방에 있는 산꼭대기에 나누어 포치(布置)하도록 하여 낮에는 장대를 잡고 기(旗)를 세우게 하고 밤에는 횃불을 들고 북을 치도록 하여 위세(威勢)를 떨쳐서 군대의 성세(聲勢)를 도우도록 하였다[162].

　또한 영성현(永城縣)[163]과 곤양군의 두 성채(城寨)를 불태우니 왜적이 모두 죽도(竹島, 고성현(固城縣)에 있음)로 도망해 버렸는데 이때 장군은 명나라 군대와 더불어 이긴 기세를 타고 앞으로 나아가 공격했는데 9월 22일에는 영성현을 공격하고 9월 23일에는 곤양군을 공격하여 그들의 성채와 목책을 다 불살라 버리고 적병의 목을 베고 적병을 사로잡은 것이 계산힐 수 없을 정도로 많았다. 이세야 우리 군대의 강성한 기세를 저절로 곱절이나 드높고 적군의 기세는 크게 줄어들었다[164].

---

162) 『매헌실기』 제1권, p.105.
163) 영성현(永城縣)은 진주의 속현(屬縣)인 영선현을 지칭함.
164) 『매헌실기』 제1권, p.15.

진주곤양 왜적토벌 작전 요약표

구 분		내 용
전투일자 및 장소		1592년 9월 20일, 진주곤양
진주 곤양 왜적 토벌 작전	관련 인물과 병력	(조선군) 진주본영 병졸 다수 (일본군) 진주성안 잔류 왜군
	장수직책	선봉 돌격장
	주요전술	화공전술과 기병돌격 병행
	전과	성내 잔류왜군 패주

제5전 진주성 부근 곤양성 전투 – 임진년 진주성 부근 전투

"유격장으로 기용되어 진주성 외곽에서 일본군을 타격하여 진주성 대첩에 기여함으로써, 일약 상주 판관으로 발탁되어 본격적 활약이 시작되다."

정기룡장군은 조경의 허락을 받고 7월 지리산 속으로 피란한 노모를 찾아 만나 뵈었다. 어머니께서 별탈이 없는 것을 살펴보고 가족들의 안전한 피신을 당부한 다음, 장군은 그 다음날 곧 전선으로 나가기 위해 곤양군으로 들어가 곤양군수 이광악을 만났다. 초유사 김성일의 진주성 방어 명령에 따라 진주로 가게 된 이광악은 장군을 곤양성 수성장으로 임명하고 떠났다.

1592년 9월 들어서면서 많은 곳에서 의병들의 봉기가 활발해지고 명나라 원군이 들어오고 또 해전에서 이순신에게 연패를 당하면서 전라도 지역으로의 진출이 좌절되었다. 초기와 달리 전체적으로 일본군의 전세가 부진해지면서, 일본군은 각지에서 퇴각하는 일이 많아졌다.

경상우도의 일본군은 김해성에 모여 경상우도의 요충 진주성을 빼앗지 못하고서는 전라도로 침입할 수 없다고 하여 전 병력을 집중하여 진주성(牧使城)을 공략하기로 합의하였다. 9월 24일 김해성에 모였던 장곡천수일(長谷川秀一), 장강충흥(長岡忠興), 목촌중현(木村重峴) 등의 장수는 다른 소규모 병력을 모두 모은 2만의 군사로 진주로 향해 진군을 시작하였다.

일본군 대병력이 진주성을 공략하기 위해 서쪽으로 진격해 온다는 소식을 들은 초유사 김성일을 호남 방면에 급사를 보내 응원을 요청하였다. 이에 의병장 최경회를 비롯한 호남 의병과 인근의 곽재우, 최강, 이달 등 의병이 달려왔으며, 곤양군수 이광악을 비롯한 관군도 진주성을 구하기 위하여 모여들었다.

한편 서진하는 일본군은 9월 25일 창원성을 포위하여 함락시키고 26일에는 함안성을 점령하였다. 10월 3일부터는 진주성을 목표로 진군하여 4일에는 진주성 앞에 2만 일본군이 나타났다.

경상우병사 유숭인은 막강한 대병력의 일본군과 접전을 계속하면서 퇴각하다가 진주성 아래까지 이르렀다. 진주목사 김시민에게 입성하여 함께 적과 싸울 것을 요청했지만, 김시민은 지휘체계의 혼란을 우려해서 성문을 열면 적이 침입한다는 이유로 입성을 거절하고 병사 유숭인에게 성 밖에서 싸워달라고 요청하였다.

경상우병사 유숭인, 사천현감 정득열, 가배량 권관 주대청의 1천5백 조선군은 진주성 밖에서 2만 일본군과 분전하다가 10월 6일 모두 전투 중에 장렬하게 전사하였다.

진주목사 김시민이 지휘하는 진주수성군과 성 밖에서 지원하는 의병과 관군들은 일치 협력하여 10월 5일부터 10일까지 6일까지의 치열한 공방전을 벌렸다. 진주성 함락에 실패하고 지친 일본군은 패배를 인정하고 퇴각하였다.

진주성 부근 곤양성 전투 요약표

구 분		내 용
전투일자 및 장소		1592년 10월 2일~10일, 진주성 부근 곤양성
진주성 부근 곤양성 전투	관련 인물과 병력	(조선군) 정기룡 휘하 300명 (일본군) 카토미쓰야스(加藤光泰) 휘하 20,000명
	장수직책	곤양성 수성장
	주요전술	곤양성 수성장으로서 수비와 유격전을 병행
	전과	일본군의 진주성 함락 직전 2,000명에 대항한 진주성 함락 지연과 실패하고 퇴각

제6전 진주 살천장 전투 - 왜적공격 물리침

초유사 김성일은 정기룡의 명성을 듣고 장군을 진주성 수성을 외곽에서 지원하는 유병별장(遊兵別將) 혹은 한후장(捍後將)에 임명하고, 각지에서 모여든 의병들과 함께 진주성 외곽에서 수성을 지원토록 하였다. 진주성 공방기간 동안 일본군은 진주성 주변을 약탈하고 의병들의 외곽 포위를 무산시키기 위해 진주 인근 각지에 출몰하였다. 10월 9일 2천여 명의 일본군은 단성으로 진출하여 사방으로 나뉘어 분탕질을 하였는데, 정기룡장군은 조경형(曺慶亨)과 함께 살천장(산청군 덕산면)으로 오는 적을 공격하여 쫓아버렸다[165]. 살천장은 호남의병장 최경회가 김성일의 명을 받아 진주성 전투를 밖에서 응원하기 위해 저장해 둔 군량을 지키고 있던 곳이었다[166]. 정기룡장군은 이들 의병장과 협력하여 진주성 전투를 성 밖에서 응원하여 임진년 진주성 전투를 승리로 이끄는데 기여한 것이다.

---

165) 『鶴峰集』 제3권 '馳啓晉州守城勝捷狀'.
166) 『文殊誌』 鶴峰先生龍蛇事史蹟, 『鶴峰逸稿』 부록 제2권.

이에 경상우도 감사가 된 김성일은

"진주에 사는 훈련원봉사 정기룡이 날래고 용맹함이 아주 뛰어나 여러 차례 전공을 세웠습니다. 아직 그의 서열이 직책에 맞지는 않으나 왜적을 토벌하는 것이 시급하므로"167) 장군을 관직의 단계를 뛰어 넘어 상주의 (가)판관으로 임명하였다. 정기룡의 용맹과 지략에 탄복한 김성일이 나중에 다른 사람에 말하기를 "정기룡은 충의와 무용을 겸비한 사람이다. 앞일을 예측할 수 없으나, 국가에 힘을 얻을 것은 바로 이 사람이 될지 모르겠구나."168)

하고 장군이 이 전쟁에서 나라와 백성에게 큰 공을 세우게 될 것을 예언하였다.

진주 살천장 전투 요약표

구 분		내 용
전투일자 및 장소		1592년 10월 9일, 진주 살천장
진주 살천장 전투	관련 인물과 병력	(조선군) 호남의 명장 최경회가 진주성 밖 저장해둔 군량미 지키기 위한 일부 병력 잔존 (일본군) 카토미쓰야스(加藤光泰) 휘하 성수호 병력 일부
	장수직책	진주성 외곽 지원하는 유병별장(한후장)
	주요전술	매복 수색소탕전
	전과	일본군진주성 주위 약탈과 인근 출몰 제거

---

167) "…晉州訓練奉事鄭起龍 驍勇絕倫屢立戰功 職次雖不相當 討倭危急 故假差借…."
 - 『鶴峰集』 속집 권3 '馳啓道內假差人狀'.
168) 『국역梅軒實記』, 임진년 7월 조.

제7전 용화동 전투 – 험준한 산세, 마상재로 적 유인 참살

1) 마상재[169]를 보여 적을 유인해 냄

일본군 대부대가 상주를 함락한 후 오래 머물며 노략질이 심하였고, 정경세[170] 등 의병이 일어나 적과 싸웠으나 모두 패전하여 의기소침해 있었다. 상주성이 적에게 점령된 후 상주목사를 비롯한 상주 고을사람들은 상주 서쪽 70리 되는 속리산과 백화산(백악산의 오기) 사이 용화동(龍華洞)에서 험준한 산세에 의지하여 피란하고 있었다.

장군은 상주에 도착하자마자, 일본군이 용화동을 침범하기 위해 온다는 소식을 듣고 즉시 달려갔다. 왜적의 선봉이 이미 선골자기에 들어와 백성들은 서로 부여안고 울면서 하늘을 쳐다보고 죽기를 기다리는 형편이었다. 장군은 급히 공격하면 적이 도망가면서 우리 백성들을 다치게 할 우려가 크다고 생각하여 적을 골짜기 밖으로 유인해내는 전법을 썼다. 장군은 말 위에서 휘파람을 불면서 섰다고 눕고 또 숨었다가 적진에 갑자기 나타나는 등 기이한 승마기술을 보이니 적은 신기하게 여겨 장군을 사로잡으려 뒤좇았다. 장군은 도망하는 척 하면서 적병을 용화동 밖 들판으로 유인해 낸 후 칼을 휘둘러 적병을 모두 참살하였다.

---

169) 마상재(馬上才)란 조선 중기에 각 영문(營門)의 마군(馬軍)이 달리는 말 위에서 하던 기병무예, 말 위에서 총쏘기, 옆에 매어 달리기, 엎디려 달리기, 거꾸로 서서 달리기 등 여러 가지 재주가 있었다. 『국역梅軒實記』, p.31.

170) 정경세(鄭經世)는 조선 중기(명종 18~인조 11년)의 문신, 학자이다. 자는 경임(景任), 호는 우복(愚伏), 본관은 진주(晋州)이다. 상주출신이고 서애 유성룡(柳成龍)의 문인이다. 선조 19년에 문과에 급제, 검열(檢閱), 봉교(奉敎) 등 관직을 역임. 임진왜란이 일어나자 상주에서 의병을 일으켰다. 31년에 경상도 관찰사에 임명되었고 광해군 때는 한때 정계에서 물러났다가 인조반정(仁祖反正) 후에 부제학·대사헌을 거쳐 이조판서 겸 대제학(大提學)에 이르렀다. 저술은 《우복집(愚伏集)》 등이 있다. 『국역梅軒實記』, p.41.

2) 한나절만 늦어도 다 죽었을 것이다

이 전투로 용화동 안의 사람들은 한 사람도 다치지 않았다. 사람들이 말하기를 "장군이 한나절만 늦게 도착했더라면 상주사람은 하나도 살아남지 못했을 것이다."하였다. 이후부터 장군은 혼자 말을 타고 나가 칼 한 자루로서 적을 베이니 적은 두려워 감히 성 밖으로 나오지 못하였고 비로소 상주에서 금산(김천)으로 가는 길이 개통되었다.

용화동 전투 요약표

구 분		내 용
전투일자 및 장소		1592년 11월 중순, 용화동
용화동 전투	관련 인물과 병력	(조선군) 정기룡 휘하 500여 명 (일본군) 카토미쓰야스(加藤光泰) 휘하 2,000여 명
	장수직책	상주판관
	주요전술	매복 유인전법
	전과	적병 모두 참살, 용화동 안의 사람들 모두 무사

제8전 화령현 전투

왜적을 금산군(金山郡: 金陵郡)과 상주에서 공격하여 이들을 다 죽여 버렸다. 이 때 경상도가 텅 비어 있었기 때문에 왜적은 이 틈을 타고서 바로 올라와서 금산군과 상주에까지 오게 되었다.

장군은 이 소식을 듣고는 즉시 달려서 나아가니 금산군의 아산촌(牙山村)에 왜적의 진(陣)이 있었다. 장군은 먼저 보졸(步卒)로써 적병을 유인하여 지는 체하면서 달아나니 적군이 병졸을 모두 남김없이 내보내 뒤따라오기 때문에 장군은 기병(騎兵)을 시켜 좌·우 양쪽에서 들이쳐서 적병의 수급(首級) 50여 개를 베었다.

적군이 달아나 상주를 향해 가기 때문에 장군은 적군을 뒤쫓아 목통현(木通峴)을 넘어 상주의 남청리(南靑里)로 나가서 도중에서 기다리고 있다가 공격하여 다 목을 베어 죽였다. 이내 읍성(邑城)으로 달려가니 적군이 먼저 와서 진치고 점거한 병졸들은, 장군이 이미 그 곳에 이르른 것을 알지 못하기 때문에 또 나가서 노략질을 하고 있었다.

장군은 이들 적병을 장국지(章國旨)에서 만나 쳐 죽여 거의 다 없어졌는데, 남은 적병은 30명 달아나 화령현(化寧懸: 尙州 서쪽 51리 지점에 있는 屬縣)으로 향해 가기 때문에 뒤쫓아 가서 남김없이 베어 죽였다.

화령 현을 향해 달아나는 왜군을 길목에서 지키고 있다가 석차[171]를 설치하여 지나가는 왜군에 돌을 발사하니 적이 많이 죽고 또 장구이 왜병을 베어 수급 3백여 개를 경상감영으로 보냈다.

① 퇴각한다는 왜적의 정보를 미리알고 장군의 지시에 의하여 퇴각길목 화령현 요충지에 석차(石車)와 매복작전으로 지나가는 왜적을 일시에 공격하여 왜적 300여 개 수급을 벤 승리
② 상주시 화서면 화령장과 동일한 지역으로 6.25때는 화령장 전투로 유명한 곳으로 임진왜란부터 6.25전쟁까지 적과 싸워 이긴 충절의 고장이다.
③ 상주시 육본 6.25 유공자회에서는 임진란부터 현재까지의 전적을 기리는 사적비 건립과 유물 전시 등 전적사업을 진행 중이다.

---

171) 석차(石車) : 석차는 돌의 포차(砲車)로서 돌을 발사하여 적군을 공격하는 도구임.

화령현 전투 요약표

구 분		내 용
전투일자 및 장소		1592년 11월, 화령현
화령현 전투	관련 인물과 병력	(조선군) 정기룡 휘하 500여 명 (일본군) 카토미쓰야스(加藤光泰) 휘하 2,000여 명
	장수직책	상주판관
	주요전술	석차사용, 매복작전
	전과	왜병 수급 300명 경상감영에 보냄

제9전 상주수복 전투 - 왜적 12,000명 참살하고 상주 되찾아

1) 상주는 물자가 풍부한 군사요충지

상주는 물자가 풍부한 군사요충지로 오늘날의 상주는 철도의 통과 등으로 대도시로 발전하지 못했지만 임진왜란 당시만 해도 상주는 낙동강을 낀 물류 중심의 대도시였다. 상주지역은 정치·군사적인 대읍으로 그 지리적 위치는 북쪽으로 조령에 가까워 충청·경기로 통하고, 동쪽은 낙동강에 임하여 김해·동래에 통하여 육운이나 해운이 남북으로 통하는 수륙교통의 요지였다. 그리고 낙동강과 많은 지류 및 공검지 등의 수자원을 이용한 농업 또한 발전하여 물산이 풍부한 곳으로 임진왜란 당시 상주성에는 수십 만곡이 넘는 곡식을 비축하고 있었다. 따라서 상주는 왜적의 입장에서 보면 군량미의 확보 등 장기전에 대비한 후방적 기지의 확보라는 점에서 매우 중요한 전략적 요충지였다. 이 같은 근거는 "낙동강의 하류는 김해에서 바다로 들어가는데 그 위에 철원·영산·창녕·현풍·성주·안동·선산을 지나 상주에까지 달하게 된다."고 지적한 바 있는데 이는 「매헌실기」를 통해 확인할 수 있듯이 이것은 당시 이 지역의 전략적 중요성을 지적한 것으로 볼 수 있다.

2) 상주의 왜적 침입과 항쟁

상주에서 처음으로 왜적의 침략 소식을 접한 것은 왜적이 부산에 상륙한 다음 날인 4월 14일 관보를 통해서였다. 이후 동래가 함락되고 밀양이 포위되었다는 소식이 4월 19일에 전해지자 다음 날부터 상주민들은 피난을 떠나기 시작했으며, 민심은 벌써 관리를 비롯한 지배층으로부터 이반되고 있었다.

한 예를 들면 상주목사 김해(金懈), 함창군수 이국필(李國弼), 솔령장(率嶺將), 김준신(金俊臣) 등은 북상하는 적을 막기 위해 군대를 이끌고 대구로 향하였으나, 석선(石山)에서 노방쳐 오는 아군을 적으로 오인하여 싸우지도 않고 흩어지고 말았다. 이와 같이 당시 대부분의 지방에서는 지방관들이 제대로 저항조차 하지 못하고 도망하여 백성들의 원망과 규탄의 대상이 되었으며, 이에 따라 지방행정은 완전 공백의 상태가 되었다.

왜적은 한편으로는 대구를 거쳐 안동 선산으로 들어오고, 다른 한편으로는 영천을 거쳐 비안·용궁으로 들어오고 있었다. 4월 24일 선산에 들어온 적은 이날 저녁 상주 교외 20리 되는 장천에 진을 치고 상주성을 엄습하고 있었다. 한편 4월 23일 함녕(咸寧)에서 상주성으로 들어온 순변사(巡邊使) 이일(李鎰)은 25일 성 밖 북쪽에서 한가로이 초년병을 조련시키고 있는 사이 왜적에게 크게 패하여 상주성이 함락되고 말았다172).

상주를 점령한 왜적이 소서행장 부대는 5월 1일 경상좌도의 수산(守山)에서 매호(梅湖)를 건너 북상한 적과 당교(唐橋)에서 합세하여 조령을 넘어 충주에서 신립군을 패망시키면서 북상하였다. 한편 서울을 점령한 왜적의 일부는 5월 말 이후에는 계속 남하하고 있었으며, 또 다른 적의 일부는 6월 10일에 괴산·보은 등지에서 상주로 들어와 죽현에서 상주에 이르

---

172) 『국역梅軒實記』, 1999, p.7.

는 도로상에 가옥 100여 개 소를 건립하고 있었다.

이와 같이 왜적들이 상주를 중요시 한 것은 경기·충청지역에서 왜적의 침입 전에 창고를 소각함으로써, 군량미 확보가 절실하였기 때문이며, 한편으로는 전황의 교착으로 말미암아 장기전에 대비한 후방기지의 확보를 위한 것이었다. 왜적은 교통의 요지이며 또한 수십 만곡의 곡물이 비축된 상주창이 있는 상주를 확보할 필요가 있었다. 왜적은 이 상주를 근거로 하여 주위 촌락뿐만 아니라 용궁(6. 28), 가은(6. 29, 7. 3), 화령(7. 9), 달전(7. 13), 소야동(小野洞), 화령현(7. 14) 등 주위 군현에까지 진출하여 계속 겁략하고 있었다173).

위와 같이 상주지역은 임란 초부터 관군의 패주와 지방수령의 도망으로 인하여 지휘체제가 와해되고 있었고, 특히 이 시기 관군의 재정비, 명군의 來援과 평양수복 등 전황의 급변으로 왜적이 남하함에 따라 그들의 수가 급증하고 있었다. 이러한 상황 속에서 상주지역에서는 사족을 중심으로 창의군(昌義軍)174)[이봉(李逢)·이천두(李天斗)·趙靖 등], 충보군(忠報軍)[김홍민(金弘敏)·노대하(盧大河)·조익(趙翊) 등], 상의군(尙義軍)[(김각(金覺)·정경세(鄭經世)175)·이준(李埈)·송량(宋亮) 등] 등의 의병이 조직되어 왜적 격퇴에 나섰지만 효과적인 의병활동을 수행하지는 못하였다176). 당시 상주에는 왜적의 대부대가 오랫동안 주둔해 있으면서 방화와 살육 등 만행을 자행하였으므로 다른 고을보다 피해가 더욱 극심한 편이었다. 정경세(鄭經世)·송량(宋亮)·김광두(金光斗)·강응철(康應哲) 등과 더불어 고을에 있는 병솔늘을 모두 물러 모아서 안령(鞍嶺)에서 적병을 막았으나 패전하였으며 전(前) 봉사(奉事) 윤림(尹臨)은 정벌, 정월 형제와 같이 흘

---

173) 전게서. p.8.
174) 전게서. p.8.
175) 전게서. p.41.
176) 임란당시의 상주지역에서의 의병활동에 대한 내용은 「慶北義兵史」(1990)에 구체적으로 기술되어 있다.

촌(屹村)에서 왜적과 싸우다가 모두 전사하였는데 그 뒤로는 감히 적과 싸우려는 사람이 없었다.177)

3) 일본군 병참기지가 설치되었던 상주

일본의 풍신수길은 임진왜란 발발 전에 조선 지형조사 보고에 의하여 침략의 거점지와 요충지를 파악하고 있었다. 임진왜란이 터지자 일본군 제1진 고니시 유카나가(小西行長)가 재빨리 상주를 함락시키고 일본군 군수물자와 식량을 조달하는 병참기지를 설치하였다.

왜적은 방화·강간·살인 등 무자비한 방법으로 상주민을 죽이거나 쫓아냈으며 상주창의 곡식을 송두리째 빼앗아 왜적이 북진할 수 있는 보급선으로 몫을 담당하였다. 특히 낙동강 수로(水路)를 이용, 영남·충청, 멀리 강원 지역에서 공출(供出)한 곡식을 운송하여 보급 루트를 형성하고 있었다.

4) 정기룡의 특별 장계(狀啓)178) —"상주수복 전투 계획"

상주지역에서의 왜적 격퇴전이 본격적으로 전개된 것은 1592년 10월에 정기룡이 상주 가판관(假判官)으로 임명되면서부터이다. 이로써 오랫동안 공백 상태에 놓여 있던 상주에도 관군의 전열이 재정비되었다.

왜적들은 초기에 상주를 점령하여 일본군 전체에 군량미를 조달하는 기지로 활용하고 있었기 때문에 조선으로서는 상주를 다시 되찾는 것은 절대 절명의 전략이었다. 상주를 수복하는 것은 왜적의 보급선을 차단하여 왜적의 목을 죄는 중요한 작전의 의미가 있었다.

상주백성이 모두 죽임을 당하거나 쫓겨나고 왜적의 소굴이 된 상주를 직접 눈으로 보고 확인한 정기룡장군은 울분을 참지 못하고 상주수복을 결심하고 선조임금에게 특급비밀 작전계획을 장계로 올렸다.

---

177) 李炯錫,「王辰戰亂 史」(上), pp.590-592.
178) 장계(狀啓) : 신하가 임금에게 올리는 보고사항이나 건의사항을 말한다.

장계의 주요 내용은 다음 4가지였다.

① 왜적은 상주창을 이용하여 전 일본군 물자 보급기지로 운용하고 있는 바, 상주를 되찾는 일은 왜적 동력선(動力線)을 차단하여 왜적을 고립시키고 종전(終戰)을 앞당길 수 있는 유일한 길임을 강조하고, ② 특별 화공(火功) 무기인 신기전(神機箭) 공급 요청과 동시, ③ 군사 지원 요청 및 ④ 계획이 누설되면 실패하므로 특급비밀로 추진을 요청하였다.

5) 선조의 밀명 ―"상주를 수복하라"

정기룡장군의 특별 장계를 접수한 선조임금은 사태의 중요성을 인식하고 최소한의 신료들과 전략회의를 열었다. 이 자리에서 선조는 정기룡장군은 능히 해낼 수 있을 것으로 알고 군사와 신기전 화공무기 지원을 결정함과 동시 군사기밀로 처리할 것을 조치하고 정기룡장군에게 밀명을 띄웠다.

6) 갑장산 영수암에서 상주수복 전투 비밀 전략회의

정기룡장군이 전장(战場)에서 선조임금의 밀명을 접수하고 밤낮을 쉬지 않고 며칠 달릴 길을 하루에 말을 달려서 상주에 이르렀으나 왜적의 진친 곳이 가득히 차서 말을 붙이고 설 곳이 없었다. 갑장산(甲長山)속에 절이 있는데, 절 이름은 영수암(永修庵)이었다. 장군은 그 암자에 도착하여 관병장(官兵將) 김광복(金光復)과 의병장 김각(金覺) 등의 영접을 받고 즉각 상주수복 전투에 관한 비밀 작전 회의를 주재하였다. 이때가 1592년 임진년 11월 중순으로 이 날 비밀회의에서 ① 작전개시 일시와 장소, ② 공격로 편성과 공격요령, ③ 군사동원과 작전숙지, ④ 신기전 공격조와 공격요령, ⑤ 특수임무 부여 등 구체적 작전요령이 토의되고 결정되었다.

임진왜란 개전 초에 상주가 함락되면서 조령 이하의 요충을 일본군이 모두 장악하고 있어 북쪽으로 가는 통로가 막혀 있었다. 감사 김성일은 이를 근심하던 차에 믿을 만한 장수를 얻게 되자 장군에게 중요한 직책을 건의하였다. 김성일 감사는 상주수복 전투가 성공할 수 있도록 조정의 지시사항을 극비리에 추진하는 등 정기룡장군을 적극 지원하였다.

김각은 후일에 의병을 일으켜 왜적을 도벌한 공로로써 예빈시정(禮賓寺正)에 제수되었다.

7) 전과(战果)

추위에 약한 왜적들은 상주벌의 살을 에는 겨울 추위를 견디기 힘들었다. 그래서 날이 어둡기 전에 식사를 마치고 경계병을 제외하고는 일찍 숙영(宿營)에 들어갔다. 병사가 잠자는 시간은 무장해제 된 시간이다. 일단 조총 등 휴대무기를 병사와 분리하여 한 곳에 보관하며 전투복과 군화를 벗고 이불속에 들어가 잠자는 시간은 완전히 무장해제 된 시간으로 공격의 최적 시간이었다.

대 숙영지별로 공격조를 편성하였고 정기룡장군의 신기전 화포 발사를 신호로 하여 각 숙영지별로 일시에 공격을 퍼부어 아수라장으로 만들었다. 신기전의 위력은 대단하였다. 화포에 맞아 죽고 불벼락에 타죽고 살아난 자는 밟혀죽고 깔려 죽기도 하였다. 적의 주력군을 쳐부수는 야간 공격은 계속 되었고 도망가는 왜적들을 창·대검·몽둥이로 때려잡았다. 날이 밝아 전세를 확인하니 적 시체가 바닥에 널려있는 대 승리였다.

왜적 17,000여 군사 중 도망자 1,500여 명, 상주성 피난 군사 3,500여 명, 사망자 12,000명으로 추산 집계되었다. 이는 정기룡장군의 신묘한 특수전략으로 적의 대부대가 숙영지에 집결하여 취침 전에 야간 기습공격하여 몇 배의 전과를 올리는 전술이었다.

날이 밝아 11월 22일 제일 먼저 한일은 숨어 있던 왜적들을 모조리 대검으로 찔러 죽이고 상주창과 일본 병참기지를 완전히 장악하였다. 상주창의 창고에는 수십만 섬의 곡식이 쌓여 있었다. 가난하던 시절의 곡식은 군량미로 쓰였기 때문에 총알보다 귀한 물건이었다. 왜적들이 장기전에 대비해 낙동강 수로를 이용하여 빼앗아 모아둔 조선의 곡식이었다.

상주수복 전투에서 정기룡장군 휘하 이희춘(李希春)·김천남(金天男)·김세빈(金世貧)·황치원(黃致遠)·김사종(金士宗)·정범례(鄭範禮)·노함(盧涵)·윤업(尹業)·최윤(崔胤) 등 수십 인은 모두가 용맹이 보통 사람보다 모두 용맹하여, 장군을 따라 전장에 나가 싸우면서 향하는 곳마다 모두 이긴 용장들이 정기룡장군을 도왔다[179]. 이로부터 상주 고을의 백성들이 비로소 편안하게 쉬면서 자기 직업 다시 돌아가게 되었다. 후일에 이희춘 등은 모두가 군공(軍功)으로써 관직에 임명되었다.

(1) 역사적 사실(매헌실기, 임진왜란 서적 등 史料)

① 상주창에는 당시 낙동강 수로를 이용하여 수십만 섬의 곡식이 항상 비축되어 있었는데, 상주창이 일본군의 병참 기지로 활용되고 있었음이 뒤에 밝혀졌다.
② 임진년 11월 정기룡장군이 상주에 도착하니 왜적의 진 친 곳이 가득 차서 발 디딜 곳이 없을 정도였다[180].
③ 왜적의 대부대가 오랫동안 상주에 있으면서 성내 온 마을이 소굴로 변해 있었다.
④ 정기룡장군이 상주수복 전투를 결심하고 선조에게 비밀 장계를 올려 군사와 신기전 화공무기 지원을 요청하면서 실패시를 대비해 기록하지 말고 극비추진을 요청하였고 선조가 이를 실행한 점을 들 수 있는데 이는 임진년 11월 상주에 진치고 있던 왜적을 크게 부수고 상주 고을(상주현)을 수복하였다는 당시의 「매헌실기」의 기록을 통해 알 수 있다[181].
⑤ 상주 안의 왜적을 모두 평정하니 피난 갔던 상주인들이 돌아와 편안

---
179) 『梅軒實記』, p.45.
180) 『梅軒實記』, p.40.
181) 전게서, p.42.

히 생업에 종사하게 되었음은 물론, 영남 사람들은 정기룡장군 휘하로 가면 목숨을 부지할 수 있다고 믿고 상주로 몰려들었으며, 장군은 이들을 다 진구(賑救, 어려운 사람들을 거두어 먹여 살림)하여 도운 점을 들 수 있다[182].

⑥ 2단 로켓 신기전(神機箭)이라는 화공무기를 상주 전투에서 사용하여 처음으로 대승한 최초의 전승이었기 때문이다[183].

(2) 위 사료(史料)의 소견을 종합하면

① 상주현 중심지인 평지에 왜적을 두고서 상주성이란 높은 지대에서 전투를 할 수 없으므로 상주성 탈환전(11/23) 1~2일 전에 평지에서 내규모 왜적 소탕전이 벌어졌는데 이것이 상주수복 전투이며

② 상주수복 전투에서 살아나 도망간 왜적들이 기존 상주성 왜적들과 합쳐졌는데 이들을 소탕하는 전투가 상주성 탈환 전투로 상주를 수복하는 마지막 전투로서 위 두 전투에서 신기전 화공무기의 위력을 확인시켜 주었으며, 정기룡장군의 절묘한 작전이 입증되었다.

(3) 상주수복 전투 자료의 부족에 대한 역사적 추론

① 우리 민족은 기록을 잘 하지 않는 습관이 있으며 역사에는 기록되지 않는 역사가 더욱 많은 편이다. 기록이 없다 해서 역사가 아니라고 단정할 수는 없다.

② 특히, 상주大전투는 정기룡장군의 가장 큰 전과(戰果)인데 이의 누락과 전쟁 종료 후 공적을 바로 인징빋지 못한 것은 인조반정 때 정기룡장군 역사 매몰, 왜정 때 정기룡전승자료 폐기처분 사건과 관련 있다. 실제로 인조반정 때 정치적으로 몰려 큰 공적이 소실되었고,

---

182) 전게서, p.45.
183) KBS 역사 스페셜: 신기전(2010. 6. 5); KBS 과학카페 신기전(2010. 4. 5)

왜정 36년간 정기룡 후손들을 고문까지 하면서 자료를 탈취, 폐기처분했던 것이다.

③ 특히, 정기룡장군의 전쟁 기록 중 20건의 역사자료가 당시 자료의 분실로 기록을 못한 것으로 「매헌실기」에 기록되어 있는데 "상주수복 전투" 또한 그 중의 하나라고 추정한다.

④ 신기전을 사용한 수복작전은 특별 무기를 조정으로부터 지원 받으면서 만약 실패시를 대비하여 정기룡장군의 요청과 선조 임금의 특명으로 이루어진 작전에 따라 이 전투에 대한 전황을 기록하지 않고 극비리에 추진되었기 때문에 처음부터 기록 자체가 없었던 원인이 누락의 근거가 되기도 한다.

(4) 상주수복 전투 재구성 부분에 대한 의견

① 저자는 그 간 읽었던 방대한 참고문헌 자료를 다시 읽으며 관련 자료를 추렸다.

② 특히, 국방부 전사 편찬 연구소 육군본부 군사연구소, 규장각, 전쟁기념관, 육사 박물관, 국사 편찬 위원회, 국립 중앙박물관, 상주박물관, 상주 충의사 유물 전시관, 하동 경충사 유물 전시관 등지를 방문하여 관련 자료를 찾았고

③ 정기룡장군 책 저자, 정기룡장군 연구자, 역사학자, 임진왜란 전공 교수, 군사학 교수들로부터 자문과 토론을 거치고 간행물 윤리 위원회의 사전 심의를 받아 자료가 없는 부분은 역사적 시뮬레이션과 재구성한 부분이 있음을 밝힌다.

역사적 사실과 상상력 사이에서 장기간 고민과 연구를 계속하면서 사실(史實)과 부합되도록 재구성에 노력하였다.

상주수복 전투 요약표

구 분		내 용	무 기
전투일자 및 장소		1592년 11월 21일, 상주창, 상주왜적 숙영지	
상주 수복 전투	관련 인물과 병력	(조선군) 상주 가판관 정기룡장군: 　　　　　　　　　　　약 2,000여 명 　관병장 김광복　　: 약 500여 명 　의병장 김각　　　: 약 1,000여 명 　합　계　　　　　: 약 3,500여 명	2단 로켓 신기전, 석차, 화공무기, 회차, 활, 창, 대검, 말, 횃불, 몽둥이 등
		(일본군) 戶田勝隆　　　: 약 8,000여 명 병참기지 창 병력　　: 약 5,000여 명 기타 운반 및 경비병력 : 약 4,000여 명 　합　계　　　　　　: 약 17,000여 명	조총, 활, 창, 칼, 말 등
	장수직책	상주 가판관	
	주요전술	신기전[184], 화공무기, 야간기습공격	
	전과	왜적 17,000여 명 중 12,000명 참살, 왼쪽 귀만 잘라 6 수레에 실려 보내 보고	

※ 상주수복 전투에 대한 참고사항

제10전 상주성 탈환 전투 - 신기전으로 적 3,000여 명 죽이고 상주 완전수복

1) 2단 로켓 신기전으로 적 몰살

　상주수복 전투에서 대승(大勝)한 정기룡장군은 지원군 및 관군을 전투 마무리 및 치안, 경계를 맡겨두고 정예군사 500여 명과 함께 상주성으로

---

184) 신기전(神機箭) : 조선시대에 사용된 로켓추진 화살로 1448년(세종 30년) 제작된 병기(兵器)로서 고려 말기에 최무선(崔茂宣)이 화약국에서 제조한 로켓형 화기(火器)인 주화(走火)를 개량한 것이다. 대신기전(大神機箭)·산화신기전(散火神機箭)·중신기전(中神機箭)·소신기전(小神機箭) 등의 여러 종류가 있는데, 병기도설에 기록된 신기전에 관한 내용은 세계에서 가장 오래된 로켓병기의 기록이다.

밀려난 왜적 소탕 작전에 나섰다. 그러자 상주수복 전투에 크게 이겨 감격한 의병과 상주 백성 500여 명도 따라 나섰다.

상주성 탈환 전투는 전 날의 상주수복 전투에서 도망간 왜적 3,500여 명에 대한 마지막 소탕작전이었다. 두 전투가 동일 연장선상에서 신기전(神機箭) 기습공격으로 진행되었고, 상주성 왜적 3,000여 명을 일시에 도륙낸 큰 승리였다.

2) 매헌실기 기록

「매헌실기」에는 신기전의 사용에 대한 기록이 빠져 있다. 이것은 당시의 전투가 속전속결로 이루어진 극비리에 진행된 전투로 기록을 배제한 신기전이라는 첨단 최신형 무기를 활용한 탈환작전을 극비 진행에 그 원인이 있다고 해석한다.

상주성 안에 진치고 있던 왜적이 아직 많았기 때문에 정기룡장군은 불을 질러 이를 공격하려고 하였다. 이런 계획을 세워 정기룡장군 정예군 500명 외에 상주 고을의 늙은이와 약한이까지 모두 징발하여 4백여 명을 얻게 되었다. 사람마다 관솔 횃불 10자루와 장목(長木, 장나무) 4~5개를 가져오게 하였다. 23일 밤중에 남천(南川)으로부터 남·서·북쪽의 3면을 빙 둘러서 북쪽 시내에 이르기까지 장목을 죽 늘어세우고는 각기 3, 4개의 횃불을 묶어 두었다. 또 성 남쪽의 향교봉(鄕校奉) 위와 성 북쪽의 빙고지(氷庫旨) 위에는 마른 섶나무를 많이 쌓아두었으며, 또 삼문(三門)[185]에 화구(火具)를 설치하고는 각기 장수를 정하였으니 남문(南門)의 장수는 정개룡(鄭介龍)이고 서문(西門)의 장수는 김세빈(金世賓)이고 북문(北門)의 장수는 여대세(余代世)였으며 다만 동문(東門)에는 방비가 없었으니 대개 적병의 도망가는 길을 열어주기 때문이다. 늙은이와 약한이는 서정(西亭)

---

185) 삼문(三門) : 지방 관아(官衙) 앞에 있는 문으로 가운데의 정문(正門)과 좌우(左右)의 동협문(東夾門), 서협문(西夾門)으로 되어 있다.

에서 진을 치도록 하고 장정 1백여 명을 뽑아 각기 삼릉장(三稜杖, 죄인을 때리는 세모진 방망이)을 가지고서 성 동쪽의 밤나무 숲속에 숨어 있도록 하였다. 군사를 나누어 배치한 것이 이미 정해지자 서정의 군중에서 나팔을 불어 신호를 하니 여러 부대에서 한꺼번에 횃불을 들었다. 장군은 손에 길다란 횃불을 쥐고서 이리저리 말을 달려 전진(戰陣)에 거침없이 나아가니 왜적이 진치고 있는 여막(廬幕)이 가는 곳마다 불에 타서 불꽃연기가 하늘까지 뻗치고 소리가 사나운 바람과 맹렬한 천둥처럼 거세었다. 멀고 가까운 곳에서 함성이 일어나고 왼쪽과 오른쪽에서 일제히 합세하니 소리가 천지를 진동시켰다. 이런 일이 뜻밖에 일어나니 적군은 놀라 두려워하여 허둥대면서 다만 제 살길만 찾고 있었다. 오직 동문에는 불길도 없고 또한 군중의 떠들썩한 소리도 들리지 않기 때문에 과연 동문으로부터 도망하므로, 이 때 밤나무 숲속에 있는 복병이 몽둥이를 휘둘러 마구 쳐서 무찔러 죽여 거의 없어졌으니 넘어진 시체가 서로 베고 누워서 이루 셀 수 없을 정도로 많았으나 다만 4백여 개의 수급만 베어 전첩(戰捷)을 보고하였다. 비로소 상주성(尙州城)의 관아에 들어가서 불 탄 재를 소제(掃除)하고 남은 군량을 거두어 모아서 고을의 사무를 다스렸다.186)

※ 신기전은 최근에 연구하여 밝혀진 2단 로켓무기이기 때문에 「매헌실기」에는 신기전 기록이 없다. 신기전은 세종 때부터 개발한 신무기였기 때문에 선조의 지원하에 극비로 이루어져 기록을 찾기 어렵다.
당시 화공무기는 조선이 앞섰는데 이런 무기를 두고도 일본에 당한 것을 정기룡장군은 아쉬워하였다. 즉, 정기룡장군은 일본을 이길 수 있다고 판단했고, 일본에 당한 것을 몹시 분개하였다.

---

186) 『梅軒實記』, p.43.

제4부 60전 60승의 "정기룡 전술"

3) 상주성 지도

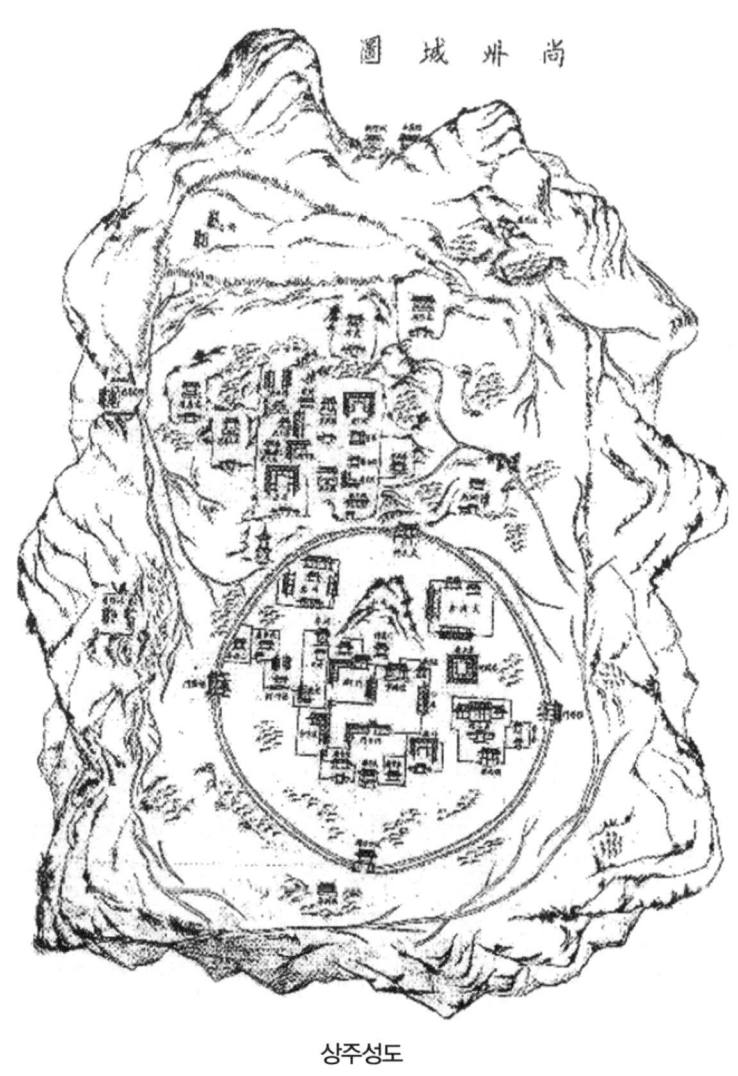

상주성도

4) 전과(战果) 분석과 "상주대첩" 명명 제안

상주수복 전투에서 쓰러진 왜적의 시체는 너무 많아 여러 곳에 시체산을 이루고 있었는데 한쪽 귀만 잘라 여러 대의 마차에 실려 보내기로 했고 상주성 탈환 전투에서도 적 시체가 너무 많아 우선 적 수급 300개를 베어 경상감영에 승리를 보고하였다. 그리고 왜적의 보복 공격에 대비해 상주 동서남북 8方 요새에 경계 근무 병력을 투입하여 적의 침입을 분쇄케 하였다.

상주수복 전투 12,000여 명, 상주성 탈환 전투 3,000여 명 등 2~3일 사이에 적군 15,000여 명을 일시에 도륙낸 대승리였다.

특히 두 전투는 "왜적들의 군량미 공급선 차단"이라는 엄청난 전과를 올려 상주창을 되찾고 일본 병참기지를 빼앗았다.

그래도 이 두 가지 전투를 합쳐 상주大전투 또는 상주대첩으로 명명되기를 제안한다.

5) 북천(北川) 전투 전사자 시체 수습

적병의 머리 3백여 개만 베어서 경상감영에 승리를 보고하였다.

상주 북천은 왜란 초 순변사 이일(李鎰) 장군이 왜군과 싸워 패전한 장소이다. 이 때 판관 권길을 비롯하여 전 교리 박지(朴箎), 전 교리 윤섬(尹暹), 전 좌랑 이경류(李慶流)가 함께 죽었으며, 호장(戶長) 박걸(朴傑)도 역시 죽었다. 이들과 많은 사졸들의 원통한 혼들이 안식처를 찾지 못하고 해골로 쌓여 있었기 때문에 장군이 상주성을 수복한 후에 맨 먼저 시체를 거두어 매장해 주었다[187].

---

187) 『梅軒實記』. 상주성문 동서남북 4문 중 동문을 퇴로로 열어 놓고, 왜군 3,500여 명을 불지르고 신기전으로 공격하니 대부분 쓰러지고 남은 왜적은 동문으로 도망가다 미리 잠복해 있던 공격조가 참살시키니 3,000여 명을 도륙내는 대승을 거두었다. 이 두 전투는 상주에서 왜적을 완전히 격퇴시킨 정기룡장군의 위대한 승리였다.

제4부 60전 60승의 "정기룡 전술"

6) 감사군대장에 임명되어 활약

상주성 밖 여러 곳에 진을 치고 있는 왜군을 장군의 휘하 이희춘(李希春), 김천남(金天男), 김세빈(金世賓), 황치원(黃致遠), 김사종(金士宗)등의 맹장들이 요충에서 기다리다가 왜병이 움직이기만 하면 공격하여 수백 개의 수급을 전취하니, 적이 감히 준동하지 못하고 두려워하며 도주하였다.

이처럼 장군의 주도 하에 관군과 의병과 연합작전을 구축하여 왜군 토벌을 전개한 결과 비로소 예천지방과 금산(김천) 간의 통로가 개방되었다. 장군이 상주 일대의 적군을 모두 평정하니 멀고 가까운 지방에서 상주로 모여와서 생명을 보전한 사람이 매우 많았다. 그 중에 은혜에 감격하여 힘을 다하여 나라를 위해 죽기를 원하는 장정들이 있어 이들 한 사람이 적군 백 명을 당해낼 수 있었다. 이 같은 용맹으로 이들을 감사군(敢死軍)이라고 부르고, 정기룡장군을 '감사군대장'이란 칭호로 일컫게 되었다. 다음 해인 1593년 계사년 11월 30일에 장군은 정식 상주목사로 승진하고 '감사군대장'으로 임명되었다.

7) 떠오르는 전쟁 영웅으로 부각

상주大전투 이후 정기룡장군은 일약 젊은 전쟁영웅으로 떠올랐다.

정기룡장군은 ① 신창 전투에서 조선군 첫 승전보를 띄워 조선인의 가슴을 후련하게 하였고, ② 금산 전투에서 상관 조경장군을 구출해 내는 신출귀몰한 장면을 연출하더니, ③ 11월 상주大전투에서 혁혁한 전공을 세웠으니 8도 강산에 정기룡이란 이름이 알려지고 조정에서도 무장으로서의 능력을 크게 인정하게 되었다.

8) 상주목사로 임명되어 덕치(德治) 행정

정기룡장군은 상주 가판관, 판관 가목사(假牧使)까지 승진하였다가 상주목사로 임명되었다. 이로써 전쟁을 수행하는 장수뿐만 아니라 지역을 다스리는 유능한 행정가로 능력을 발휘하게 되었다.

식량생산, 백성 구휼에 힘쓰자 인근 지역 주민들이 몰려들었는데 다 받아들여 덕치(德治)로 백성을 보살폈으며 아울러 석문서당을 세워 후세 교육에도 힘썼다.

참고적으로 상주목사 재임기간을 비교하면 다음과 같다.

① 유성룡 : 1580년 봄(선조 13년) ~ 1581년 1月 → 약 10개월
② 오   운[188] : 1593년(선조 26년) ~ 1594년(선조 27년) → 약 9개월
③ 정기룡 : 1595년 11月(선조 28년) ~ 1597년 9月 → 약 2년

유성룡은 1년도 못했는데 정기룡장군의 2년 재임은 시사하는 바가 크며 상주민에게 더 인기가 있었고 德治를 하였다고 볼 수 있다.

9) 상주성 탈환 전투의 전황과 평가

전체적으로 조선을 온통 아비규환의 지옥으로 만들었던 일본군의 침략은 평양성을 점령한 이후 그만 발목이 붙잡힌 채, 명나라 지원군과 도처에 떨쳐 일어난 의병들의 활약, 무엇보다 수군의 이순신장군과 육군의 정기룡장군 등 민족 존망의 위기를 구원한 영웅들의 노력으로 마침내 참혹했던 7년 전쟁의 종지부를 찍을 수 있게 된 것이다.

이는 조정으로부터 특별 공급된 2단 로켓 신기전(神機箭)을 사용하여 적 진중을 불바다로 만들고 초토화시켰으며 계속 화차(火車)와 석포를 쏘아 왜적을 몰살시키고 도망가는 자는 화살과 창, 대검으로 쳐 죽임으로써 소수의 병력으로 대군을 물리칠 수 있다는 신념을 사병과 백성들에게 심

---

188) 오운(吳澐)은 조선 중기(중종 35~광해군 9년)의 문신으로 자는 태원(太源), 호는 죽유(竹牖), 본관은 고창(高敞)이다. 명종 21년에 급제, 충주목사(忠州牧使), 광주목사(光州牧使) 등을 지냈다. 임진왜란이 일어나자 의병장 곽재우(郭再祐)의 휘하에서 수병장(收兵將)으로 활동하다가 이듬해 상주목사(尙州牧使), 그 이듬해에 합천군수(陜川郡守)가 되었다. 뒤에 경주부윤(慶州府尹)에 이르렀다. 저술은 〈죽유집(竹牖集)〉이 있다. 『국역 梅軒實記』, p.59.

어 주었기 때문이다.

① 2단 로켓 신기전으로 적 몰살 : 11월에 상주 성안에 진을 치고 있는 왜적이 아직 많으므로 장군은 '화공(火攻)' 즉 불을 질러 공격하는 방법으로 상안의 적병을 물리치기로 하였다. 상주성 탈환에 관해서는 다른 기록이 별로 없고 「매헌실기」에 상주성 탈환작전의 내용이 비교적 구체적이고 자세하게 기록되어 있다.[189]

② 동남방의 가장 큰 장새 : 영의정 유성룡(柳成龍)이 상주목사 정기룡을 당상관으로 승진시켜 토포사로 겸무시키도록 임금에게 아뢰었다. 조령(鳥嶺)아래의 상주는 부산에서 서울에 이르는 큰 길 가운데 있는 큰 고을이라, 정기룡으로 하여금 토포사 관직에 임명하여 병졸을 모집하여 위급한 사태에 대비케 하자고 하였다. 장군은 적은 군졸을 거느리고서 전라도와 경상도의 요충이 되는 이 지역을 우뚝하게 지키고 있었기 때문에 사람들이 장군의 진지를 동남방(東南方)의 가장 큰 장새(障塞=要塞)로서 중요한 역할을 했던 것이다.

③ 상주지역의 중요성 : 임진왜란시 일본군이 민가에 방화, 총격, 체포, 강간해 살 수가 없으므로 정기룡장군 휘하에 가면 살 수 있었기 때문에 영남일대 인구가 상주로 집중한 것이다.

즉, 임진왜란 당시 이미 신기전(神機箭)을 만들어 2단 로켓의 화공전법을 이미 사용함으로써 해전의 거북선과 같이 승전을 이끌 수 있었으므로 이로 인한 민심을 얻은 전투로서 웅장한 전쟁 드라마로 꾸며 이순신장군의 한산대첩 다음으로 상주수복 전투와 상주성 탈환 전투 또한 대첩임이 입증됨으로써 4大 대첩의 당위성을 갖는다고 할 것이다.

---

[189] 『매헌실기』

상주성 탈환 전투 요약표

구 분		내 용
전투일자 및 장소		1592년 11월 23일/1592년 11월 30일, 상주성
상주성 탈환 전투	관련 인물과 병력	(조선군) 정기룡 휘하 500여 명, 상주성 안 다수 상주, 2,000여 명 (일본군) 호전승융(戶田勝隆) 군사 약 3,500명
	장수직책	상주 가판관/감사군 대장
	주요전술	야간 화공전술
	전과	적군 3,500여 명 중 3,000명 참살, 적수급 400여 개만 잘라 경상감영에 보고

제11전 당교전투 - 당나라군사가 진친 다리, 창의군과 합세

　경상도의 함창현(咸昌縣)과 문경현(聞慶縣)의 경계에 있는 당교는 옛날 당(唐)나라 장수가 신라를 칠 때에 진을 쳤던 곳이다. 왜적의 무리들이 그 곳을 점거하여 조령(鳥嶺)과 신원(新院)의 두 진과 더불어 동쪽과 서쪽에서 서로 호응하면서 백성들을 협박하고 약탈하고 있었다. 함창현의 충신·의사(義士)인 채유희(蔡有喜)·채유종(蔡有終) 형제는 의리를 수창(首倡)하여 병졸을 모집하면서 그의 외숙(外叔)인 이봉(李逢)을 맞이해 장수로 삼고는 칭호를 창의군(倡義軍)이라 하였다.
　우복 정경세와 사서(沙西) 전식(全湜)과 검간(黔澗) 조정(趙靖)은 멀고 가까운 지방의 유학자들과 함께 모여 적병의 목을 베고 사로잡은 것이 비록 많기는 했으나 힘이 약해서 많이 무찔러 죽이지는 못했기 때문에 장군에게 격문(檄文)을 보내어 구원해 주기를 청하였다. 장군은 이제야 진군합세하여 왜적을 쳐서 부수었다.
　창의군에서는 적병의 수급 50여 개를 베었고 공의 군대는 적병의 수급

30여 개를 베었다. 이로부터 조령에 있던 적군도 감히 제 마음대로 와서 노략질을 하지 못하였다[190].

당교전투 요약표

구 분		내 용
전투일자 및 장소		1592년 12월, 문경군과 함창군 경계 당교부근
당교 전투	관련 인물과 병력	(조선군) 정기룡 휘하 500여 명 (일본군) 상주성 패주 후 패잔병
	장수직책	상주 가판관
	주요전술	적 패잔병, 기습 몰이
	전과	다수 잔류출몰 패잔병 섬멸, 적수급 300개, 창의군이 50여 개 수급

제12전 대승산 전투

당교전투 후 장군은 적군을 상주 북쪽의 대승산(大乘山) 아래에까지 뒤좇아 가서 공격하였다. 상주 북쪽 90리 지점에 대승산이 있었는데 또한 험준하여 산양현(山陽縣: 상주의 속현)의 한 고을과 용궁현(龍宮縣), 예천군(醴泉郡)의 두 고을 백성들이 많이 모여 있었다. 이 때에 와서 당교에서 도망해 온 적병들이 모두 그 곳으로 향하여 가다가 공이 뒤좇아 거의 다 잡아 죽였다. 그 숫자기 약 350~400여 명 정도였다. 대승산에 있던 사람들이 이제야 화를 면하게 되었으며 장군을 환영하였다[191].

---

190) 『국역梅軒實記』, p.44.
191) 『국역梅軒實記』, pp.44-45.

대승산 전투 요약표

구 분		내 용
전투일자 및 장소		1592년 12월, 상주 북쪽 대승산
대승산 전투	관련 인물과 병력	(조선군) 정기룡 휘하 500여 명 (일본군) 상주성 패주 후 패잔병
	장수직책	상주 가판관
	주요전술	기습 몰이
	전과	패잔병 350~400여 명 모두 섬멸

제13전 성주 금오산성 전투 – 토왜대장에 임명

　왜적은 성주와 고령 사이에 목채(木寨)를 치고 진영을 구축하니 진막과 기치가 들에 가득하고 징소리, 북소리, 인마의 고함소리가 하늘 가득 찼다. 이 때 정기룡장군은 상주목사 겸 감사군 대장으로 경상감사의 명에 따라 상주진관 소속 9개 군의 군사를 거느리고 성주목사 이수일이 수상장으로 있는 금오산성에 들어갔다. 이때 가족도 함께 산성에 들어갔다.

　왜적이 공공연하게 전라도의 왜군과 좌·우군이 합쳐서 장차 경성을 침범할 것이라 하니 온 나라가 불안에 떨었다. 체찰사 이원익은 밤낮을 가리지 않고 성주에 내려 와 도원수 권율, 방어사 곽재우와 더불어 왜적을 물리칠 계책을 논의하자 여러 사람이 모두 정기룡이 아니면 감당하지 못하리라 하였다.

　특히 명나라 장수 모국기(茅國器)는 장군이 싸움에서 이길 상이 있다고 예언하였다. 체찰사 이원익이 곧 장군을 대장으로 기용할 뜻을 말하고 경상우도 28개 군의 병사 전부를 지휘하여 적을 격퇴하도록 명하였다.

성주 금오산성 전투 요약표

구 분		내 용
전투일자 및 장소		1593년 12월, 성주군 금오산성
성주 금오 산성 전투	관련 인물과 병력	(조선군) 상주진관 소속 9개 군의 군사 (일본군) 경상우도 진출 병력
	장수직책	상주목사 겸 감사군 대장
	주요전술	기습 매복
	전과	왜적 공격지연과 퇴각

제14전 고령 녹가전 전투 – 관죽전에서 적수급 100개

수성장 이수일이 장군을 성에서 내보내지 않으려 하였으나, 장군은 국가에서 자신의 재능을 알고 기용함에 감격하여 나라를 위해 목숨을 바칠 것을 맹서하고 모부인에게 하직한 후 전장으로 말을 재촉하였다.

12월 15일 아침에 고령 대마평에서 체찰사 이원익을 만나서 적을 격퇴하라는 명을 받았다. 경상도 28개 고을 병사를 거느리고 나아가 고령현 녹가전에 진을 쳤다. 밤에 척후를 내보내 왜군 복병을 관죽전[192]에서 토벌하여 적병 백여 명을 베고 돌아 왔다.

---

192) 관죽전(官竹田)이란 대나무를 죽창, 사다리 등 전쟁무기로 쓰기 위해 관에서 기르던 대밭(竹田)을 말한다.

고령 녹가전 전투 요약표

구 분		내 용
전투일자 및 장소		1593년 12월 15일, 고령군 녹가전
고령 녹가전 전투	관련 인물과 병력	(조선군) 경상우도 28개 고을 병사중 일부(수십명) 특공조 차출 (일본군) 경상우도 진출병력 중 일부
	장수직책	상주목사 겸 감사군 대장
	주요전술	야간화공전술로 기습 매복
	전과	왜적 100여 명 사살

제15전 이동현 전투 - 왜적 3,000명 도륙 대승

1) 붉은 옷, 붉은 갓 쓴 군사 매복공격

장군의 군대는 싸우다가 패전하여 달아나는 것처럼 하자 적이 전군을 동원하여 추격하여 이동현 고개 아래 다다르자 곧 깃발을 되돌리고 북을 울려 반격을 가하였다. 장군이 앞장서 왜군을 향해 진격하니 적의 장수 하나가 붉은 옷을 입고 흰말을 타고 긴 칼을 휘두르며 장군과 대적하였다. 장군은 겨우 한번 접전으로 적장을 마상에서 적장을 잡아채 사로잡았다. 곧 묶어서 깃발에 매다니 장수가 사로잡힌 적은 전의를 잃고 당황하였다.

2) 적시체 山 6 곳

아군 측이 돌진을 시작하고 매복하고 있던 홍의군사들이 앞뒤 좌우로 함께 공격하였다. 닥치는 대로 찔러 죽이고 만나는 대로 목을 베어 적은 거의 전멸상태에 이르렀다. 싸움이 끝난 후 적의 머리를 베인 것을 모아 놓은 것이 큰 집채만 한 크기로 여섯 무더기나 되었다고 한다.

「매헌실기」에는 이 전투에서 수 만 명의 적병 중에서 죽음을 면한 자가 5백 명도 채 되지 않았으며 부상한 적병도 절반이 넘었다고 하였다.

왜군 우익군의 목표가 성주를 통해 북진하려는 것이 아니라 전주를 점령하는데 있었기 때문에 주력이 고령전투와 같은 날 가까운 황석 산성에서 격전을 치루고 있었다. 나베시마(鍋島直茂)의 군사도 황석산성 공격에 참가하고 있었다. 한편 적의 좌익군은 이날 남원성을 공격하여 함락시켰다. 따라서 고령전투에 참가한 왜군의 병력은 수만이 아니라, 전라도로 진출하려는 적의 후미에 있던 1, 2천의 병력으로 보는 것이 적절할 것이다193).

이동현 전투 요약표

구 분		내 용
전투일자 및 장소		1593년 12월, 고령군 이동현
이동현 전투	관련 인물과 병력	(조선군) 장군휘하 전술 매복조 소수 (일본군) 나베시마(鍋島直茂) 산하 2,000여 명
	장수직책	감사군 대장
	주요전술	위장 전술, 매복
	전과	적장 사로잡음, 적 시체 6무더기

제16~20전 5현주둔 적공격 격퇴(고령, 성주, 합천, 초계, 의령) - 5곳 주둔 왜적 놀라 도망

이 일전으로 고령, 성주, 합천, 초계, 의령 등 다섯 고을에 주둔하고 있던 적이 모두 놀라 도망하고 수 백리 지역이 안정되었다. 8월 17일에 장군이 고령현 관아에 좌정하여 활쏘기를 개최하니 인근의 선비와 서민들이

---

193) 이형석, 『壬辰戰亂史』, 1874, 중권 p.1002.

숨어 있던 곳에서 모두 나와 사례하기를 "장군이 없었으면 우리들은 적의 밥이 될 번 하였습니다."라고 하였다.

체찰사 이원익은 승전보에 접하고, 조정에 상신하여 정기룡장군을 절충장군으로 올렸다. 또 7월 15일 칠천량 해전 대패에 책임을 지고 백의종군하는 김응서를 대신하여 장군을 경상우병사에 임시로 임명하였다. 체찰사 이원익이 승전을 임금께 보고하였다. 장군은 9월 22일에 절충장군 경상우도 병마절도사 직첩을 받고 나라의 은혜를 갚기에 노력하여 죽은 후에야 그만둘 것을 기약하였다. 장군은 창원 경상우병영이 적군의 점령 하에 있으므로 성주 수룡동에 진영을 열었다. 9월에 성주로 진격하다가 직산에서 명나라 군대에 패전하여 퇴각하는 왜군의 잔당을 충청도 영동에서 맞아 이들을 거의 다 격파하였다.

5현주둔 적공격 격퇴(고령, 성주, 합천, 초계, 의령) 요약표

구 분		내 용
전투일자 및 장소		1597년 8월, 고령군, 성주군, 합천, 초계현, 의령
5현 주둔 적공격 격퇴	관련 인물과 병력	(조선군) 장군휘하 400여 명 (일본군) 퇴각 왜군 중 숨어 있는 잔류병
	장수직책	경상우도 병마절도사
	주요전술	5고을에 주둔, 수복
	전과	왜군 격파, 도주

제21전 충청도 영동현 전투

1593년 9월에 충청도 영동현(永同縣)에 진치고 있던 왜적을 격파하였다. 즉, 장군은 바야흐로 상주에서 군사들에게 음식을 주어 위로하고 있었는데 충청도의 황간현(黃澗縣)과 영동현 사이에 왜적이 진치고 있다는 말

제4부 60전 60승의 "정기룡 전술"

을 듣고서는 이를 토벌하려고 하여 초 2일 중모현(中牟縣: 상주 서쪽 57리의 지점에 있는 상주의 속현)을 지나 오도현(吾道峴)을 넘어서 바로 황간현으로 나가니 왜적은 벌써 떠나가 버렸고 영동현에 있는 왜적은 겨우 3백여 명뿐이었다. 사방을 둘러싸서 공격하여 이들을 다 죽였다[194].

충청도 영동현 전투 요약표

구 분		내 용
전투일자 및 장소		1593년 9월, 상주 서쪽, 충청도 영동현
충청도 영동현 전투	관련 인물과 병력	(조선군) 장군휘하 약 4백여 명 (일본군) 퇴각 왜군 중 일부 잔류병
	장수직책	경상우도병마절도사
	주요전술	기마병에 의한 기습 토벌
	전과	왜적 300명 격파

제22전 보은 적암 전투 – 퇴각하는 가등청정의 대군을 공격

경상우도병마절도사인 정기룡장군은 1597년 9월 20일 전후 왜군의 가등청청 휘하 병력 약 1만여 명이 보은현을 통해 퇴각하는 퇴로를 막고, 새벽 기습공격으로 왜군을 격파하였다. 즉, 보은현 적암에서 퇴각하는 가등청징(加藤淸正)의 대군을 안개 속에서 만나, 대신하여 석을 막음으로써 그 사이에 상주 내 분산되어 있던 백성을 피란시키고, 다시 퇴로를 공격하여 이들을 위장 포위와 기습공격으로 왜군을 교란시켜 적은 병력으로 약 1만여 명의 대군을 물리친 전술력이 돋보인 전투였다.

---

194) 『국역梅軒實記』, p.56.

보은 적암 전투 요약표

구 분		내 용
전투일자 및 장소		1597년 9월 20일, 보은현 적암
보은 적암 전투	관련 인물과 병력	(조선군) 경상우병사 정기룡 병력 약 4백 명 (일본군) 우군 주장 가등청정 병력 약 1만 명
	장수직책	경상우병사
	주요전술	위장포위 격파
	전과	왜군 격파

제23전 경기도 직산전투 – 안갯속에서 치른 전투

9월 6일 경기도 직산에서 흑전장정(黑田長政)이 이끄는 일본군이 명나라 군대에 대패하고, 금구에서도 조선군에게 패배하자, 일본군은 할 수 없이 울산, 사천, 순천 등 해안의 근거지로 퇴각하는 길로 들어섰다.

9월 20일 경에 정기룡장군은 퇴각하는 일본군 우군 가토 기요마사(加藤淸正)의 대군을 보은현에서 상주로 넘어가는 적암(보은군 미로면 적암천)에서 만났다[195].

이른 아침 안개가 짙게 끼여 가까운 거리도 분별할 수 없으나 대군의 수레와 말울음소리만이 땅을 진동시키고 있었는데, 4백여 명에 불과한 소수의 우리 군사는 안개가 걷히자 들에 가득 찬 1만여 적병을 보자 모두 두려움에 얼굴빛이 변하였다. 그러나 장군은 태연하게 관기 평야에 군사를 주둔시키고 홀로 적으로부터 약 3~4백보 앞에 나아가 말을 세우고 큰 활을 당겨 적을 쏘아 연달아 꺼꾸러뜨렸다.

적병이 장군이 매우 침착하고 여유가 있으며 대오가 정제하여 엄중한

---

[195] 『매헌실기』에는 9월 5일이라고 하나, 직산전투가 9월 6~7일에 있은 후, 퇴각하는 일본군이므로 임진왜란사 1039쪽의 9월 20일이 정확하다 할 것이다.

모습으로 대진함을 보고 큰 병력의 방비가 있을 것으로 의심하여 감히 가까이 오지 못하고 대치한 것이 2일이나 되었다. 이 사이에 장군은 급히 상주에 소식을 전해서 상주에 모여 있는 수십만 피란민을 다른 곳으로 옮기도록 하였다.

경기도 직산 전투 요약표

구 분		내 용
전투일자 및 장소		1597년 9월 6일~7일, 경기도 직산
경기도 직산 전투	관련 인물과 병력	(조선군) 4백여 명의 소수 군사 (일본군) 일본군 우군 가토 기요마사(加藤淸正)의 대군 1만여 명
	장수직책	경상우도병마절도사
	주요전술	성주 수복, 성주 수룡동에 군진영을 설치하고 매복 유인전술
	전과	수십만 피란민 대피

제24전 의성 비안현 전투 – 병력 400명으로 1万명 대군 후미공격

 가토 기요마사(加藤淸正)의 왜군 일만여 명에 달하고 아군은 사백 명에 불과하여 피아간의 병력의 차이가 컸기 때문에 장군은 적을 정면으로 공격하지 않고 서서히 군사를 풀어 왜군이 도망갈 길을 열어주었다. 장군은 적의 후미를 화령을 넘어 비안현(의성군 비안면)까지 쫓아가 뒤에 처진 적병을 섬멸하였다.
 1597년(정유년) 12월부터 시작된 울산성 전투가 다음해 정월 성 함락을 앞두고 일본 구원군이 당도하자 4일부터 조명연합군은 포위를 풀고 퇴각하였다. 이 때 정기룡장군은 선봉장으로 활약하여 많은 공을 세웠으며, 퇴각 시에는 마지막까지 용마를 몰아 검을 휘둘러 좌우의 적을 베어 적의 포위를 뚫고 길을 열어 전군을 무사히 철수하게 하였다.196) 그리고 다시 경상우도로 돌아와 적이 침입하는 길목을 막았다.

의성 비안현 전투 요약표

구 분		내 용
전투일자 및 장소		1597년 12월, 의성 비안현
의성 비안현 전투	관련 인물과 병력	(조선군) 4백여 명의 소수 군사 (일본군) 가토 기요마사(加藤清正)의 대군 1만여 명
	장수직책	선봉장
	주요전술	퇴각하는 대군 일부 유인, 후미 공격
	전과	후미 병력 섬멸

제25전 합천 삼가현 전투 – 교통요지로 6회 전투

1598년 경상우병사 정기룡장군은 합천 삼가현 전투에서 선봉장으로 한명련을 내세우고 우후 박대수와 별장 백홍제를 내세워 명나라의 총병인 해생과 함께 조·명 연합군 3,000명으로 삼가현 율원(신원면)에서 살육 약탈을 자행하는 일본군을 평지로 유인하여 매복 작전으로 쳐부수고, 납치된 백성을 구하였다.

---

196) 경상도 관찰사 정경세(鄭經世)가 치계하기를, "동쪽 바다에서 패전한 후에 신이 성주(星州)에 도착하여 중국 장수가 먼저 도망친 죄를 우리나라의 군사에게 돌리려고 한다는 소문을 들었는데, 어제 왕 안찰(王按察)이 정기룡(鄭起龍)에게 '네가 어찌하여 먼저 달아났는가?'고 하였다 합니다. 기룡은 맨 먼저 성(城)에 올라갔고 맨 뒤에 나온 자인데, 도리어 이러한 누명을 받으니 몹시 해괴합니다. 기룡 한 사람이 억울함을 당하는 것은 비록 대단찮은 일인 듯하나 이로 인하여 혹 실정 밖의 터무니없는 말로 이보다 더 큰 사건을 조작할 것이니 매우 작은 걱정이 아닙니다." – 선조 105권, 31년(1598 무술 / 명 만력(萬曆) 26년) 10월 23일(을해) 3번째 기사.

당사 왜군은 도진의홍이 이끄는 휘하 병력이 약 2,000여 명이었으며, 분산배치되어 몰살시키기가 힘들자 이들을 매복유인하여 일시에 제압하는 매복유인포위 공격으로 약 6회에 걸쳐 합천 삼가현에서 전투를 벌여 왜군을 격퇴시켰다.

합천 삼가현은 교통요충지 길목이라 임진왜란 중 6회의 전투에서 승리한 곳으로 사실 삼가현 임진 9월 전투 등으로 구분해야 되나 대표적인 것 하나만 전적으로 잡았다. 또한 5를 더 해주어야 정확한 전적기록이 될 것이다.

합천 삼가현 전투 요약표

구 분		내 용
전투일자 및 장소		1598년(무술년, 선조32년, 만력25년, 경장3년) 3월, 합천 삼가현
합천 삼가현 전투	관련 인물과 병력	(조선군) 경상우병사 정기룡, 선봉장 한명련, 우후 박대수, 별장 백홍제 (명나라) 부총병 해생(解生), 조선군과 명나라 연합군 합계 약 3천명 (일본군) 도진의홍(島津義弘) 휘하 병력 약 2천명
	장수직책	경상우병사
	주요전술	매복 작전, 유인 포위공격
	전과	왜군 격퇴

제26전 사천 선진 전투 – 인근 분탕질 왜적 토벌

반격에 나선 조선과 명나라 연합군은 육지에서는 직산전투, 해상에서는 노량전투에서 적을 참패시켜 북진 야망을 좌절시켰다. 이에 왜적은 황급히 퇴각하여 울산, 사천, 순천 등 해안 근거지에서 왜성을 쌓고 농성하면서 소규모의 군사를 출격시켜 인근 지역을 약탈하고 있었다. 경상우도에 거점을 둔 시마즈 요시히로(島津義弘)은 사천 선진에 신성을 수축하고 주진으로 하였다. 사천에 거점을 둔 시마즈의 군사는 지리산 인근 군현에 수시로 출몰하면서 다른 어떤 일본군 장수보다도 조선백성들을 가장 포악한 약탈과 살상, 백성 납치를 자행하였다. 장군은 일본군을 직접 추격하거나 부장들을 보내 적들을 소탕하였다.

2월에 명나라 동정군은 제독 어왜총병관(禦倭總兵官) 동일원과 유정이 각각 대군을 거느리고 압록강을 건너왔으며, 도독 어왜총병관 진린이 절강수군 5백 척을 거느리고 당진현에 상륙하였다.

2월에 정기룡장군은 성주 수룡동 병영에서 왜적에게 보다 접근하기 위하여 고령현에 나아가 진을 치고 별장을 보내거나 자신이 직접 나아가 인근을 분탕질 하는 왜적을 토벌하였다. 명나라 부총병 해생(解生)이 대구(大邱)에서 합천으로 본진(本陣)을 옮겨왔다.

사천 선진 전투 요약표

구 분		내 용
전투일자 및 장소		1593년 2월, 사천 선진
사천 선진 전투	관련 인물과 병력	(조선군) 정기룡장군 휘하 토벌대 소수병력 (일본군) 시마즈 요시히로(島津義弘) 장군 휘하 퇴각 병력 다수
	장수직책	감사군대장
	주요전술	직접 추격, 부장들 보내 적 소탕
	전과	왜적 토벌, 적 소탕, 격퇴

제27전 합천 심묘리 전투 – 농부로 위장 적진접근

　3월 24일 정기룡장군이 왜적이 삼가현 율원에 침입하여 악행을 저지르고 있다는 첩보에 장수 이만성을 보내 적정을 정탐하도록 하였다. 삼가현 율원(신원면 수원리)의 산간지대에서 적군 2천여 명이 온갖 약탈과 살상을 저지르고 있다고 보고되었다.

　정기룡장군은 합천에 주둔하고 있는 명나라 장수 해생(解生)을 설득하여 연합군 3000여 병력을 거느리고 왜적을 유인해 내어 공격하기로 하였다. 미리 선봉장(先鋒將) 한명련(韓明璉)과 우후(虞侯) 박대수(朴大秀)로 하여금 삼가현의 읍내에 군사를 매복시켜 두었다. 정오에 장군은 해생과 함께 율원으로 곧장 들어갔으나, 때마침 해가 저물어 합천군의 심묘리(心妙里, 합천군 묘산면)에서 밤을 지내고 그 이튿날 닭이 울 때에 적군이 있는 곳에 농부로 가장한 활 잘 쏘는 궁수 30여 명을 적진에 접근하여 불을 지르고 화살로 공격하였다. 적은 일시에 혼란에 빠졌다가 공격군이 소수임을 알고 반격해 오자, 장군의 군사들은 오색 군기를 휘날리며 곧장 쳐들어가니 적군은 이미 삼가현의 대평(大坪, 합천군 병목면)을 향하여 도망가버렸다. 적군을 뒤쫓아 삼가현 남쪽 서원(書院)앞에까지 이르러 많은 적군을 쏘아 죽였다. 그러나 적군이 산위로 올라가서 저항하였다. 산은 험준하고 길은 막혀버려 앞으로 나아가지도 못하고 뒤로 물러가지도 못하게 되었다.

　명나라 군사 2명과 말 6마리가 탄환에 맞아 죽었고 우리 군사 1명도 또 적병의 칼을 맞아서 죽으니 적병을 쫓아가서 잡기가 어렵게 되었다. 이에 장군이 이미 계획한대로 짐짓 군사를 퇴각시켜 적군을 유인(誘引)하니 적군이 평지에 내려와서 삼가현의 서문밖에 진(陣)을 치고 있었다. 이 때 장군은 잠복해 기다리던 한명련과 박대수의 군사와 합세하여 좌·우 양쪽에서 들이쳐서 포위 공격하였다.

적병의 수급 73개를 베어 이를 모두 명나라 군대에 주었다. 이 전투의 승전으로 적에게 잡혀있던 남녀 100여 명이 구출되었고 삼가 지방은 평온을 되찾았다.

합천 심묘리 전투 요약표

구 분		내 용
전투일자 및 장소		1593년 3월 24일, 합천군 심묘리
합천 심묘리 전투	관련 인물과 병력	(조선군) 연합군 3000여 병력 (일본군) 왜군 2,000여 명
	장수직책	상주목사
	주요전술	유인, 잠복, 포위공격
	전과	적병 수급 73개 획득, 적에게 잡혀 있던 남녀 100여 명 구출

제28전 함양 사근역 전투 - 明의 어왜총병관 임명되어 명군지휘, 조선의 국방자주권을 행사한 전투

"함양 사근역을 점령한 적을 물리치고, 명나라 황제의 명령으로 전사한 명장을 대신하여 총병관으로 임명되어 명군을 지휘하다."

사천을 본진으로 하여 웅크리고 있는 도진의홍(島津義弘)의 군사는 수시로 경상우도 각 지역과 지리산일대, 그리고 거창까지 출몰하여 살상과 약탈, 납치를 자행하고 있었다. 명나라 경리 양호는 부총병 이녕(李寧)에게 명하여 거창방면으로 출정토록 하였다. 상주에서 남하한 이녕의 군사와 삼가에서 북상한 경상우병사 정기룡장군의 군사는 거창에서 합류하여 올라오는 적을 섬멸하기로 약속하였다.

함양군(咸陽郡)의 사근역(沙斤驛, 지금의 수동면소재)이 적군에게 점거

당하였다는 정보를 접하고 장군은 명나라 부총병 이녕과 함께 연합하여 왜적을 공격하였다. 명장 이녕이 가볍게 무장한 기병을 거느리고 최선두에서 적을 격멸하면서 적진 깊숙이 들어가자 좌우에 매복하고 있던 적병이 일시에 조총을 난사하며 반격하여 이녕이 중상을 입고 전사하였다.

그러나 정기룡장군은 다른 방면에서 적을 무수히 베고 전진해오자 일본군은 퇴각하였다. 이 전투는 명나라 군대가 적병의 수급 1백여 개를 베었으며 우리 군대가 적병의 수급 2백여 개를 베었던 승리였다. 이녕의 남은 명나라 군사 7백여 명이 모두가 장군에게 예속되기를 원하여 명나라 황제에게 청하였다.

명나라 경리(經理)양호(楊鎬) 이하의 장수들이 모두 장군을 용맹하며 지략 있는 장군으로 크게 평가하고 사유를 열거하여 명나라 황제에게 장군으로써 죽은 이녕의 관직을 대신 임명해 주기를 청하니 황제가 특별히 허가하였다. 이에 장군이 명나라 조정(朝廷)의 어왜총병관(禦倭摠兵官)으로 임명되어 명나라 군사를 거느리게 되었다. 이로써 정기룡장군은 조선 국왕뿐만 아니라 중국의 황제까지도 장군의 용맹과 전술을 높이 평가하여 명나라 군사까지 지휘하는 이른바 조선의 국방자주권을 행사한 유일한 명장(名將)이 되었다. 경리 양호와 제독 마귀는 표패(標牌)로서 장군에게 상을 주었으며, 사세용은 시 2장을 지어 주었다[197].

명(明)나라 도찰원(都察院)의 표패(標牌)

경리 도찰원(經理 都察院)에서는 왜적의 실정을 알기 위해 경상우도 병마절도사인 정기룡의 일을 조사해 알았는데, 정기룡은 자신의 힘을 뽐내어 왜적을 무찔러 죽여서 여러 차례나 적군의 목을 베고 적군을 사로잡았으니 충의와 무용이 칭찬할만하므로 서로가 호응하고 격려 권장하였습니

---

197) 표패와 사세용(史世用)의 시(詩) 2편은 『국역梅軒實記』 pp.176-177에 실려 있음.
『宣祖實錄』 1598년 선조 31년 만력 26년 4월.

다. 이 표패를 만들어 본관에게 맡겼으므로 곧 가지고 길을 떠나 갈 것이니, 아래에 나열되어 있는 화패(花牌)198)와 단필(段疋)을 조사 조회하여 수령하고서, 본원(本院: 都察院)의 장려하고 권면(勸勉)하는 뜻을 보이도록 하라. 곧 수령한 연유를 보고해 보면 표패가 도착되었는가를 조사 고찰할 것이다.

계개(計開) 은화(銀花) 2가지(枝) 은패(銀牌) 1면(面)(이상은 값이 銀 2량(兩) 임) 대단(大段) 1필(疋)

위의 표패(標牌)를 절도사 정기룡에게 맞기니, 이에 준할 것이다.

만력 26년 4월 일에 표패를 보내어 기한을 이달 27일까지 회보할 것.

명나라 감군(監軍) 사세용(史世用)은 대도독(大都督) 정경운장군(鄭景雲將軍) 존장(尊丈)에게 지어 보내는 시(詩)

상운(祥雲: 상서로운 구름)과 채경(彩景: 빛나는 햇빛)은 본래 자취가 없었는데, 때마침 맑게 갠 하늘에 서기(瑞氣)가 모였음을 보겠네. 봉새가 높이 날고 난새가 날개를 펴니 하늘이 아득하고, 금지 옥엽(金枝 玉葉)199)은 그림자가 물속에 흐르고 있었네. 높다랗게 은하(銀河)에 기댄 많은 바위는 빼어났고, 광대하게 하늘까지 미친 높은 산은 가로질렀네. 천하의 백성들이 은택(恩澤)을 입고 있는데, 잠시 후에 장마비가 가서 용(龍)을 따르고 있었네.

또 지어 올린 시(詩)

마음은 사람 몸에 있는데도 태양이라 부르니, 능히 사업(事業)에서 광채를 발산하였네. 어떻게 밝은 햇빛이 먼 곳까지 비쳐서, 정신이 한 지방을

---

198) 화패(花牌) : 가무(歌舞)를 잘하는 기생 이름을 쓴 패자(牌子).
199) 금지옥엽(金枝玉葉) : 구름의 아름다운 모양을 비유한 말임.

치료할 수가 있겠는가. 가정이 평안하니 가난한 것이 해칠 수가 없으며, 몸에 질병이 없으니 야윈 것이 무슨 방해가 되겠는가. 서울 안에서 큰 소리로 시가(詩歌)를 읊고 웃으면서, 인간의 하는 일이 허황하고 무질서한 것을 다 보아 넘기고 있네.

함양 사근역 전투 요약표

구 분		내 용
전투일자 및 장소		1598년 4월 20일, 함양군 사근역
함양 사근역 전투	관련 인물과 병력	(조선군) 경상우병사 정기룡 (명나라) 부총병 이녕(李寧), 파총 이낙; 조명연합군 약 2천명 (일본군) 도진의홍(島津義弘)의 일부 병력
	장수직책	경상우병사
	주요전술	매복, 연합공격
	전과	함양 사근역 왜군 격퇴

제29전 사천 전투 – 철수왜군 소탕작전

"사천 왜성에서 귀환을 준비하는 일본군을 공격한 조명연합군은 적의 반격으로 후퇴하였으나, 장군은 조선군 대장으로서 적을 맹공하고 병력 손실 없이 퇴각하다."

사천 전투는 조명연합작전이었고, 수군(이순신)과 연계한 작전이었으며, 정기룡 돌격전법이 어우러져 올린 전과라는 특징을 갖는다.

사천 전투 요약표

구 분		내 용
전투일자 및 장소		1598년(무술) 9월 17일~10월 1일, 사천
사천 전투	관련 인물과 병력	(조선군) 경상우병사 정기룡, 병력 2천2백 명 (명나라) 중로제독 동일원(董一元), 부총병 장방, 유격장, 팽신고, 모국기, 유경장 노득공; 병력 2만6천8백 명 (일본군) 도진의홍(島津義弘; 시마스 요시히로; 沈安道) 병력 약 8천 명
	장수직책	경상우도 병마절도사
	주요전술	사로병진 수륙연합 작전
	전과	연합군 총공격

제30전 울산전투 – 1차 전투

조명 연합군은 왜군을 공격했으나 끝내 울산성을 함락시키지 못하였다. 울산성이 공격받자 순천의 고니시 유키나가는 울산성에서 가장 가까운 서생포왜성과 양산에 구원병을 요청하였다. 이에 조명 연합군은 양산에도 군대를 보내 왜군을 압박하고 서생포왜성에서 오는 구원병들을 울산 태화강에서 전멸시켰다. 성이 완전히 포위된 가토 기요마사의 군대는 말을 죽여 식량으로 삼고, 눈을 녹여 식수로 사용하는 등 극심한 식량부족에 시달렸고 심지어 가토 기요마사는 항복 대신 할복자살을 결심하기도 하였다.

한편, 연합군 진영에서는 권율이 양호에게 총공격을 하자고 건의했으나 양호는 장기전으로 왜군이 저절로 무너질 때를 기다리자고 하여 장기전으로 변해가고 있었다. 그러나 그 동안 각지의 왜군 구원병들이 속속 도착했고, 고니시 유키나가의 병력까지 내보내어 8만에 이르는 대군이 양산에 집결하였다. 구원병은 당시 가토 기요마사의 휘하 장수이자 제4진 나베시마 나오시게가 지휘하였다. 왜군의 구원병 8만 명은 양산에서 조명 연합군의 방어선을 무너뜨리고 울산성으로 진격하였다. 결국 조명연합군은 1598년 음력 1월 4일 철수를 결정하고, 13일간의 울산전투는 종결되었다. 이 전투에서 조명 연합군은 무려 1만 5,000명의 전사자를 내었고, 가토 기요마사의 군대도 1만 5,000명의 병력 중 500명만이 살아남았다.

울산성 공략 실패의 원인은 여러 가지 측면에서 찾아진다. 먼저 왜군의 구원병이 각지에서 급속히 집결할 수 있었다는 점에서 가장 중요한 원인이었다. 구원병이 곧 도착할 것이라는 사실은, 수성군에게는 커다란 희망을 주는 대신, 공성군에게는 초조감과 불안감을 안겨주는 것이다. 그리고 실제로 구원군은 신속히 도착하였던 것이다.

다음으로 12월과 1월의 혹한기에 전개되었다는 점이다. 기후의 한냉과 불순은 수성군보다 공성군에게 더욱 크게 불리하다. 수성하는 자는 냉기를 어느 정도 피할 만한 진지나 참호 등이 있었으나 공성자는 한냉하고 불순한 풍우에 그대로 노출될 수밖에 없기 때문이다.

다음은 공성 준비가 부족하였다는 점을 들 수 있다. 예로부터 공성군의 병력과 장비가 수성군의 것보다 3배가 많아야만 성공할 수 있다는 점술의 정설로 이해되고 있다. 이런 점에서 보면, 수성군이 오히려 준비가 치밀하였음을 알 수 있다. 이들은 먼저 신성을 높고 견고하게 구축하였다. 아성과 제2, 제3의 본성을 쌓았으며, 그 외곽에 다시 토제와 목책을 둘러치고, 한편으로 성 남쪽을 태화강과 연결시켜 수성군이나 구원군의 진퇴를 수월하게 하였던 것이다[200].

---

200) 울산 임진사, 울산문화원 편찬, 『宣祖實錄』 1598년 선조 31년 1월조.

울산 전투 1차 요약표

구 분		내 용
전투일자 및 장소		1597년 12월 23일~1598년 1월 4일, 울산왜성
울산 전투 1차	관련 인물과 병력	(조·명 연합군) 경상우병사 정기룡, 도원수 권율, 경상좌병사 고언백, 충청병사 이시언 등이 거느린 1만여병의 병력과 명군 경리양호와 제독 마귀 휘하 이방춘, 오유충, 고책 등이 거느린 36,000명 합계 총 46,000명에 이르는 대병력 (일본군) 가토 기요마사와 모리 히데모토군 15,000명
	장수직책	경상우도 병마절도사
	주요전술	조·명 연합작전
	전과	연합군 총공격, 13일 동안의 울산전투는 쌍방 인명 피해 2만명 이상을 기록한 조·일 전쟁 최대의 혈전

제31전 울산전투 – 2차 전투

1598년 8월 17일에 도요토미 히데요시(豊臣秀吉)가 죽었다. 유언으로 조선에 출병한 군대의 철군을 명하였다. 조선군 측에서도 일본군이 철수를 준비하고 있음을 알아 차렸다.

이 해에 새로 중국에서 건너온 명나라 증원군으로 조명 연합군은 진용을 다시 갖추고, 9월 동 중 서와 수로 등 사로(四路)로 나누어 진격하여 왜적을 소탕하는 사로병진 수륙연합 작전을 펴기로 하였다. 명장 동일원(董一元)의 중로군은 9월 18일에 성주를 출발하여 진주로 향했고, 명 제독 마귀의 서로군은 9월 22일 부총병 해생을 선봉으로 경주에서 울산으로 남하하여 제2차 울산전투를 시작하였으며, 서로군은 제독 유정이 전주를 거쳐 9월 19일부터 왜교성(순천)을 공략하는 전투를 시작하였다. 한편 수로 제독 진린은 통제사 이순신과 같이 바다 쪽에서 소서행장의 왜교성을 공략하여 육지와 바다에서 동시에 소서행장 군을 압박하였다.

중로제독(中路提督) 명(明將) 동일원(董一元)은 병력 36,700여 명을 거느리고 도진의홍의 사천(泗川) 신성(新城)201)을 공격하기로 하였다. 이 성(城)은 왜장(倭將) 도진의홍(島津義弘)이 오랫동안 사천(泗川)에 왜병의 본진을 설치하고 병력과 포로가 된 백성을 동원하여 쌓은 방어진지로서 동쪽만이 육지에 연결되고 삼면은 바다에 면하여 선박이 성 아래에 직접 접안할 수 있는 난공불락의 요새(要塞)였다.

사천성 전투는 정기룡장군이 경상우도 병마절도사의 직함으로 중로의 조선군 최고 지휘관으로 참전한 임진왜란 최대의 전투이자 마지막 전투였다. 장군은 경기, 황해, 경상우도의 전 병력 2천3백 명을 동원하고 명나라 병마 3천명을 함께 지휘하였다. 그러나 명나라 제독의 지휘에 따라야 했기 때문에 장군의 지략과 용맹이 충분하게 발휘되기는 어려웠다.

9월에 정기룡장군은 적군의 정세를 형탐한 것을 조정에 보고하기를, 적군이 곧 군대를 거두어 돌아가는 의론을 하고 있는데, 명나라 장수들은 시일을 끌고 있으니 매우 근심이 된다고 하였다. 또 장군은 성주에 주둔하고 있는 명 제독 동일원을 날마다 찾아가 진군할 것을 요청하였다.

---

201) 法比島, 東洋倉 또는 通洋倉이라고도 한다. 지금의 사천시 선진리성이다.

울산 전투 2차 요약표

구 분		내 용
전투일자 및 장소		1598년 8월 17일/ 9월 22일, 울산
울산 전투 2차	관련 인물과 병력	(조선군) 경상우병사 정기룡, 병력 2천3백 명 (명나라) 중로제독 동일원(董一元) 병력 36,700여 명 (일본군) 도진의홍(島津義弘; 시마즈 요시히로; 沈安道) 병력 약 8천 명
	장수직책	경상우도 병마절도사
	주요전술	사로병진 수륙연합 작전
	전과	연합군 총공격

제32전 사천왜성 공격 – 明군은 대패

9월 18일 드디어 조명연합군은 가야산 아래 야영지를 출발하여 19일에는 삼가를 거쳐 진주로 향하였다. 19일에는 남강 건너편을 정탐하고, 명 제독 동일원은 주력군을 거느리고 진주성에 입성하였다.

남강 남쪽 망진채를 지키던 적장 데라야마 히사카네(寺山久兼)은 진주성에 입성한 조명연합군의 위세에 놀라 공포에 떨면서 이 상황을 선진리 사천왜성의 본진에 있는 시마즈(島津義弘)에게 급히 보고하였다. 시마즈는 곧 명령을 내려 망진, 영춘, 곤양의 수비 병력을 모두 철수시켜 본진으로 집결토록 하였다.

정기룡장군은 선봉이 되어 명군과 함께 20일에는 망친채를, 22일에는 영선채를, 23일에는 곤양채를 공격하여 불태웠다. 28일에는 선봉장이 되어 보병 2천과 기병 1천의 군사를 이끌고 사천읍성을 포위 공격하였다. 29일 치열한 백병전을 벌려 성을 점령하였다. 이 전투에서 적 수성장 산상충실은 몸에 30여 발의 화살을 맞고 중상을 입은 채로 부하들과 함께 선진

제4부 60전 60승의 "정기룡 전술"

리 본진으로 도망갔다.

본진의 시마즈은 "구원군을 출진시키면 추격하는 조명연합군이 성을 공격하여 함락시킬 것이므로, 견고하게 성을 지켜 적이 승리를 타서 성을 가볍게 공격하기를 기다려 일거에 대세를 결정짓는 것이 상책이다."하였다.

10월 1일 아침 6시부터 벌어진 전투는 8시경에 조명연합군은 성 밖에서 전열을 다듬고 성을 포위공격하기 시작하였다. 장군은 명의 유격장 팽신고와 함께 선봉에서서 포를 쏘고 큰 막대를 가지고 성문을 부수고 성안으로 진입하려고 하였다. 이 때 일본군은 일제히 총포를 발사하면서 반격하고, 마침 팽신고의 명나라 군대 진중에서 불랑기포가 오발하게 되어 진중에서 연쇄폭발을 일으켜 대혼란이 일어났다.

혼란을 놓치지 않고 배수진을 치고 성을 지키던 일본군은 죽음을 무릅쓰고 출격하여 명군을 역습하니 명나라 군대는 지휘체계를 상실하고 한꺼번에 무너지고 도망해서 진주까지 왔다.

선봉에 섰던 장군은 명나라 후군 조승훈과 함께 군대를 정돈하여 삼가로 물러나 지켰다. 명나라 군사들의 사망자는 수천에서 최대 1만 명까지 추산할 정도로 큰 피해를 입었으나, 정기룡장군의 조선군사는 한 사람의 손실도 없고 오히려 적의 목 50여를 베고 식량까지 운반하며 철군하였다.

일본군은 이 전투에서 명나라 군사를 참수한 것이 3만8천7백여 명이라고 기록에서 주장하고 있다. 그러나 이는 참전한 조명연합군의 숫자보다도 많은 것으로 전공을 과장 보고한 것이다.[202]

사천성 전투는 정기룡장군이 참전한 전투가운데 가장 큰 전투였으며, 또 일본군과의 마지막 전투였다. 그러나 이 전투에서 정기룡장군은 조선군의 최고 지휘관이었다.

---

202) 이상훈, "정유재란시 사천지역의 전투와 조명군총의 조성", 한국중세사연구, 2006. 20권.

사천왜성 공격 요약표

구 분		내 용
전투일자 및 장소		1598년 9월 23일, 사천왜성
사천 왜성 공격	관련 인물과 병력	(조선군) 조명연합군 3,000여 명 (일본군) 시마즈 요시히로 휘하 사천왜성 본진 1,000여 명
	장수직책	경상우도 병마절도사
	주요전술	조명 연합공격, 포위공격
	전과	왜군 50여 명 수급 획득

제33전 사천성 봉쇄 왜군 퇴각유인 작전

　일본군은 사천 왜성 옆에 참수한 시체를 묻고 큰 무덤을 만들어 '경관(京觀)'으로 이름 붙이고, 참수한 수급의 코를 베어 일본으로 보냈다.

　사천성 전투를 시작하기 전에 정기룡장군은 선진리 사천성의 일본군이 성안에 우물이 없어 크게 걱정한다는 정보를 알고 동일원 제독에게 건의하기를, "위급한 경우의 짐승은 힘이 센 상대에게도 덤벼들고 궁지에 몰린 적은 죽기를 각오하고 반항하기 때문에 핍박하지 말아야 합니다.

　만약 사면에서 포위 공격한다면 적군은 반드시 생사를 돌아보지 않고 싸워서 죽을 곳에서 도망갈 길을 찾아낼 것이니 그 한 방면을 틔어서 그들의 달아날 길을 열어주는 것만 못할 것이오. 그렇게 하면 열흘이 지나지 않아서 물길이 말라버려 저절로 물러나 도망갈 형세가 있을 것이니 만약 그들이 성에서 나오는 것을 기다려 왼쪽과 오른쪽 양쪽에서 들이친다면 반드시 이기게 될 것입니다."하였다. 그러나 대병력의 위세를 믿고 적을 가볍게 본 동일원 제독은 수염을 쓰다듬으며 "적을 쳐부순 뒤에 아침식사를 하리라."하면서 무모한 공격을 명령하였다가 패배하였다.

10월 1일 사천성을 공격한 중로군의 패전 소식은 동시에 벌어지고 있던 울산, 순천 왜교성 전투에 영향을 주었다.

사천성 패배에 실망한 동로군의 마귀는 울산성 공략을 포기하고 10월 6일 병력을 거두어 영천으로 퇴각하였다. 유정의 서로군은 육군과 수군의 협력이 부진한데 따른 의기소침과 사천성에서의 패배 소식에 승산이 없다고 보고, 또 소서행장의 철수를 암암리에 묵인하고 있었으므로 10월 7일 퇴각하였다. 이리하여 순천 왜교성에 남은 소서행장의 마지막 귀국 퇴로를 차단하려는 이순신과 진린의 조명 연합군 함대 5백 척과 이를 구출하려는 도진의홍 등 일본군 함대 5백 척이 부딪친 최후 해전이 11월 19일 노량 바다에서 벌어진 것이다.

노량 해전의 틈을 타서 소서행장의 군사는 봉쇄를 빠져나와 남해섬 남쪽 끝을 돌아 부산에서 다른 일본군대와 합류하였다.

일본군은 11월 24일과 26일에 부산을 출발하여 일본으로 철수하였다.

사천성 봉쇄 왜군 퇴각유인 작전 요약표

구 분		내 용
전투일자 및 장소		1598년 10월 1일~7일, 사천왜성
사천성 봉쇄 왜군 퇴각 유인 작전	관련 인물과 병력	(조선군) 조명연합군 3,000여 명 (일본군) 사천성 본진 4,000여 명
	장수직책	경상우도병마절도사
	주요전술	주요 퇴로 차단 매복 공격 퇴각 유인
	전과	일본군 사천왜성 분열 와해

제34전 고령 용담천 전투 – 왜적대파 후 왜장생포

"정유재란 당시 전라도로 침입하는 일본군을 고령 용담천에서 만나, 유인 매복전술로 섬멸하고 적장을 사로잡다."

　1597년(정유년) 7월 8일에, 강화를 위한 화의가 파탄되자, 일본군이 재침하여 부대 8개 군단 11만여 명이 6백여 척의 함선으로 바다를 건너와 부산포 앞 바다에 정박하였다. 재침에 나선 일본군은 임진년과는 달리 서울 이남의 4개도를 점령한 후 강화를 꾀한다는 전략으로 육지에서는 동과 서로 바다에서는 전라도 해안을 따라 북진을 기도하였다.

　일본 수군은 7월 14일~16일 거제도 칠천량에서 이순신을 대신한 원균이 거느린 조선 수군을 궤멸시켰다. 적은 육로를 좌, 우군으로 나누어 북상하였다. 8월 16일 일본군은 고령에서는 정기룡장군에게 패했으나, 8월 15일 황석산성과 8월 16일 남원성을 각각 함락시킨 적 좌우 군은 8월 25일 무혈로 전주성을 점령하고 합류하여 북상하였다.

　일본군 우군은 모리수원(毛利秀元)이 대장이 되고 가등청정(加藤淸正)을 선봉장이며, 의령 삼가를 거쳐 성주방면으로 북상하는 군대는 일본 우군 와도직무, 승무의 군사 1만 명이었다. 이들은 육로로 혹은 배로 낙동강을 타고 올라와 8월 상순에 고령현까지 진출하였다.

고령 용담천 전투 요약표

구 분		내 용
전투일자 및 장소		1597년 8월 15일~16일, 고령 용담천
고령 용담천 전투	관련 인물과 병력	(조선) 영의정 유성룡, 체찰사 이원익, 도원수 권율 상주목사 겸 토왜(討倭) 대장 정기룡, 척후장 이희춘, 척후장 황치원별장 이수일, 충청병사 이시언 경상도 28개 군 병력 2천(추산) (일본) 의령 방면에서 낙동강을 따라 북상한 鍋島直茂, 勝茂 휘하의 병력(1만2천 명)의 일부
	장수직책	상주목사 겸 토왜대장
	주요전술	유인 매복전술
	전과	왜군 일부 격퇴

제35전 합천군 야로현 10월 전투 – 오운군수와 순영미분쟁

10월에 호남(湖南)지방에 왕래하는 왜적을 치러 가다가 합천군의 야로현(冶爐縣: 합천군의 북쪽 30리 지점에 있는 속현)에서 만나 왜적을 패퇴시켰다.

이 때 호남지방이 적군의 소굴이 되었기 때문에 장군이 이들을 토벌하려고 했으나 뜻대로 되지 않았는데, 이 때에 와서 남원부(南原附)에 있는 왜적들이 진주에 있는 왜적들과 서로 왕래한다는 말을 듣고서는 함양군(咸陽郡)이 왜적들의 왕래하는 길이 되었기 때문에 팔량현(八良峴: 함양군의 서쪽 30리 지점에 있는 고개)에서 왜적을 기다리려고하여 합천군에 이르렀으나 합천군에는 군량미는 없고 다만 순영미(巡營米: 감영의 쌀) 4백여 섬만 있을 뿐이었다. 장군이 이 쌀을 가져다가 군사를 먹이려고 하니 합천군수 오운(吳澐)203)은 이 쌀은 상사(上司)의 물건이기 때문에 굳게 고집하고는 내주기를 좋아하지 않으면서 말하기를 "마땅히 이 사실을 순영에 보고하여 그 회보(回報)를 기다려야 할 것이다"라고 하므로, 장군은 성을 내어 말하기를 "전쟁에 관한 일이 매우 급한데 어떻게 머물러서 기다릴 수가 있겠는가"하고는 즉시 잡아서 내려 곤장(棍杖)을 치니 오운은 말하기를 "그전엔 내가 상관(上官)이 되고 그대는 하관(下官)이 되었는데 지금 어찌 인정이 없는 것이 이 지경까지 이르게 되었는가"라고 하였다.

대개 장군이 상주에서 판관(判官)으로 있을 때에 오운은 상수의 가복사(임시의 목사)로 있었기 때문에 이 때의 일을 믿고서 서로 힐책했던 것이

---

203) 오운(吳澐) : 조선 중기(중종 35~광해군 9년)의 문신. 자는 태원(太源), 호는 죽유(竹牖), 본관은 고창(高敞)이다. 명종 21년에 급제, 충주목사(忠州牧使), 광주목사(光州牧使)등을 지냈다. 임진왜란이 일어나자 의병장 곽재우(郭再祐)의 휘하에서 수병장(收兵將)으로 활동하다가 이듬해 상주목사(尙州牧使), 그 이듬해에 합천군수(陜川郡守)가 되었다. 뒤에 경주부윤(慶州府尹)에 이르렀다. 저술은 《죽유집(竹牖集)》이 있다.

다. 장군은 말하기를 "군대는 애착심이 없어야만 전쟁에 이기는 법인데, 이러한 위급한 전란을 당하여 만약 한 때의 서로 알 만한 친분으로써 국법을 폐기한다면 나라의 일은 어느 시기에 수습할 수가 있겠는가. 그대의 죄는 마땅히 목을 베어야 하겠지마는 인정으로서는 또한 완전히 버릴 수가 어려운 까닭으로 곤장으로 치는 형벌만 집행하고 그친다"라고 하니 오운이 사과하면서 복종하고는 마침내 곡식 3백여 섬을 내어주므로 군사들을 먹이게 되었다. 군대를 내 보내어 왜적과 야로현에서 만나 적병의 수급 40여 개를 베었다.

장군은 군대를 통솔하는 것이 법도가 있었기 때문에 장수와 군사들 중에서 혹시 백성들의 물건을 조금이라도 침범하는 사람이 있으면 비록 친하고 사랑하는 사람일지라도 반드시 엄격히 죄를 다스렸던 것이다. 이런 이유로써 장군이 도착하는 곳에는 고을과 마을에서 마음이 편안하고 침착하여 장거리의 가게가 옮기지 않고서 정상적으로 장사를 하였다.

합천군 야로현 10月 전투 요약표

구 분		내 용
전투일자 및 장소		1598년 10월, 합천군 야로현
합천군 야로현 10月 전투	관련 인물과 병력	(조선) 장군휘하 기마병 300~400여 명 (일본) 왜군 4,000여 명
	장수직책	상주목사
	주요전술	토벌작전
	전과	왜군수급 40여 개 획득

제36전 함양 주둔지 전투

함양군에 군대를 주둔하였을 당시 장군이 한 방면(方面)의 위임을 받고서 힘을 다하여 왜적을 방어했으니 동쪽의 적병을 짓밟고 서쪽의 적병을 짓밟아 가는 곳마다 모두 싸워서 이겼다. 적섬멸 500~600여 명 추정

그런 이유로써 진주에 있는 왜적의 대진(大陣)을 토벌하려고 함양군에 군대를 주둔하고 있었으나 우리의 적은 병졸로서 적군의 많은 병졸을 대적할 수가 없기 때문에 주저하면서 결단하지 못하고 있었는데 그러나 왜적들도 또한 장군의 위세와 명성을 두려워하여 감히 제 마음대로 공격, 약탈하지는 못하였다. 팔량현에 있던 적병들도 또한 멀리서 소문난 듣고서 도망해 가버렸으므로 함양군수 노윤중(盧允中)으로 하여금 적병의 동정을 정탐하도록 하여 다음 전투를 준비하였다.

제37전 경주성 수복 전투

1598년 12월에 명나라 군대와 함께 경주에 주둔한 왜적을 격파하고는 경주성을 수복하였다. 초 2일 날이 새기 전에 장군이 경주에 진군하는데 경상 좌병사(慶尙 左兵使) 성윤문(成允文), 의병장 권응수(權應銖), 경주부윤(慶州府尹) 박의장(朴毅長)과 함께 함경도, 강원도의 병졸로서 좌영(左營)으로 삼고, 충청병사(忠淸兵使) 이시언(李時言)과 평안도(平安道)의 병졸로서 중영(中營)으로 삼고, 장군은 고언백(高彦伯)과 함께 우영(右營)을 맡아서 명나라 병졸과 더불어 구내역(九內驛) 뒤에 쭉 벌여서 진영을 설치하였다.

왜적이 명나라 진영을 공격하기 때문에 장군은 자기의 거느린 병졸을 이끌고 좌우 두 쪽에서 들이쳐서 적병의 목을 베고 사로잡은 것이 이루 셀 수가 없을 정도로 많았다. 적사망자는 약 400~500명에 달했다.

제38전 울산 도산성 포위공격 – 왜적 수급 660개 베다

울산에 있는 왜적의 대진(大陣)을 공격하여 부수니 왜적은 모두 도산(島山, 울산에 있는 지명)으로 달아났다. 22일 닭이 울 때에 장군은 유격장(遊擊將) 파새(罷塞)와 더불어 성에 올라가다가 왜적의 복병을 만났으나 힘껏 싸워서 이를 격파하고 읍성을 나아가 공격하여 적병의 수급 660여 개를 베니 왜적은 밤을 이용하여 도산(島山)으로 달아났다.

도산도 또한 울산 땅이니 곧 왜적의 장수 가등청정의 소굴인 것이다. 많은 병졸로써 접응하고 있기 때문에 매복이 있는가 염려하여 장군은 군대의 전진을 멈추고 추격하지 아니하였다.

제39전 도산성 탈출 작전 – 도산성 4중 포위망 뚫고 탈출성공

도산성이 곧 함락되려고 하는데도 명나라 경리 양호가 먼저 도망했기 때문에 명나라 군대가 크게 패전하였다. 왜군이 장군을 네겹이나 포위하고 있었기 때문에 장군은 왜병의 포위를 뚫고서 달려 나왔다.

우리의 관군이 도산성을 포위한 것이 10일이나 되니 왜군은 먹을 것이 모자라서 종이를 씹어 먹으면서 굶주린 배를 채우는 지경에 이르게 되었다. 왜적의 장수 가등청정은 크게 두려워하며 거짓으로 기일을 약속하여 우리에게 항복하기를 청해 놓고서는 비밀히 사천에 있는 적군에게 구원해 주기를 요구하였다.

사천에 있는 장수 심안도는 평조신(平調信)으로 하여금 빨리 달려가서 구원하도록 했는데, 먼저 날랜 병졸을 보내어 군기(軍旗)를 많이 펼쳐 날리면서 강을 가득 덮어서 많이 몰려오니 양호(揚鎬)는 크게 놀라서 허둥지둥 하면서 군대를 철수하여 군대의 짐은 다 버리고서 도망했기 때문에 명나라 군대는 한 번에 모두 패전해 무너져 버렸다. 그런데도 장군은 그와 같은 상황은 알지 못하기 때문에 용기를 내어 먼저 성벽에 올라가서 바야흐로 힘을 다하여 싸우려고 하는데 병졸 한 사람이 달려와서 장군에게 사실을 알려주었다.

장군이 말을 돌려서 쳐다보니 적병은 이미 네 겹으로 산과 들에 가득히 차 있었다. 장군은 이에 뽐내며 팔을 휘두르면서 적병을 큰 소리로 꾸짖고는 칼을 뽑아 휘두르니 적병이 모두 마치 바람 앞에 풀이 쓰러지듯이 감히 대항하지 못하였다. 그런 까닭으로 장군의 말 머리가 향하는 곳에는 양쪽이 쪼개지듯이 복판의 길이 열렸기 때문에 장군은 드디어 말을 채질하여 뛰어 달려서 나오게 되었다.

왜적의 장수는 두려워하는 눈으로 쳐다보면서 신기(神奇)하다고 일컫고 있는데, 장군의 거느린 군졸들은 모두 이러한 형세를 이용하여 장군을 따라서 나오게 되었다. 장군은 이미 포위를 벗어나오게 되자 흩어진 병졸을 거두어 모아서 천천히 물러가니 왜적의 장수들은 평소부터 장군의 명성을 듣고 있던 차에 장군의 용맹을 보게 되자 모두가 기세가 움츠려져서 감히 뒤를 밟아 따라오지 못하였다. 이 때문에 명나라 군대는 이제야 편안히 걸어서 경주에 들어올 수가 있었다.

제40전 가조현 전투

장군은 왜적을 가조현(加祚縣, 居昌郡 동쪽 15리 지점에 있는 屬縣)에서 만나 연달아 이를 격파하였다. 장군에게 항복한 왜적이 말하기를 "이 앞길에는 다른 왜적은 없습니다"라고 하기에 장군은 이 말을 믿고서 앞으로 가다가 가조촌(加祚村: 加祚縣) 서쪽에 이르러 갑자기 많은 적병을 만나게 되었다. 장군은 보졸(步卒)에게는 산에 올라가서 피하도록 하고는, 홀로

50명의 기병(騎兵)을 거느리고서 싸움을 하다가 물러가기도 하였다. 그런데 장군은 갓 항복한 왜적이 이미 간사한 마음을 품고서 자기를 속였으니 장차 반드시 난리를 일으킬 것이라는 이유로써 항복한 왜적들을 다 죽여버렸다.

장군은 이미 항복한 왜적들을 죽인 이유로써 한 평생의 한(恨)되는 일로 여기고 있었는데 그러나 국사(國事)를 의논하는 사람들은 말하기를 "장군은 살린 사람이 매우 많았기 때문에 항복한 왜적을 죽인 한(恨)스러운 일은 그의 살린 사람 많은 것의 경선(慶善)의 응보(應報)는 손상시키지 못할 것이다"라고 하였다.

제41전 무주현 탈주왜적 격파

함양군(咸陽郡)으로 진군(津軍)하여 전라도 무주현(茂朱縣)으로 도망간 왜적을 격파하였다. 초 9일에 이희민(李希閔)이 회보(回報)하기를 "왜적은 산음현으로부터 또 안음현과 전라도의 장수현(長水縣)을 침범하고 있는데도 명나라 장수 모국기와 노득룡은 거창군에 머물고 있으면서 전진하지 않고 있습니다"라고 하였다.

장군은 한명련(韓明璉)과 함께 빨리 달려서 함양군의 개평(介坪)까지 왔으나 왜적 한 명도 보지 못했기 때문에 박정완(朴廷琓)을 시켜 왜적의 동태를 정탐하게 했더니 박정완이 회보(回報)하기를 "그곳의 적병은 전라도 무주현의 율현(栗峴)에 진치고 있었으나 우리의 전라도 군대에게 패전하여 산에 올라 도망해 가버렸습니다"라고 하였다.

장군은 즉시 함양군수(咸陽郡守) 노윤중(盧允中)은 함양군으로 가는 길목에 복병(伏兵)하도록 하고 별장(別將) 최강(崔堈)은 안음현의 남쪽에 복병, 매복조치 하였다.

제4부 60전 60승의 "정기룡 전술"

제42전 산음현 전투

　산음현(山陰縣)의 왜적을 쳐서 이를 패퇴시켰다. 14일에 장군은 본영(本營)으로 돌아왔는데 이튿날 새벽에 산음현감(山陰縣監) 최발(崔潑)이 빨리 보고하기를 "왜적이 또 산음현의 생림리(生林里)를 침범합니다"라고 하므로 장군은 즉시 명나라 장수 모국기와 노득룡에게 이 사실을 보고했으나 핑계하는 말을 하면서 오지 아니하였다.
　장군은 한명련과 함께 16일 해가 질 때에 빨리 달려서 적병의 진 친 곳에 이르러 좌·우 두 쪽에서 들이쳐서 이를 패퇴시키니 남은 적병은 도망하여 진주로 돌아갔는데 밤이 깊었기 때문에 뒤쫓아 가지는 못하였다. 명나라 장수 모국기와 노득룡은 즉시 성주로 돌아왔기 때문에 장군도 또한 본진(本陣)으로 돌아왔다.
　산음현은 오늘날의 산청군에 해당된다.

제43전 진주 형세정탐 작전 및 공격

　임금의 밀지(密旨: 몰래 내리는 임금의 명령)를 받고서 진주의 형세(形勢)를 회계(回啓)204)하였다. 14일에 주상(主上)께서 밀지(密旨)를 내리기를 "명나라 도독(都督) 마귀(麻貴)가 자기의 가정(家丁: 집에서 부리는 남자 일꾼)에게 분부(分付)하기를 "네가 표정로(表廷老)·차기(車杞)와 더불어 경리(經理) 양호(楊鎬)의 가정(家丁)을 함께 데리고 성주에 가서 총병(總兵) 정기룡과 함께 진주의 형세(形勢: 地形과 地勢)와 남강(南江) 물의 얕고 깊은 것을 상세히 의논하여 여울로 건너갈 수가 있으면 마땅히 군사를 몰래 숨겨 느닷없이 덮쳐 칠 것이고 배를 타고서 건너갈 수가 없으면

---

204) 회계(回啓) : 임금의 하문(下問)을 재심(再審)하여 아뢰는 말.

다만 남강 가에 있는 왜적에게 따른 민호(民戶)를 불러 타일러서 오도록 하라"고 하였다하니 경(卿)은 죄다 알고서 상세히 빨리 보고하라"고 하였다.

장군은 즉시 진주 목사(晉州 牧使) 이현(李玹)의 군관(軍官)인 전 훈련원정(前 訓鍊院正) 양응심(梁應深) 등으로 하여금 산천의 형세를 잘 알고 있는 이무적(李無敵)을 데리고 가서 상세히 정탐하도록 했더니 29일에 회보(回報)하기를 "진주에 있는 왜적 2천여 명은 촉석루가 있는 남강 건너가의 산 아래에 각기 초막(草幕)을 짓고 가시나무로써 목채(木寨: 木柵으로 둘러싼 방위시설)로 만들어 투부(投附)한 자가 2백여 막(幕)이나 되고 남강의 여울에는 26일 비가 온 후에 좌·우의 버들 숲이 모두 강물에 잠기게 되었으며 영성(永城)에 있는 적군은 바야흐로 토성(土城)을 만들어 삼면(三面)은 이미 단단히 쌓았으며 남변(南邊)에는 사천현(泗川縣)에 있는 왜적이 더 들어와서 부역(赴役)하고 있다"라고 하였다.

장군은 즉시 회계(回啓)하기를 "대개 진주에 있는 적군은 풀로써 군막(軍幕)을 만들고 가시나무로써 목채(木蔡)를 만들고 있으니 결단코 오래 머물고 있을 계책은 아니기 때문에 형세는 쉽사리 공격할 듯합니다. 그런데도 근일에 날마다 비가 와서 강물이 크게 불었으니 삼가 몹시 한탄할 일입니다. 가만히 생각해 보건대 적군을 공격하기 전 10여일에 만약 비가 오지 않는다면 나루와 여울을 건너갈 수가 있을 것이니 이 뒤에 마땅히 상세히 정탐하여 계문(啓聞)할 것입니다"라고 하였다.

1) 5월에 적군의 형세를 재차 계문(啓聞)205)

초 1일에 또 영리한 군관(軍官) 이영춘(李領春)은 곤양군(昆陽郡)에, 정인부(鄭仁富)는 사천현(泗川縣)에, 조대함(趙大咸)은 진주(晉州)에, 강치(姜値)는 영성(永城) 등의 여러 곳에 가려서 보냈더니 그들이 회보(回報)하기를 "사천 본현(泗川 本縣)에는 적병이 3백여 명이 있고, 죽도(竹島: 固

---

205) 계문(啓聞) : 신하가 임금에게 올리는 보고서나 건의서 형식의 문서.

城縣에 있음)에는 적병이 7천여 명이 있고, 곤양군에는 적병이 2천여 명이 있고, 진주 읍성에는 적병이 3천여 명이 있고, 영성에는 2천여 명이 있고, 창원부(昌原府)와 마산포(馬山浦)에는 적병이 겨우 2백 명뿐이고, 김히부(金海府)에는 적병이 1천여 명이 있는데 동포(同浦)에 옮겨 주둔하고 있습니다.

진주(晉州) 촉석루의 건너 편에 외딴 산이 있으니 산 이름은 망진봉(望晉峰)이라 합니다. 왜적의 장수 심안도(沈安道)는 그 산 위에 성을 쌓으려고 하여 이미 척량(尺量: 자로써 잼)까지 했으니 만약 이 곳에 성을 쌓게 된다면 지형(地形)이 위험하기 때문에 비록 명나라 황제의 위력으로써도 형세가 왜적을 섬멸하기는 어려울 것입니다"라고 하였다. 장군은 매우 근심하여 초 4일에 또 임금에게 계문하였다.

2) 세 번이나 임금에게 계문(啓聞)

적군의 형세를 정탐한 장수 조대함(趙大咸)과 이상(李祥) 등이 또 와서 보고하기를 "왜적의 장수 심안도(沈安道)는 그의 아들 마다하지(馬多何之)와 더불어 날마다 말을 달리고 있으니 서로 싸움을 하고 있는 형상과 같습니다. 그들이 거느린 병졸은 번(番)을 나누어 드나들고 있는데, 상시 머물고 있는 병졸은 3천명에 지나지 않습니다.

그런데도 명나라 군대가 많이 몰려온다는 말을 듣고서는 이제야 말하기를 "명나라 군대가 비록 오더라도 반드시 서로 싸워야 할 것인데 어떻게 도망하여 피할 수가 있겠는가"라고 하면서 성을 쌓고 해자(垓字)를 파서 굳게 지키고 항거해 싸울 계획을 세우고 있으며 왜적의 평조신(平調信)은 거제도(巨濟島)의 오양역(烏壤驛) 앞에서 군사를 주둔하여 성을 쌓고 있으며 왜적의 요시라(要時羅)도 거제도에 머물고 있으며 가덕도(加德島)와 안골포(安骨浦)에 있는 적군은 창원부(昌原府)와 고성현(固城縣) 등 여러 곳으로 옮겨서 진을 치고 있으며 왜적의 장수 심안도는 농사짓는 것을 일삼기 때문에 용병(用兵)하는 일은 연습하지 않고 있었는데, 이 달 초 8일에 비로소 망진성(望晉城)을 쌓았다고 합니다"하였다.

12일에 장군이 또 임금에게 아뢰기를 "대개 근래의 적군의 형세는 여러 곳으로 흩어져 있기 때문에 서로가 통속(統屬)이 되지 않고 있습니다. 진주 남강의 물은 사람의 허리 중간에 이르고 있으니 만약 기회를 타서 공격을 한다면 적병을 섬멸할 수가 있을 것입니다." 달려서 돌아온 사람의 전하는 말에는 "7월이 지난 이후에는 적군이 본국에 군사를 청하여 재차 들어와서 장차 우리 서울을 침범할 것이다"라고 하니 매우 몹시 한탄할 만한 일입니다"라고 하였다.

제44전 영산현 전투

영산현(靈山縣)에 있는 왜적을 공격하여 적군을 패퇴시켰다.

15일 이른 새벽에 5백여 명의 왜적이 세 길로 나누어 영산현을 뜻밖에 습격하기 때문에 장군은 즉시 달려가서 왜적을 공격하여 영산현의 경계에 있는 장현(長峴)까지 가서 많은 적병을 쏘아서 죽였는데 해가 저물어 끝까지 뒤쫓지 못하여 다만 적병의 머리 50여 개만 베고 적군에게 사로잡혀간 사람 33명을 빼앗아 왔다.

제45전 고령현 관동리 둔덕산 전투

왜적이 많은 병졸을 동원하여 와서 습격했으나 장군은 왜적을 맞아 공격하여 패퇴시키니 적군은 도망하였다. 6일 인정(人定)[206] 뒤에 척후장(斥

---

206) 인정(人定) : 사람이 자는 시각, 곧 오후 10시경.

(侯將) 박취(朴鷲)가 빨리 보고하기를 "많은 병졸을 동원한 적군이 몰래 급히 와서 맨 앞에 선 군대 1천여 명은 이미 고령현과 합천군의 경계인 낙현(落峴)의 아래에 도착했는데도 해가 저물어서 자세히 살펴볼 수가 없었습니다"라고 하였다.

낙현은 장군의 진지와 떨어지기가 30리도 되지 않는 지점이기 때문에 장군은 그들이 밤중에 습격할 것임을 헤아리고서 군졸을 정돈하여 잠을 자지 않고 밤을 새워 전쟁에 대비하고 있으니 적군은 우리 군대가 준비가 있는 것을 알고서 감히 가까이 오지 못하였다. 7일 닭이 울 때 장군은 빨리 달려서 곧 바로 나아가니 고령현감(高靈縣監) 최기변(崔琦抃)이 달려와서 알리기를 "적군의 선봉(先鋒)은 이미 고령 읍내에 도착했습니다"라고 하였다.

장군은 빨리 달려서 고령현 북쪽의 관동리(館洞里)에 도착하여 적군의 뜻밖에 나가서 공격하니 적군은 우리 군대가 도착한 것을 보고는 물러가서 둔덕산(屯德山) 위에 점거하고 있었다. 장군은 박대수(朴大秀)로 하여금 보병을 거느리고서 산에 올라가 있도록 하고 장군은 마군(馬軍: 騎兵)을 거느리고서 산 아래에 진을 치고 있으면서 길을 나누어 위·아래에서 들이치게 하였다. 우리 군대와 적군이 뒤섞여 한창 싸우기를 잠깐 동안 했는데, 산위에 있는 보병이 적군의 탄환에 맞아 죽은 사람이 10명이나 되어 우리 군대가 뒤로 물러섰다. 적군이 이긴 기세를 타고 뒤쫓아 오니 박대수는 성이 나는 것을 견디지 못하여 혼자 들어가서 돌진(突進)하였다. 그러나 두 곳에서 탄환을 맞아 왼쪽·오른쪽 어깨를 탄환이 뚫고 나가니 의식을 잃어 인사를 차리지 못할 지경이었다.

장군은 마군(馬軍)을 지휘하여 한꺼번에 산으로 올라가서 힘을 내어 최후까지 싸워서 적군을 뒤쫓아 내곡리(乃谷里) 아래에까지 이르러 베어 죽인 것이 셀 수도 없이 많았다. 남은 적병은 도망하여 미숭산으로 들어갔는데 산 위의 바위가 바람벽같이 깎아지른 듯하고 등나무와 칡줄기가 길에

엉켜졌기 때문에 말을 달려 뒤쫓아 갈수가 없었다.

그런데도 하늘에서 또 큰 비가 내리고 날이 이미 어두워졌기 때문에 하는 수가 없어 옥산원(玉山院)으로 조금 물러가 있었다. 최기변(崔琦抃)과 박언량(朴彦良)으로 하여금 적병이 떠나갔는가 머물러 있는가를 정탐하도록 하여 새벽을 기다려 나아가 토벌하려는 계책을 세우고 있었다. 8일 닭이 울 때 최기현이 와서 보고하기를 "적군은 밤을 이용하여 도망해 가버렸습니다"라고 하였다.

제46전 고령현 전투

명나라 장수를 성주에 가서 보고는 고령현으로 나아가 진(陣)을 칠 것을 요청했으니 명나라 장수는 들어주지 않고서 장군으로 하여금 고령현의 땅을 텅 비워두도록 했으나 장군도 그들의 의견을 따르지 아니하였다.

장군은 명나라 군대가 모두 성주(星州)에 있으면서 하는 일도 없이 편안하게 있으며 경상 하도(下道: 左道)에서 위급한 일이 있어도 마치 월(越)나라 사람이 진(秦)나라 사람의 살찌고 야윈 것을 보듯이 하고는[207] 구원해 주지도 않으며 또 갔다가 오는 것도 거리가 자못 멀기 때문에 통보(通報)가 지체된다는 이유로써 10일에 명나라 장수 모국기와 노득룡을 가서 보고는 두 번, 세 번 간절히 청하여 그들로 하여금 고령현으로 나와서 진을 쳐서 옆에서 성원(聲援)해 주기를 바라고 있었으나 모국기와 노득룡은 장군의 요청을 들어주지 아니하였다.

그리고는 또 장군에게 말하기를 "흉악한 적군은 교활하여 남을 잘 속여

---

207) 월시(越視) : 월시진척(越視秦瘠)의 줄인 말. 중국 춘추(春秋)시대에 진(秦)나라는 서북방에 있고, 월(越)나라는 동남방에 있어 거리가 너무 멀기 때문에 월(越)나라는 동남방에 있어 거리가 너무 멀기 때문에 월(越)나라 사람이 진나라 사람의 살찌고 야윈 것을 보고도 전혀 관심이 없다는 말임.

서 우리 군대가 움직이는 것을 보면 번번이 산으로 올라가 도망하여 우리로 하여금 크게 이길 수 없도록 했으니 지금부터 후에는 마땅히 고령현의 인민(人民)들로 하여금 전부 물자를 거두어 성주땅으로 들어가도록 하고는 적병이 만약 와서 침범한다면 그들과 교전(交戰)하지 못하도록 하고 거짓으로 물러나 달아나는 체하면서 적병을 꾀어서 이곳에 온다면 우리들은 마땅히 대군(大軍)을 거느리고 가서 적병을 섬멸할 것이다"라고 했으나 장군은 그들의 의견을 따르지 아니하였다.

공명고신첩(空名告身帖)208)으로 군수(軍需)보조 청구

11일에 적군의 형세를 임금에게 아뢰어 진달하고는 또 다음과 같이 말하였다. "지금의 계책으로서는 성주에 주둔한 명나라 대군으로 하여금 고령현으로 나아가 진을 쳐서 요해지(要害地)를 나누어 점거하도록 하고 우리 군대와 합세하여 적군을 공격하여 잡도록 한다면 적군의 기세를 꺾을 수가 있으니 이 계책과 같은 것은 없습니다. 명나라의 모국기·노득룡 두 장수에게 두 번, 세 번 간절히 청했는데도 마침내 들어주지 않아서 마침내 세력이 강한 적군을 무찔러 없앨 수 없도록 했으니 다만 분개하고 원통할 만한 일입니다.

신의 후원이 없는 외로운 군대로써 군량이 떨어진지도 이미 오래되어 오랜 시일을 굶고서 앉아있으니 좌·우 또는 전·후에서 양쪽의 군대가 서로 호응작전(呼應作戰)할 길이 없으므로 진실로 매우 걱정이 됩니다. 전일에 신의 올린 장계(狀啓)로 인하여 공명고신첩(空名告身帖) 5백장(張)을 내려보낸 일은 주상(主上)의 회답은 내려왔는데도 아직까지 이곳에는 내려오지 않았으니 이것도 또한 해당 관사(官司)로 하여금 빨리 성첩(成貼:

---

208) 공명고신첩(空名告身帖) : 성명(姓名)을 적지 않은 임명장(任命狀). 관아(官衙)에서 부유층(富裕層)에게 돈이나 곡식 따위를 받고 관직을 내리되, 관직 이름을 써서 주나 성명은 기입하지 않음. 이에 의하면 임명된 사람은 실무(實務)는 보지 않고 명색만을 행세하게 됨.

문서에 官印을 찍는 것)하여 군량을 보충하도록 하소서."

제47전 사천현 구룡산 매복 작전 및 공격

병졸을 보내어 사천현에 있는 왜적의 목을 베기도 하고 사로잡기도 하였다. 아병(牙兵: 大將의 麾下에 있는 병정) 김보희(金寶稀)를 시켜 날랜 병졸 15명을 거느리고 사천현으로 들어가서 적군의 형세를 정탐하도록 하였다.

김보희 등은 밤중을 이용하여 몰래 사천현의 적군의 진 뒤에 있는 구룡산(九龍山)으로 들어가서 매복해 있었는데 때마침 4명의 왜적이 말 세 마리와 소 한 마리를 끌고 가는 것을 만나서 왜적 3명의 목을 베고 한명을 사로잡았으며 소와 말도 끌고 왔다. 정지일(鄭之一)도 곤양군으로 들어가서 우리나라 사람으로서 왜적에게 항부(降附)[209]한 사람 2백명을 타일러 나오게 하였다.

제48전 초계현 전투

초계현에 있는 왜적을 가서 공격하였다. 19일에 왜적이 초계현의 덕봉동(德峯洞)으로 쳐들어오므로 장군은 곧 그날에 달려갔다.

돌아와서 고령현의 왜적을 공격하여 왜적을 패퇴시켰다.

장군이 초계현에 이르기 전에 정탐하는 장수 반응룡(潘應龍)이 빨리 보고하기를 "일이 생긴 바로 그 날 초저녁에 왜적이 고령현의 안림역(安林驛)으로 몰래 들어갔습니다"라고 하기에 장군은 고령현이 가장 긴요한 지

---

209) 항부(降附) : 적군에게 항복하여 부역하는 것.

제4부 60전 60승의 "정기룡 전술"

역인 이유로써 자지 않고서 밤을 새워 군대를 돌이켜 이튿날 새벽에 안림 역을 향하여 가니 명나라 장수들도 고령현이 성주에 가까운 이유로써 군대를 거느리고서 고령현에 도착하였다.

  적군은 군대와 마필(馬匹)의 소리를 듣고는 즉시 산으로 올라가서 숲의 나무 사이로 달아나기 때문에 장군은 명나라 군대와 함께 왼쪽과 오른쪽에서 마구 활을 쏘았지마는 산길이 높고 험준해서 적병을 다 주이지는 못하고 다만 적병의 머리 10개만 베고 4명만 사로잡았을 뿐이었다.

  명나라 장수 모국기도 적병의 머리 두 개를 베었으나 노득룡은 종일토록 적병의 머리 한 개도 베지 못하고 돌아왔기 때문에 스스로 성을 내었다.

  장군은 살아있는 왜적 1명을 노득룡에게 주니 모국기는 장군이 노득룡에게만 왜적을 준 이유로써 자못 성낸 마음이 있기 때문에 또 왜적 1명을 모국기에게도 주었다. 군문(軍門: 統兵官) 형개(邢价)의 위관(委官)인 첨자명(詹自明)이 와서 왜적의 수급을 요구하므로 장군이 또 수급 3개를 첨자명에게 주었다.

제49~53전 함양, 산음, 합천, 거창, 안음 토벌작전 5곳

  여러 별장(別將)들을 나누어 정하여 여러 고을의 요해처(要害處)에 복병을 설치하였다. 장군은 이미 왜적을 토벌할 수가 없게 되자 날랜 병졸을 뽑아내어 여러 군관(軍官)들에게 나누어 주었는데, 군관 변추휘(卞秋揮)는 함양군수(咸陽郡守) 노윤중(盧允中)과 산음현감(山陰縣監) 최발(崔撥)과 더불어 합세하도록 하고, 군관 박천해(朴天瀣)는 합천군수(陜川郡守) 이숙(李潚)과 향병 별장(鄕兵 別將) 조계명(曺繼明)과 더불어 합세하도록 하고, 군관 박언량(朴彦良)은 거창현감(居昌縣監) 박상근(朴尙謹)과 안음현감(安

陰縣監) 박정완(朴廷琬)과 더불어 합세하도록 하였다.

각자가 지경안의 요해처에 복병을 설치하고서 그들의 정탐군을 엄중히 신칙하여 왜적을 토벌하도록 하고 장군은 군대와 마필을 정돈시켜 전쟁의 보고를 기다리고 있었다.

제54전 각 요소에 복병 설치하여 적수급

여러 곳의 복병들이 적병의 목을 베어 그 수급을 바쳤다. 이 당시 이숙(李潚)과 조계명(曺繼明)은 왜적을 쳐서 적병의 머리 4개를 베고 사로잡혀간 사람 50여 명을 빼앗아 왔으며, 박천해(朴天瀣)는 왜적을 쳐서 적병의 머리 4개를 베었으며, 변추휘(卞秋輝)와 최발(崔發)은 적병의 머리 3개를 베고 사로잡혀간 사람 28명을 빼앗아 왔으며, 노윤중(盧允中)은 적병의 머리 10개를 베고 사로잡혀간 사람 2백여 명을 빼앗아 와서 장군에게 바쳤다. 장군은 사로잡혀 갔다가 도로 빼앗아 온 사람들은 각기 본 고장으로 돌아가서 편안히 직무에 종사하도록 하고, 베어온 적병의 수급은 도원수부(都元帥府)에 실어 보내었다[210].

제55전 복병작전으로 적 생포, 수급, 항부자 귀환

장군은 여러 곳의 복병들이 왜적의 머리를 베기도 하고, 왜적을 사로잡기도 하여 바치기 때문에 그들의 공로를 포상하고, 전쟁에서 사상한 사람을 우대 구휼할 것을 임금에게 계청하였다. 즉, 삼가현의 복병장(伏兵將) 박천해(朴天瀣)는 내야사(內也沙)란 왜적 1명을 사로잡고 진주에서 사로

---

210)『국역梅軒實記』, p.96.

잡혀 간 사람 77명과 합천군(陜川郡)에서 사로잡혀 간 사람 20명과 소와 말 18마리를 빼앗아 왔으며, 두치현(豆恥縣)의 복병장(伏兵將) 이상(李祥)은 이지루(伊之陋)란 왜적 1명을 사로잡고 왜적에게 잡혀간 하동현(河東縣) 사람 7명을 빼앗아 왔으며, 산음현의 복병장(伏兵將) 변추휘(卞秋輝)는 왜적 1명을 사로잡고 적병의 머리 8개를 베었으며, 박대주(朴大柱)는 적병의 머리 4개를 베었으며, 임춘득(林春得)과 배중임(裵重任)은 각기 왜적의 머리 1개씩을 베었다.

그리고 김신(金信)과 양응(梁應)은 각기 왜적 1명을 사로잡았으며, 군사(軍士) 송이남(宋二男)·김봉수(金鳳守)·박두갑(朴斗甲)은 각기 왜적의 머리 2개씩을 베었으며, 용사(勇士) 박춘의(朴春義)는 자기 생명을 잊고 적진에 돌격하다가 오른손은 적병의 칼을 맞아 세 개의 손가락이 끊어지고 허리 아래에 또 적병의 화살을 맞았으며, 군인 김수남(金守男)은 돌진하여 싸워서 적병의 머리를 베었으나 적병의 탄환을 맞아 죽었다.

따라서 29일에 임금에게 계청하기를 "신의 군관(軍官)과 군사들은 대부분 성심껏 매복하고 자기 몸을 잊고 적진에 돌격하면서 처음에서 끝까지 직무에 게을리 하지 않아서 연달아 적병의 수급을 바쳤으니 그들의 전공은 칭찬할 만합니다. 삼가 원하옵건대 차례대로 논공행상 할 것이며, 전사했거나 부상한 사람들은 매우 불쌍하니 특별히 우대 구휼하여 다른 사람을 권장하소서"하였다211).

제56전 사천현 왜적 정탐 작전 및 공격

명나라 장수들이 사람을 보내어 왜적의 진중(陳中)에 가서 서로 전쟁을 그치고 화의(和議)를 하자고 하고 왜적도 와서 사실을 회보(回報)하기에

---

211) 『국역梅軒實記』, pp.100-101.

장군은 힘을 다하여 화의의 그릇된 점을 진달(陳達)하고 또 가장(假裝)한 왜적이 와서 정탐한 형상을 탐지(探知)하고서 즉시 임금에게 사실을 계문(啓聞)하였다. 명나라 장수 모국기와 노득룡이 비밀히 통사(通事: 通譯官)로 하여금 진주에 있는 왜적의 진중에 공문을 전달하면서 전쟁을 그치고 화의하자는 뜻으로써 타일렀다.

지난 달 23일에 통사(通事)가 진주에 도착하니 진주에 있는 왜적이 통사를 사천현으로 보내었다. 사천현에 있는 왜적의 장수 심안도(沈安道)가 처음에는 매우 의심했으나 급히 순천부(順天府)에 있는 왜적의 진영(陳營)에 통지(通知)하여 전라도에서 온 사자(使者)인 것을 알았으며, 명나라 장수도 사람을 보내어 전쟁을 그치고 화의하자고 말하니 심안도는 그제야 믿고서 기뻐하여 명나라의 통사를 후하게 대접하여 은 5량과 말 1필을 주고 답서(答書)를 써서 호송했기 때문에 장군은 소식을 듣고서는 벌써부터 몹시 원통함을 견디지 못하고 있었다. 이 달 6일에 40여 명의 왜적이 갑자기 합천군의 남정(南亭)에 도착하여 1명의 왜적을 시켜 곧장 고령현의 읍내에 와서 전쟁을 그치고 화의를 한다고 핑계해 말하였다.

이 때 명나라 경리(經理) 양호(陽鎬)의 부하인 전파총(田把總: 把總田某)이란 사람이 고령현에 머물고 있었는데 자기가 가서 왜적을 보려고 하기에 장군이 두 번, 세 번 힘껏 만류하면서 마땅히 왜적과 화의를 해서는 안된다는 뜻을 힘을 다하여 진술했으나 전파총은 장군의 말을 들어주지 않고서 왜적의 공문을 받아서 성주로 보내었다. 장군은 심부를 온 사자(使者)가 왜적은 아닐 것이라고 의심하여 사천현 사람 김희귀(金希貴)를 시켜 가서 보도록 했더니 이 사람은 곧 사천현의 서원(書員)[212]인 김영례(金榮禮)로서 적군을 위하여 와서 정탐한 것이었다.

장군은 즉시 빨리 명나라 장수 모국기와 노득룡에게 보고했으나 모국기와 노득룡이 왜적에게 보낸 공문과 왜적의 답서는 모국기·노득룡 두 장수

---

212) 서원(書員) : 아전(衙前)의 하나로서 서리(書吏)보다 격이 낮음.

가 모두 숨기고 있으니 공은 이 문서를 볼 수가 없었기에 다만 들은 대로 임금에게 계문(啓聞)하고, 또 아뢰기를 "신이 가만히 헤아려 보건대 적군은 속여서 전쟁을 그치고 화의를 한다고 하면서 우리나라의 허실을 엿보려고 하는 것이니 반드시 우리나라의 허술한 틈을 타고서 깊이 쳐들어 올 근심이 없지 않을 것입니다. 원컨대 명나라 장수들의 말을 믿지 마시고 다시 전쟁에 대비하도록 하소서"하였다. 처음부터 명나라 장수들은 겉으로는 비록 군대를 훈련한다고 하지만 속으로는 겁을 내어 매양 전쟁을 그치고 화의를 하려고 하면서 이 일에 대하여 장군에게 물으니 장군은 대답하기를 "나는 싸우는 장수이기 때문에 마땅히 화의를 말할 수는 없으며 하물며 왜적은 우리에게 한 하늘 아래에게 같이 살 수가 없는 원수가 있으니 비록 머리를 부수어 수치(羞恥)를 씻지 못하더라도 어찌 차마 그들과 화의를 할 수가 있겠습니까"하였다.

명나라의 여러 장수들이 여러 가지 방법으로 꾀우고 협박하니 장군은 불쾌한 안색을 드러내면서 말하기를 "국가에서는 소장(小將)을 보잘 것이 없다고 여기지 않고서 지방 병사(兵使)의 전권(專權)을 맡겼으니 왜적을 토벌하는 한 가지 일은 이것은 나의 책임이요, 이와 같이 큰일은 스스로 조정의 처분이 있을 것이니 결단코 밖에 있는 보잘 것 없는 신하(自己의 謙稱)의 간여할 일이 아닐 것이오"라고 하였다. 명나라 장수들은 그제야 장군의 의사를 빼앗을 수가 없을 것을 알고는 다시 이 문제에 대하여 의논하지 않았으니 그들이 비밀히 문서를 보낸 것은 장군이 아는 것을 두려워했기 때문이다.

제57전 사천현 포로탈출 작전

되풀이하며 타이르는 글을 써서 왜적에게 항부(降附)한 사람들에게 보내었다. 왜적에게 항부하였다가 도망해 돌아온 사람 사천현의 향리 강기운(姜起雲)으로 하여금 다시 왜적의 진중으로 들어가서 왜적에게 항부한 사람 호수(戶首)213)가 있는 곳에 공문(公文)을 써서 주어 각별히 되풀이하며 타일러서 그들로 하여금 틈을 타서 한사람도 빠짐이 없이 거느리고 돌아오도록 하였다. 항부자 귀환자는 약 200명이 되었다.

제58전 왜적장수의 투항 작전

왜적의 장수 이로사모(里老沙毛)가 6명의 왜적을 거느리고 와서 투항(投降)하였다. 이로사모란 자는 왜적의 상수 심안도(沈安道)의 비장(裨將)이다.

왜적 6명을 거느리고서 적군에게 항부한 진주 사람 윤영수(尹永守)와 함께 와서 알리기를 "관백(關白: 왜적의 우두머리 秀吉)이 죽은 후에 여러 진영에서 대부분 화의를 하려고 하기 때문에 우선 그것이 이루어지기를 기다리고 있다가 그것이 이루어지지 않을 때에게는 군사를 거두어 돌아가는 일이 없을 것입니다. 저희들은 오랫동안 일본이 고역을 싫어하고 있었는데 조선에서는 항복한 왜인을 후하게 대우한다는 말을 듣고서 감히 이와 같이 와서 뵙고 있습니다"라고 하였다.

적군에게 항부한 사람 중에 종 희이(希伊) 등 77명도 또한 한꺼번에 회유시켜 돌아왔다.

---

213) 호수(戶首) : 민호(民戶) 중의 한 수장(首長), 전지(田地) 8결을 단위로 하여 공부(貢賦)를 바치는 책임을 맡게 한 사람.

제59전 진주 왜군소탕 작전

명나라 장수들과 더불어 진주로 진군하여 진주에 진치고 있는 왜적을 크게 격파하였다. 장군은 본영(本營)의 병졸을 거느리고서 선봉(先鋒, 맨 앞에 서는 군대)이 되어 곧장 진주로 달려갔는데 20일 닭이 울 때 남강(南江)을 건너서 날이 밝기 전에 망진봉(望晉峯, 진주 남쪽 6리 지점에 있는 산)에 진치고 있는 왜적을 급히 공격하여 크게 패퇴시키니 성 안에 있는 적군은 모두 사천현으로 도망해 버렸다.

진주성이 왜적에게 함락된 지 6년만에 비로소 수복되었다. 이번의 싸움에 장군은 본도(本道: 慶尙道) 군졸로 싸움에 나간 사람 이외에는 늙고 약한 사람을 논할 것 없이 명나라 군대의 영루(營壘) 뒤의 멀고 가까운 지방에 있는 산꼭대기에 나누어 배치하도록 하여 낮에는 장대를 잡고 기(旗)를 세우게 하고 밤에는 횃불을 들고 북을 치도록 하여 위세(威勢)를 떨쳐서 군대의 함성과 위세를 도우도록 하였다.

제60전 탐색정보전에 탁월했던 정기룡장군

1) 1598. 7. 9. 풍신수길사망정보 선조임금께 최초보고(7/13)

적군의 괴수(魁首)에게 항부(降附)하여 거짓으로 단성현감(丹城縣監)이라 부르던 안득(安得)이란 자를 잡아와서 왜적의 우두머리 수길(秀吉: 豊臣秀吉)이 죽었다는 말을 듣고는 이내 임금에게 계문하였다. 단성현에 거주하는 안득(安得)이란 이름을 가진 사람이 처자를 거느리고 가서 적군에게 항부하니[214] 왜적이 그에게 현임(現任)을 임명하였다. 안득은 그 무리

---

214)『宣祖實錄』103권(1598. 8. 23일 선조 31년 병자)

3백여 명을 거느리고서 이웃 고을에 드나들면서 마음대로 겁탈하고 노략질을 하며 왜적에게 사로잡혔다가 도망해 돌아온 사람들을 낱낱이 잡아서 왜적에게 바치고 이런 일로써 상(賞)을 받고 있었다.

장군은 친신(親信)하는 날랜 병졸로 하여금 진주와 단성현의 경계에 잠복해 있도록 했는데, 12일에 안득을 정탐해 묶어서 왔기에 엄한 형벌을 하여 끝까지 신문하니 왜적의 우두머리 수길(秀吉)은 이미 7월 9일에 죽었고 13세 되는 어린 아이가 수길의 뒤를 이어 즉위(卽位)했으며, 이 달 10일에 왜적의 배 1척이 왜국으로부터 왜적의 장수가 있는 곳으로 나왔으나 비밀히 서로 통지(通知)했기 때문에 밖에서는 소문이 전파되지 않았다고 하였다. 장군은 즉시 빨리 임금에게 계문하기를 "왜적의 우두머리 수길(秀吉)이 죽었다는 말은 비록 믿을 수가 없지만 이미 이 말이 왜적의 입에서 나왔으니 반드시 그런 일이 엇다고 말할 수는 없습니다. 신이 바야흐로 사로잡혀 갔다가 도망해 돌아온 사람으로 하여금 왜적의 진중에 들어가서 기필코 상세히 정탐해 오도록 할 것 이온데, 들었던 말을 계달하지 않을 수가 없습니다"라고 하였다.

2) 풍신수길 사망으로 왜군철수예견 대책건의[215]

13일에 임금에게 계문하기를 "어제 왜적에게 항부(降附)하였다가 잡혀온 사람 안득의 말은 참말인지 거짓말인지를 신빙할 수가 없으므로 바야흐로 간절히 의심하고 있는 중인데 오늘 아침에 사천현의 공생(貢生)[216]인 반자용(潘自鎔)이 왜적의 진영으로부터 와서 또한 그런 기별(奇別)을 전하고 있습니다. 대개 반자용은 오랫동안 왜적의 속에 있었기 때문에 왜적의 신임을 받았으니 반드시 그런 일을 알고 있었을 것입니다. 그밖에 사로잡혔다가 도망해 돌아온 사람 김은수(金銀守) 등이 말한 것도 모두 안득

---

215) 『宣祖實錄』 104권(선조 31년, 1598.9.15. 무술); 태백산사고본 66책 104권 12장 B면.
216) 공생(貢生) : 교생(校生)을 일컬음. 지방 향교나 서원(書院)에 다니는 생도.

제4부 60전 60승의 "정기룡 전술"

의 말과 같으니 수길이 죽은 것은 거짓이 아닌 듯하지만 왜적의 흉악한 계획은 예측하기가 어려우며 세상일의 변화하는 것은 한정이 없습니다. 신은 바야흐로 날랜 병졸을 뽑아 가려서 다시 적군의 형세를 정탐하도록 하고 군대와 마필(馬匹)을 정돈하여 조정의 명령을 기다리고 있습니다"라고 하였다. 정기룡장군은 임진왜란의 원흉 풍신수길이 1598. 7. 9일 사망하였다는 중요정보를 입수하고 7월 13일 선조임금에게 최초로 특별장계를 올려 보고한다. 곧 왜적의 철수가 시작될 것이니 적섬멸 마지막 기회이니 왜적을 한 놈도 살려 보낼 수 없다는 결의를 다지며 이러이러한 작전지시를 요청한다. 그리고 화공무기와 군량미를 공급해 주면 철수 승선 전에 몰살시키겠다는 작전계획을 올린다.

　이순신장군은 8월 22일에야 선조에게 사망 장계를 부랴부랴 올리는데 약 40일이 늦은 뒤이다. 전쟁정보란 1분을 다투는데 1개월 10일이 빨랐으니 얼마나 정보에 앞섰는가를 알 수 있다.

제 2 장
정기룡장군의 주요전투와 종합

1. 전투기록 추적조사

정기룡장군의 활약상에 대해서는 조선왕조실록인 「실전록(朝鮮王朝實錄 實戰錄)」과 「매헌실기(梅軒實記)」의 임진·정유왜란(壬辰·丁酉倭亂)의 「실전기(實戰記)」와 1700년 우암 송시열(尤庵 宋時烈)의 보국숭록대부 및 신도비명(輔國崇祿大夫 神道碑銘)을 통해 알 수 있다.

전설과 같은 설화적 전승을 통한 『동야휘집(凍野彙集)』, 『동패낙송(東稗洛誦)』속의 영웅담 내용을 보면[217] 호국 보전 해동명장(護國 保全 海東名將) 고구려 을지문덕(乙支文德)장군 안시성주(安市城主), 고구려의 강감찬(姜邯贊) 장군에 비견(比肩), 유일명군 총병관 조선군 장수(唯一明軍 總兵官 朝鮮軍 將帥), 기병전(騎兵戰)의 상승장군(常勝將軍), 대소(大小) 60여회 전투에서 백전백승(百戰百勝), 바다에 이순신(李舜臣), 육지에 맹호 정기룡(猛虎 鄭起龍)장군임을 뚜렷이 기록하고 있다.

2. 정기룡장군의 주요 80전승 전투 및 작전 요약

정기룡장군의 최근까지 밝혀진 기록에 의한 100전 100승의 기록을 밝히기 위해 「매헌실기」를 바탕으로 전 기록을 검토한 결과 실질적인 기록으로 확인된 것이 80전이었다. 이 중 「매헌실기」에 나타난 기록의 22개의 전승에 대한 80전승 중 사실 확인이 직접 기록된 내용만 재인용해보면 다음과 같다.

---

217) 정기룡장군 현창사업 기본계획 연구보고서. 2008년 9월 30일 학술발표회 참조.

정기룡장군의 80전 전투 작전 요약표

전승	전투지
1	유병 별장 임명되어 -곤양~진양 왜적 토벌
2	이광악의 요청으로 곤양 수성장(守城將)이 되어 왜적 토벌
3	거창신창전투 -임진란의 첫 승리
4	거창 객관 포위 왜적쳐 죽이고 탈출작전
5	임진년 진주성 부근 전투
6	진주 살천창에서 왜적 내침(10/9)
7	상관 조경장군 구출한 금산전투
8	험준한 산세, 유인해내 몰살 -용화동전투
9	중모현 전투
10	왜적 수급 300여 개 벰 -화령현 전투
11	2단 로켓 신기전 화포 -11/21 상주수복 전투
12	왜적을 완전히 몰아냄 -11/23 상주성 탈환 전투
13	상주창, 일본병참기지 빼앗아 일본동력선 단절
14	당나라 군사가 신라를 침 -당교전투
15	당교전투 도망자 섬멸 -대승산 전투
16	계사년 기근 들어, 백성 구휼, 갑오년 기근 조명 연합군 평양성 탈환전투부터 같이 진행/명장수 유정, 사대수, 조승훈 등 응접/정유재란 강화회담 진행 동시 진행
17	적시체 6ll -고령용담천 전투
18	금오산성 전투
19	고령 녹가전 전투
20	이동현 전투(성주수룡동)
21	고령, 성주, 합천, 초계, 의령 수복
22	충청도 영동전투(절충장군)
23	경기도 직산전투(9/16)

정기룡장군의 80전 전투 작전 요약표   -계속

전승	전투지
24	보은현 적암전투(9/20)
25	의성 비안현 전투
26	울산성 전투(1597년 10월) 울산 1차 전투
27	합천 삼가현 전투(6회 발생)
28	사천 선진전투
29	합천군 심묘리 적 공격
30	예천군 금야 토적 토벌(신혼 첫 날 밤)
31	조명연합군 지휘 -함양사근역 전투(현 수동면)
32	철수왜군 소탕작전 -사천전투
33	통훈대부(7/3), 통정대부(8/22), 토포사 경상도, 전라도 보급선 차단 -동남방의 큰 장새
34	2차 울산성 전투(1598년 8월 17일)
35	난공불락의 요새 -사천 신성
36	합천군 야로현 전투(1598년 10월)
37	안음현 왜적습격(매헌실기 pp.58-59)
38	함양군에 군 주둔시키고 전투준비(매헌실기 p.60)
39	명장 경리양호만나고 임금밀지 받고 유성룡, 권율만나 전략회의
40	경주왜적격파 -경주성수복(12월, 매헌실기 p.62)
41	울산왜적 공격 -왜적도산으로 도망(매헌실기 p.62)
42	도산성 포위공격 -수급 660개 베다
43	도산성 4중 포위망 뚫고 탈출성공(매헌실기 p.63)
44	금산군 왜적공격 섬멸(매헌실기 p.64)
45	상주왜적공격 몰살시킴(매헌실기 p.64)
46	가조현 왜적 격파(매헌실기 p.65)
47	明 총병관되어 명군지휘, 사근역전투에서 明 이절 전사

정기룡장군의 80전 전투 작전 요약표 － 계속

전승	전투지
48	백홍제시켜 삼가현 왜적 공격, 불태워
49	고령현 진을 치고 전투준비
50	한명련 거창 왜적 공격
51	거창 왜적 공격 －삼가현 도망
52	함양군 진군, 전라도가는 왜적격파(매헌실기 p.75)
53	산음현 왜적 격파(매헌실기 p.75)
54	임금에게 군량미 공급 계청, 군량미 3~4개월 오지 않아 왜적수급을 식량과 바꾸어 군사 먹여가며 전쟁수행
55	여러 별장을 보내어 진주, 사천 단성 왜적 공격
56	별장 보내 창원, 진해, 고성, 곤양 왜적 격퇴
57	적군 형세 4차 임금께 계문수전섬멸 작전계획 지원요청(매헌실기 pp.78-80), 적섬멸 5방책
58	노략질한 왜적 쳐 죽이다(장군 보내어)
59	영산현 전투 －왜적격퇴(매헌실기 p.84)
60	초계현 진군, 삼가현 진군
61	미숭산에서 왜적 격퇴
62	별장 박천해를 매복시켜 삼가현 명현에서 수급2개 등 여러현에 동시 실시
63	낙현의 1,000여 왜군을 공격하여 격퇴시킴(매헌실기 pp.88-89)
64	고령진군 －조명의견 충돌(p.90) 군량미 없어 공명고신첩으로 수집(pp.90-91)
65	사천 구룡산 매복 －왜적 수급3, 생포1, 우마탈취/정지일이 항부자 200명 생환시킴(매헌실기 p.92)
66	성주화원현에 진군하니 적이 도주(12일) 현풍현까지 추격 14일, 고령현 구곡리 매복
67	춘계현 덕봉동 왜적 공격, 고령현 왜적 공격 패퇴시킴(매헌실기 p.93)
68	함양군 안음현 왜적 공격계호기 명군이 말려 안음현, 거창군 왜적 토벌 －명장이 제지, 정기룡장군의 공격적기 －명군 비협조로 애로

정기룡장군의 80전 전투 작전 요약표 — 계속

전승	전투지
69	각 요해처에 복병설치 수급을 바치게 했음(매헌실기 pp.95-96) 수급 20명 항부자 300명 데리고 옴
70	조일 화의진행 반대하고 거짓의 그 증거를 선조에게 진달(매헌실기 p.96)
71	전쟁간첩 단성현, 감행세, 안득 체포 추달하다가 풍신수길 사망 정보 캐내어 선조에게 계문/ 사망일 1598. 7. 9일/그 뒤 사천의 반자용(정탐군), 항부자, 김은수의 증언도 동일 확신 −장계올리고 철군시작 전 계획(매헌실기 pp.98-99)/ 왜적철수 예상되니 적섬멸 5방책으로 몰살작전건의(풍신수길 사망정보 맨 먼저 알고 선조에 보고)
72	왜군 철수예상 승선전 몰살 계획 수립 선조에 요청(적섬멸 5방책) ① 명군을 협조케 명령함 ② 군량미, 군사 증원 요청 했으나 선조는 반대, 적수급 군량미 교환으로 소멸 다수
73	요소에 복병장 보내 왜적 수급, 항부자 생환(매헌실기 p.101)
74	왜장 里老沙毛가 6명 왜군과 투항해옴(매헌실기 p.103)
75	명장수 동일원 장군 성주에서 작전회의
76	6년만에 진주성 수복시킴(조명연합, 매헌실기 p.105)
77	영성현, 곤양군 두 성채 불태워 왜적 격퇴
78	사천현 옛성 공격왜장 李先道참수
79	죽도에 진을 치고 왜적을 평정
80	삼도수군통제사로 활약(2회에 걸쳐 임명, 육전·해전 두루 통달 명장)

3. 정기룡장군의 작전 및 전투기록 종합

1) 기본기록 : 60전 60승

2) 분실기록 : 20건

① 1592년 상주수복 전투 기록	⑪ 1610년 2. 14. 오위도총부 도총관 기록
② 1601년 가선대부 용양위부호군 임명 후 기록	⑫ 1610년 3. 28. 상호군 승진과 도총관 겸무
③ 1602년 경상우도방어사와 김해도호부사겸직 후 기록	⑬ 1613년 경상좌도 병마절도사 재임명
④ 1603년 전쟁기록	⑭ 1616년 경상우도 병마절도사 3차 임명 후
⑤ 1605년 오위도총부도총관 겸무 후, 경상좌도병마절도사 임명과 울산도호부사겸직 후 자료	⑮ 1617년 삼도수군 통제사임명과 경상우도 수군절도사 겸직 후의 문서
⑥ 1607년 전라병마절도사 자료, 도총부, 도총관 기록	⑯ 1618년 3. 7. 임금이 교서와 유지
⑦ 1607년 8. 28. 의흥위 상호군이후 기록	⑰ 1618년 1. 11. 정헌대부(정2품) 가자 후 기록
⑧ 1608년 평안도 귀성도호부사 기록	⑱ 1618년 7. 5. 숭정대부승진 이후 문서
⑨ 1608년 3. 29. 임금의 밀지, 임금의 유지	⑲ 1618년 11. 9. 숭록대부 승진 후 기록
⑩ 1609년 용양위 보호군 재임명 후 기록	⑳ 1621년 정1품 보국숭록대부 가자 삼도수군통제사와 경상우도수군절도사 겸무 등의 기록

3) 전공(戰功) 신고 누락건수 : 약 20건

① 오늘날의 군대는 의식주, 무기, 차량, 의료, 봉급, 복지 등이 보장되어 있지만, 임진왜란 당시는 관군이라 할지라도 보급체계도 없고 물자도 부족하여 병사의 의식주, 무기 등을 장수가 부족분을 해결해야만 하였다.
② 정기룡장군도 어떤 때는 군량미가 2~4개월간 오지 않으면 부득이 왜적을 쳐 베어놓은 수급을 명나라 군사와 식량을 교환해서라도 굶주린 병사들을 먹여가며 전쟁을 계속하였다.
③ 고로 전쟁에 이기고도 보고를 하지 않아 전공누락건수가 기록에 의하면 흔히 일어났으나 여기서는 年 3회×7년＝약 20건으로 추정한다.

4) 부전승(不戰勝) 건수

① 왜적부대를 치기 위해 밤샘행군을 하였으나 왜적들이 정기룡부대가 온다는 정보를 알고 도주한 경우가 허다하였다.
② 일본군에게는 정기룡장군이 "신출귀몰한 무서운 맹호"로 알려져 있어 정기룡장군이 떴다하면 도망가기 바빴다.
③ 손자병법에 부전승이 최고이며, 박정희 대통령의 "부전승이 가장 잘 싸운 것"이라는 확인에 입각하여 年 3회×7년＝21회이나 약 15~20회로 추정된다.

위를 모두 종합하면 100전 100승을 능가하여 한민족 최다승 기록보유 장군이 확실하다. 공인기록인 60전 60승만 해도 우리 역사상 최다 전승기록 장군인데 학생들은 이름도 모르니 예우와 교육이 잘못된 것이 아닌가?

제 5 부

장군에 대한 평가와 정치적 배신

제1장 정기룡장군에 대한 평가
제2장 정기룡장군 구국혼 투영
제3장 조선의 공신책록제도와 정기룡장군의 예우
제4장 정기룡장군의 공적, 인조반정에 묻히다

제1장
정기룡장군에 대한 평가

1. 선조임금

1) "눈을 감고 있으면 호랑이가 잠자는 것 같고(호안상, 虎眼相), 깨어 있으면 용이 일어나는 기상을 지녔도다(기룡, 起龍)."

선조 19년 병술년. 서기 1586년 10월 선조임금이 꿈을 꾸고 불러오게 하여 하문(下聞)하시고, 다음날 무과별시장에서 정기룡의 늠름한 풍채와 날렵한 무술솜씨를 확인 후, 선조는 통예원(通禮院)에 전교(傳敎)를 내려 정무수(鄭茂樹)를 정기룡(鄭起龍)으로 고쳐 방(榜)을 붙이게 하였다. 다음날 아침 대궐 밖에 나붙은 무과(武科) 급제(及第)의 방(榜)에는 과연 정무수가 아닌 정기룡(鄭起龍)이란 이름으로 나붙었다.

2) "나라의 운명이 公의 손에 달렸도다. 적을 괴멸시켜 사직을 지켜주기 바라오."(선조임금이 임진왜란 중 정기룡장군에게 직접 하달한 밀명, 교지, 교시)

3) "기룡이 없다면 영남이 없었고 영남이 없었다면 조국이 없으리라"
起龍無 嶺南無 嶺南無 我國無[218]

2. 서애 류성룡의 평가

1) 류성룡이 아뢰기를 '기룡은 젊고 재략(才略)이 있는가 하면 또 목민

---

[218] 『宣祖實錄』 선조 19년 10월.

(牧民)에도 능합니다. 중국 장수를 접대할 적에도 성의를 다하여 친히 풀을 베어 오기까지 했습니다. 상주(尙州) 사람들이 모두 하는 말이 판관(判官)을 목사(牧使)로 올리면 다시 판관은 낼 필요가 없다고 했으니, 이만한 사람은 요사이 보기 드뭅니다.'라고 하였다[219].

2) 류성룡이 아뢰기를 '상주목사 정기룡은 인심을 얻었고 또 싸움도 잘하니 이제 당상(堂上)에 올리어 토포사(討捕使)로 삼아 적이 만약 다시 움직이면 상주 낙동강을 막아 지키거나 혹은 물러나 토기(兎機)를 지키게 해야 할 것이며, 왜적이 움직이기 전에 도내에 있는 토적을 잡는 것이 유익할 것 같습니다.'고 하였다."[220]

3) 상주목사 정기룡은 날래고 용감하여 싸움을 잘하니 그를 당사관으로 승진시켜 토포사로 겸무시키는 것은 다만 토적들을 잡기 위한 것만은 아닙니다. 대개 조령 아래의 직로는 텅 비어 있는데 상주는 진관(鎭管)의 큰 고을이 되어 있습니다. 그런 까닭으로 정기룡으로 하여금 이 관직을 임명하여 병졸을 불러 모집하여 위급한 사태에 대비하려고 한 것입니다[221].

---

219) 선조실록 44권, 26년(1593 계사 / 명 만력(萬曆) 21년) 11월 5일(을묘) 기사 "晋日 鄭起龍 接戰時 下馬斬賊 旋卽上馬 此事甚難 趙儆幾爲賊所殺 賴起龍得免 上日 古者 或拔用於行伍之中 如起龍者 不當置於判官 成龍曰 起龍 年少有才略 且長於牧民 接待天將 極盡其誠 至親自刈草 尙州人皆曰 判官可陞牧使 而判官不必出也 如此之人 今所罕見"
220) 선조실록 54권, 27년(1594 갑오 / 명 만력(萬曆) 22년) 8월 21일(병인) 기사 "上日 必019將 然後可爲 而何可無將帥耶 百戰之後 必有將帥 雖無武將 儒將亦不可得耶 成龍曰 儒將尤不可得矣 上曰 我國之人 凡事無着實處矣 成龍曰 尙州牧使鄭起龍 能得人心 且能力戰 今宜陞堂上爲討捕使 賊若再動 把截尙州洛東江 或退守兎機 倭賊未動之前 緝捕道內土賊 似爲便益矣"
221) 『매헌실기』 권1, 年報, 선조 27년 8월조.

3. 학봉 김성일의 평가

학봉 김성일이 훗날 공을 평하여 정기룡 충용인야(鄭起龍 忠勇人也) 전두미가량(前頭未可量) 국가지득력미필비차인야(國家之得力未必非此人也)라 하였다. 직역(直譯)하면 『정기룡은 충성되고 용맹스런 사람이라 다가올 일은 가히 헤아릴 수 없으니 나라에서 얻을 힘은 이 사람이 아니고서는 할 사람이 없을 것이다』라 하였다.

4. 조정의 평가

1) 비변사가 아뢰기를, "경상도의 밀양 이북은 온통 텅 비고 기찰하는 곳이 없어 토적(土賊)이 성행하고 사람들이 통행할 수 없는데 토포(討捕)하는 사람조차 없습니다. 상주목사(尙州牧使) 정기룡(鄭起龍)은 나이는 젊으나 무재가 있고 전부터 많은 군공이 있었으며 또 고을 일을 잘 처리하여 아전과 백성들의 마음을 얻었습니다. 정기룡을 당상관에 올려 토포사(討捕使)란 칭호를 주어서 평시에는 토적을 잡고 왜변이 있을 때는 즉시 이 군사로써 적병의 길을 끊게 하소서."하니, 아뢴 대로 하라고 답하였다[222].

2) 원익이 아뢰기를, "기룡의 식견은 기용할 만한 듯하며, 백성을 다스리는 일도 잘 할 수 있을 것입니다[223]."

3) 유격(遊擊)이 말하기를, "제가 중로(中路)에 있을 때 정인홍(鄭仁弘)·

---

[222] 선조 54권, 27년(1594 갑오 / 명 만력(萬曆) 22년) 8월 22일(정묘) 7번째 기사). 備邊司啓曰: "慶尙道中央, 自密陽以北, 蕩然空虛, 無復幾察之處, 土賊興行, 人跡不通, 更無討捕之人。尙州牧使鄭起龍, 年少有武才, 自前多有軍功, 且善於居官, 得吏民心。 請鄭起龍堂上, 討捕使爲號, 平時則捕土賊, 有變則以此軍, 把截直路。" 答曰: "依啓"
[223] 선조 81권, 29년(1596 병신 / 명 만력(萬曆) 24년) 10월 21일(갑신) 3번째 기사.

정기룡(鄭起龍) 등이 나라를 위하여 충성을 다하였습니다. 인홍은 군량 수송을 끊이지 않게 잘 하였고 기룡은 초탐을 잘 하였습니다. 지금 들으니, 기룡이 체직되었다고 하는데 기룡과 같은 사람은 많이 얻기가 쉽지 않습니다224).”

4) 박진이 아뢰기를 '정기룡은 접전할 때 말에서 내려 적을 베고는 말을 탔는데 이는 매우 어려운 일입니다. 조경(趙儆)이 적에게 살해될 뻔하였다가 기룡 때문에 죽음을 면하였습니다.'

5) "김해 부사(金海府使) 정기룡은 무비(武備)를 정비하고 잔약한 백성을 무휼하였으며 청빈하게 살아가면서도 신산(辛酸)한 고통을 달게 여겼습니다."225)

5. 백성들의 평가

바다에 이순신이 있다면 육지에는 정기룡이 있다226).

6. 明의 마귀장군의 평가

1) "명나라의 제독 마귀(麻貴)가 말하기를 '저도 들었는데 이순신(李舜臣)이 아니었던들 중국 군대가 작은 승리를 얻는 것도 어려웠으리라고 하였습니다. 국왕께서는 조선의 여러 장수 가운데 누가 양장(良將)이라고 생

---

224) 선조 108권, 32년(1599 기해 / 명 만력(萬曆) 27년) 1월 20일(신축) 1번째 기사.
225) 『宣祖實錄』 172권, 37년(1604 갑진 / 명 만력(萬曆) 32년) 3월 29일(기묘) 기사
 "金海府使鄭起龍 修整武備 撫恤殘民 氷蘗自將 甘處酸苦"
226) 해유충무 육유충의(海有忠武 陸有忠毅), 『宣祖實錄』 19년 10월.

각하십니까? 나는 이순신(李舜臣)·정기룡·한명련(韓明璉)·권율(權慄) 등이 제일이라고 여깁니다. 저번에 군문에게 이 말을 하였더니 군문이 상품을 나누어 보내 그들의 마음을 격려하였다고 합니다.'"227)

2) "또 임진년 의병장 정기룡에게 시호를 내리기를 청하니, 임금이 따랐다. 대개 정기룡은 임진왜란에 전공(戰功)이 많아서 그때 명(明)나라에서 그의 이름을 듣고 총병관(摠兵官)을 명하였다."228)

3) "장군은 풍모가 뛰어나고 훌륭하였으며 눈빛은 횃불처럼 빛이 났다. 청렴결백하여 흠잡을 점이 없었으며 항상 남의 곤궁함을 서둘러 돌아보고는 자기의 사사(私事)는 개의치 아니하였다."

7. 계사년 일기

"鄭城主(정기룡)는 비단 용감하고 강건하기 짝할 자가 없을 뿐만 아니라 부지런히 적을 토벌하여 나라를 위해 죽고자 몸을 잊은 까닭이다(정월 7일)."

8. 기타 평가

1) 정기룡은 담력과 용력이 뛰어나고 두 눈이 횃불처럼 빛났다. 그가 적

---

227) 선조실록 103권, 31년(1598 무술 / 명 만력(萬曆) 26년) 8월 15일(무진) 기사 "提督曰 吾亦聞之 天兵非李舜臣 則小捷亦難云 國王以朝鮮諸將中 誰爲良將 俺則以李舜 臣鄭起龍韓明璉權慄等爲最 頃日言于軍門 軍門分送賞物 以勸其心云 上呈禮單不受 上辭出"
228) 영조실록 119권, 48년(1772 임진 / 청 건륭(乾隆) 37년) 12월 14일(갑술) 기사 "又請壬辰義兵將鄭起龍賜諡 上從之 蓋起龍壬辰多有戰功 其時天朝聞其名 制命爲摠兵官也"

지에 뛰어들어 적을 무찌를 적에는 마치 평지를 달리는 것 같았으며, 왜적이 총들을 한쪽으로 모아 일제히 쏘아도 그를 명중시키지를 못하였다. 그는 전투를 벌이다가 목이 마르면 왜적의 배를 가르고 그 간을 씹었다. 용기가 북받쳐 오를 적에는 그가 탄 신마(神馬)가 여섯 길이나 되는 참호를 능히 뛰어 넘고, 가파른 절벽이나 위험한 언덕길도 매나 소리개처럼 날아올랐다.229)

2) 충의공 정기룡장군실기 임진란의 맹호에서 정기룡장군은 임진란 때 육전병장 중에서도 가장 뛰어난 장군이었음을 지적하고, 전쟁에 임할 적마다 경우에 따라 전략을 세워 적은 군사로 많은 적을 무찔렀던 지혜있는 장군이었고, 또 매양 승리만을 노린 것이 아니라 백성들의 안전 여부를 먼저 생각했으며, 언제나 자기는 괴롭고 위태로우면서도 남을 어려움에서 건져내기를 먼저 했던 어진장군이었음을 강조한다. 또 용마를 타고 쌍검을 휘두르며 좌충우돌하는 그의 앞에는 어떠한 적도 감히 나타나지를 못했던 용감한 장군이어서 그야말로 지인용(知仁勇)을 겸비한 영웅이었음을 주장하였다.

3) 그를 위한 모든 기록에서 "크고 작은 60여 차례의 전투에서 매번 적은 군사로 많은 적을 무찌르며 한 번도 져본 일이 없었다"고 평했으며, "그가 가는 곳에는 인민 한 사람의 사상자도 없어 고을이 편안하였으므로 사람들이 그를 두려워하고 또 사랑했었다"고 평가하였다. 이 같이 장군은 우리역사상 혁혁한 공적을 세운이었건만 세상에 그의 이름을 아는 이가 드물어 그때의 역사를 아는 이들은 매양 그를 위하여 민망히 여겨온 것이 사실임을 주장하여 후대 평가의 한계를 지적하였다230).

---

229) 홍량호, 해동명장전, 이계집(耳溪集) "起龍 膽勇絶人 日光如炬 跳盪賊陣 若履平地 賊束銃齊放 而從不中 方酣戰飢渴 則剖倭抽肝大嚼 而出勇氣彌厲 所騎神馬 能超地大壕 騰其絶石登危岸如鷹鸇"
230) 엄기표. 충의공 정기룡장군실기 임진란의 맹호. 세음사 간. 1966.

제 2 장
정기룡장군 구국혼 투영

1. 군인으로서의 정기룡장군

정기룡장군은 군인으로써의 직분이 철저했는데 이는 임란 당시 전력의 열세에 놀라고 새로운 화약 무기가 가공스러워 저마다 도망가기 급급할 때, 오직 수군의 이순신과 육군의 정기룡 두 장수만은 왜적을 막았으며, 이어 연전연승을 거두어 전쟁의 물꼬를 돌려놓았기 때문에 진정한 구국혼으로 현재까지 추앙받고 있는 것이다. 불패의 신화까지도 쌓아올린 것이라든가, 그렇다고 해서 부하들의 희생을 치러서라도 오로지 승리만을 집착하는 무골이 아닌 휘하의 부하들은 물론이고 백성들에게조차 절대적인 신뢰를 이끌어낸 명장으로서 다른 장수들에게서는 기대할 수 없는 또 다른 면면들을 수없이 보여주었기 때문이다.

더구나 애써 그를 수군의 이순신장군과 함께 성웅이라 부르고자함은, 어떠한 조건이나 처지에 처한다 할지라도 휘하의 군사에게 힘을 불어넣어 반드시 이겨낼 수 있는 또 다른 지휘력을 지니고 있었기 때문이다.

이 두 장수는 휘하의 군사와 더불어 어떻게 싸우면 침략군을 무찌를 수 있는지 이미 깨닫고 있었기 때문이다. 제아무리 전력이 절대 우위에 서 있다 하더라도, 저마다 가공스러운 새로운 화약 무기로 무장을 하였다 하더라도 그들이 미처 다 생각지 못한 상대방을 이미 훤히 꿰뚫어보고 있었기 때문이다.

바로 이러한 장수가 임진왜란 7년여 전쟁에서 60전 60전 이라는 놀라운 전승기록을 가진 장군이 육군에서는 오직 정기룡장군뿐이었다는 사실에서 알 수 있다. 그럼에도 불구하고 임진왜란은 많은 영웅을 탄생시켰고 그 중 정기룡도 중요 위인 중 1인으로 부각되어 오고 있는 것이다.

2. 역사속의 정기룡장군

　임진왜란 당시 조선군의 전력이 너무나도 열세여서 잘 훈련되고 조총과 같은 신무기로 무장한 일본군과 단독으로 정규전으로 대결하여 승리할 수 있는 가능성은 매우 적었다[231]. 군사력이라는 측면에서만 보면 한반도를 점령한다는 일본군의 야욕이 황당무계한 것만은 아니었다. 실제로 이순신 장군의 해전을 제외하면 큰 승리의 대부분이 진주성·행주산성 전투와 같은 수성전이거나 평양성 전투, 직산전투와 같은 명나라 군대가 주도한 전투였고 유격전 기습전이 많았다. 따라서 임진왜란 초기의 일본군은 신속한 진격은 어쩔 수 없었던 것이었고, 이러한 전세가 임진년 하반기부터 변화하기 시작한 것은 민중의 자각에 바탕을 두고 일어난 의병과 정기룡장군과 같은 뛰어난 지장과 용장이 있어 우리나라 지리에 맞는 소규모 유격전 전략 전술이 성공하였기 때문이다.

　이러한 소규모 유격전 기습전을 가장 잘 활용한 사람이 정기룡장군이다. 장군은 개전 초 막강한 적군에 대적하는 전술을 묻는 주장에서 "기병을 이용한 기습 돌격전을 통해 적진을 교란시킨 후, 매복한 보병과 기병이 합세하여 반격하는" 전술을 주장하였다. 기습 돌파와 유인 매복의 전술은 임진왜란의 영웅 정기룡의 면모를 가장 잘 보여주는 전술이며, 스스로 준마를 타고 좌충우돌하면서 적을 닥치는 대로 참살하는 장군을 따라 싸우면 모두 승리하는 연전연승의 비결이었다.

---

231) 명나라가 재침한 일본군을 섬멸하고자 동정군(東征軍) 4만4천여 명을 3조로 대군을 편성할 때, 선조실록 정유년(1597) 11월 10일 기사에 따르면, 동·중·서 삼로에 배치된 조선군은 도합 1만2천3백 명에 불과하였다. 경상우도 절도사 정기룡이 지휘하는 중로군은 지체 병력 1천명, 황해도 2천명, 경상도 방어사고언 백의 군사 3백 명 모두 3천 3백 명이었다. [매헌실기]에는 사천성 공략을 앞두고 정기룡이 왕에게 올린 보고에서 자신이 직접 관할하는 병력이 본디 1,000여 명이나 군량미 부족시 400~500여 명은 신축성있게 조절하고, 상시 정규군은 500여 명 선이라고 하였다.

3. 문학 속에 남아있는 정기룡장군

정기룡장군에 대한 역사적 기록은 실록(實錄) 등에 단편적인 기사로만 실려 전하다가 그의 사후에 뜻있는 인사나 후손들의 노력에 의해 비로소 집적되고 체계화되기에 이른다. 그러한 노력의 하나로 우선 장군의 사후 24년이 되던 1646년에 상주군수를 역임한 적이 있는 조정융(曺挺融)이 장군의 전란기의 활동상을 중심으로 역사적 행적을 간략히 정리한『사적(事蹟)』을 편찬하였다.

그러나 이러한『사적』은 빠진 내용이 많고, 관작에 이르러서는 연월조차 밝히지 않는 등 많은 점에 있어 장군의 역사적 실상을 전해 주기에 부족하다는 문제점이 지적되어 왔다.

그리하여 다시금 장군의 사후 96년이 되던 1718년에 증손인 정륜(鄭綸)의 요청으로 채휴징(蔡休徵)이『연보(年譜)』를 편찬하게 된다. 채휴징은 연보를 찬함에 있어 기존에 누락되었던 제현(諸賢)의 집록(集錄)이나 사림(士林)의 대소 기록을 널리 취하는 한편으로 민간에 전송하는 설화까지도 채집하여 보충하기도 하였다. 이렇게『연보』가 완성되고 나서 앞의 조정융에 의한 사적 및 장군의 집안에 전해져 온 전후 문적(文籍)을 한데 묶어 1746년(영조 22)에 총 2권으로 된『매헌실기(梅軒實記)』가 간행되기에 이르렀다.

정기룡장군에 관련된 전기 문자의 집성이라고 할『매헌실기(梅軒實記)』의 내용을 보면 우선 권두에 채휴징의 1718년 찬「매헌실기서」, 인명 미상의 1746년 찬「매헌사적서」가 실려 있다. 본문은 권1에 세계도(世系圖) 총서대략(總敍大略), 그리고 채휴징에 의한『연보(年譜)』가 수록되어 있다. 다음으로 권2에는 조정융에 의한『사적(事蹟)』및 김태일(金兌一)의 발문, 송시열의 신도비, 이만부(李萬敷)의 묘갈명(墓碣銘), 어제문(御製文) 제문 만사 교유서(敎諭書), 황조사감군증(皇朝史監軍謄) 증시(謄詩) 잡부(雜附)

등의 각종 관련 문장이 실려 있다.

이 시기에 정기룡장군의 역사적 행적을 기록한 문헌으로 보듯 전기 집성으로서의 성격을 지니는 『매헌실기』와 더불어 주목해야 할 것은 1794년에 편찬된 홍량호(洪良浩)의 『해동명장전(海東名將傳)』에 수록된 「정기룡전」을 꼽아야 할 것이다. 18세기를 대표하는 학자이자 문장가인 홍량호는 『해동명장전』의 서문에서 나려(羅麗)시대에는 능히 무력으로 나라를 보전하였던 것에 반하여 조선 시대에 와서는 한번 임진왜란을 당하자 온 국토가 와해되고, 특히 병자호란 때에는 오랑캐의 말굽 아래 강토가 유린되었던 사실을 상기하면서 역사에 있어서 나라를 수호한 양장(良將)과 용졸(勇卒)의 분전했던 기록을 후세에 남기고자 책을 편찬한다고 하면서 삼국시대로부터 조선조의 인조 대에 이르는 역대 명장(名將)의 전기를 가려 뽑았다.

이 두 가지 문헌의 차이를 우선 살펴보면 『매헌실기』의 경우는 한 인물의 행적을 역사적 관점에서 후대인이 기록한 간접체험의 기록에 해당하는 실기에 속한다고 할 수 있다232).

구 분	내 용
문학 속 정기룡	『매헌실기』 사적은 가문을 빛낸 선조를 현창하려는 의도 아래 이루어진 연대기적 사실의 기록성을 중시한 사료의 성격을 지니는 반면에 「정기룡전」의 경우는 역사적 영웅을 창조하려는 작자의 의도 아래 역사문학성이 강조된 작품이라고 보아야 할 것이다.

4. 설화속의 정기룡장군

설화 속에 등장하는 정기룡장군에 관한 이야기, 연구, 논문 등이 많이 있으나 여기에서는 생략하였다.

---

232) 이동근, 조선후기 전(傳) 문학 연구, 태학사, 1991.

제3장
조선의 공신책록제도와 정기룡장군의 예우

1. 선무공신[233]과 원종선무공신[234]

 선무공신은 임진왜란 때 큰 공을 세운 무신에게 준 훈(勳)의 이름을 말한다. 1605년, 선조는 도승지 신흠을 내세워 정기룡장군을 선무 1등 공신에 새롭게 추품한다는 교지를 발표하였다. 임진왜란이 끝난 지 7년 만이다. 이를 바탕으로 정기룡이 순국한 지 150년이 흐른 1773년엔 영조가 '충의공'이라는 시호를 내렸다[235].
 당시 선무 1등 공신에 취품된 사람은 이순신과 원균, 그리고 권율 장군 3명이다. 이순신장군이라면 두말할 것도 없이 당연히 1등 공신이다. 하지만 원균과 권율 장군은 아무래도 좀 전공을 볼 때 부족함이 많았다.
 원균 장군이 누군가. 이순신장군이 옥에 갇히자 조선 수군을 지휘하여 칠천량 해전에서 대패하여, 조선 수군을 재기 불능 상태에 빠지게 했으며 이로 인해 후일 일본이 정유재란까지 일으키는 빌미를 제공한 장본인이 바로 원균이다. 그리고 권율장군 또한 임진왜란 7년을 통틀어 행주산성 방어전에서 유일하게 승리한 정도로 타 지역에서의 뚜렷한 전공은 알려져 있지 않다. 그럼에도 권율장군이 추품된 이유로 공신도감의 당상관인 이항복의 장인으로 따라서 이를 의역해 볼 때 공신도감인 장인의 힘이 있었기에 가능했던 것으로 보인다.
 뒤늦게나마 임금이 전교를 내린 것은 우선 당초 공훈 평가가 잘못되었

---

233) 선무공신(宣武功臣)이란 임진왜란 때 큰 공을 세운 무신에게 준 훈(勳)의 이름을 말한다.
234) 여기서 원종선무공신(原從宣武功臣)은 선무공신에 누락된 자에게 공훈을 주면서 "원래의 선무공신에 따른다"는 의미로 쓴 칭호이다.
235) 『조선왕조실록』 영조 49년.

음을 뒤늦게 인정한 것으로 볼 수 있다. 실제 도승지 신흠을 시켜 발표한 선조의 전교(傳敎)에는 임란 직후의 공신 책록을 바로잡는다는 취지가 담겨 있다. 이것이 원종선무공신(原從宣武功臣)이다.

정기룡 장군은 56세가 되던 광해군 9년에는 삼도수군통제사에 임명된다. 이는 막강한 병권을 맡긴 것은 정기룡장군에 대한 광해군의 신임이 절대적이었음을 입증하는 것이었다.

선무공신은 총 18명의 정공신(正功臣)과 총 9천6십명의 원종공신(原從功臣)이 책훈되었는데, 주로 명군 참전 이전인 임진왜란 초전의 활약을 중점적으로 반영한 것이 특징이다.

구 분	내 용
장수로서의 정기룡장군	임진왜란 중 영남 지역을 중심으로 활동하여 정기룡과 비교할 수 있는 주요 지휘관의 살펴보면 다음과 같다. 이들은 대체로 정기룡보다 연령이 높았으며 비슷한 직위로 중첩되어 서로 간의 견제와 시기가 많았다. 국왕이 내린 여러 차례의 유서와 실록의 기록들이 이를 뒷받침한다. 이를 미루어 짐작하면 정기룡은 임진왜란 중 "훈련원 봉사"란 종 9품 하위직에서 2년만에 종 2품 직위에 올랐고, 3년만에 정1품 정승의 반열까지 오른 뛰어난 전략가였다. 자기의 전공(戰功)을 앞세우지 않고, 양보한 덕장이요, 부하와 백성들을 아끼고 구휼한 인장(仁將)이기도 하였다.

2. 공신도감에서의 공신 등급 선정

공신도감(功臣都監)이 【당상(堂上)은 이항복(李恒福)·이호민(李好閔)·황진(黃璡)·홍가신(洪可臣)·박명현(朴名賢)이다.】 아뢰기를,

　전후의 왜적을 정벌할 때에 공로가 있는 사람들을 의의(擬議)하여 취품(取稟)한 것은, 이원익(李元翼)·이순신(李舜臣)·권율(權慄)·원균(元均)·권응수(權應銖)·김시민(金時敏)·이정암(李廷馣)·곽재우(郭再祐)·이억기

(李億祺)·권준(權俊)·이순신(李純信)·이운룡(李雲龍)·우치적(禹致績)·배흥립(裵興立)·박진(朴晉)·고언백(高彦伯)·김응서(金應瑞)·이광악(李光岳)·조경(趙儆)·정기룡(鄭起龍)·한명련(韓明璉)·안위(安衛)·이수일(李守一)·김태허(金太虛)·김응함(金應緘)·이시언(李時言) 등 26인이었습니다[236]. 지금 상의 분부를 받들고서 다시 참작하여 헤아려 보건대, 김시민과 이광악 등을 이미 녹공(錄功)하였으니 이정암이 연안(延安)에서 성을 지켜낸 공도 또한 마땅히 김시민 등의 예에 의해 마련해야겠습니다.

주사(舟師)의 편비(褊裨)에 있어서는 이순신(李舜臣)의 휘하에는 권준·이순신(李純信)·배흥립이고 원균의 휘하에는 이운룡·우치적인데, 그 당시의 각 장계(狀啓)를 조사해 보건대, 이순신의 장계에는 권준·이순신의 이름이 일 등의 첫 머리에 있고, 원균의 장계에는 이운룡·우치적의 이름이 등급을 논할 때는 다른 사람의 아래에 있고 또 다른 장계에는 '이 두 사람의 장군보다 앞설 사람이 없다.'고 하였습니다.

당초에 뽑아내어 취품한 것은 단지 들은 바 주사(舟師)들의 의논이 그와 같았기 때문이었습니다 마는 원균과 이순신의 두 장수가 공을 다투느라 틈이 있는데다가 또한 이운룡·우치적 등의 은상(恩賞)이 복구된 일로 인하여 유감이 더욱 깊어졌기 때문에 그들의 성명을 먼저 들게 된 것입니다. 나타나 있는 문안(文案)으로 말한다면, 이순신의 장계는 비록 과장한 것인 듯하나 분명히 의거한 데가 있는데 비해 원균의 장계는 당초부터 군공(軍功)의 등급에 있어 분명하지 못하여, 어느 때는 이운룡과 우치적 두 사람을 다른 사람들 밑에다 넣었다가 그 뒤의 장계에는 으뜸 공이라고 했으니 앞뒤의 전도가 심한 편입니다. 공론이 비록 그렇기는 하지만 이 두

---

[236] 선조실록 161권, 36년(1603 계묘 / 명 만력(萬曆) 31년) 4월 28일(갑인) 기사 "功臣都監堂上李恒福李好閔黃璡洪可臣朴名賢啓曰 前後征倭有勞人 擬議取稟者 李元翼 李舜臣 權慄 元均 權應銖 金時敏 李廷馣 郭再祐 李億祺 權俊 李純信 李雲龍 禹致績 裵興立 朴晋 高彦伯 金應瑞 李光岳 趙儆 鄭起龍 韓明璉 安衛 李守一 金太虛 全應緘 李時言二十六人"

사람의 군공은 녹공하기 곤란할 듯합니다.
 이순신의 장계에, 이름이 일등에 든 사람은 권준과 이순신(李純信)두 사람만이 아니었습니다. 정운(鄭運) 같은 사람에 있어서도 이름이 1 등의 셋째 번에 들었고, 본디 역전(力戰)한 사람으로 일컬어져 왔는데, 상께서 수효가 지나치게 많다고 경계하셨습니다. 정운이 이미 녹공되지 않았으니 배흥립도 마땅히 삭제되어야 합니다. 다만 그때의 편비 중에 일등에 든 사람들은 우열이 없을 듯한데, 이미 주장(主將)이 없으므로 신들이 들은 것을 참작하여 첫머리에 든 두 사람만 뽑았습니다만 공이 같은데 탈락된 사람들이 반드시 원성이 있을 것입니다. 신들이 날마다 머리를 마주대고 의논하여 감정했지만 합당하게 하지 못했으니, 부득이 이대로 처결하는 것이 이떻겠습니까?
 이억기는 전라 우수사(全羅右水使)로서 이미 해상의 전투에 참여하였으니 녹공에 들어가야 함이 의심할 것 없겠으나 안위는 그 당시 일곱 번의 전투에 한 번도 참여 하지 않았으니 삭제하여야 할 듯합니다. 육장(陸將)들에 있어서는 별로 대단하게 적봉(敵鋒)을 겪었거나 적진을 함락시켰거나 한 공이 없었음은 과연 성상께서 분부하신 것과 같습니다. 고언백(高彦伯)은 비록 왜적을 사로잡고 능(陵)을 수호한 공이 있기는 합니다마는 공로가 고언백과 비등한 사람이 또한 많은데, 고언백은 들어가고 다른 사람은 모두 들어가지 못한다면 뭇사람들의 마음이 반드시 섭섭하고 원통하게 여길 것입니다. 또 호종(扈從)했던 사람들은 많은 쪽으로 마련하고 왜적을 정벌한 사람들은 이처럼 약소하게 한다면 뒷날에 생길 근심을 또한 염려하지 않을 수 없습니다. 전일에 취품하였던 육장(陸將)들 중에서 다시 참작하여 뽑아내서 공로가 있는 사람은 모두 녹공을 하는 것이 어떻겠습니까?"
 하니, 전교하기를,

 "윤허한다. 그 사람들의 공로는 내가 어떻게 알 수가 없으니, 충분히 혜

아려 반드시 공평하고 올바르게 하여 사람들의 비난이 일어나지 않게 하는 것이 온당하다. 속담(俗談)에 '친구 덕으로 공신(功臣)이 되었다.'는 말이 있다. 이 말이 농담에서 나온 것이지만 그런 일이 혹은 틀림없는 수도 있을 것이다. 그러나 이번의 일이 그렇다는 것은 아니니, 오해하지 말라. 다만 그 일을 신중하게 하여 종정(鍾鼎)에 녹훈(錄勳)하는 일을 한결같이 공정하게 하고 혹시라도 외람하게 하는 일이 없도록 하려는 것이다. 만약 실지로 공이 있는 사람이라면 어찌 논공하지 않을 수 있겠는가."하였다237).

---

237) 功臣都監【堂上李恒福˝ 李好閔˝ 黃璡˝ 洪可臣˝ 朴名賢】啓曰: "前後征倭有勞人, 擬議取稟者, 李元翼˝ 李舜臣˝ 權慄˝ 元均˝ 權應銖˝ 金時敏˝ 李廷馣˝ 郭再祐˝ 李億祺˝ 權俊˝ 李純信˝ 李雲龍˝ 禹致績˝ 裵興立˝ 朴晉˝ 高彦伯˝ 金應瑞˝ 李光岳˝ 趙儆˝ 鄭起龍˝ 韓明璉˝ 安衛˝ 李守一˝ 金太虛˝ 全應緎˝ 李時言 二十六人, 而今承上敎, 更爲參商, 則金時敏˝ 李光岳等, 旣錄其功, 則李廷馣˝ 延安守城之功, 亦當依時敏等磨鍊矣˝ 舟師褊裨李舜臣麾下, 則權俊˝ 李純信˝ 裵興立, 元均麾下, 則李雲龍˝ 禹致績, 而查考其時各狀啓, 則李舜臣狀啓, 權俊˝ 李純信之名, 在於一等之首, 元均狀啓, 李雲龍˝ 禹致績之名, 論等第則在人下, 又有別狀啓, 稱此二人等, 功無出右˝ 當初拈出取稟者, 只爲所聞, 舟師之論如此, 而元˝ 李兩將, 爭功有釁, 亦緣李雲龍˝ 禹致績等, 復其恩賞之故, 而益深, 故先擧其姓名矣˝ 以現出文案言之, 李舜臣狀啓, 雖似誇張, 明有可據, 元均狀啓, 初不了的軍功等第, 時置李˝ 禹兩人於人下, 而其後狀啓, 乃稱其首功, 顚錯甚矣˝ 公論雖如彼, 而此兩人之功, 紀錄似難˝ 李舜臣狀啓, 名在一等者, 亦不但權俊˝ 李純信兩人而已, 至如鄭運, 名在於一等第三次, 而素以力戰稱, 今以過多爲戒, 鄭運旣不見錄, 則裵興立亦當刪去矣˝ 但其時褊裨, 參於一等者, 似無優劣, 而旣無主將, 臣等以聞見參酌, 只取居首二人, 功則見屈者, 必有其怨˝ 臣等連日聚首議勘, 未得其當˝ 不得已如是處之乎? 李億祺, 則以全羅右水使, 旣參於海上之戰, 參錄無疑, 安衛, 則其時七度之戰, 皆不及參, 似當刪去矣˝ 陸將, 別無大段摧鋒陷陣之功, 果如聖敎, 但高彦伯, 雖有捕倭護陵之功, 而功勞之與彦伯相等者, 亦多有之˝ 彦伯旣參, 而他人俱不參, 則衆情必憾冤˝ 且扈從, 則從優磨鍊, 而征倭則如是略小, 後日之虞, 亦不可不念˝ 前日取稟陸將中, 更爲酌量, 拈出尤有功勞者, 竝錄何如?' 傳曰: 允˝ 此人等功勞, 予無由知之, 十分參量, 必以公˝ 必以正, 無致人議爲便˝ 諺曰: '以友之德, 而爲功臣' 此言雖出於戱, 其理則或有所不遠者矣˝ 然非以今次之事爲然也˝ 勿以辭害義, 只欲其愼重, 使紀勳鍾鼎之擧,一出於正, 而冊或猥濫也˝ 若其實有功者, 則何可不論哉【태백산사고본】【영인본】 24책 471면.

3. 조선의 공신책록제도와 정기룡장군

해전의 22전 22승의 이순신장군과 육전의 60전 60승의 정기룡장군은 우리나라 역사상 가장 처참했던 전쟁 임진왜란(1592~1598)을 승리로 이끈 해전, 육전의 쌍벽의 장군이었다.

이순신장군은 바다에서 적선을 보이는 족족이 부셔 왜군의 보급로를 차단했고, 정기룡장군은 육지에서 싸워 조선을 거쳐 명나라를 치려던 왜군을 독 안에 든 쥐로 만들었다. 그런데 이상하게도 7년간의 임진왜란을 승리로 마무리한 이듬해 추진된 전쟁 공신 명단에서 성웅 이순신장군과 행주산성에서 대승을 거둔 권율장군은 물론 패장 원균까지 '선무 1등 공신'에 추품되었으나, 정작 가장 화려한 전공을 세운 정기룡장군의 이름은 보이지 않았다.

임진왜란 최전선 남쪽지역에서 60전 60승을 거둔 육군의 정기룡장군은 1599년 공신도감에서 처음 추품한 전쟁 영웅 26명 명단에 당당히 이름이 올랐으나, 공신도감이 최종적으로 내놓은 9단계 109명의 명단에는 빠져 있었다.

사색당파 간 정실로 이루어진 공신취품으로 민심은 동요하였다. 그리하여 이를 비방하기에 이르고, 정기룡을 공신으로 취품해야한다는 괘서까지 붙기에 이른다. 의금부는 괘서의 출처는 고사하고 범인색출을 한답시고 정기룡의 심복인 오종철을 압송하여 심문까지 하기에 이른다. 젊은 전쟁 영웅의 탄생과 1등공신책록을 시기한 간신배들의 이간질의 결과였다.

즉, 선조와 조정 신료들은 당시 정치적, 정파적 고려에 따라 의도적으로 정기룡장군을 무시했을 것이라는 추론이 가능하다. 실제 일등공신에 책록된 이순신, 원균, 권율 장군의 면면을 살펴보면 이런 추정에 공감이 간다. 세 명 중 이순신, 원균 장군은 이미 전사한 뒤였고, 권율장군은 육순을 넘긴 노장이어서 이들을 일등공신으로 삼는 데 따른 정치적 부담은 거의 없을 것이다.

이로써 국위를 선양하고 해동명장(海東名將)으로서 그 이름을 떨치게 하고, 수많은 전투를 승리로 이끌어 누란(累卵)의 위기를 당한 국난을 극복하는 충의를 다하였으나 난(亂)이 평정된 후 일차 논공행상(論功行賞)에서 책훈(策勳)되지 못하였으나 세운 공을 드러내 말하지 아니하고 자기의 직무에만 진력하니 과연 큰 인물, 군자의 모습이었음을 볼 수 있다.

구 분	내 용
공신책록 제도	일차 논공의 행상이 정실(情實)로 판정되어 국론이 분분하여 왕명에 의하여 재차 엄정한 논공이 이루어지니 그때서야 비로소 선무공신(宣武功臣) 일등 제5위에 책록되었으니 그때가 선조 38년 서기 1604년 4월 16일 이었다.

4. 영웅의 조건논란과 반발

임란 종전 후 조정에서는 전쟁 공신을 선별하기 시작해 이듬해 4월 공신녹권(功臣錄券, 공신에게 수여하던 상훈 문서)의 교지를 발표하였다. 전장을 누비며 국난 극복의 최일선에 섰던 공을 인정받은 선무(宣武) 일등공신에는 이순신, 원균, 권율 등 세 장군이 포함되었다.

그러나 도저히 납득할 수 없는 일이, 그 많은 공신 중에 정기룡장군의 이름이 보이지 않은 것이다. 왜군과 단 한 번도 맞선 적이 없는 인물들도 적잖이 공신 칭호를 얻은 반면 육군 최고의 용장으로 기개를 떨친 정기룡장군은 어떤 이유이선지 쏙 빠져있었던 것이다.

이유는 대략 다음 두 가지로 집약될 수 있다. 수군의 두 영웅은 이미 전장에서 쓰러지고 만 몸이며, 육군의 권율장군 또한 이미 육순을 넘긴 노장이었다. 야망을 품기에는 행주산성에서의 단 일전(一戰)뿐이라는 전과가 그의 한계였다.

그에 반해 정기룡장군은 갓 37세의 젊은 장수였다. 60여 전을 치러 단 한 차례도 패하지 않은 불패의 신화를 쌓아올린 젊은 영웅이었던 것이다.

그 이유로는 사색 정파의 희생양이었다. 그러면서 혹자는 그를 당시 동인(東人) 정파였던 김성일(金誠一)의 계보라고 주장하는 이도 있다. 하지만 그러한 주장은 액면 그대로 받아들이기는 어려울 것 같다. 임진왜란이 발발하였을 때 그는 갓 서른한 살의 초급 장교였을 따름이다. 벼슬 또한 겨우 종8품의 훈련원 봉사였던 그가 어디에 줄을 대고 하기에는 아직 너무 낮은 직위로 큰 세력을 발휘할 수 없었기 때문이다. 김성일 또한 임진년 이듬해 6월에 전사해 두 사람 사이에 무엇이 오고갈 짬이라곤 도무지 조성되지 않았다. 그러면서 곧 지옥과도 같은 임진왜란 전쟁이 터지고 말았고, 그 이후에도 어디 징파에 줄을 낼 만큼 한가로운 짬이라곤 마련되지 않았다. 그가 어디 정파에도 몸을 담지 않았음은 그가 교유했던 당대 인물들을 살펴보아도 금방 알 수 있다. 당시 실력자라던 영의정 류성룡이나 병조판서 이항복, 도원수 권율과 사사건건 대립 각을 세웠으면 세웠지 그들을 추종하고 따랐다는 기록은 그 어디에도 찾아보기 어렵다.

더욱이 7년여 동안 전쟁을 치르면서 그가 악몽처럼 시달려야만 했던 군량미 부족 사태에 이르기까지 그러한 사실을 보더라도 더 극명해진다. 차라리 그가 어디 정파에라도 줄을 섰다면 적어도 한번쯤은 그쪽을 통해서 군량미를 얻을 수가 있었을 것이다. 굶주린 병사들이 저마다 드러누워 있는 상황에서 속절없이 하늘만을 쳐다보고 있지는 않았을 것이다. 한데 그러한 기록은 『매헌실기』나 『조선왕조실록』 어디에도 발견되지 않았다238). 그리고 사색으로 갈린 정파 역시 짊은 전쟁 영웅에게는 이른바 '자기 사람'이 아니었다. 갓 서른일곱 살의 젊은 전쟁 영웅의 탄생을 두려워하고 있는 선조와 생각이 서로 맞아떨어졌기 때문에 그를 그토록 철저히 배제시켜 버릴 수 있었던 것이다.

---

238) 정양생. 상게서, 1985.

제5부 장군에 대한 평가와 정치적 배신

임란 종전 직후만 하더라도 오랜 전란에 피폐해질 대로 피폐해진 민심의 이반을 임금과 조정으로서는 걱정하지 않을 수 없었고, 그런 시국에 37세의 젊은 장군이 전쟁영웅으로 전면에 등장하게 되면 왕권유지에 큰 위험이 될 것으로 판단했을 것이다. 즉, 선조와 조정 신료들은 당시 정치적, 정파적 고려에 따라 의도적으로 정기룡을 무시했을 것이라는 추론이 성립된다. 실제 일등공신에 책록된 이순신, 원균, 권율은 육순을 넘긴 노장이어서 이들을 일등공신으로 삼는 데 따른 정치적 부담은 거의 없었다.

당시 선조는
"전쟁도 피난도 끝났다. 살아있는 영웅은 죄인이다! 그를 버려라!"[239]

선조의 말은 언뜻 "혁혁한 공을 세운 정기룡을 왜 선무 1등 공신으로 취급하지 않았는가?"라고 추궁하는 듯 들린다.

한마디로 선조는 살아있는 전쟁영웅을 원하지 않았던 것인지도 모른다. 다행히 이항복이 취품한 1등 공신 세 사람 중 두 사람은 이미 죽은 사람들이고, 나머지 한사람 권율장군은 60세를 넘긴 노인이라 안심이 되었으므로 자신을 위협할 가능성이 거의 없었으므로 안심한 것이다.

5. 정기룡장군의 대수장군 호칭

공신책록이 사실(史実)대로 엄정하게 선별되어야 하나 사실은 온갖 不正이 개입하여 엉뚱한 사람이 들어가는 경우가 허다하였다. 전쟁이 끝나고 논공행상(論功行賞)을 할 때에는 보통 1등공신으로 인정받기 위해 자기의 공(功)을 앞세워 과대포장하기도 하고, 힘 있는 사람과 접촉하는 등 온갖 짓을 다하게 된다. 임진왜란 7년 전쟁이 끝나고 공과를 논할 때에도

---
239)『宣祖實錄』선조 31년 10월.

제3장 조선의 공신책록제도와 정기룡장군의 예우

온갖 정실과 부정이 많았다.

"선무공신(宣武功臣)"이란 이름 그대로 "임진왜란 때 큰 전공(戰功)을 세운 무신(武臣)에게 내리는 녹훈"인데 전쟁 한 번 해 보지도 않았던 사람은 공신에 책록되고, 목숨 걸고 싸웠던 정기룡장군은 빠져있었던 것이다. 얼마나 부정과 정실로 가득 찼던 잘못된 결과인가.

보통 사람의 경우 큰 공을 세운 자가 공훈 명단에 빠지면 찾아가 따진다든지 의의를 제기해 시정(是正)을 촉구해야 하는데 정기룡장군은 일체 그런 행동을 하지 않았던 것이다.

정기룡장군의 생각은 나라가 위난을 당하면 구국일념으로 목숨 걸고 싸우는 것이지 자기의 공(功)을 주장하는 것은 소인배의 짓이라고 생각한 것이다. 1등공신에 책록되면 논밭은 물론 후손들까지 편히 살 수 있는 여러 가지 혜택이 있었는데도 정기룡장군은 일체 개의치 않았던 것이다. 하물며 조정 신료들 중에서도 100전 100승의 정기룡장군 공시누락을 잘못되었다고 지적하였고, 백성들 중에서는 공신책록 잘못을 상소하고 분노하는 자도 많았지만 정기룡장군은 일체 개의치 않았던 것이다. 이 얼마나 성인(聖人)다운 풍모인가?

그 뒤로부터 사람들은 옛날 중국 후한 광무제(光武帝) 때의 명장 풍이(馮異)장군이 큰 공을 세우고도 겸손하여 자기 공을 내세우지 않고 다른 사람들이 논공에 열을 올릴 때 큰 나무 밑에 가서 뒷짐 지고 있었던 풍이장군을 비유해 대수장군(大樹將軍)이라 불렀던 것이다.

처음 이름이 무수(茂樹)였으니 성품상 대수(大樹)명칭도 무관치는 않은 듯하다.

제 4 장
정기룡장군의 공적, 인조반정에 묻히다

1. 광해군이 왕세자에 오르기까지

1) 선조임금의 고민

선조는 임진왜란 발생 이후 의주까지 피난 가는 상황에 이르는 과정에서 당시 임금으로서 전쟁을 막지 못한 책임과 국민생활도탄과 전쟁참화로 걱정이 태산 같았다. 첫 왕비인 의인왕후가 자식을 낳지 못하자 늘 정사에 전념하지 못하고 깊은 시름까지 겹쳤다. 그래서 여러 이해 당파들로 인해 후궁을 얻게 되는데 이들로부터 여러 아들을 얻었다. 그 중 후궁 공빈 김씨로부터 얻은 임해군과 광해군을 낳았다.

선조는 광해군이 어릴 때부터 똑똑하고 영특하여 비록 둘째였지만 왕세자로 책봉하였다. 그 뒤 첫 왕비인 의인왕후가 별세하자 새 왕비로 인목왕후를 맞이하게 되는데 그 시기에 영창대군이 태어나 선조의 마음이 흔들리고 갈등이 일어났다. 이는 선조임금이 정실왕비의 직계자손에게 왕위를 물려주고 싶었기 때문이다. 그렇게 하려면 이미 책봉된 광해군 왕세자를 폐위시키고 왕세자를 새로 책봉해야 하는데, 당시 시대상황을 볼 때 많은 정치세력이 맞물려 있는 역학관계에서 그 어디 쉬운 일이겠는가?

구 분	내 용
인조반정의 시초	당시 영창대군은 아직 너무 어리고 선조의 근심은 깊어 가던 중 선조가 갑자기 서거(1608년)하게 되자 광해군이 바로 왕위를 계승하게 되면서 역사의 소용돌이가 된 인조반정의 시초가 싹트게 된 밑바탕이 되었다.

2) 선조임금의 왕손세계도(王孫世系圖)

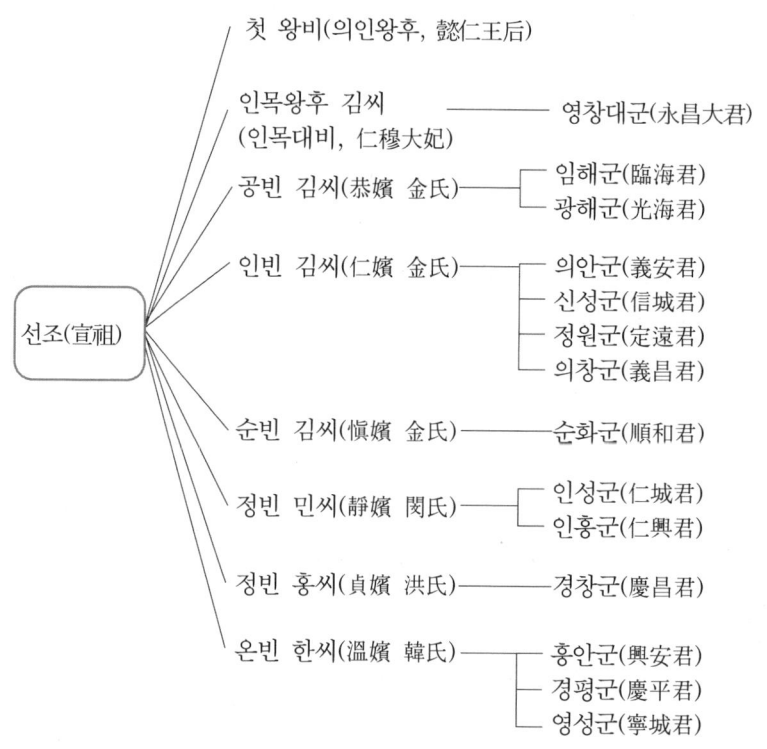

3) 不和의 불씨는 그대로 남아

전시가 아닌 평화시대였다면 광해군이 왕세자가 될 가능성은 희박하였다. 그러나 당시 상황이 전쟁 상황 아래서 갑자기 왕세자로 책봉되고 국왕이 되었으나 친형인 임해군의 입장이 어려웠고 정실적지적자(正室適止嫡子)인 영창대군과 생모 인목대비는 당연직인 왕위를 빼앗겠다는 생각을 가지고 있었기 때문에, 그에 얽힌 각 당파의 이해득실이 얽혀 있어 광해군은 항상 불안(不安)요소를 내포하고 있었다.

2. 광해군시대

1) 광해군시대의 당파세력

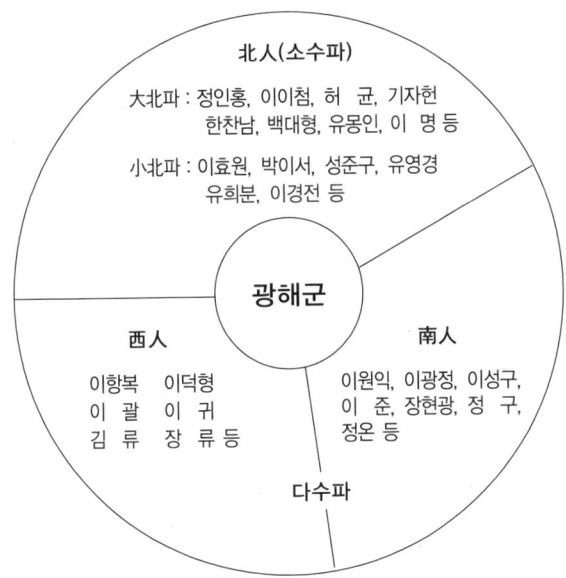

2) 연립정권 광해군조의 세력다툼

광해군은 즉위 초부터 피폐해진 전쟁복구를 위해 당파를 초월한 화합인사를 단행하였다.

왕세자시절 전쟁의 참상을 직접 체험한 광해군은 탕평정책 대동법(大同法)240) 등 사회개혁 정책을 추진하였다.

서인, 남인 그리고 북인 중 대북파가 공존하는 연접정권의 성격이었으

---

240) 대동법(大同法) : 조선시대 선조 이후 공물(貢物:특산물)을 쌀로 통일하여 바치게 한 납세제도를 말한다. 조선시대 공물제도는 각 지방의 특산물을 바치게 하였는데, 부담이 불공평하고 수송과 저장에 불편이 많았다. 또 방납(防納:代納), 생산되지 않는 공물의 배정, 공안(貢案)의 증가 등 관리들의 모리 행위 등의 폐단은 농민부담을 가중시켰고 국가수입을 감소시켰다.

나 소수파인 대북파가 왕권강화의 명목으로 공안정국을 조성하여 다수파인 서인과 남인을 축출하고 권력을 독점하려는 무리수를 두면서 붕당적 정치질서(朋黨的 政治秩序)가 파괴되고 서로 충돌하게 된다.

3. 인조반정

1) 인목대비를 폐모시키다

왕권강화를 부르짖고 있는 대북파는 인목대비가 영창대군 왕위 옹립(擁立) 가능성이 있으니 후환을 없애야 한다고 광해군에게 수차례 간하게 된다.

드디어 1618년 1월 대북파는 창덕궁 뜰에 조정백관을 모아 놓고 정청을 벌리고 광해군의 윤허를 받아 폐모를 관철시킨다. 이로써 8살된 어린왕자 영창대군(永昌大君)이 죽임을 당하고, 인목대비는 왕대비 지위를 잃고, 폐모가 되어 창덕궁 석어당에 유폐되며 친정아버지 김제남(金悌男)도 역모 혐의로 죽임을 당하는 피바람이 몰아친다.

이로써 대북파는 조정의 주도권을 완전히 장악하였으나, 반대파의 불만도 커져 뒤에 인조반정의 결정적 빌미가 된다. 그리고 정치의 주도권을 손에 쥔 대북파는 소북파까지 축출하기 위해 영창대군을 옹립(擁立)하려하였다는 을 꾸며 소북파의 세력을 꺾는 정변이 다시 일어난다. 이것이 이른바 "계축옥사(癸丑獄事)"인데 주위 세력을 제거하기 위한 또 한 차례의 살육전이었다.

2) 광해군의 무리수와 비판

광해군과 옹호세력 대북파는 정적을 다 숙청하고 주변 세력 소북파까지 처단하였으니, 후환이 없어졌다고 기대했으나 윤리문제가 부각되면서 여론이 급속히 악화되었고, 서인(西人)중심의 반정(反正)세력들이 은밀히 행동을 개시하였다.

특히, 조선시대 중반 16세기 이후는 성리학이념이 보다 강하게 정착되면서 유교이념 충효논리(忠孝論理)라던가 형제간의 우애, 의리, 명분 이런 부분이 훨씬 더 강화되는 시점이었다. 그런 시점에서 광해군이 자신의 왕권강화를 위해 저질렀던 동생을 죽이고 어머니를 유폐시키는 이 사건은 당시 보편적인 사료들이 정서에는 너무나 극단적인 행위라고 판단이 들었을 것이다. 광해군과 대척점에서 있던 서인세력은 기회를 놓치지 않았다. 광해군의 인목대비 폐모결정 이후 서인 세력의 본격적인 쿠데타 논의가 시작되었다. 그들은 은밀하게 접촉하여 새롭게 추대할 임금까지 정해놓고 있었다. 다시 피바람이 몰아칠 폭풍전야였다.

3) 광해군을 폐위시키고 인조 등장

왕실의 최고 어른이자 어머니였던 인목대비가 모든 권력과 자격을 빼앗기고 석어당에 유폐된 지 5년, 얼마나 한이 맺히고 피를 토했겠는가?

광해군이 왕위에 오른 지 10년 하룻밤 사이에 서인들에 의해 인목대비가 머물던 석어당 앞으로 끌려와 무릎을 꿇은 사람, 그는 어제까지만 해도 용상에 있었던 조선의 15대 임금 광해군이었다. 이어 석어당의 문이 열리고 인조가 들어서며 추상같은 어명을 내린다.

광해는 천리를 서억하고 인륜을 무니뜨러 위로는 종묘사직(宗廟社稷)에 죄를 짓고 아래로는 만백성에게 원한을 맺었다. 이에 너를 폐위(廢位)시키노라![241]

이것이 광해군 10년 1623. 3. 14일 인조반정(仁祖反正)의 시작이다.

천리를 거역한 폐륜군주(廢倫君主)라는 이름으로 광해군을 몰아내고 새

---

241) 인조실록(仁祖實錄)

로운 임금을 추대한 인조반정 그날 이후 조선의 역사는 새로운 전기를 맞았다. 조선왕조 500년 동안 왕을 쫓아낸 무력정변(武力政變)은 여러 차례 있었다. 태조 이성계의 5번째 아들인 이방원은 형제들을 차례로 제거하고 왕위에 올랐다. 이른바 왕자의 난이다. 세종의 차남인 수양대군 역시 계유정난(癸酉靖難)을 일으켜 조카 단종에게서 왕위를 빼앗았다. 광해군의 왕위를 빼앗고 인조가 왕이 된 사건을 인조반정이라고 부른다. 그런데 인조반정은 이러한 왕자의 난이나 계유정난과는 명칭부터가 다르다. 되돌릴 반, 바로잡을 정 글자 그대로 반정은 잘못된 체계를 바로잡아 올바른 질서로 되돌린다는 뜻이다.

쿠데타가 아니라 혁명이라는 뜻이다. 반정이라는 바로 이 두 글자에 인조반정에 대한 조선 후기의 인식이 담겨 있다고 해도 과언이 아니다. 이 사건은 조선 중기와 후기를 가르는 전환점이라고 할 정도로 조선의 정치, 사회적인 흐름을 바꿔놓는 격변이었다.

4. 인조반정 이후의 정세변화

1) 퇴계학파와 남명학파

16세기의 벽두인 1501년 영남(嶺南)의 우도(右道)와 좌도(左道)에서 우리나라를 대표할 수 있는 두 사람의 대학자인 남명 조식(南冥 曺植)[242]과 퇴계 이황(退溪 李滉)이 태어났다. 두 사람은 서로 간에 기질, 처세방법,

---

242) 남명 조식(南冥 曺植, 1501~1572년)은 조선 전기의 성리학자이고 영남학파의 거두이다. 본관은 창녕(昌寧), 자는 건중(楗仲), 호는 남명(南冥)으로 명종과 선조에게 중앙과 지방의 여러 관직을 제안 받았으나 한 번도 벼슬에 나가지 않고 제자를 기르는 데 힘썼다. 그는 유학사상 중 "義의 행동철학을 강조한 강직한 선비정신"을 가르쳤으며, 수많은 제자들은 정계·학계 각 분야로 진출했고 의병장도 많았다. 경남 진주에 남명학 연구소가 있다.

학문경향, 정치에 대한 시각 등에서 많이 달랐지만, 평생 학문을 연구하는 학자로서 많은 제자를 길렀다는 점에서는 같았다.

선조조(宣祖組)에 이르러서 퇴계·남명의 제자들은 과거(科擧) 혹은 추천을 통해서 관계에 많이 진출하였다. 임진왜란 이전에는 퇴계 제자들의 세력이 더 컸으나 임진왜란 이후에는 남명 제자들의 세력이 더 컸다.

남명의 제자들은 임진왜란(壬辰倭亂) 때 목숨을 걸고 의병을 일으켜 나라를 구출하였기 때문에 조정에서 발언권이 있었고, 임금의 신임도 두터웠다.

선조(宣祖) 임금 후반기부터 점차 강력한 세력을 형성하기 시작한 남명의 제자들은 광해군(光海君) 시대에는 여타 학파의 세력을 배제하고서 일당독재체제를 구축해 나갔다. 이런 태도는 배척당한 학파 사람들의 결집을 촉진하여 마침내 인조반정(仁祖反正)을 초래하게 되는데, 이 인조반정으로 인해서 남명의 제자들이 주축이 된 북인정권(北人政權)은 완전히 파멸(破滅)되었고, 율곡(栗谷)·우계(牛溪) 계열의 사계 김장생(沙溪 金長生)[243]의 제자들이 주축이 된 세력들이 새로 등장하여 정계와 학계를 장악하였다[244].

2) 강경파의 횡포와 반발세력

선조(宣祖) 말년부터 광해조(光海朝) 전체에 걸쳐 조정에 진출하여 남명학파(南冥學派)를 이끈 대표적인 인물이 정인홍(鄭仁弘)[245]이었다. 그러

---

[243] 사계 김장생(沙溪 金長生, 1548년 7월 한성~1631년 충청남도 논산)은 조선의 유학자이며, 동방 18현 중의 한 사람이다. 자는 희원(希元), 호는 사계(沙溪), 본관은 광산이다. 아버지는 사헌부 대사헌 김계휘(金繼輝)이며, 어머니는 정부인 평산 신씨로 이간공(夷簡公) 신영(申瑛)의 딸이다. 저서로는 《사계전서(沙溪全書) 51권, (見朝鮮王朝實錄, 沙溪全書, 神道碑文)》, 《경서판의》, 《가례집람》, 《송강행록》 등이 있다.

[244] 『續雜錄』, 권1(大東野虎 제7책 所收), pp.485-493.

[245] 정인홍(鄭仁弘, 1535~1623)은 조선 전기 문신으로 자는 덕원(德遠), 호는 래암(萊庵), 본관은 서산(瑞山)이고 남명(南冥) 조식(曺植)의 문인이다. 그는 학행(學

나 그는 강직하나 포용력이 부족하여 다른 학파는 물론이고, 사소한 일로 남명학파에 속하는 인사들과도 관계가 악화되게 만들었다. 당시 같은 대북파(大北派)에 속하던 허균(許筠)마저도 정인홍 등 대북파(大北派)의 권력 독점에 대해서 그 불합리성을 지적하기도 하였다[246].

대북파들이 권력을 독점하고 관직에서 배제된 우계(牛溪)·율곡(栗谷) 계열의 인사들이 하급관료로서 침체되어 있는 상황은 관직을 공평하게 안배하는 이치에도 맞지 않고, 천리에도 맞지 않는다는 것을 지적하여, 나라가 나라답지 못할 것이라고 하여 그 앞날에 야기될 문제임을 암시하였다. 허균(許筠)의 예견은 정확하게 적중하여, 율곡·우계의 문인들 가운데서 대북파 집권 이후 관직에서 축출되어 불우하게 지낸 이들이 결사(結社)하여 마침내 인조반정(仁祖反正)을 성사시켜 내북파 정권을 타도했던 것이다.

광해조에 이르러 정인홍(鄭仁弘)·정구(鄭逑)·곽재우(郭再祐) 등을 제외하고는 남명의 제자들은 모두 세상을 떠났고, 남명의 재전제자(再傳弟子)들이 활약하던 시기였는데, 대북파 안의 인물들은 대부분 정인홍의 제자들이었다. 그러나 정인홍은 자기의 노선에 따르지 않으면 자기 제자라도 가차 없이 핍박을 가하였다.

그 대표적인 경우가 1613년 영창대군(永昌大君)을 죽인 정항(鄭沆)을 죽이라고 상소한 동계 정온(桐溪 鄭蘊)을 제주도로 귀양 보낸 일이었다. 동계는 당시의 실권자 이이첨(李爾瞻)을 찾아가, 옥사를 일으켜서는 안 된다는 의견을 개진하였다. 그리고 정인홍(鄭仁弘)에게도 서신을 보내어 그 부당성을 지적하였다. 그러나 영창대군(永昌大君)은 역모(逆謀)의 죄를 덮어쓰고 강화도(江華島)에 유폐(幽閉)되었다가 살해되었고, 인목대비(仁穆大妃)의 아버지 김제남(金悌男)은 역모죄로 처형되었다. 나중에 대북파 정

行)으로 천거되어 여러 관직을 역임하고, 임진왜란이 일어나자 합천(陜川)에서 의병(義兵)을 모집, 성주(星州)에 쳐들어온 왜적을 물리치고, 영남의병장(嶺南義兵將)의 칭호를 받았다.
246) 상게서.

제5부 장군에 대한 평가와 정치적 배신

권은 이 사건으로 인하여 강상(綱常)에 죄를 얻어, 동계 정온(桐溪 鄭蘊)이 말한 대로 어떤 말로도 변명할 수 없는 패륜적인 정권으로 후세의 비판을 받게 되고 말았다.

정온은 봉사(封事)를 올려, 영창대군의 위호(位號)를 추복(追復)하여 대군(大君)의 예(禮)로 장사지내고, 정항(鄭沆)을 목 벨 것을 요청하고, 또 폐모(廢母)·살제(殺弟)의 논의를 맨 먼저 낸 정조(鄭造)·윤인(尹訒)·정호관(丁好寬)을 먼 변방으로 추방할 것을 요청하였다. 당시 조정의 관료들은 대부분 대북파의 위세에 눌려 누구도 감히 과감하게 바른 말을 못하던 그런 상황이었다. 정온은 이 일로 10년 동안 제주도에 유배되어 있다가 인조반정 이후에야 풀려 날 수 있었다.

정온을 구하려고 노력한 정인홍의 제자 문경호(文景虎)·오장(吳長)·강대수(姜大遂)·이대기(李大期) 등은 모두 삭탈관작되거나 유배당하는 처벌을 당하였다[247].

나중에 남인으로 활약했지만, 북인계열에 속하던 윤선도(尹善道)도 1616년 11월, 이이첨(李爾瞻) 등의 전천(專擅)을 지적하였다. 그러나 윤선도의 말이 옳았지만 대북파 정권에서는 조금의 자기 성찰 없이 윤선도를 경원(慶源)에 귀양 보냄으로써 언로(言路)를 차단하고 말았다. 윤선도가 지적한 이이첨 등의 문제점은, 과거(科擧)의 부정, 집권자 자제들의 요직 독점, 이원익(李元翼)·이덕성(李德馨)·심희수(沈喜壽) 등 사직지신(社稷之臣)을 내쫓은 일 등이었다[248].

영창대군 옥사(永昌大君 獄事)와 폐모론(廢母論)이 일어났을 때, 반대의견을 개진한 원로대신 이덕성(李德馨)·이항복(李恒福)·이원익(李元翼)·심희수(沈喜壽)·정창연(鄭昌衍)·오윤겸(吳允謙) 등을 모두 삭탈관작하거나 유배를 보내고, 독단적으로 정권을 운용하였기 때문에 민심을 많이 잃

---

247) 상게서.
248) 상게서.

었다. 특히 이덕형·이항복·이원익·심희수 등은 당파적인 색채가 거의 없었는데도 북인(北人)들의 핍박을 받음으로 해서 당파를 갖게 된 것이다. 또 남명의 제자 가운데 생존해 있던 정구(鄭逑)와 곽재우(郭再祐) 등의 전은(全恩)의 주장도 받아들이지 않았다.

폐모론(廢母論)이 일어난 이후, 더 이상 대북파 정권에게 기대할 것이 없다고 생각한 이항복(李恒福)은 대북파의 핍박을 받는 상황에서 그 제자 및 후배들에게 대북정권(大北政權)을 무너뜨릴 반정(反正)을 암묵적으로 지시한 적이 있었다.

대북파 정권의 전천(專擅)에 대해서 조야(朝野)의 인사들은 어느 당파를 막론하고 강한 불만을 갖게 되었고, 이것이 서인 소장세력들이 일으킨 인조반정(仁祖反正)을 성공하게 만들었다. 심유는 김유대로 동지들을 규합하고, 율곡(栗谷)·우계(牛溪)의 제자인 이귀(李貴)는 이귀대로 동지를 규합하여 일을 추진하다가 마침내 힘을 합쳐 대북정권을 축출하게 되었던 것이다.

사계 김장생(沙溪 金長生)의 제자들 이 주축이 되어 1623년 3월 13일 광해군을 폐출(廢黜)하고 인조(仁祖)를 옹립한 인조반정(仁祖反正)을 성공시켰다. 이들 반정공신(反正功臣) 가운데서 율곡 이이(栗谷 李珥)나 우계 성혼)牛溪 成渾의 제자였다가 다시 같은 제자이면서도 연장자인 김장생(金長生)의 제자가 된 사람이 많았다.

광해군 때 처벌당했거나 소외되었던 세력들이 다시 조정을 차지하게 된 것이다. 특히 남인들은 본래 북인과는 같은 뿌리인 동인에서 갈라져 나왔지만, 광해군 때 대북의 핍박을 받은 동지라는 점과 민심 수습을 위한 목적에서 서인들이 수용하여 공동정권에 참여시켰다.

반정세력들은 광해군을 36조의 죄목으로 수죄(數罪)하여 강화도에 유폐(幽閉)시켰고, 정인홍(鄭仁弘)·이이첨(李爾瞻) 등 대북세력(大北勢力)들을 처형하거나 유배 보냈다.

대북세력을 처벌하고 나서 인조(仁祖)는 종묘(宗廟)에 고하여 팔도(八道)에 정인홍을 단죄하는 교서(敎書)를 내렸다.

광해군 때 대북파(大北派)에서 행한 일 가운데서 가장 큰 실책으로는 영창대군(永昌大君)을 살해한 것과 인목대비(仁穆大妃)를 유폐(幽閉)한 것이다. 정인홍(鄭仁弘)이 행한 일 가운데서 가장 큰 실수는, 퇴계(退溪)와 회(晦)의 문묘종사(文廟從祀)를 반대하며 그들을 인신공격을 가한 것과, 정온(鄭蘊)과 그 동조세력을 처벌한 것이었다.

대북파의 정책은 이이첨(李爾瞻)에 의해서 집행되었다 해도, 그는 정인홍(鄭仁弘)의 제자였고, 정인홍이 광해군에게 이이첨을 가장 믿을 만한 사람으로 강력하게 추천했기 때문에 정인홍이 완전히 책임을 면하기는 어려웠다.

대북파의 대부분은 처형되거나 유배되어 대북파는 존재가 소멸되게 되었다. 북인 가운데 살아남은 사람들 가운데서, 어떤 사람은 본래 뿌리가 같은 남인으로 돌아가고, 어떤 사람은 서인으로 변신하였다. 경향각지에 존재하던 정인홍(鄭仁弘)의 제자나 인척들은, 인조반정(仁祖反正) 이전에 정인홍과 맺어진 관계를 부정하기에 바빴다. 이들의 후손들은 지금까지도 정인홍과의 관계를 부정하고 있고, 문집(文集) 등 각종 문적(文籍)에서 정인홍과 관계있는 글은 빼거나 개변(改變)하여, 정인홍(鄭仁弘)이 주도한 대북파의 실상을 파악하기 어렵게 만들어 놓았다.

3) 율곡학파와 사계 김장생의 등장

반정공신(反正功臣)들은 대부분 율곡(栗谷)의 제자거나 우계(牛溪)의 제자들이었는데, 율곡은 1584년에, 우계는 1598년에 세상을 떠났으므로, 제자 가운데서 가장 연장자이고 학문적인 수준이 높은 사계 김장생(沙溪 金長生)이 선조(宣祖) 말기부터 광해조(光海朝)에 걸쳐 이들을 규합하여 지도하고 있었다. 율곡·사계의 가운데는 다시 김장생을 스승으로 모신 사람도 많이 있었다.

특히 기축옥사(己丑獄死)와 연루되어 계속 북인들의 공격의 대상이 되어 왔던 성혼(成渾)과 정철(鄭澈)의 누명을 벗기고, 동인(나중의 남인, 북인)들의 잘못을 부각할 것을 암시하였다.

이런 김장생의 지시에 따라 반정 직후에, 이귀가 건의하여 성혼과 정철을 신원(伸寃)하고, 그 관작(官爵)을 복구시켜 주었다. 이 때 남인인 이원익(李元翼) 등도 이일에 찬동하였다.

동인(東人)들은 본디 송익필(宋翼弼)을, 기축옥사(己丑獄死)를 조작해 내어 동인들을 타도하려는 음모를 꾸민 원흉으로 그쳤는데, 김장생(金長生)은 서성(徐渻)·정엽(鄭曄) 등과 상소하여 송익필(宋翼弼)의 신원(伸寃)을 요청하였다.

또 대부분의 반정공신(反正功臣)들은 요직을 차지하고서, 자신들의 동문인 김집(金集)·송시열(宋時烈)·송준길(宋浚吉) 등을 추천하여 출사(出仕)하게 함으로써, 김장생의 제자들은 거의 대부분 조정의 높은 자리를 차지하게 되었다.

인조반정 이후 김장생의 문인 가운데서, 정계에서 활약하면 판서(判書) 이상의 관직을 지낸 인물로는 김류(金瑬)·이귀(李貴)·최명길(崔鳴吉)·강석기(姜碩期)·정홍명(鄭弘溟)·이후원(李厚原)·송시열(宋時烈)·장유(張維)·조익(趙翼)·이경직(李景稷)·이시백(李時白)·신경진(申景禛)·구굉(具宏)·구인후(具仁垕)·이홍연(李弘淵)·윤이지(尹履之)·이경석(李景奭)·오준(吳竣)이고, 정승을 지낸 인물만도 10여 명이나 된다.

학계에서는 김집(金集)·송시열(宋時烈)·송준길(宋浚吉)·이유태(李惟泰)·최명길(崔命吉)·조익(趙翼) 등이 있었고, 이후 김집(金集)·송시열(宋時烈)로 이어지는 학통(學統)이 율곡학파(栗谷學派)의 적통(嫡統)을 계승하여, 그 학파의 학자들이 전국적으로 두루 퍼져나갔다. 윤선거(尹宣擧)는 우계학파(牛溪學派)를 계승하여 소론계(小論系) 학파를 열었다.

문학자로는 장유(張維)·정홍명(鄭弘溟)·이후원(李厚原)·임숙영(任叔英) 등이 대제학(大提學)을 맡는 등 나라의 문운(文運)을 주도하였다.

김장생은 정묘호란(丁卯胡亂) 때 송흥갑(宋興甲)·윤전(尹烇)·안방준(安邦俊)·고순후(高循厚) 등과 의병(義兵)을 규합하여 왕세자(王世子)를 보호하는 등 국가 보위를 위해서 정성을 다 바쳤다.

4) 선조, 광해조 충신 이유로 정기룡장군을 역사매몰

정기룡장군은 선조께서 승하하시고 광해(光海)가 등극하자 나라의 병권을 맡은 중신(重臣)으로 오위도총부도총관(五衛都摠府都摠管), 삼도수군통제사(三道水軍統制使), 보국숭록대부 지중추부사(輔國崇祿大夫 知中樞府事)에 올라 국지동량(國之棟梁)으로 입신 하였으나 17대 삼도 수군통제사 재임중 61세를 일기로 한산도 진영에서 서거하시니 서기 1622년(광해 14년) 2월 28일 이었다.

이와 같은 역사의 소용돌이 속에 선조 때 국난극복의 영웅이며 광해군 때 삼도수군통제사까지 이른 정기룡장군 또한 인조반정과 더불어 대북파의 득세로 동인, 서인, 남인 소북파의 단절과 병권 최고의 실세로서 정기룡장군 또한 영웅임에도 불구하고 누명을 쓰고 불행을 당한 것이다. 선조 때 국관극복의 영웅이며 광해군 때 삼도수군통제사로서 풍부한 경험과 리더십을 살려 제대로 평가받지 못하고 인조반정과 더불어 희생양이 되었던 것이다.

구 분	내 용
인조반정과 정기룡장군	돌아가신 다음해 인조반정(仁祖反正)으로 광해가 축출 당하자 반정의 실세들에 의해 장군의 국난극복 위훈도 역사의 뒤안길로 묻혀버리고 광해조의 중신(重臣)임을 이유로 청사의 장에서 밀려나게 되었던 것이다.

5. 대륙의 정세변화와 조선의 외교

1) 후금의 세력 팽창과 광해군 실리외교

임진왜란 와중에 세자로 책봉(册封)되었던 광해군은 정쟁의 현실에서 전쟁의 참화를 온몸으로 체험하였다. 군졸을 이끌며 민심을 수습하고 전쟁현장을 누비고 다니던 과정에서 명나라군의 실체를 직접 목격했던 광해군이었다.

특히, 전쟁의 참상을 뼈저리게 경험했던 그런 왕이었기에 그래서 자신이 즉위한 이후에 특히, 외교관계에 있어서만은 가장 큰 방안은 전쟁을 막겠다는 생각이었던 것이다. 당시의 어떤 조정의 신하들이라던가 여론이 명에 대한 은혜를 갚고 오랑캐를 물리쳐야지 하는 여론이 많음을 무마하면서 후금과 명과의 사이에서 중립외교(中立外交)를 고수하면서 전쟁을 막았다는 것은 지금의 현대의 관점에서 보았을 때도 긍정적인 것이다.

광해군이 명나라 지원군 파병을 결정한 것은 그로부터 1년 뒤 압록강을 건너와 명나라 군과 합류한 조선군은 후금과의 전투에 들어갔다. 결과는 명나라군의 대패였다.

강홍립(姜弘立)[249]이 항복하기 전에 후금 측에 밀서를 보내 양국이 원래 원수진 일이 없고 조선은 부득이하게 군사를 보냈다고 한다. 무슨일이 있었던 것인가. 광해군은 항복하라고 지시를 한 것인가. 파병 당시 광해군이 강홍립에게 비밀리에 이런 지시를 내렸다.

"기미년 전쟁에 광해주가 원수 홍립에게 형세를 보고 향배(항복과 공격)를 정하기를 비밀리에 명하였으니...."

---

249) 강홍립(姜弘立)은 조선 중기의 무신으로 본관 진주(晋州), 자 군신(君信), 호 내촌(耐村). 참판 신(紳)의 아들이다. 그는 명나라의 원병으로 5도도원수(五道都元帥)가 되어 후금을 쳤으나 대패하였다. 후에 후금에 투항하였으나 억류생활을 하였다.

1619년 11월의 후금의 동향은 "오랑캐 추장(누르하치)의 아들 망고태와 홍태시가 조선을 그대로 두고 요동을 칠 수 없다고 말하므로, 추장이 여러 아들과 장수들을 모아 놓고 날마다 모의하는데, 언제나 비밀이 엄하므로 다만 들리기를.... 혹시 변경에 쳐들어 올 우려가 없지 아니합니다."

강홍립이 보낸 밀계(密啓) 중에서 이후에도 강홍립은 계속해서 임금인 광해군에게 밀계(密啓)를 보내 후금의 동향을 광해군에게 자세히 보고하였다. 광해군은 이러한 강홍립의 보고를 바탕으로 변화하는 대륙정세를 읽고 능동적으로 대처하였다. 그러나 명나라에 대한 제조지은(再造之恩)의 이데올로기에 발목 잡혀있던 인조반정 세력에게 이러한 광해군의 실리외교는 명나라에 대한 배신이자 불충이었고, 광해군을 폐위시키는 반정의 빌미가 되었던 것이다.

인조반정 이후 광해군의 실리외교 노선은 완전히 사라졌다. 실리에 따라 뒤바뀌는 냉혹한 국제관계에 대응하는 기준이 명분론(名分論)으로 흐른다. 인조반정 세력이 가장 서둘러 추진했던 것도 명나라로부터 인조의 왕위계승을 승인받는 것이었다. 명나라는 숭명반청(崇明反淸)의 기치를 내걸고 출범한 인조정권을 어떻게 평가했을까...

조선 국왕 이혼이 그 조카 종에게 찬탈(簒奪)당하였다. 명나라 자금성에 인조반정 소식이 전해진 건 1623년 4월 "즉시 조선으로 병력을 출동시켜 역적들을 토벌해야 합니다. 우리가 조선의 상국으로써 도리를 다하려면 하루라도 빨리 폐위된 광해군을 복위시키고 새 왕을 폐위시켜야 할 것입니다."

당시 후금은 요동지역을 완전히 장악하고, 북경을 향해 서진하고 있었다. 그런데 거침없이 뻗어나가던 후금은 산해관(山海關)에 가로막혀 더 이상 진격하지 못하고 명나라와 대치하는 상황이었다. 장장 6천킬로미터에 달하는 만리장성(萬里長城) 그 동쪽 끝에 철옹성으로 불리는 산해관이 있

제4장 정기룡장군의 공적, 인조반정에 묻히다

다. 당시 명나라로써는 산해관은 후금의 침입을 막는 최후의 보로이자 전략적 요충지(要衝地)였다.

2) 후금, 산해관 요새에 막혀 조선수군 이용계획

산해관(山海關)은 만주와 북경을 잇는 육로상의 유일한 관문이었기 때문이다. 결국 산해관을 넘지 않으면 북경으로 나갈 수 없었던 후금은 산해관을 사이에 두고 명나라와 치열한 신경전을 전개하고 있었다. 이런 대결 구도에서 명나라와 후금이 예의주시한 것은 조선수군이었다.

당시 조선수군은 임진왜란을 거치면서 명성(名聲)이 자자하였다. 그런데 후금이 그런 조선의 도움을 받아 압록강을 타고 황해로 나아간다면 산해관을 거치지 않더라도 명나라의 본토를 공격할 수 있게 된다.

3) 明나라의 실리, 인조책봉 수용

이러한 상황에서 명나라가 가장 두려워한 것은 새롭게 들어선 인조정권이 후금과 손을 잡고 명나라를 칠지도 모른다는 불안감 때문이다. 그런데 인조정권이 거듭 책봉을 요청하면서 스스로 충성을 맹세하고 나섰던 것이다. 명나라로써는 생색도 내고 실리도 취할 수 있는 절호의 기회였다. 마침내 명나라 조정은 순한 오랑캐인 조선을 이용하여 후금을 친다는 이이공이(以夷攻夷) 전략으로 인조의 책봉을 결정하였다. 인조정권이 책봉을 요청한 지 22개월만이었다. 인조의 조선은 명나라에 대한 명분론(名分論)이 제1의 가치로 삼았지만 명나라는 이토록 냉혹한 실리론으로 조선을 길들이고자 한 것이다.

반정이란 잘못된 판도를 바로잡아 올바른 질서를 세운다는 뜻이다. 그렇다면 인조반정 세력은 조선 내부의 잘못된 것들을 제대로 고쳤을까. 백성들의 눈에는 관리들의 부정부패(不正腐敗)는 여전했고, 광해군 때와 달라진 것이 없었다는 뜻이다.

4) 이괄의 난 발생(1624년)

이괄의 난은 인조반정의 주역이었던 이괄(李适)이 논공행상(論功行賞)에 불만을 품고 일으킨 반란이다.

인조가 왕에 오른 지 10개월 창덕궁은 또 다른 반란군에게 점령당한다. 반정공신 이괄이 2등공신에 책봉된 것에 불만을 품고 일으킨 반란이었다. 이괄은 거침없이 도성으로 진격했고, 인조는 황급히 창덕궁을 빠져나가 공주로 피신하였다. 창덕궁을 점령한 이괄은 선조의 또 다른 손자를 왕으로 옹립하였다. 전열을 정비한 관군과 이괄의 반란군은 각각 인왕산과 안산에 진을 치고 전면전(全面戰)에 들어갔다.

이괄의 난은 갓갓으로 진압되었지만 인조반정의 후유증은 크고 깊었다. 인조반정이 가장 중요한 점은 당파들의 시각으로 세상을 바라보게 되었다는 것이다. 더 이상 국왕이라고 무조건 충성하는 것이 아니고 우리당과 당론이 같으면 같이 정치를 하는 것이고, 우리당과 당론이 다르면 제거를 하는 것이다. 정국을 불안하게 하는 역모사건이 꼬리를 물고 일어났다.

대륙의 정세는 더 급박하게 돌아갔다. 명나라는 점점 기울어 갔고, 후금은 심양으로 도읍을 옮기고 더 강성한 기세로 뻗어나갔다. 누르하치의 뒤를 이어 황제에 즉위한 홍타시(皇太極)는 일찍부터 숭명반청(崇明反淸) 기치를 내건 조선을 노리고 있었다.

뒤 늦게 사태의 심각성을 알아차린 인조정권은 서둘러 전시체제(戰時體制)로 돌입하였다. 그러나 총동원령을 내리고 훈련원에 소속된 4천명의 군사를 징발했지만 모여든 군사는 수백 명에 불과하였다.

5) 병자호란의 발발

국제적 역학관계(力學關係)를 무시한 채 명분론으로 국제정세에 맞섰던 인조정권은 병자호란(丙子胡亂)이라는 엄청난 대가를 지불해야 하였다. 결국 병자호란이 일어 난지 45일 만에 인조는 청나라 태종에게 무릎을 꿇었다.

  실리와 명분의 갈림길에서 정치권의 판단과 선택의 역사의 흐름을 어떻게 바꾸게 되는지 보여준다.

  광해군의 인목대비 폐모조치와 제조지은(再造之恩)을 배반한 외교적 비판을 하며 정치적으로 권력교체에 성공한 인조반정 하지만, 인조반정 세력은 그 명분론에 집착할 수밖에 없었던 구조적 한계로 인해 그 변화를 능동적으로 막을 수 없었던 것이다.

  국방을 튼튼히 하지 못하고, 나라를 지킬 힘을 기르지 못했던 선조임금은 임진왜란을 막아내지 못하여 국토는 초토화되고 백성들은 죽을 고생을 하였다.

  광해군은 찬혹한 전쟁을 체험했기 때문에 국방강화에 노력하였다. 그러나 선조임금이 왕세자 책봉을 분명히 하지 않았기 때문에 왕권다툼이 시작되었고 결국 인조반정으로 이어졌다. 광해군은 전쟁의 쓰라림을 체험했기 때문에 국방을 공고히 해 나갔으나 인조반정으로 무너지고 서로 죽이고 죽는 당파싸움으로 번져 나라 안보는 뒷전이 되었다. 인조가 광해군을 도와 국방강화책을 지속하였다면 병자호란을 막아냈을 것이다.

  선조 때는 해양세력의 강화로 한반도가 초토화되었고 인조 때는 북방세력의 융기로 한반도가 불바다로 변하였다. 우리가 단합하지 못하면 전쟁을 불러들이는 꼴이니 온 국민이 일치단결하여 국방을 강화하고 국력을 기르는 것이 나라를 지켜나가는 유일한 길임을 예나 지금이나 같은 이치로 강조되고 있는 것이다.

잃어버린 영웅을 찾아서

제1장 효종의 북벌정책, 정기룡장군을 다시 깨우다
제2장 임진왜란 4大 대첩을 주장하는 이유
제3장 박정희 대통령, "정기룡장군을 성웅(聖雄)의 반열로 모셔라"
제4장 정기룡장군의 추모사업 역사
제5장 임진왜란의 교훈을 찾는다
제6장 정기룡장군 현창사업에 대한 건의사항
제7장 정기룡장군 연구자 및 연구기관, 단체

제1장
효종의 북벌정책, 정기룡장군을 다시 깨우다

1. 효종의 북벌계획과 정기룡장군

효종은 1619년에 인렬왕후에게서 태어났으며 이름은 호, 자는 정연이다. 1631년 12세에 장유의 딸 장씨와 혼인하였고, 1636년 병자호란이 일어나자 인조의 명으로 아우 인평대군과 함께 비빈, 종실 및 남녀 양반들을 이끌고 강화도로 피난하였으나 이듬해 강화가 성립되어 형 소현세자(昭顯世子) 및 김상헌(金尙憲) 등과 함께 청나라에 볼모로 잡혀갔다. 8년여의 볼모생활 동안 많은 고통과 고생을 겪으며 반청 사상을 정립시킨 그는 1645년 먼저 귀국한 소현세자(昭顯世子)가 죽었다는 소식을 듣고 들어와 그 해 9월 세자에 책봉되고, 1649년 5월 인조가 죽자 31세의 나이로 조선 제17대 왕으로 등극하였다.

효종은 청나라에 머무르면서 자신의 의지와는 관계없이 전쟁으로 인해 온갖 고초를 다 겪었기 때문에 청나라에 대해 많은 원한을 가지고 있었다. 때문에 그는 집권 초기부터 배청 분위기를 확산시키며 송시열(宋時烈)의 북벌론(北伐論)에 근거하여 북벌 계획을 추진하였다. 그는 이 계획을 수립하기에 앞서 우선 친청파들을 제거하기 시작하였다.

당시 대표적인 친청 세력은 김자점(金自點)이었다. 그는 인조반정의 공신이라는 입지를 바탕으로 한때 정권을 장악해 권세를 누리다가 대간의 탄핵을 받아 물러난 바 있으며, 이후 김류(金瑬)와 제휴하면서 다시 정계에 나선 인물이었다. 김자점은 사은사로 수차에 걸쳐 청나라를 내왕하면서 청과 우호적인 관계를 형성하는 한편 인조의 총애를 받던 후궁 조소용과 결탁하여 인조의 의심을 받고 있던 소현세자를 비난하여 인조와 이간을 시키기도 하였다. 그리고 조소용(趙昭容)이 낳은 효명옹주(孝明翁主)와 자신의 손자 세룡(世龍)을 혼인시킴으로써 궁중과 유착 관계를 보다 강화시켰다. 그러나 김자점(金自點)은 자신의 절대적인 후원자였던 인조가 죽고 효종이 즉위하여 김상헌, 송시열 등 반청 인사들을 대거 중용하자 그들의 탄핵을 받아 유배당하였다. 그는 유배 후에 신변의 위협을 느낀 나머지 역관 이형장(李馨長)을 시켜 새 왕이 청나라를 치려고 한다고 효종을 청에 고발하였다. 이 사건으로 청나라는 군대를 압록강 근처에 배치하고 진상을 조사하기 위해 사신을 파견하였다. 하지만 이 사건은 무마되었고 김자점은 다시 광양으로 유배되었다. 광양으로 유배된 김자점(金自點)은 1651년 조귀인과 짜고 다시 역모를 획책한다. 그러나 이 계획은 미리 폭로되어 아들과 함께 죽었으며, 그를 후원하던 인조의 후궁 조귀인(趙貴人)도 사약을 빋있고 그를 따르던 무리들도 모두 축출 낭하었다.

1) 군사력 강화

김자점 역모 사건으로 친청 세력을 모두 제거한 효종은 북벌(北伐)을 위한 본격적인 군비 확충 작업에 착수하였다. 1652년에는 북벌의 선봉 부대인 어영청(御營廳)250)을 대폭 개편 강화하고, 임금의 호위를 맡은 금군을 기병화하는 동시에 1655년에는 모든 금군을 내삼청(內三廳)에 통합하고 군사도 600여 명에서 1천여 명으로 증강시켜 왕권을 강화시켰다. 또한 남한산성을 근거지로 하는 수어청을 재강화하여 한성 외곽의 방비를 보강하였고, 중앙군인 어영군을 2만, 훈련도감군을 1만으로 증가시키고자 하였으나 재정이 빈약하여 실현하지 못하였다.

한편 1654년 3월에는 지방군의 핵심인 속오군(束伍軍)의 훈련을 강화하

---

250) 어영청(御營廳)은 1623년(인조 1년) 설치된 5군영 중 3군문(三軍門)의 하나로 당시 개성유수(開城留守) 이귀(李貴)가 장정 260명을 모아 화포술(火砲術)을 가르치고 이를 어영군(御營軍)라는 이름으로 만들었다. 조선 정부는 이귀를 어영사(御營使)에 임명하고 어영찬획사(御營贊劃使), 찬리사(贊理使) 등의 벼슬을 신설하여 군대를 개편하였다. 1624년에는 총융청에 소속되었다가 1628년 새로 어영청을 설치하였다. 1652년(효종 3년)에는 효종의 북벌 계획에 의해 어영청을 정비, 강화하였다.

기 위하여 인조 때 설치되었다가 유명무실화된 영장 제도를 강화하고, 1656년에는 남방 지대 속오군(束伍軍)에 정예 인력을 보충시켜 기강을 튼튼히 하였다. 그리고 한양 외곽과 강화도 군력을 증강시켜 수도의 안전을 꾀하였다.

2) 나선정벌에서 자신감을 얻다

효종은 이러한 군비 증강을 바탕으로 두 번에 걸쳐 나선(러시아)정벌을 감행하기도 하였다. 나선은 흑룡강변의 풍부한 자원을 탐내어 흑룡강 우안의 알바진 하구에 성을 쌓고 그곳을 근거지로 삼아 모피를 수집하는 등 불법적인 탈취행위를 하였다. 그 때문에 주변의 수렵민들과 분쟁이 잦았으며, 나아가서는 청나라 군대와 충돌을 빚기도 하였다. 청은 수차에 걸쳐 나선인들의 국경 진입을 막았지만 그들은 점차 송화강 유역까지 활동 범위를 넓혀 노략질을 일삼았다. 청나라 정부는 군사를 보내어 영고탑(寧古塔)에서 전투를 벌여 그들을 축출하려 했지만 오히려 그들의 총포에 번번이 당하곤 하였다. 청은 별 수 없이 조선 조총군의 힘을 빌리기로 하였다. 청은 조선 조총군사 100명을 뽑아 회령을 경유하여 영고탑(寧古塔)에 보내줄 것을 요구하였다. 조선 조정은 심의 끝에 조총군사 100명과 여타 병력 50명을 파견하여 청나라 군사와 함께 나선 병력을 흑룡강 이북으로 격퇴시켰다. 이것이 1654 년 4월에 있었던 제1차 나선 정벌이다. 조선은 1658년 6월 청의 요청에 따라 다시 조총부대 200명과 초관 및 여타 병력 60여 명을 파견해 제2차 나선 정벌에 나섰다. 나선 정벌에 나선 청군과 조선 조총군은 송화강과 흑룡강이 합류하는 지점에서 적을 만났다. 이 때 나선 군은 10여 척의 배에 군사를 싣고 당당한 기세로 다가왔는데, 청군은 겁을 먹어 감히 그들을 대적할 생각을 하지 못 하였다. 그러나 조선군이 화력으로 적선을 불태우자 나선군은 흩어졌고, 이 후 흑룡강 부근에서 활동하던 나선군은 거의 섬멸되었다. 이 두 번의 나선 정벌은 조선군의 사기를 한껏 높여 이 후에도 나선 정벌을 핑계로 조선은 산성을 정비하고 군비를 확충하여 북벌 작업에 박차를 가하였다.

3) 하멜귀화, 신무기 보급

표류해온 네덜란드인 하멜을 훈련도감에 수용하여 조총, 화포 등의 신무기를 개량, 보충하게 하고 필요한 화약 생산을 위해 염초 생산에 매진하였다. 하지만 이런 집념어린 군비 확충 작업은 번번이 재정적 어려움에 부딪쳐 중단되곤 하였다. 그리고 지나치게 군비 확충에만 주력한 나머지 민생을 곤란하게 하는 등 부작용이 나타나기도 하였다.

4) 국방강화, 사회개혁, 민생안정책 추진

소현세자(昭顯世子)와 함께 오랫동안 볼모생활을 하며 반청 감정을 강하게 키웠던 효종은 왕으로 등극하자 곧 친청 세력을 몰아내고 척화론자들을 중용하여 북벌계획을 강력하게 추진하였다. 이 같은 북벌 계획은 끝내 실행에는 옮기지 못했지만 그 덕택으로 국력이 강성해져 사회 안정의 기반을 마련할 수 있게 된다.

즉, 효종은 국방 강화와 동시에 경제적인 안정을 꾀하였다. 두 번에 걸친 외침으로 말미암아 완전히 파탄지경에 이른 경제 질서 확립을 위해 그는 충청도와 전라도 근해 지역에 대동법을 확대 실시하고, 전세를 1결당 4두로 고정하여 백성들의 부담을 줄였다.

한편 문화면에서도 역법의 발전을 꾀하기 위해 태음력(太陰曆)과 태양력(太陽曆)의 원리를 결합하여 24절기의 시각과 1일간의 시간을 계산하여 제작한 시헌력(時憲曆)을 사용하게 하였다. 또「국조보감」을 재편찬해 치도의 길을 바로잡고,「농가집성」등의 농서를 마련해 농업 생산을 늘리려 하였다. 또한 흐트러진 윤리를 바로잡기 위하여 소혜왕후가 편찬한「내훈」, 김정국이 쓴「경민편」등을 간행하였다.

제6부 잃어버린 영웅을 찾아서

한편 남한산성 삼전도[251]에서 청태종에게 당한 굴욕은 조선의 왕과 신하들에게 감당키 어려운 미증유의 치욕이었는데 이 역사적인 현장에 우암과 효종은 스승과 제자로 함께 있었다.

삼전도비(三田渡碑)[252]! 병자호란 당시 인조가 청태종에게 무릎을 꿇은 현장이다. 송시열은 병자호란 당시 대군사부, 즉 봉림대군의 스승으로 이 치욕의 현장을 함께 하였다. 그리고 봉림대군은 청나라에 8년간 볼모로 끌려갔다. 청나라에 대한 복수, 북벌의 필요성을 가장 절감했던 이가 효종이었다. 인조의 뒤를 이은 효종은 즉위한 해부터 북벌을 추진하기 위한 일련의 정책들을 실시하였다. 그것은 군정실태를 파악하고 군제를 개편하는 한편, 도망간 노비를 불러들여 병력을 보강하는 것이었다.

---

251) 삼전도(三田渡)는 조선 시대 한강 상류에 있던 나루터이다. 오늘날의 위치로는 서울특별시 송파구 석촌동 부근이다.
252) 삼전도비(三田渡碑) : 병자호란 때 청나라 태종이 조선 인조의 항복을 받고 자기의 공덕을 자랑하기 위해 세운 전승비(戰勝碑)로 옛 송파나루터에 세웠으나 지금은 서울특별시 송파구 석촌동 289-3번지에 공원으로 조성되어 있다.
  명칭 : 삼전도비(三田渡碑)   지정 : 사적 제101호(1957. 2. 1)
  시대 : 조선조 인조 17년(서기 1639년)   위치 : 잠실동 47번지 석촌호수 서호
  면적 : 200.09㎡   규모 : 총고 5.7m, 신고 3.95m, 폭 1.4m,
  재료 대리석
  삼전도비는 이곳 지명을 딴 것으로 원명은 대청황제공덕비이다. 이 비는 병자호란 3년 뒤인 인조 17년(1639) 12월에 청나라의 강요에 따라 조선에 피해를 주지 않았다는 거짓표현을 써서 한강변 삼밭나루터, 항복 당했던 자리에 세워졌던 치욕의 비이다. 그 후 청일전쟁 후 고종 32년(1895)에 이 비를 강물 속에 쓰러뜨렸으나 일제 강점 후(1913)에 일제가 우리민족이, 다른 민족에게 예속되어 왔던 것을 증명하기 위하여 다시 세워 놓았다. 1945년 8월 광복이 되자 이 비를 지역주민들이 땅속에 매몰하였다. 1963년에 홍수로 그 모습이 드러나자, 문교부에서 원위치보다 조금 동남쪽인 석촌동으로 옮겼다. 1980년대 송파대로 확장 시 주택가 내 공원(석촌동289-3)에 세워져 있던 비를 원 위치 고증을 하고 문화재청의 협의 및 승인하에 현재의 위치(잠실동 47)로 이설을 하였다. 삼전도비는 당초 한강변 나루터 인근에 세워졌으나 치욕의 역사물이란 이유로 수난과 수차례 이설을 거듭해 왔다. 이 비는 3개국 문자가 새겨진 유일한 것으로 전면 오른쪽에는 만주(여진) 글자로 20행이 새겨져 있고, 왼쪽에는 몽고문자 20행이 새겨져 있다. 뒷면은 한문으로 새겨져 있는데 비문은 칠분해서체이며, 이 비의 비문은 이경석이 지었고, 글씨는 당시 명필인 오준, 두전은 여미징이 썼다.

제1장 효종의 북벌정책, 정기룡장군을 다시 깨우다

그리고 효종 6년, 노량진에서 관병식, 즉 군사열병식이 거행되었다. 북벌을 향한 효종의 굳은 집념의 결실이었던 것이다. 북벌에 대해서 먼저 적극적으로 생각하고 그것을 제안했던 사람은 효종이었다. 자신이 청나라 볼모로 붙잡혀가지고 굉장한 고생을 했고 또 처음 잡혀갔을 때 보고 듣고

옛 석촌동 소재 삼전도비

석촌 호수 서호에 이전된 삼전도비

임진왜란에 이어 병자호란까지 당한 치욕의 역사현장, 우리는 치욕의 현장을 감추려 하지 말고 후손들에게 교육시켜 국가안보를 강화하는 교육현장으로 활용해야 할 것이다.

관찰한 것이 있어 이를 적극 활용하였다. 그래서 아마 군사력이 어느 정도가 되면 청나라를 한번 칠 수 있겠구나, 그래서 상했던 자존심을 회복할 수 있겠구나 이런 생각을 했던 것이다. 그러니까 현장경험은 효종이 매우 많다고 볼 수 있고 또 그것은 실제적인 거사라고 할 수 있을 것이다. 그 효종의 생각은 북벌의 방법을 빨리 군사력을 길러가지고 군대를 가지고 청나라를 공격하는 것이었다.

현재 육군 박물관에 전시된 무기를 보면 효종이 북벌을 구체적으로 준비했던 사실을 알 수 있다. 먼저 병자호란까지 사용해오던 짧은 화살이 긴 화살로 교체되었고 화살촉도 더욱 강하고 예리해졌다. 병법 또한 바뀌었다. 허리를 낮추고 활을 쏘는 청나라 기사법을 택한 것이다. 허리를 곧추세우는 조선의 기사법과 달리 청나라 기사법은 적의 활을 피하기 쉽기 때문이다.

조선의 전통적인 기사방법은 몸을 꼿꼿이 세워서 발사하는 방법이었기 때문에 그 방법은 말의 속력을 증가시킬 수 없었다. 자세를 낮추면서 더욱 더 관통력을 증진시킬 수 있기 위해서는 화살이 커지고 화살촉이 아주 예리해서 궁극적으로 전투력을 상실케 만드는 것이 목적이었다. 가장 큰 무기의 변화는 총포의 개량이다. 평야가 많은 만주벌판에서 북벌작전을 수행할 때 조총을 주무기로 기동전을 펼치겠다는 복안인 것이다. 때문에 연간 2~3천점에 달하는 조총을 집중적으로 만들었다.

효종이 특별히 관심을 가졌던 부분은 당대 신식무기였던 총포류에 대한 관심이었다. 총포류가 가지고 있는 장점이라고 하면 활을 쏘는 궁수를 양성하려면 10년 이상의 세월이 필요하지만 총포수를 양성하는 데는 약 열흘 정도의 훈련만으로도 우수한 병사로 될 수 있었기 때문에 효종은 당대 정예 포병인 정포 10만 양성을 목표로 삼았던 것이다. 이렇게, 효종대에는 무기개량을 비롯한 조총이 집중적으로 만들어져 상당한 성과가 있었다. 그러나 효종의 급격한 군사력강화정책은 강력한 반발에 부딪치게 된다.

신하들은 군사로 인해 백성의 어려움이 가중되었으며 백성의 반란까지도 우려된다고 줄지어 상소를 올렸다. 이러한 상소는 효종에게는 왕권의 지지기반까지 잃을 수 있는 위기였다. 그렇다고 북벌을 포기할 수도 없는 노릇이었다.

5) 효종, 송시열[253]과 기해독대

효종이 생각한 것은 우암 송시열의 협조를 얻는 것이었다. 우암 송시열의 협조를 얻는다는 것은 전국의 보수적인 유림, 양반층의 협조를 얻는다는 거나 마찬가지이다. 그만큼 송시열은 정치적으로나 학문적으로 그리고 사회적으로 명망있는 학자였으며, 그것을 대표하는 영향력이 있는 권력자였다. 그래시 어쨌든 송시열의 협조가 없이는 북벌 주진이 안 되는 상황이었다. 그래서 일단 우암 송시열을 효종이 몇 번이고 요청해서 결국 조정에 나와 주도록 부르게 된 것은 효종으로서도 말할 수 없는 고충이 따랐고 다른 대안이 별로 없었기 때문에 송시열을 부르게 된 것이다.

병자호란 이후 송시열은 충북 영동군 황간에 있는 냉천정사에 은거하며 제자들을 가르치고 있었다. 조정에서 지지기반을 잃은 효종은 옛 스승이었던 송시열에게 파격적인 벼슬을 내리며 도움을 청하였다. 이때 내린 벼슬은 인사권을 담당하고 있는 이조판서라는 중책으로 이제부터 송시열과 북벌을 같이 하겠다는 뜻이었다.

1659년 기해년 3월 11일. 효종과 송시열 단 두 사람만의 만남이 이루어졌다. 이른바 기해독대(己亥獨對)이다. 언제나 왕의 곁에 있는 사관과 환

---

253) 송시열(宋時烈, 1607년 음력 11월 12일~1689년 음력 7월 24일)은 조선의 문신·성리학자·정치가로서, 유교 주자학의 대가이자 서인, 분당 후에는 노론의 영수였다. 본관은 은진이고, 자는 영보(英甫), 아명은 성뢰(聖賚), 호는 우암(尤庵)·화양동주(華陽洞主), 시호는 문정(文正)이다. 효종, 현종 두 국왕을 가르친 스승이었으며[1], 존칭은 송자(宋子). 한국의 유학자 가운데 도통을 이은 성인(聖人)을 의미하는 자(子) 칭호를 받은 유일한 인물이며, 이는 1787년 조선 정부가 《송자대전》을 편찬함에 따라 공식화되었다.

관을 물리치고 이루어진 둘만의 만남, 이것은 향후 북벌정책을 결정짓는 운명의 담판이기도 하였다. 충청북도 괴산군의 화양동계곡에서 송시열은 만년에 이곳에 암서재(巖棲齋)라는 작은 정자를 짓고 제자를 가르치고 독서하며 지냈다.

이곳은 송시열의 북벌에 대한 생각이 잘 드러나 있는 곳이다. 계곡 곳곳에 글씨가 새겨져 있는데 비례부동(非禮不動), 명나라 황제의 친필이다. 송시열의 북벌은 명나라를 높이는 숭명사상에서 비롯된 것이다. 재조번방(再造藩邦), 임진왜란 때 명나라가 조선에 원군을 파견하여 나라가 다시 살아났다는 뜻이다.

송시열은 그 때의 조선파병을 가리켜 우리나라의 풀 한포기, 나무 한그루, 백성들의 머리털 하나도 명나라 황제의 은덕이 미치지 않은 것이 없다고 표현하고 있다.

6) 송시열의 숭명반청과 내수외양론

송시열에게 북벌은 오랑캐에게 망한 명나라의 치욕을 씻는 것이었다. 우암이 주장했던 숭명반청(崇明反淸)이라고 하는 구호와 북벌대의는 표현은 다를지라도 내용은 동일한 것이라고 할 수 있다. 우선 숭명반청(崇明反淸)이라고 하는 것에서 나타난 명과 청의 관계가 우암에게 있어서는 하나는 문명이고 하나는 야만이다, 하나는 정학이고 올바른 학문이고 하나는 이단이고 사설이다, 하나는 유교이념의 본산지이고 다른 하나는 이적의 소굴로 이해되는 그런 관계였다. 그런 의미에서 그가 숭명을 하고 반정을 하는 것은 자연스러운 이치이다.

송자대전을 보면 그의 북벌에 대한 생각이 더욱 뚜렷해진다. 그의 북벌은 안으로 나라를 바로 다스린 후 밖으로 오랑캐를 물리치는 즉, 내수외양론(內修外攘論)이다. 내수외양이라고 하는 것은 안으로 나라를 바로 잡아서 수습을 해서 그 힘으로 밖을 치자는 의미인데 그 때 내수외양에서 먼저 강조된 것은 삼강오륜을 통해 사회기강을 바로잡는 유교의 윤리도덕에 의해서 사회를 안정시킨 다음에 북벌을 해야 함을 강조한 것이다.

그런데 여기서 의도하는 것은 내부적으로 국력을 길러 국력을 바탕으로 심양이나 북경으로 쳐들어가자는 의미보다는 이미 청에 의해 유린될 대로 유린된 조선의 정치적 질서나 사회 윤리기강 등을 먼저 바로 잡아야 한다는 것이고 그런 과정을 통해서 당시 야만으로 치부되던 청의 영향력을 완전히 배제하자는 뜻으로 이해할 수 있다.

북벌의 군주 효종, 그는 신하들의 반대를 무릅쓰고서라도 군사력을 길러 직접 청을 정벌하려고 하였다. 그러나 그가 죽은 후 군사적인 북벌노력은 다시는 시도되지 않았다.

여주 대로사는 송시열이 효종의 북벌을 도운 충신이란 의미에서 효종의 능 앞에 세워준 사당이다. 그러나 송시열은 군사적 북벌을 주장한 적이 없었다. 송시열의 북벌은 효종이 생각한 북벌과는 달랐던 것이다.

구 분	내 용
북벌정책	이와 같이 효종은 평생을 삼전도의 치욕을 되새기며 북벌에 집념하여 군비 확충에 전력을 쏟은 군주였으나 국제 정세가 호전되지 않고 이를 뒷받침할 재정 또한 부족하여 때로는 군비보다도 현실적인 경제 재건을 주장하는 조신들과 마찰을 빚기도 하였다. 결국 효종은 북벌의 뜻을 이루지 못하고 1659년 5월 41세를 일기로 세상을 떠났다. 그러나 그가 확립한 군사력은 조선 사회의 안정을 위한 기반이 되었다.

2. 정기룡장군, 사후 70년 만에 민족영웅으로 추대

정기룡장군의 공덕은 오랜 세월 묻혀 있었다. 7년 후에 이르러서야, 류성룡에 의해 조선의 국방력을 다지기 위한 방편을 찾던 중 정기룡장군의 뛰어난 공적을 추천함에 따라 선조는 정기룡을 공신의 명단에 올리고 시

를 하사하기에 이른다.254)

"기룡이 없다면 영남이 없었고 영남이 없었다면 조국이 없으리라"

起龍無 嶺南無 嶺南無 我國無

이 같은 공신의 명단 등재하사 이후 후대에 그 기록이 전해졌다.
즉, 병자(丙子), 정묘(丁卯) 양란(兩亂)의 국치(國恥)에서 볼모(인질)로 청나라에 잡혀갔던 봉림대군(鳳林大君)이 효종(孝宗)으로 등극하자 북벌 계획을 우암 송시열과 상논할 때 북벌정책을 입안하기 위하여 임진·정유 양란의 국난극복사를 재조명하는 과정에서 정기룡장군의 위훈이 다시 드러나고 우암 송시열에 의하여 다시 현창(顯彰)되기에 이르니 영조 49년(1773년)에 비로소 충의(忠毅)의 시호(諡號)가 내려졌다.
이는 사후 151년 만에 이루어진 정기룡장군에 대한 역사적 평가였다255).

3. 정기룡장군을 역사 최고의 명장으로 평가

효종(孝宗)과 송시열(宋時烈)은 북벌계획을 총지휘하여 승리할 수 있는 장수를 누구로 할 것이냐는 문제를 놓고 숙의를 거듭하였다. 그래서 고조선부터 이씨조선 임진왜란까지의 유명한 장수들이 전공(戰功) 사료(史料)를 모아 비교분석한 결과 북벌계획 종지휘 상수노넬로 정기룡장군이 직임자로 결정되었다.

---

254) 『宣祖實錄』 선조 19년 10월 조.
255) 송시열은 조선 후기를 대표하는 노론 계열의 정치가이자 원로학자였다는 사실에서 그가 신도비에 기술한 역사적 사실은 정기룡장군에 관련되어 전해지던 무수한 역사적 행적 가운데에서 당시의 지배 계급의 관점에서 그 객관성 내지 정당성을 인정할 수 있는 사실들을 기술한 것이라고 할 수 있다.

그 이유로써 ① 광활한 만주벌판과 기병과 산악전에 강한 장수, ② 소수병력으로 대군을 무찌를 수 있는 지략가, ③ 보급이 끊어지면 자체조달해가며 전쟁수행 가능자, ④ 적군 정탐과 적 상황파악이 빠르고 정확한 전략가, ⑤ 해전과 육전 통솔 경험 장수, ⑥ 임금과 나라에 대한 충성도, ⑦ 전공(戰功)결과 논공행상(論功行賞)에 욕심이 없는 자, ⑧ 한민족 역사상 최다 전승기록자 등을 주요 평가사항으로 보았다면 각 항을 모두 충족하는 장수가 정기룡장군이었을 것이다.

그 후 효종의 뜻에 따라 송시열은 정기룡장군을 숭모한 나머지 현창사업에 나섰는데, 당대의 대학자이며 문장가인 송시열선생이 1,700년에 찬술한 정기룡장군의 신도비명(神道碑銘)은 유명한 문장이며 경북 상주시 사벌면 정기룡장군의 묘소 입구에 지금도 이 신도비가 세워져 있다.

4. 정기룡장군의 신도비명 서문

통제사 정기룡공의 본관은 진양이다. 처음 이름은 무수(茂樹)이다. 어떤 사람은 말하기를 "장군이 무과에 합격하자 합격자의 이름을 발표할 적에 선조임금의 꿈에 용이 종루(鐘樓)거리에서 일어나 하늘로 올라가는 꿈을 꾸었다. 꿈을 깨고 나자 생김새나 복색에 의하여 사람을 찾아서, 장군을 찾아내고서는 이를 기이하게 여겨 지금의 이름 기룡(起龍)을 지어내려 주셨다."고 한다. 장군은 어릴 때부터 소를 삼킬 만한 큰 기상이 있었으며 뽕나무 활을 만들어 화살을 쏘았다. 그때 자기는 벼슬자리에 있는 사람의 모형을 하면서 여러 아이들을 위력으로 굴복시키니 여러 아이들은 감히 그의 하는 일을 거스르지 못하였다. 13세에 아버지 상(喪)을 당하여 무덤 곁에 여막을 짓고 곡읍(哭泣)하면서 3년상을 마쳤다. 장군은 글 배우기를 좋아하지 않고서는, 활쏘는 것을 배우기를 청하니 그의 형 인룡(仁龍)이

이를 말렸으나 되지 않았다. 일찍이 형과 함께 향시(鄕試)보는 장소에 갔는데, 형 인룡이 병(病)을 얻어 집에 돌아와서 죽으니 장군은 크게 슬퍼하면서, 드디어 활 쏘는 일을 버리고는 형을 위하여 소찬(素饌)을 3년 동안이나 먹었다. 뒤에 같은 종문(宗門)의 사람들이 장군의 어머니에게 권해서 활 쏘는 일을 힘써 마치도록 하였다. 이미 무과에 급제하여 북쪽 변방에 가서 수(戍)자리를 살고 있었는데, 북쪽 변방의 주수(主帥: 主將)가 장군이 고향에 계신 어머니를 그리워하는 정을 불쌍히 여겨 임기를 마치기 전에 먼저 고향에 돌아가는 것을 허가하였다.

임진년(壬辰年: 선조 25년)에 왜란이 일어나니 방어사 조경(趙儆)을 따라 남쪽으로 내려왔는데, 조경에게 왜적을 방어할 수 있는 계략을 설명하니 조경은 기뻐하면서 장군을 별장(別將)으로 임명하였더니 적군 5백명을 거창군(巨昌郡)에서 크게 패퇴시켰다. 또 조경을 따라 금산군에 있는 적군을 공격했는데, 우리 군사와 왜적의 군사가 뒤섞여 한창 싸울 때 조경장군이 적병에게 사로잡혀 갔으므로, 장군은 칼을 휘둘러 왜적의 진중으로 들어가서 조경장군을 빼앗아 돌아왔다. 이내 조경에게 청하여 어머니의 있는 곳을 찾았다. 드디어 지리산(智異山)에서 곤양군수 이광악(李光岳)을 가서 만나보니 이광악은 바야흐로 진주성의 싸움에 가려고 하는 참이었으므로, 장군을 곤양군의 가군수(假郡守: 임시군수)로 삼았다.

이때 김성일(金誠一)공이 영남의 병사(兵使)가 되었는데 격문으로 장군을 불러와서 유병(遊兵)을 거느리고서 군대의 후면(後面)을 방어 하도록 하였다가 조금 후에 상주(尙州) 판관(判官)으로 임명하였다. 상주목사 김해(金邂)는 평소부터 장군이 재능이 있음을 듣고 있었기 때문에 모든 사무를 장군에게 자문하였다. 적군은 바야흐로 상주현을 점거하고 있었으므로 장군은 나누어 나와서 왜적의 대군을 일시에 쳐 죽이고는 왜적의 수급을 순찰사의 군영(軍 營)에 바쳤다. 또 밤에 횃불로써 성(城)을 공격하여 왜적을 크게 무찔러 죽인 일로써 임금에게 알리니 상주의 진판관(眞判官)으로 임명하였다. 승지(承旨) 윤승훈(尹承勳)이 영남(嶺南)에 사자(使者)로 왔다가 조정(朝廷)에 돌아가서 장군의 왜적을 토벌한 상황을 보고하지 주상(主上)께서 상주의 가목사(假牧使: 임시목사)로 임명하였다가 조금 후에 진목사(眞牧使)로 임명하고 감사군대장(敢死軍大將)을 겸무하도록 하였다.

이보다 먼저 장군은 지방 사람이 난리를 일으킨 자를 쳐서 평정하고는 둔전을 개설하여 군량을 보급하고 남은 양식으로써 굶주린 백성을 구제하여 살렸다. 이내 백성들 중에 날쌔고 건장한 사람을 뽑아서 병졸로 삼으니 이들이 모두 감격하고 공경하여 왜적을 만나면 즉시 다투어 생명을 아끼지 않고 싸우는 까닭으로 그의 군대를 칭하여 감사군(敢死軍)이라 하였다.

정유년(丁酉年: 선조 30년)에 왜적이 재차 우리나라를 침범하게 되자 장군은 아홉 고을 관원과 더불어 가족을 거느리고 금오산성을 지키고 있었는데 체찰사인 이원익공이 장군을 불러와서 대장으로 임명하여 고령현에서 왜적과 크게 싸웠다. 이때 장군은 말을 채찍질하여 수많은 적군 중에 뛰어 들어 가서 붉은 옷을 입은 왜적의 장수를 잡아서 돌아왔다. 전투에 승리한 보고가 조정에 알려지니 절충장군(折衝將軍)으로 승진시켜 경장우병사로 임명하고는 성주에서 군영을 개설하도록 하였다. 조금 후에 장군은 상주(尙州)를 거쳐 오도현(五道峴)을 넘어서 충청도 영동현(永同縣)에 주둔하고 있는 왜적을 토벌하고 있는데, 이 때 왜적의 장수 가등청정이 많은 병졸을 거느리고서 북쪽으로 올라가서 서울을 침범하려고 하다가 명나라 군대에게 패전하여 달아나고 있었다. 장군은 가등청정을 보은현의 적암(赤巖)에서 만나 적군의 앞을 막고서는 말을 타고 서서 수십 명의 적명을 쏘아 꺼꾸러뜨렸으나 마음이 매우 침착하고 여유가 있으니 적장은 우리 군대가 방비가 있는가 의심하고서 한참 지나도 감히 움직이지 못하였다. 이 때문에 충청도와 영남지방에서 피난한 사람이 죽음을 면한 이가 수십만 명이나 되었다. 왜장 가등청정은 이미 상주를 지나갔기 때문에 장군은 뒤따라가서 뒤에 떨어져 있는 적병을 쳐서 죽였으며, 또 명나라 군대와 더불어 경주에 있는 적군을 쳐서 무찔렀다.

　명나라 장수 경리 양호가 울산의 도산섬에서 왜적과 싸울 때에 장군이 선봉장이 되었는데, 이 때 장군은 이미 성(城)에 먼저 올라갔는데도 명나라 군대는 뒤로 물러갔다. 장군은 마침내 칼을 휘두르면서 달려서 돌아오니 왜적은 감히 추격하지 못하였다. 이로부터 거창군, 함양군, 안음현, 금산군, 상주, 성주, 사천현에 있는 왜적병을 연달아 쳐서 죽였다. 장군이 함양군에 있는 적명을 공격할 적에 명나라 장수 이절(李梲)이 패전하여 죽었기 때문에 남은 명나라 병졸들이 장군의 휘하에 예속되기를 원하고 있었는데 이일이 명나라 조정에 알려지자 황제께서 이 요청을 허가하여 이내 장군을 명나라 조정의 총병관(摠兵官)으로 임명하였다.

　장군은 크고 작은 싸움 60여 전투를 할 적에 모두 적은 병졸을 거느리고서 왜적의 많은 병졸을 공격하면서도 일찍이 기세가 꺾이고 패전한 일이 없었다. 명나라 장수 경리 양호와 도독(都督) 마귀(麻貴)도 모두 장군을 극진히 격찬 하면서 표패(標牌)를 전해 주었으며 명나라 고관 사세용(史世用)도 시(時) 2장(章)을 기증하여 장군의 전공(戰功)을 칭찬하였다.

　장군은 풍모가 뛰어나고 훌륭하였으며 눈빛은 햇불처럼 빛이 났다. 청렴결백하여 흠잡을 점이 없었으며 항상 남의 곤궁함을 서둘러 돌아보고는 자기의 사사(私事)는 개의치 아니하였다. 일찍이 왜적의 수급을 명나라 장수 조승훈(祖承訓)에게 주어 그의 패전한 죄를 면하도록 하였으나 조승훈이 비록 장군이 주는 왜적의 수급을 받지는 않았지만 장군의 의로운 명성만은 세상에 알려졌던 것이다. 처음에 조정에서 이순신상군의 직무 때문에 삼도수군통제사를 설치하여 수군을 영솔하도록 했던 것인데 뒤에 장군이 보국숭록대부의 관계(官階)로써 삼도수군통제사의 직무에 있게 되었다.

　천계(天啓) 임술년(壬戌年) 2월 28일에 통제사의 군영(軍營)에서 세상을 떠났으니 향년이 61세였다. 장군의 자(字)는 경운(景雲)이다. 장군은 집에 있을 때의 품행도 또한 결점이 없었다. 젊었을 때는 빈천했으나 이미 귀현

(貴顯)하게 되자 아버지, 조부, 증조에게 추증(追贈)의 은전(恩典)이 내려졌다. 그의 아버지 호(浩)에게는 좌찬성(左贊成)으로 추증하고 조부 의걸(義傑)에게는 호조판서(戶曹判書)로 추증하고 증조 철석(哲碩)에게는 호조참판(戶曹參判)으로 추증하였다. 부인(夫人) 강씨(姜氏)의 아버지 이름은 세정(世鼎)이고 본관은 진주(晉州)이다. 강씨가 왜적을 피하여 진주성으로 들어갔으나 성이 함락되자 손가락을 깨트려 피를 내어 적삼에 글을 써서 장군에게 고(告)하고 마침내 그의 친정어머니와 시누이와 함께 촉석루 아래의 남강물에 몸을 던져 자결했는데, 장군은 부인의 적삼(衫)을 곤양군(현재 하동군 금남면)의 선산(先山)아래에 의대장(衣襨檆)으로 묻어 주었다.

장군에게 쓰인 사람으로서 형의 아들 수린(壽麟)과 이희춘(李希春)·김천남(金天男)·김세빈(金世賓)·황치원(黃致遠)·김사종(金士宗)·정범례(鄭範禮)·노함(盧涵)·최윤(崔胤)·윤업(尹業) 등은 모두가 용감하고 무예가 뛰어 나서 왜적을 수없이 무찔렀다. 장군이 타는 준마(駿馬)는 평지에서 6장(丈)이나 되는 참호를 뛰어넘고 절벽을 타고 오르며 험준한 골짜기를 건너가기를 마치 빠른 날짐승이 날아가듯 하였으니 장군이 전쟁을 이기고 위태한 국면을 수없이 벗어난 것은 준마(駿馬)의 힘을 많이 얻었기 때문이었다. 일찍이 준마가 장군과 서로 있는 곳을 몰라서 적병에게 잡힌 적이 있었는데 갑자기 장군의 부르는 소리에 응하여 재갈을 잡고 있는 왜적병을 물어 넘어뜨리고는 달아나 가파른 고개위에 있는 장군에게 달려왔던 것이다. 준마가 뒤에 병들어 죽게 되자 장군이 제문(祭文)을 지어 제사를 지내주었다. 대개 당시에 장군의 출세에 응하여 세상에 나온 장수들과 준마가 모두 이와 같았으니 장군이 시대에 응하여 세상에 난 것을 알 수가 있겠다. 장군이 일찍이 우리에게 항복해 온 왜적병 수십 명을 죽인 일이 있었기 때문에 한 평생 동안 이일을 후회하고 있었다. 그러나 장군은 위계(位階)가 높은 반열에 올라있고 자손(子孫)들이 번성(蕃盛)하였으니 어찌 장군이 사람을 살린 것이 매우 많았기 때문에 그의 후회한 것이 그의 사람을 많이 살린 일의 보답을 손상시킬 수가 없는 것이 아니겠는가.

　대개 장군은 편비(褊裨: 營門의 副將)에서 몸을 일으켜 분발하여 자기 몸의 생사는 돌아보지도 않고서 국가의 위급에 충성을 바쳐서 용기로써 왜적을 물리치고 은혜로써 백성들을 살려서 영남지방을 전부 소생(甦生)시켰던 것이다. 마침내 병사와 통제사의 직권을 맡아 적군에게 빼앗겼던 강토를 수복시켜 성천자(聖天子: 명황제의 존칭)께서 장군의 성명(姓名)을 듣고 알아서 명나라 군대를 통솔하는 장수로 임명하게 되었으니 이런 일은 고금(古今)에 일찍이 없었던 일이었다. 마땅히 이 사실을 종정(鐘鼎)과 비갈(碑碣)에 새겨 무궁한 후세에 전하고 아울러 국가의 성덕(盛德)을 나타내어야 할 것이다. 명(銘)은 이러하다.

　옛날 선조 때에, 섬 오랑캐가 침범하였다. 예리한 무기를 가지고서 우리의 백성들을 무참하게 죽었다. 장군은 이때 편비(褊裨)의 직(職)에 있었으나 그다지 명성(名聲)도 알려지지도 않았는데 이에 주장(主將)에게 왜적을 격파할 계책을 말하였다. 마침내 장군에게 일을 맡겨서 그의 용력을 떨치도록 하였다. 왜적을 본 것이 더욱 많을수록 왜적은 더 죽은 것이 많았다. 우리의 주장(主將)이 전장에서 넘어져서 범의 아가리에 생명을 맡기었다. 장군은 말을 채찍질하여 달려가니 수많은 왜적이 한꺼번에 쓰러졌다. 적진 중에서 주장(主將)을 빼앗아 오니 빠르기가 마치 번개처럼 달리었다. 한나라의 비장군(飛將軍)[256]이 용명을 어찌 독차지 하겠는가 조자룡의 지나간 시대의 싸움에서 장군의 담력을 견줄만하네. 다만 그 용기뿐만이 아니라 의리도 누가 장군보다 앞서겠는가. 동쪽을 짓밟고 서쪽을 짓밟으니 흉악한 왜적도 잠시 기세가 꺾어졌다. 남은 백성들을 구휼하여 임야에서 휴식하게 하였다. 손을 만져주고 상처를 싸매주며 창고를 열어 굶주린 백성을 먹였도다. 어린애와 노인들이 문 앞에 모여서 장군이 우리들을 살렸

---

[256] 비장군(飛將軍)은 한(漢)나라 무제(武帝) 때의 용장(勇將)인 이광(李廣)의 칭호로 그가 북평태수(北平太守)로 있을 때 긴 팔로써 활을 잘 쏘니 흉노(匈奴)가 그를 두려워하여 비장군(飛將軍)이라고 불렀다 한다.

다고 하였다. 이 때에 명나라 장수들은 문관과 무장이 많이 있었다. 표패를 다투어 장군에게 전하니 그 광채가 번쩍거렸다. 시인(詩人)이 시(時)를 지어 주니 그 내용이 온화하였다. 황제께서 장군의 이름을 듣고서는 나의 장수 이절(李梲)이 패전하여 죽었는데 7백 명의 병졸이 남아있어 그들이 의리를 사모하여 부치기를 원하니 '그대가 그 병졸을 거느리게 하라' 이러한 조칙(詔勅)이 신종황제(神宗皇帝) 내려 주니 오랑캐와 한민족(韓民族)이 놀라서 눈을 동그랗게 떴다. 모두가 말하기를 천자께서 만리 밖의 일을 환하게 내다보셨다고 한다. 황제의 살펴봄이 이와 같은데 더구나 우리 임금의 사랑하심은 어떠하였겠는가. 대장기(大將旗)와 큰 도끼(鉞: 장군이 출정할 때 임금이 내리는 도끼)를 연달아 내리니 광채가 빛났다. 황재의 위광(威光)을 이미 기대고 있으니 형제가 아주 용이해졌다. 난리가 그치고 나라가 평정되니 논공행상(論功行賞)이 시작되었다. 공신(功臣)들은 황하·태산과 같이 그 자손들은 나라와 더불어 영원히 존재한다. 장군은 항상 물러나와 앉기를 옛날의 대수장군(大樹將軍)257)처럼 겸손하였다. 마침내 바친 적병의 수급(首級)을 상고하여 원종공신(原從功臣)에 기록하였다. 관직을 선대에 추증하니 아버지 조부 증조부에 미치게 되었다. 장군의 충의(忠義)와 무용이 아니면 누가 그것을 계승해 받겠는가. 무덤은 마땅히 산 모양을 본떠서(象山)258) 그의 재능이 나타내도록 해야 할 것이다. 지금은 넉자 비석이지만 영원한 세상까지 보존될 것이다.

대광보국숭록대부(大匡輔國崇祿大夫) 의정부 좌의정(議政府 左議政) 겸

---

257) 대수장군(大樹將軍)은 후한(後漢) 광무제(光武帝)때의 명장인 풍이(馮異)의 칭호로 큰 공을 세우고도 겸손하여 자기 공을 내세우지 않고 다른 사람들이 논공에 열을 올릴 때 큰 나무 밑에 가서 뒷짐 지고 있었던 풍이장군을 비유해 정기룡장군을 대수장군(大樹將軍)이라 불렀다.
258) 산 모양을 본떠서(象山) : 한무제(漢 武帝)때 대장군 곽거병(藿去病)이 흉노(匈奴) 땅인 기련산(祁蓮山)까지 쳐들어가서 적병을 많이 죽이고 공을 세웠는데, 뒤에 그가 죽으니 무제가 슬퍼하여 무덤을 만들 적에 기련산 모양을 본떠 만들도록 하였다는 고사(故事)가 있다.

영경연사 감춘추관사(兼領經筵事 監春秋館事) 세자부 치사 봉조하(世子傅 致仕 奉朝賀) 송시열(宋時烈)은 비문을 찬술(撰述)한다.

통정대부(通政大夫) 수경상도관찰사(守慶尙道 觀察使) 겸병마수군절도사 순찰사(兼兵馬水軍節度使 巡察使) 대구도호부사(大丘都護府使) 이세재(李世載)[259]는 글을 쓰다.

가선대부(嘉善大夫) 행공조참판(行工曹參判) 김수증(金壽增)[260]은 전자(篆字)를 쓰다.

숭정(崇禎) 기원후(紀元後) 73년 경진년(숙종 26년) 8월에 세우다.

---

259) 이세재(李世載)는 조선 중·후기(仁祖 26~肅宗 32년)의 문신으로 자는 지숙(持叔), 본관은 용인(龍仁)이다. 숙종 20년에 문과에 급제, 경상도 관찰사, 형조참판 등을 역임하였다.

260) 김수증(金壽增)은 조선 중·후기(仁祖 2~肅宗 27년)의 문신으로 자는 연지(延之), 호는 곡운(谷雲), 본관은 안동(安東)이다. 벼슬은 형조·공조의 정랑(正郎)을 거쳐 회양부사(淮陽府使)를 역임하였다.

제2장
임진왜란 4大 대첩을 주장하는 이유

1. 정기룡장군에게도 충분한 전공(戰功)이 있다

　임진왜란 당시 현재까지 전해오는 대첩은 크게 3대 대첩으로만 각인되어 왔다. 즉, 수군의 한산대첩, 육군의 행주대첩, 진주대첩이 그것이다. 그러나 최근 관련 연구가 활발히 전개되면서 육군의 정기룡장군이 지휘한 주요 60전 60전승 가운데 하나인 상주대첩이 학계, 국방부, 박정희 대통령에 의해 전승이 밝혀지면서 4대 대첩으로 인정해야 한다는 주장이 전개되어 있는데 이를 바탕으로 정기룡장군의 전공(戰功)과 4大 대첩을 다시 연구 비교해 보기로 하자.

　조선군이 주도한 전투의 대부분은 이순신장군의 해전을 제외하면 왜군에 비해 병력의 열세로 조선군은 소규모의 전투가 대부분이었으며 이 또한 유격전이나 기습전이 많았다. 이러한 소규모 유격전에서 기습전을 가장 잘 활용한 사람이 정기룡장군이다. 기습 돌격과 유인 매복전술은 임진왜란 당시 육전의 영웅 정기룡장군의 영웅다운 모습을 가장 잘 보여주는 전술임과 동시 4大 대첩으로 인정되어야 하는 이유이기도 하다.

　이는 후세에 정기룡장군이 명장으로서 임진왜란 당시 적을 죽이고, 지략으로서 적을 물리치며, 은혜로서 백성을 살렸다. 특히 임진왜란 7년간 경상우도가 전쟁의 주 무대가 되었음에도 그나마 보전된 것은 그 누구보다도 정기룡장군의 활약에 힘입었기 때문이다.

　또한 3,500여 명의 군사를 지휘하여 상주창, 상주성을 점령하고 있던 왜적대군을 신기전 화공무기로 3~4일간에 15,000여 명이나 도륙내는 대승을 이루어냈다.

　전쟁이 끝난 뒤 약관 38세 밖에 안 된 정기룡장군은 정파 간의 '나눠 먹기식' 배분에 따라 일본군과 무려 60여전이나 치르면서도 끝내 불패의 신화를 이뤄냈고, 공신책록인 선무1등공신에 누락되었지만 불만하나 하지 않았다. 오히려 "나는 전쟁에 이긴 것으로 충분하며, 그 이후는 나라에 맡긴다"는 군자다운 모습은 정상배들을 부끄럽게 만들었고 우리를 감동시키기에 충분하였다.

이 같은 전공의 인정은 7년이나 지난 1605년 선조 38년에 이르러서야, 뒤늦게 도승지 신흠이 선조의 전지를 받들어 정기룡장군을 선무 1등 공신으로 추서한 점을 근거로 그를 이른바 임진왜란의 '3대 대첩'이라 부르는 김시민, 권율, 이순신장군과 함께 역사 앞에 바르게 4대 대첩으로 기록하는 것이 더욱 합당하다고 생각된다.

전쟁을 하는데 나라에서 군량미를 대어주지 못해 정기룡장군은 하는 수 없이 전쟁에서 이긴 적수급을 전공으로 보고하지 못하고 식량과 바꾸어 병사들을 먹여가며 싸워 나라를 지켜냈다.

정기룡장군! 강적일본군 병참기지를 빼앗아 목줄을 쥠으로써 일본의 중국침약 야욕을 꺾고 임진왜란을 종결시키는데 결정적 기여를 한 전쟁영웅의 진면목을 이해해야 할 것이다.

그럼 다음 표에서 장군의 사상과 전략을 여러 각도에서 살펴보기로 하자.

2. 정기룡장군의 사상과 전략특징

분류	항목	내 용
사상·인품	충효사상	① 13살 부친상 때 3년 시묘살이로 지극한 孝의 실천 ② 임금과 나라위해 싸우다가 죽겠다는 충성심과 군인정신 ③ "忠은 孝를 전제로 하고 孝는 忠으로 완성된다"는 확고한 사상을 행동으로 실천
	군자심과 中正心	① 전공(戰功)을 내세워 공훈이나 상(賞)을 바라는 것은 군자의 모습이 아니며 나라를 위해 싸운 일에 무슨 공명심이 있으랴? ② 작은 공적으로 군정에 줄을 대는 것은 소인(小人)의 행동임(내수상군 호칭과 백성들의 존경심) ③ "나는 4색 당파 중 어느 쪽도 아니며 오직 구국(求國)만이 나의 사명이다."라는 확고한 국가관
	애민정신 배려심	① 다친 병사나 어려운 백성을 보면 자신보다 먼저 돕는 백성사랑 ② 결혼 첫 날 밤에도 토적과 왜적을 무찌른 목민정신(牧民精神) ③ 군율과 군 기강은 엄격하되 격려하여 마음을 얻는 덕장
필승전법 지피시기 (知彼知己) 전략	앞장선 장수 "나를 따르라!"	① 보통의 경우 병사를 앞세워 후방에서 지휘하는데 ② 장군은 적공격 요령, 마상 격투전, 위기탈출법 등을 먼저 시범 교육 후 ③ 적진을 파악한 뒤 선두에 나서 "나를 따르라!"고 외치며 돌진하는 독수리전법, 회오리전법 등 필승전략 ④ 적중을 꿰뚫는 판단력과 싸우다가 죽겠다는 군인정신의 발로
	번개작전 (30초 작전)	① 일본조총은 발사시간 3단계×10초=30초, 유효사거리성인 50보, 활(弓)은 75~100보라는 적의 무기재원을 잘 알고 틈새작전, 번개작전으로 30초내 대세를 제압하는 특수전략

정기룡장군의 사상과 전략특징 － 계속

분류	항 목	내 용
필승전법 지피지기 (知彼知己) 전략	조총과 신기전	② 당시 일본 조총은 무서운 위력의 신무기였으나 장군은 활, 창, 대검, 방패를 갖고 마상재(馬上才)로 적의 공격을 피해 바람을 몰아 신출귀몰전법을 구사 ③ 세종 때에 연구개발한 2단 로켓 신기전(神機箭)을 사용하여 적은 군사력으로 대군을 격파했으며, 상주수복 전투와 상주성 탈환 전투가 그 대표적인 예
	상주대첩의 영웅	④ 11. 21일 상주군에 진치고 있는 왜전 17,000여 명을 신기전 화공무기로 감사군 포함 3,500여 명이 격파, 왜적의 시체 산이 쌓인 대첩 ⑤ 1592. 11. 23일 상주성 탈환 전투, 야간에 군사 500여 명으로 적군 3,000여 명을 몰살시킨 대첩 이 두 전투를 합쳐 상주대첩으로 임진왜란 4大 대첩으로 역사에 기록되기를 희망하는 것임
	상주 대첩의 파급효과 (T/P)	① 당시상주는 낙동강 물류 중심지로 일본군 병참기지를 설치하고 왜적 1진, 2진, 3진이 북진할 수 있는 물자를 수송 ② 물자공급선 차단으로 왜장 소서행장(小西行長)이 평양성 함락을 끝으로 발을 묶는데 일조역할 ③ 선조임금의 요동 망명을 방지한 효과 ④ 왜적의 곡창지 호남 진출을 빈번히 차단하여 임진왜란 종식에 크게 기여
	정탐 조운용과 매복전술	① 지휘관으로서의 장군은 여러 경로의 정탐조를 가동하여 적 이동경로 규모, 상황 등을 종합하여 요새에 매복 시켰다가 돌격전법으로 제압 ② 전쟁원흉 풍신수길 사망(1598. 7. 9)정보를 파악하고 1598. 7. 13일 선조임금에게 최초 보고한 장군이었고, 이순신은 40일 늦은 8월 22일에야 풍신수길 사망 장계를 올렸는데 전쟁 정보 및 전세파악이 탁월
	이소제대(以小制大)전략	요새전술, 퇴로전술, 야간전투 등 지형지물 상황 등 일당백의 정신으로 큰 전과
	왜군 동력선을 끊고 호남점령 야욕 분쇄	왜적이 육지에 상륙한 이상 ① 한양함락 주동선과, ②호남 진출로 차단 격파, ③ 영남과 호남의 2맥을 짚고 왜적을 분쇄했으니 "동남방(東南方)의 가장 큰 요새"라고 칭함

제2장 임진왜란 4大 대첩을 주장하는 이유

정기룡장군의 사상과 전략특징
- 계속

분류	항목	내용
필승전법 지피지기(知彼知己) 전략	지형지물이용 최대전과	용화동 전투, 당교전투, 고령전투, 삼가현 전투, 영동현 전투, 합천야로현 전투, 상주성 탈환 전투, 거창전투, 도산성 전투 등 지형지물을 이용하여 최대전과
	적섬멸 5방책	서울이 20일만에 왜적에게 함락되자 적을 수장(水葬)시킬 수 있는 기회를 상실하고 있다고 안타까워하며, 선조임금에게 건의한 정기룡장군의 작전 비법 5가지 적 공격시기와 방법 ① 적군함이 상륙지점을 찾느라 헤매고 있을 때, ② 강을 건너는 길을 몰라 강변에서 며칠 간 집단으로 진치고 있는 밤 ③ 강을 건널 때나 협곡을 지날 때 또는 집단 숙영지 ④ 적대부대 이동시 요새 양쪽 잠복 공격 ⑤ 적군이 철수할 때 집단 숙영지나 승선 시, 주로 야간에 양쪽으로 삼복해 있다가 화공무기를 일시에 공격하여 침몰시키는 작전
목민관, 전략가 군사외교 장군으로서의 탁월성		상주 가판관, 상주목사 등 종9품에서 시작하여 정1품의 벼슬에 이르기까지의 행정가, 외교가로써 문무를 겸비한 덕장
임금의 명령권, 지휘권 등을 위임받은 충직한 장수		선조임금은 이름을 하사하고, 충직한 용감성을 인정하여 장계를 자주 받고 교지, 교시, 밀명, 전지 등을 하달하고 명령권과 지휘권을 위임
명나라 군사를 지휘한 조선장수(조·명 연합군 지휘 장수)		1598년 선조 31년 37세 때 함양군 사근역 전투에서 조·명 연합작전으로 대승하였으나, 明부총병 이절장군이 전사하여 명나라 조정에서 총병관으로 임명, 명군을 지휘
조선의 국방 자주권을 확립한 유능한 지휘관		고조선 때부터 이씨조선까지 중국과는 사대(事大)관계에 있었으나 정기룡장군이 조선의 국방권을 자주적으로 행사한 최초의 위업을 달성
교육과 구휼에 힘쓴 장수		상주에 석문서당을 세워 후세교육을 강조하고 실천
군량미를 조달해가며 전쟁 수행한 장수		임진왜란 7년 전쟁 중 항상 물자가 부족하고 흉년이 닥치면 3~4개월 군량미가 떨어져 군사가 굶주리면 군량미를 자체조달하며, 전쟁을 수행하였다. 적의 수급을 식량과 교환함으로써 전공에서 다수 누락

정기룡장군의 사상과 전략특징   – 계속

분류	항목	내 용
	육전과 해전에 두루 경험을 쌓은 백전용장	수많은 육전의 전투경험과 이순신장군이 역임했던 삼도수군통제사까지 올라 세계에서 보기 드문 육전과 해전의 명장임
	임금에게 明軍지휘를 수차 요청한 군사 전략가	명나라 군사는 남의 나라에 와서 피흘리며 싸우기를 싫어하였다. 정기룡장군은 부대이동 등 중요군사정보를 입수하고, 합동작전을 제의했으나 명나라 장수는 엉뚱한 이유를 붙여 기피하고 모면하여 정기룡부대만 싸운 적이 많았다. 여러 경우를 모아 선조임금에게 명군협조 조치를 요청하였고, 정유재란 후 대부분의 큰 전투에 명군의 전쟁 기피현상이 나타나자 장군은 고군분투하여 왜적을 무찔렀다.
	탁월한 전쟁 예지력(豫知力)을 지닌 통찰력	1598. 7. 13일 풍신수길 사망 장계를 임금에게 올리면서 "한 달 내에 일본은 풍신수길의 사망 사실을 숨기고, 철수가 시작될 것입니다. 부대철수시가 가장 좋은 공격 기회이니 조선을 괴롭힌 왜놈 1명도 살려 보낼 수가 없습니다. 철수 집결지 야간 공격과 승선전 몰살시킬 계책이 있으니 군사와 무기를 지원해 주십시오."라는 요지의 장계를 수차 올린 통찰력과 판단력을 갖추었다.
	전쟁철학과 평가	① 선조임금 : 기룡무 영남무 영남무 아국무(起龍無 嶺南無 嶺南無 我國無, 기룡이 없다면 영남이 없었고 영남이 없었다면 조국이 없으리라) 임금의 압축된 평가 한 마디는 정기룡장군의 공적과 위업을 그대로 말해 주고 있음 ② 명장수 모국기는 "정기룡장군은 전쟁만하면 신출귀몰하여 꼭 이기는 얼굴상(容相)을 가졌다"고 평가 ③ 한민족 5,000년 史에 100전 100승의 장군이 없다. 우리는 언제 역사의 보물을 캐낼 것인가? ④ 병서(兵書)에 능통하고, 전쟁원리를 잘 아는 천기통(天氣通)의 지략과 통솔력(손자병법) 　㉠ 승자(勝者), 선승이후구전(先勝以後求戰) : 승리자는 먼저 이겨놓고, 그 후에 전쟁을 치름 　㉡ 지피지기 백전백승(知彼知己 百戰百勝) : 적을 알고, 나를 알고 싸우면 백번 싸워도 백번 이김 ⑤ 지(智), 술(術), 용(勇), 덕(德), 화(和)의 5덕 장군

정기룡장군의 사상과 전략특징   - 계속

분류	항목	내 용
	100전 100승의 무패 신화 최다전승기록 보유자	1) 어려웠던 시절, 목숨이 경각에 달렸던 전쟁 중에 기록을 해둘 마음의 여유가 없는 상황 　① 기존기록 : 60전 60승 　② 자료분실 : 20건 　③ 식량교환으로 전과 누락 : 20건 추정 　④ 작전 후 부전승 : 15~20건 추정 　⑤ 이를 모두 합치면 100전 100승을 능가하게 됨. 기존 공인기록만 하여도 가장 전쟁을 많이 치르고, 가장 많이 이긴 한민족 최다전승 기록보유자 2) 스포츠 1종목 금메달만 따도 온 국민이 다 알고 합당한 예우를 하는데, 최다 전승기록보유자, 민족영웅을 역사 속에 파묻어 놓고 이름 3자도 잊은 채 망각의 세월만 보낼 것인가? 3) 4색 당파의 정치세력에 의해 전쟁영웅에게 선무1등 공신도 4大 대첩도 누락되었다. 정략과 불의에 왜곡되는 우리역사가 부끄럽다. 4) 정부의 할 일 　① 잘못된 역사개선과 평가 작업 　② 잊혀진 영웅으로 방치할 것이 아니라 공적에 합당한 역사조명과 평가 　③ 하동군, 상주시 등 지자체에 현창사업지원

3. 임진왜란 4大 대첩 분석 비교표

임진왜란 4大 대첩 분석 비교표

항목 \ 대첩	이순신의 한산도 대첩	권율의 행주산성 대첩	김시민의 진주성 대첩	정기룡장군의 상주대첩	
				상주수복 전투	상주성 탈환 전투
전투 년, 일자, 장소	1592. 5. 7. 옥포해전 포함 1598년 사망 때까지 7회의 해전수행	1593. 2. 12 행주산성	1592. 10. 5	1592. 11. 21~22日 상주현 중심가 상주장 부근	1592. 11. 23日 임진년 상주성
전장지형 특징	남해안	해주산 내 고립	진주성 내	상주현 평지	상주성 내
계절 영향	특별 영향 없음	겨울		매우 추운 겨울	
장군의 나이	48세(1545. 4. 28生)	56세(1537년生)	39세(1544. 9. 23生)	31세(1562. 4. 24生)	
전투시 장수직위	전라좌수사	전라도순찰사	진주목사	상주 가판관	
동원군사력 무기, 병력수	56여 척/대포, 활, 지자총통, 현자총통, 승자총통	전라관군 2,300 화차	3,800 조선군/현자총통, 질려포, 비격진천뢰, 화약 등	4,000여 명	화포, 신기전, 활, 불 질린 볏짚시키고, 퇴로에서 매복조 습격
적병수, 무기	73여 척, 조총	3만/조총	3만/조총, 화약, 화살	1,700여 명/조총	3,500명 군사/조총
전투방식	학익진	민관관 합세	성에의지, 성을 지킴	신기전 화공무기 야간기습공격	야간매복작전술
군진체류 조정의 평가	전무 1등 공신	전무 1등 공신	전무 2등 공신	전무등 공신	행종전무 1등 공신
장수의 전승기록	22전 22승	해주대첩 1승	진주대첩 1승	60전 60승	
전과	해군 63척 격침	2,400명 대부분 해군사상방임	해군 3만명 퇴각	적군 17,000여 명 중 12,000명 참살 좌군 급히 송대에 실어 보내 보고	적군 3,500여 명 중 3,000명 참살 적수급 400여 개만 진주감영에 보고 해적 참살 합계 15,000여 명
역사의 평가	성웅의 평가	역사에 남을 전공으로 평가	전남국장자대 보진시민영합군 공로지하	대첩 누락	
지원세력/혐조사	선조, 유성룡	이항복	곽영수, 이광야, 민파·군 신조, 류성룡		
중앙정부와의 관계	한만			선조의 신기진가	
전쟁의 역사적 전환점(T/P)	왜적의 군직가계 지음 한산도 대첩	화차 중심 맹공격	호남지역 집무 좌절과 극장지대의 호남지의 보전	일본군 평봉보급 지단 - 전쟁중결에 기여 일본점령대대비사령과 진로도 지단	
장수의 사망시기	54세(1598. 12. 16)	63세(1599. 8. 21)	39세(1592)	61세(1622. 2. 28)	
사망시기 직제와 상함	전라좌수사	전라도 순찰사	진주목사	상도수군통제사(1622. 2. 22)	

4. 정기룡장군의 상주대첩

1) 상주대전투에서 정기룡장군의 전략

제4부의 60전 60승의 정기룡장군 전술 전투사에서 보았듯이 상주수복 전투와 상주성 탈환 전투에서 왜적 15,000여 명을 일시에 참살시키는 대승을 거두고 그 결과로 일본 병참 기지를 빼앗는 혁혁한 전공을 세웠다.

그리하여 이 두 가지 전투를 묶어서 상주大전투 또는 상주대첩으로 명명 제안을 한바 있다. 그 제안의 근거로 상주大전투에서 정기룡장군의 탁월한 전략을 요약해 보면, ① 당시 최첨단 화공 무기인 2단 로켓 신기전을 선조임금의 지원을 받아 극비리에 현장도착 시키는 등 빈틈없는 작전 수행, ② 적군을 무장해제 시켜 놓고 일시에 집중 공격하여 최대 전과 올림, ③ 일본이 자랑하는 조총을 무력화 시키는 작전(혹한기 취침시간에 기습 집중공격), ④ 상주수복 전투에서 4,000여 군사로 왜적 17,000여 명 중 12,000명을 참살, 상주성 탈환 전투에서 정예군 3,500여 명이 왜적 3,000여 명을 때려잡은 전공, ⑤ 남부 지역 백성들 살길 찾아 정기룡장군 휘하로 모여들고, ⑥ 조선 민족에게 분노심과 적개심을 설욕하고 조선도 일본을 이길 수 있다는 자신감과 희망을 준 공로를 들 수 있다.

2) 상주대전투의 전승전환점(Turning Point)

대첩으로서의 인정을 받기 위해서는 전과(戰果)도 월등해야 되지만 그 전쟁의 승리로 인하여 국면을 바꾸는 큰 전환점이 있어야 하는데 상주대전투에서는 다음과 같은 T/P가 있었다.

① 일본 침략군은 조선을 침략하면서 식량을 비롯한 생필품과 모든 욕구를 현지에서 조달을 통해 채웠기 때문에 약탈, 살인, 강간, 탈취, 방화, 파괴, 약취 등 비인간적 만행이 극심하였다.

② 상주창은 왜적의 군량미 조달 창구로서의 본거지가 되었고 왜적은 낙동강 수로를 통하여 공출하여 일본군 병참기지로 발전시켰다.
③ 상주창과 일본 병참기지를 빼앗음으로써 일본군의 식량보급선을 차단하는 큰 역할을 하였다.
④ 상주창 식량 공급선이 끊김으로써 일본군은 전략이 약화되고 고니시 유카나가(小西行長)가 평양성을 함락한 후 공격의 끈을 묶는 효과를 내었다.
⑤ 당시 의주에 파천 해 있던 선조임금은 소서행장이 공격해오면 즉시 요동 땅으로 건널 계획이었는데 임금의 외국 망명을 막아 조선의 국격(國格)을 유지시킨 원인이 되었다.
⑥ 또한 호남으로 진출하려는 왜적들을 "동남방의 장새"로 버티어 막아 주므로 왜적을 식량난과 함께 곤경에 빠지게 함으로써 전체적인 임진왜란이 반전의 기회로 돌아서는 기회가 된 점
⑦ 임진왜란 8도 전세를 한 눈에 꿰뚫고 선조임금에게 적섬멸 5방책을 건의하며 이길 수 있는 전쟁으로 판단한 점
⑧ 싸우지 않으려는 明장수를 설득하고 이순신장군과 연계하여 철수 왜군을 소탕한 점 등

장군은 이렇게 요새를 지키며 일본의 목줄을 조임으로써 전쟁을 단축시키고 종전시키는데 크게 기여하였다.

이상의 내용을 종합해 볼 때 정기룡장군의 전공이나 승리로 인한 국면전환 및 전황을 봐서 기존의 임진왜란 3大 대첩에서 정기룡장군을 추가하여 임진왜란 4大 대첩의 역사기록이 타당함을 주장하는 것이며 학계와 정부에 토론과 심의를 요청하고 싶다.

전쟁의 원리를 기업전략으로 활용하고 있는 오늘날, 적은 병력으로 최대의 전과를 올린 "정기룡 전술"을 대만, 중국, 일본에서도 연구하고 있는

데 정작 본국인 우리나라에서는 반대로 역사에 묻어버리고 교육도 시키지 않으니 매우 안타까운 사실이 아닐 수 없다.

5. 임진왜란 3大 대첩을 4大 대첩으로 고쳐 써야 하는 이유

정기룡장군이 임진왜란의 4대 대첩에 누락된 이유를 보면 당시 정국이 정기룡장군을 인조반정의 정치세력에 의해 선조 광해군조의 충신이란 이유로 공적에서 삭제되었다. 임진왜란 공훈책론에서 선무공신에서 조정간 신배들에 의해 누락되었으며 이를 시간이 한참 지난 뒤에 잘못을 시인하고 원종선무공신 1등책록되었던 것이다.

이는 당시 효종과 송시열이 북벌계획을 수립시 임진왜란 당시 뛰어난 명장을 찾던 중 정기룡장군을 역사상 최고(最高)의 명장으로 기록이 나타남에 따라 이를 인정한 것이다.

이를 계기로 숙종 때 정기룡에 대해 충의공 시호를 받았으며 그 후 현대에 들어, 박정희 대통령이 정기룡장군의 충효정신과 전승기록을 높이 평가하고 이순신장군과 같은 반열로 성역화 할 것을 지시하면서 더욱 본격화되었다.

60전 60승이라는 역사상 최고 전승기록을 보유하고 있으며, 실질적으로 100전 100승의 유일한 명장으로 이는 국내 전무후무한 기록으로 국방부선정 한국의 역사적 명장 25명 중 김시민장군이 포함되지 않았던 점에서 더욱 비교되고 더욱이 권율장군은 행주산성전투 1승, 김시민장군은 진주성전투 1승인데 1승은 대첩으로 인정하고 60전 60승은 누락시킨다는 것은 역사평가의 부당성으로 도저히 납득이 갈 수 없는 이유가 될 것이다. 특히 정기룡장군은 조선육군의 지휘권도 자주적으로 행사한 장군으로 선조임금이 나라사직의 안위를 부탁했던 장수였던 점에서 더욱 그렇다.

명나라 장수가 사망하자 명황제의 윤허아래 명군을 지휘하고, 조명연합군 지휘권까지 행사했던 장수였던, 그리고 그의 전공에 공훈을 바라지 않는 덕장으로 어려운 백성을 보면 자기일은 제쳐두고 백성을 먼저 돌보는 충효정신의 인장(仁將)으로서도 부족함이 없다. 특히, 상주수복 전투, 상주성 탈환 전투에서 대승하여 상주창, 일본군 병참기지를 빼앗아 일본군 동력선을 차단함으로써 커다란 전쟁전환점을 마련하였다는 연구가 밝혀짐으로써 장군의 공적이 더욱 위대해졌기 때문이다.

훌륭한 민민관으로 탁월한 지략가이며 군사 지장(智將) 전략가임과 동시 최근 육군에서 정기룡장군을 "육군의 표상(表象)"으로 현충사업을 추진하고 있는데 역사는 정당하고 합당한 평가를 해야 하는 이유 또한 여기에 있다.

저자는 교육과학기술부산하 국사편찬위원회를 방문하여 위의 사실을 건의한 바 있다.

해방 후 상당기간까지는 중·고등학교 역사 교과서에 임진왜란의 명장으로서 정기룡장군의 기록이 있었다. 그러나 언제부터인지 교과서에서 사라져 버렸다. 확인을 요청했더니 1974년 이전 교과서는 폐기처분하여 알 수 없다는 대답이었다.

인조반정이란 한번 잘못된 역사는 부당성이 인정되었음에도 불구하고 400~500년 역사가 흘렀는데도 그 악습이 계속되고 있는 것이다.

중국과 일본은 자기나라 역사를 기본으로 가르치고 있다. 그러나 한국은 필수가 아닌 선택과목으로 되어 있고, 인기 없는 과목에다 기피현상까지 겹쳐 국사교육은 공백상태이다. 역사공부를 안하니 국난극복의 영웅도 모르고 국가관은 물론 국가 정체성도 상실되어 가고 있는 것이다.

역사의 경직성이라고 말하기에는 너무나 안타까운 일이 아닐 수 없다.

뜻있는 학자, 지식인, 정부는 잘못된 역사를 바로잡는데 앞장서야 할 것이다. 역사는 지나간 이야기가 아니다. 국가 미래설계의 재원이다. 그리하여 망각된 역사를 바로 잡고 잊혀진 영웅을 찾아 세워야 하기 때문이다.

6. 이순신장군의 한산도 대첩

1592년 5월 7일 옥포해전에서의 승리를 시작으로 6월 7일 율포해전까지 모두 7회의 해전에서 조선수군은 일본 수군에 완성을 거두었다[261]. 해전에서의 연패 소식을 접한 도요토미 히데요시(豊臣秀吉)는 6월 23일 해상 보급로 확보와 조선 수군 제거를 위해 와키자카 야스하루, 구키 요시타카, 가토 요시아키에게 일전을 펼치라는 명령을 내렸다[262]. 그 중 와키자카 야스하루가 7월 6일 김해를 떠나 단독으로 출전을 감행하였다. 이때 그가 거느린 세력은 총 73척(대선 36척, 중선 24척, 소선 13척)으로 지금까지 해전에 참가한 일본 수군세력 중 가장 큰 규모였다[263].

이순신은 떼를 지어 출몰하는 왜적을 토벌하기 위해 이억기, 원균 등과 공문을 돌려 약속하며, 배들을 정비하고, 경상 지방의 왜적의 세력을 탐문하던 중 '가덕·거제 등지에 왜선이 10여 척, 혹은 30여 척이 떼를 지어 출몰한다'는 내용과 전라도 금산(金山)의 땅에 왜적의 세력이 침범하게 되었다는 정보를 얻었다[264].

이순신 함대는 일본 수군을 공격하기 위해 이억기 함대와 7월 4일 좌수영에서 합류[265]했으며 원균은 파선(破船) 7척을 수리하느라 먼저 와 정박

---

261) 제장명. 3대 해전을 통해 본 이순신 전략과 리더십. 『이순신연구논총』 제8호. 2007. p.18.
262) 이민웅. 『임진왜란 해전사』 청어람미디어. 2004. p.92.
263) 제장명. 상게서. p.19.
264) 최두환. 『충무공 이순신 전집』 3권. 우석. 1999. p.76.
265) 이민웅. 상게서. p.76.

하고 있었다266). 연합함대는 5일에는 작전계획을 논의하고, 6일에 역사적인 제3차 출전을 시작하였다.

7일에는 샛바람이 세게 불어 항해할 수 없었기에 당포에 이르러 머물렀는데 피난 중이던 그 섬의 목동 김천손(金千孫)이 연합함대로 와서 '적의 대·중·소선을 합하여 70여 척이 오늘 미시(13:00~15:00)경에 영등포 앞바다에서 거제와 고성의 경계인 견내량에 이르러 머물고 있다'는 정보를 주었다267).

8일에 수군이 바다 가운데 이르러 살펴보니, 왜적들이 조선 수군이 강성한 것을 보고 노를 재촉하여 돌아갔다. 연합함대가 이들을 추격하여 일본함대가 있는 곳에 가보니, 적선 70여 척이 대열을 하고 이루고 있었다268).

견내량의 지형은 매우 좁고, 암초가 많아서 판옥전선(板屋戰船)이 서로 부딪힐 뿐만 아니라 왜적이 만약 궁지에 몰린다면 기슭을 타고 육지로 올라갈 것이기에269) 이순신은 왜군을 한산도 바다 한가운데로 유인하는 전술을 구사하였다.

이를 위해 먼저 전선 5~6척을 투입하여 일본 함대의 선봉과 전투하다가 거짓으로 패해 물러나는 것처럼 꾸미자 적들은 돛을 펴고 추격에 나섰다270). 일본 함대가 추격을 멈추지 않고 한산도 앞의 넓은 바다에 도달하

---

266) 『선조실록』 권27 선조 25년 6월 21일.
267) 최두환. 상게서. pp.76-77.
268) 『선조실록』 권27 선조 25년 6월 21일.
"7월 6일에 순신이 억기와 노량에서 회합하였는데, 원균은 파선(破船) 7척을 수리하느라 먼저 와 정박하고 있었다. 적선 70여 척이 영등포(永登浦)에서 견내량(見乃梁)으로 옮겨 정박하였다는 것을 들었다. 8일에 수군이 바다 가운데 이르니, 왜적들이 아군이 강성한 것을 보고 노를 재촉하여 돌아가자 모든 군사가 추격하여 가보니, 적선 70여 척이 내양(內洋)에 벌여 진을 치고 있는데 지세(地勢)가 협착한데다가 험악한 섬들도 많아 배를 운행하기가 어려웠다. 그래서 아군이 진격하기도 하고 퇴각하기도 하면서 그들을 유인하니, 왜적들이 과연 총출동하여 추격하기에 한산 앞바다로 끌어냈다."
269) 최두환. 상게서. p.77.

자 이순신은 모든 장수들에게 일시에 선회하여 학익진을 형성하면서 일본 함대에 돌격하도록 명령하였다271).

조선 수군이 학익진을 형성하여 기(旗)를 휘두르고 북을 치며 떠들면서 일시에 진격하여, 일본함대 3척을 부수자 왜적들은 사기가 꺾여 퇴각하려 하였다. 그러나 연합함대가 일시에 포위 공격을 펼치는 바람에 일본 함대는 도주하지 못하고 참패하였다. 이 때 여러 장수와 군졸들이 환호성을 지르면서 발을 구르고 앞 다투어 돌진하면서 예기(銳氣)를 이용해 왜적들을 무찌르고 화살과 탄환을 번갈아 발사하여 적선 63척을 불태웠다272). 잔여 왜적 4백여 명은 형세가 불리하다는 것을 알고는 배를 버리고 육지로 올라가 달아났다.

한산도내첩의 결과는 소선 수군의 압승이었다. 조선함대는 일본의 대선 35척, 중선 17척, 소선 7척 등 59척을 격침 또는 나포하였고, 나머지 14척 만이 탈출해 돌아갔다. 한산도대첩에서의 승리는 뒤이은 안골포 해전에서의 일방적인 승리를 거두는 데에도 큰 자신감을 안겨주었다273).

이순신은 한산도대첩에서 전라좌우도와 경상우도의 3개도 수군이 연합하여 일본 수군을 대표하는 함대 세력을 궤멸시키는 대승을 거두었다. 해전이 치열했던 만큼 조선수군의 사상자는 전사 19명, 부상자 116명으로 지금까지 조선 수군이 해전에서 입은 피해 중 가장 큰 규모였다274).

한산도대첩에서 이순신은 거북선과 함께 조선 수군의 주력선으로 쓰인 판옥선을 적극 활용하였으며, 유인작전을 펴 학익진으로 왜군을 공격하는 등 전술과 전략에 있어서도 그의 천재성을 발휘하면서 승전을 거듭하였다275). 또한 압도적인 화력으로 일본 수군을 대표하는 와키자카 야스하루

---

270) 제장명. 상계서. p.20.
271) 이민웅, 상계서. p.95.
272) 『선조실록』 권27 선조 25년 6월 21일.
273) 제장명. 상계서 p.21.
274) 이민웅. 상계서. p.99.
275) 신병주. 조선을 움직인 사건들. 새문사. 2009. p.211.

제6부 잃어버린 영웅을 찾아서

의 함대와 구키, 가토의 함대를 연파하는 등 해전 자체가 큰 의미를 지녔다[276].

류성룡은 『징비록』에서 한산도 대첩을 평가하면서 '일본은 본시 수륙이 합세하여 서쪽으로 쳐내려오려고 하였다. 그러나 이 한 번의 해전에 의하여 마침내 그 한 팔이 끊어져 버린 것과 다름이 없게 되어 버렸다. 이로 인하여 전라, 충청도를 보전하였고 나아가 황해도, 평안도의 연해지역까지 보전할 수 있었으며, 군량을 조달하고 호령을 전달할 수 있었기 때문에 국가 중흥을 이룰 수 있었다'고 하였다[277]. 이는 이순신을 중심으로 한 조선 수군의 역할이 매우 컸음을 보여주는 기록이다.

조선 수군은 한산도대첩으로 제해권을 완전히 장악하여 일본군의 수륙병진 전략을 불가능하게 만들었을 뿐 아니라 더 이상 일본 수군이 해전에 나서지 못하도록 남해 제해권을 장악한 것이다.

7. 권율장군의 행주산성 대첩

권율[278]은 45세 때 문과에 급제하여 늦게 벼슬에 진출하였다. 임진왜란이 일어나자 광주목사에 제수되어 바로 임지로 떠났다. 왜군에 의해 서울이 함락된 뒤, 남원에서 1천여 명의 군사를 모집하여 다시 북진, 금산에서 전주로 들어오려는 고바야카와의 정예부대를 맞아 동복현감 황진과 함께 이치에서 싸웠다. 이 싸움에서 황진이 조총을 맞아 사기가 저하되었으나 굴하지 않고 군사들을 독려하여 왜군을 격퇴시켜 호남을 보존하였다. 그

---

276) 이민웅. 상게서. p.99.
277) 류성룡. 『징비록』 이재호(역). 역사의 아침. 2007. p.173.
278) 권율(權慄)장군은 조선 중기의 명장으로 본관 안동, 자 언신(彦愼), 호 만취당(晚翠堂)·모악(暮嶽), 시호 충장(忠莊)이다. 그는 금산군 이치(梨峙)싸움, 수원 독왕산성 전투, 행주대첩 등에서 승리했으며 임진왜란 7년 간 군대를 총지휘한 장군으로 전공을 세웠다.

제2장 임진왜란 4大 대첩을 주장하는 이유

해 가을 이치 싸움의 공으로 일약 전라감사에 승진하였다. 1592년 12월 전라감사 권율은 서울의 수복을 위해 1만여 명의 군사를 거느리고 북진 길에 오르는 중에 수원의 독성산성에 들어가 진지를 구축하였다. 대군이 그 곳에 와 있다는 소식을 전해들은 왜군의 총사령관 우키타가 공격을 해 왔으나 지구전과 유격전을 전개하면서 왜군에게 타격을 주었다.

조·명 연합군이 평양을 수복하고 남진을 속행하였다는 소식을 듣고 명의 원군과 호응하기 위해 다시 서울 근교 서쪽으로 옮기기로 하고 조방장 조경을 보내어 적당한 지역을 물색하라고 하였다. 조경이 물색한 곳이 바로 행주산성이다. 권율은 조경을 시켜 행주산성에 목책(木柵)을 설치하도록 하고 은밀히 이곳으로 군사를 옮긴 뒤 휘하병력 가운데서 4천명을 뽑아 전라병사 신거이로 하여금 금천(지금의 시흥)에 주둔케 하고 서울의 왜군을 견제하도록 하였다.

이때 죽산에서 패한 소모사(召募使) 변이중도 정병 1천을 거느리고 양천에 주둔, 행주산성과 금천 중간 위치에서 왜군을 견제토록 하는 한편, 만약의 사태에 대비하여 행주산성의 배수진을 친 권율을 돕도록 하였다. 권율은 잔여 군사를 이끌고 조경 등과 함께 행주산성에 진을 설치하였는데, 이때 승장 처영도 승병 1천 명을 이끌고 권율을 따라 강을 건너니 이 산성에 포진한 군사는 약 2천 3백여 명이었다. 그 후 권율이 정예병을 뽑아 서울에 보내는 등 전투태세를 갖추자 왜장들은 이치와 독성산성에서의 치욕적인 패배를 만회하기 위해 출정에 한 번도 진두에 나서본 일이 없던 총대장 우키타를 비롯한 본진의 장수들을 7개 대로 나누어 행주산성으로 진군하였는데 전 병력은 3만 명이 넘었다.

행주성 안에 우리 관군이 소지한 무기로는 궁시(弓矢), 도창(刀槍), 총통(銃筒)외에 변이중이 만든 화차(火車), 권율의 지시로 만든 수차석포(水車石砲)라는 특수한 무기로 왜군의 침공에 대처할 수 있었다. 또 성안에는 일시에 왜군이 몰려들 것에 대비하여 성책을 내외에 이중으로 만들고 토제(土堤)를 쌓아 조총탄환을 피할 수 있게 하였으며, 병사에게 재가 들어 있는 주머니를 허리에 차게 하였다. 왜군이 침입해 온다는 정보를 입수한 권율은 일장훈시를 통해 국운이 이 한판 승부에 달려 있다는 것을 주지시켜 용기를 북돋아 주었다.

1593년 2월 12일 오전 6시경 왜군의 선봉 1백 여기가 나타나더니 뒤이어 대군이 밀려왔다. 선봉에 나선 것은 제1대장 고니시였다. 그는 평양전투에서 대패한 이후 벽제관 부근 여석령 전투에도 참전하지 않고 있다가 설욕을 할 수 있는 좋은 기회라 생각하고 가장 먼저 산성 공략에 나섰다. 적의 제1대장 고니시 유키나가(小西行長)를 선봉장으로 적의 조총부대가 1차 공격을 하자 조선군은 미리 준비해 두었던 화차, 수차석포, 총통, 활 등의 무기를 동시에 발사하였다.

이 때에 화차의 맹활약이 이루어졌다. 즉 아군은 목책성 뒤에 화차를 숨겨두고 왜군이 성책 가까이 진격했을 때 총통기라는 화차 한대에서 50개의 사전총통이 연발하여 터지면서 천지를 뒤흔드는 폭음소리와 함께 새전 250여 발이 한꺼번에 날아 적들의 갑옷을 뚫고 들어갔으며, 신기전기라는 화차 한대에서는 105발의 신기전이 폭음 소리와 함께 연발로 적 후미 쪽으로 날아 적들을 쓰러뜨렸고, 승자통기라는 화차 한대에서는 40발의 승자통이 연발로 적을 명중시키거나 총알과 화살이 폭음 소리와 함께 40여 대의 화차에서 8천여발이 한꺼번에 날아 전방과 후방의 적들의 갑옷을 뚫고 들어가 적들을 쓰러뜨리니 적군은 갑작스런 집중사격으로 공격하자마자 궤멸상태에 빠지고 말았다.

왜군의 1차 공격을 무사히 막아낸 조선군이 전열을 가다듬는 동안 왜군 제2대장 이시다가 2차 공격을 해왔다. 이시다는 진두에서 지휘를 했는데 함께 참가한 마에노가 조선군의 화차에서 발사된 화살과 총알에 맞아 가슴에 관통상을 입고 달아나자 제2대 공격 병력들은 그대로 무너지고 말았다. 이어 진격한 제3대의 대장 구로다는 전년 9월 연안성 전투에서 의병에게 대패한 경험이 있어 장제 위에 누대 즉 사다리를 만들고 그 위에 조총수 수십 명을 올려놓고 성안을 향해 조총을 쏘게 하고 나머지 군사들은 성으로 접근하는 방식으로 공격해왔다. 이에 조경은 지자포를 쏘아 이를 깨뜨리고 또 포전 끝에 큰 칼날 두 개씩을 달아 쏘게 하니 맞는 자는 즉사하였다.

조선군의 공격에 사기가 꺾여 왜군이 게걸음치자 다시 비격진천뢰로 공격하여 물리쳤다. 연속된 공격에도 조선군 제1성책도 돌파하지 못하자 총대장 우기다가 최선두에 나오자 제4대 장병들도 죽음을 무릎 쓰고 모두 그를 따랐다. 이러한 독전으로 제1차 목책이 무너지는 위기가 닥쳐오자 관군은 한때 동요하기 시작했으나, 권율은 북을 울리면서 전세를 살피다가 도망치는 군사 한사람을 베어 효시하고, 화차의 총통을 우기다에게 집중 사격하자 우기다는 마침내 부상을 당하고 퇴진하였다. 제5대장 키카와 히로이에(吉川廣家)의 화공 작전으로 목책의 일부가 불타자 아군은 미리 준비한 방화수로 위기를 극복하고 돌화살을 퍼부으니 그는 부상을 입고 물러가고 말았다. 이어 제6차 대장 모리 모토야스(毛利元康)가 제2성책을 점령하려고 맹공을 가하여 왔다. 이때 승장 처영은 충성심과 단결력이 뛰어난 1천여 명의 승병을 거느리고 지형적으로 취약한 산성 서북쪽을 방어하였다.

적들이 근접하자 재주머니의 재를 뿌려서 적이 눈을 뜨지 못하게 하는 전법까지 전개하자 마침내 적은 물러갔다. 마지막 7대장인 고바야카 다카기게(小早川隆景)가 승병이 지키고 있는 서북쪽의 자성을 공격하자 승병들이 동요하기 시작하였다. 이에 권율은 대검을 빼어들고 승군의 총공격을 호령하자 밀리고 있던 승군들이 다시 백병전에 돌입하였다. 이때 조선군측은 화살이 떨어져버렸다. 그 유명한 행주치마 가 등장한 것이 바로 이런 위기상황에서였다.

화살이 다 떨어지자 성안의 부녀자들에게 치마를 짧게 잘라 허리에 묶

제6부 잃어버린 영웅을 찾아서

어 돌을 담아 투석전을 벌이게 하였다. 때마침 경기수사 이빈이 수만 개의 화살을 실은 배 2척을 몰고 와서 보급하여 주었으며, 전라도 조운선 40여 척도 들어와서 양천포구를 뒤덮으니 아군의 사기가 충천하였고 이에 당황한 왜군은 물러가기 시작하였다. 성안에 있던 관군은 이것을 알아차리고 추격하여 적의 머리 130급을 베고 파괴된 내성도 급히 보수하였다. 마침내 하루 동안의 길고 긴 전투는 조선군의 승리로 끝났다.

한편 명나라 제독 이여송은 벽제관 전투에서 대패하고 평양으로 회군하던 중 행주대첩의 소식을 듣고 서둘러 회군한 것을 크게 후회하였다고 한다. 이 대첩이 있은 뒤 4일 후인 16일에 전라감사 권율은 휘하의 병력을 이끌고 파주산성으로 옮겨가서 도원수 김명원, 부원수 이빈, 등과 같이 본성을 지키면서 정세를 관망하였다. 그 후 권율이 김명원의 뒤를 이어 도원수에 임명된 것은 행주대첩의 공이 많이 작용하였다[279].

8. 김시민장군의 진주성 대첩

김시민장군[280]이 진주성과 인연을 맺은 것은 1591년 진주판관으로 부임하고부터이다. 부임한 지 1년 후 1592년(선조25년) 4월에 임진왜란이 발발하였다. 당시 진주목사 이경이 병으로 세상을 떠나자, 초유사김성일의 명에 따라 진주목사 대행에 임명된 장군은 병기를 수리하고 성지를 구축하는 한편 수성군을 모집하여 진주성을 사수하고자 하였다. 장군은 모집된 수성군에게 맹훈련을 시키고 병기와 자재를 정비하고 양곡을 비치하였

---

279) 『宣祖實錄』 선조 26년 2월.
280) 김시민(金時敏)장군은 조선 중기의 무신으로 본관은 안동, 자는 면오(勉吾)이다. 아버지는 지평(持平)을 지낸 김충갑(金忠甲)이며, 충청도 목천현(木川縣, 現 천안시 병천면)에서 출생하였다. 장군은 임진왜란 때 진주성 전투에서 3,800명의 병력으로 2만여 명의 왜적을 격퇴하고 전사하였다.

제2장 임진왜란 4大 대첩을 주장하는 이유

다. 진주성은 지리적으로 호남에 이르는 길목에 위치하고 있어 만약 이곳이 무너지면 왜적은 바로 호남 지역을 휩쓸게 되는 상황이었다.

또한 장군은 의병장 김면의 요청에 따라 거창으로 나가 왜적을 크게 무찔러 이 공로로 1592년 7월 26일 진주목사에 정식으로 임명되었다. 9월에는 진해에서 왜군장수 평소태를 생포하여 의주의 조정에 보내 경상우병사에 임명되었으며, 고성, 창원까지 진격하여 왜적을 무찌르는 등 큰 공을 세웠다.

이때 왜적은 김해, 고성, 창원 등 경상도 남부지역에서 연패하자 경상우도의 조선군 주력부대가 진주성에 주둔하고 있다고 판단, 전세를 만회하기 위해 이를 함락시킨다는 계획을 세우고 있었다. 왜적은 진주성을 공격하기 위해 등원랑, 평조신 등을 주축으로 부산, 농래, 김해지역에 포진하고 있던 정예병 3만여 명을 동원하여 1592년 10월 5일 진주성 공격을 감행하게 된다.

진주성에는 김시민장군이 거느린 군사 3,700명과 곤양군수 이광악의 100명 등 도합 3,800명의 군사가 있었는데, 이들 대부분은 정예병이라기보다는 새로 모집한 장정들이었다. 그러나 김시민장군은 진주성민들의 필사적인 단결과 곽재우·최강·이달 등 각처 의병들의 열렬한 성원에 고무되어 죽기를 각오하고 진주성을 사수키로 결심한 후 화살하나 탄환 한발이라도 낭비하지 말 것을 지시하는 등 만반의 전투 준비를 갖추었다.

10월 5일 아침부터 왜군은 신식무기인 조총을 주무기로 3개부대로 나누어 공격을 감행하였다. 김시민장군은 적군의 화력을 최대한 소모시키고자 일정한 거리에 올 때까지 대적하지 않고 성안에 아무도 없는 것처럼 위장하는 한편, 직접 성내를 순회하면서 임전태세를 점검하고 음식을 제공하는 자신도 병사와 같이 동고동락하면서 솔선수범 하였다. 이 같은 장군의 헌신적 노력에 감복한 군사들은 혼연일체가 되어 죽기를 무릎 쓰고 싸우게 되었다.

비록 수적으로 열세였지만 김시민장군을 중심으로 진주의 민관군은 혼연일체가 되어 비격진천뢰 등 무기와 화살을 쏘아 왜군의 공격을 막았고, 백성들은 돌을 던지거나 물을 끼얹어 적을 물리쳤다. 왜적의 공격 5일 동안 계속되었으며, 이때마다 진주의 민관군은 철통같은 대응으로 왜적을 물리쳤다.

김시민장군은 전투가 거의 끝나가던 무렵인 10월 9일 전투 지역을 순시하던 중 왜병의 저격에 의해 이마에 총탄을 맞고 쓰러져 치료 받다가 며칠 후 39세의 아까운 나이로 세상을 떠났다.

진주대첩은 왜적의 호남지역 침공을 좌절시켜 국내 최대의 곡창지대인 호남지방을 온전히 보전하는데 기여하여 결국은 임란을 승리로 이끄는 견인차 역할을 하였다.

진주대첩이 있은 지 400여년이 지난 오늘날, 진주성에는 그 날 청사에 빛나는 전공을 기리는 변변한 기념물조차 없다. 다만 최근에 세운 김시민장군 동상만이 그 날의 전공을 되새기게 하고 있을 뿐이다.

제 3 장
박정희 대통령, "정기룡장군을 성웅(聖雄)의 반열로 모셔라"

1. 호국선열 유적 정화사업의 추진

제3공화국 시절 5,000년의 한(恨), 보릿고개를 해결한 박정희 대통령은 "한민족 1,000년 계획"을 세우기 시작하였다. 전국 방방곡곡에서는 "우리도 한번 잘 살아보세"라는 새마을노래가 한 맺힌 백성들의 절규가 되어 울려 퍼졌다.

경부고속도로를 세계 건설사상 최단기간에 완공하여 한국산업의 동맥을 건설하였고, 전국의 공장과 생산에서는 "우리도 할 수 있다"라는 자신감이 넘쳐흘렀다.

국력을 한데 모으면 못할 일이 없음을 확인한 박정희 대통령은 이러한 국민의 원동력을 계속 이어가기 위하여 "정신문화연구원"을 설립하여 사상적, 정신적 에너지를 계속 연구 개발토록 하였고 해외에 있는 우리의 과학자를 불러들여 한국과학원을 설립하여 필요한 과학기술을 공급하고 연구, 지원토록 하였다.

그리고 박대통령은 온갖 반대를 무릅쓰고 월남파병을 결정하였다. 당시 야당에서는 젊은이의 피를 파는 야만적 행동이라며 격렬히 반대하였다. 한민족 역사상 우리는 한 번도 외국을 침공해 보지도 못하고 줄곧 침략을 당해 고난의 역사를 살아온 민족이 아닌가?

"군인의 길, 승리의 노래"를 부르며 월남으로 떠나는 월남 파병 환송식에서 박정희대통령은 감격의 눈물을 흘렸다. 고난의 역사에서 원한으로 밀려오는 감격의 눈물이었을 것이다. 대통령은 감정과 눈물도 참아야만 하는 지엄(至嚴)한 존재이기 때문에 쉽게 볼 수 없는 장면이다. 박대통령 내외가 독일에 갔을 때 우리 광부와 간호사를 만났을 때도 눈물을 흘렸다.

우리가 가난하여 이역만리 독일까지 와서 광부일과 간호사로 고생하며 번 돈을 고국에 보내는 이들을 볼 때 설움의 눈물이 북받쳤던 것이다.

긴 역사 동안 외국의 침략만 당했던 한민족!

이제 국력(國力)을 길러 외국에 군대를 파병한다는 사실 자체가 가슴 벅찬 감동이 아닐 수 없다. 이제 어려운 시절 나라위해 목숨 바친 호국선열들을 되새겨 숭고한 정신을 받들고 기리며, 또한 후대에 교육하고 계승하는 것이 우리의 중요임무임을 강조한 분이 또한 박정희대통령이었다.

2. 정기룡장군 성역화사업

호국선열유적 정화사업은 박대통령의 지시에 의하여 당시 문화공보부 주관하에 추진되었다.

먼저 전국에 있는 유적지를 조사하여 실태를 파악한 뒤 국가예산으로 진행되었는데 가장 먼저 추진된 곳이 아산 현충사 성역화 사업이다. 그리고 박정희 대통령은 이순신장군에 그치지 않고 육군의 숨어 있는 명장을 발굴하여 계승시킬 것을 지지하였으며, 이를 추진함에 따라 정기룡장군 또한 이 대열에 합류하게 된 것이다.

이하 정기룡장군 관련 사업추진을 요약하면,

① 문공부장관 이하 문화재 관리 국장 김석룡, 국립영화 제작소장 정연구 국장, 상주군수, 상주문화원장(이희영) 등의 추진 팀이 구성되어
② 종손 정기목씨가 보관하고 있던 교지, 교시 등 장군의 유물을 문화재 관리국에 등록인계 한 후 복사 2부씩 하여 상주 충의사와 하동 경충사에 전시하였으며,
③ 정병욱 교수와 정한효씨는 장군의 영정을 고증을 거쳐 장우성 화백

에게 제작·의뢰함과 동시

④ 상주군 국회의원 정휘동씨는 정책지원은 물론 임진왜란 후 일본이 훔쳐간 장군의 유물(투구, 대검 등) 반환운동을 추진하였고
⑤ 국립영화 제작소에서는 "정기룡장군 드라마 꽃신"을 제작하여 1976년부터 KBS로 전국에 방영함으로써 장군의 애국심과 위업을 국민에게 널리 알려 성역화 사업을 입체적으로 진행해 왔던 것이다.

구 분	내 용
성역화사업	박정희대통령은 이제 먹고살만하고 국가경제가 돌아가기 시작하면 나라를 위해 싸운 영웅들을 찾아내 국민교육의 모델로 삼겠다는 성역화사업을 추진하기 시작하였다. 첫째로 이순신장군의 성역화사업은 늦은 감이 있지만 구국정신의 장(場)이 되는 아산 현충사를 돌아본 후, 다음은 정기룡장군 사업을 준비하라고 지시하였다.

3. 한민족(韓民族), 100전 100승의 명장이 누구냐?

박대통령은 항상 "민족웅비의 청사진"을 구상하여 왔기 때문에 어려운 질문이 많았다. 그리고 현장 확인 질문이 많기 때문에 박대통령의 질문과 지시사항은 항상 긴장 속에 긴박하게 처리되었다.

박대통령은 어느 날 청와대에서 "한민족 100전 100승의 명장이 누구냐?'고 국방관계자에게 물었다. 즉답이 나오지 않자 몇 일내로 연구해서 보고하라고 하였다. 대통령의 지시사항은 질문취지와 요지를 잘 파악하여 배경설명까지 신속히 요약 보고해야만 하였다.

1) 100전 100승에 가장 근접한 장수, 정기룡장군

한민족의 유명한 장수로써 삼국시대 7명[을지문덕(乙支文德), 연개소문

(淵蓋蘇文), 양만춘(楊萬春), 온달(溫達), 김유신(金庾信), 장보고(張保皐), 계백(階伯)], 고려시대 8명[왕건(王建), 강감찬(姜邯贊), 윤관(尹瓘), 배중손(裵仲孫), 김취려(金就礪), 김방경(金方慶), 정지(鄭地), 최영(崔瑩)], 이조시대 10명[이성계(李成桂), 김종서(金宗瑞), 이순신(李舜臣), 신립(申砬), 권율(權慄), 곽재우(郭再祐), 정기룡(鄭起龍), 김덕령(金德齡), 정충신(鄭忠信), 임경업(林慶業)] 총 25명이 "한국명장"으로 실려 있다. 그 중 이순신장군이 22전 22승이고, 정기룡장군이 60전 60승으로 최다 전승기록 보유자인데 전쟁 신인(神人)으로 세계에서도 드문 기록이다.

"정기룡장군은 역사기록에 60여회 전쟁을 치러 60여회 모두 승리하였습니다. 거기에 자료소실로 미기록 20건, 정기룡장군이 출동한다면 왜군들이 겁먹고 미리 도망쳐 싸우지 않고 이긴 15여 차례까지 합치면 그의 100전 100승의 명장이 정기룡장군입니다."라고 하자 박대통령은 "손자병법(孫子·兵法)281)에도 말했듯이 싸우지 않고 이긴 것이 가장 잘 싸운 것이야"라며 정기룡장군의 부전승(不戰勝)도 높이 평가하였다.

2) 정기룡장군의 인품과 사상에 깊은 관심

① 13세 어린나이에 여묘살이 3년 등 지극한 효행
② 임금과 나라에 목숨 바치겠다는 구국일념의 충성심
③ 당쟁에 휩싸이지 않고 功을 부하에게 돌리는 군자상(君子像)
④ 항상 선두에서 돌격대장으로 지휘하는 용감성과 판단력
⑤ 적군의 전략을 미리 아는 60전 60승의 필승선략가
⑥ 사익은 돌보지 않고 불쌍한 백성을 먼저 돌본 덕장(德將)의 모습
⑦ 明나라 황제가 明관직을 내리고 조명연합군 지휘관으로 임명한 사실
⑧ 상주창을 빼앗아 왜적보급선 차단한 전쟁전환점 계기 마련

---

281) 손자병법(孫子·兵法)은 고대 중국의 병법서(兵法書)이다. 춘추시대 오나라왕 합려를 섬기던 손무(孫武)가 쓴 것으로 그동안 널리 알려졌으며, 한편 손무의 손자로서 전국시대 제(齊)나라의 전략가 손빈(孫臏)이 저자라는 설도 있었다.

⑨ 조선의 국방자주권을 행사한 군사외교 전략가
⑩ 임진왜란 극난극복의 영웅이면서 인조반정으로 역사에 묻혀 있는 사건 등을 종합보고 받고,

"국난극복의 영웅이 역사적 평가를 못 받는 것은 후손들의 책임이야! 이순신장군은 해전의 표상으로 성역화 되었으니, 육군의 표상으로써 정기룡장군을 이순신장군의 반열로 성역화하라"고 지시하였다.

구 분	내 용
충의사 성역화 계획	이 성역화계획이 부지매입 등 예산관계 상 순차적으로 추진할 계획이었으나 1979년 10월 26일 갑작스런 서거로 인하여 사업이 진행되지 못하고 중단된 채 오늘에 이른 것은 매우 안타까운 일이라 하셨다[282].

4. 해전의 표상 이순신, 육전의 표상 정기룡

정기룡장군은 1773년(영조 49년)에 충의(忠毅)의 시호(諡號)를 받는다. 서거한 지 151년 후로 참으로 역사의 평가가 늦은 편이었다. 나라에서 경북 상주에 충렬사를 세워 제사를 지내왔으나 일제강점기와 6.25전쟁을 거치면서 유실되었다가 광복 후 정부에서 다시 복원하였다.

제3공화국 시설 박대통령은 이충무장군의 아산 현충사를 완공, 경내를 둘러보고 문화공보부 관계자에게 상주 충렬사를 충의사로 개편 성역화하

---

[282] 제7부 제3장은 제3공화국 때부터 박정희 대통령을 보필해온 참모진, 문화공보부 관계자, 기타관련 인사들의 증언을 듣고, 여러 경로의 확인을 거쳐 저자 정홍기(鄭洪基)가 사실에 입각하여 정리한 내용이다. 자문과 증언에 협조하여 주신 분은 ①당시 대한뉴스 제작 소장 겸 국립영화제작소장으로 직접보고하고 지시받았던 정연구박사, ②경호실장으로 그림자처럼 보필했던 신동관 전의원, ③충의사 건립에 노력한 정휘동 전국회의원, ④정한효 선생, 정병욱 박사의 기록, ⑤상주시, 박물관, 상주문화원 관계자, ⑥국방부 전사편찬 연구소 관계자 등이다.

라고 지시하였다. 그러나 상주시에서 정부지원을 받아 충렬사를 헐고 그 자리에 충렬문(忠烈門), 충의사(忠毅祠) 등 3문을 세우고 유물전시관 등 성역화 정화사업을 실시하였다.

그 뒤 박대통령은 상주 충의사를 방문 분향, 참배한 뒤 경내를 돌아보고 "장군의 공적에 비해 시설이 협소하니 이순신장군 반열로 다시 성역화사업을 추진하라"고 지시하였다. 그리하여 해군의 표상 이순신, 육군의 표상 정기룡장군을 쌍벽화하려 했던 것이다. 그러나 그 후 뜻하지 않았던 10.26사태를 만나 사업이 중단된 채 오늘에 이른 것은 안타까운 일이 아닐 수 없다.

구 분	내 용
상주 충의사 방문 지시사항	그 뒤 충의사를 방문한 박정희 대통령은 장군의 공적에 비해 규모가 작음을 지적하고 다음에 국책사업으로 이충무공과 같은 반열로 성역화사업을 지시하였다.

제4장
정기룡장군의 추모사업 역사

1. 경충사 일대 현창사업 추진

진양정씨의 한 가닥인 첨정공파의 시조, 고려시대 충신 첨정공은 곤양군 난포마을(지금의 경남 하동군 북천면 서황리 난포마을)을 중심으로 대대로 살아오고 있다. 정기룡장군의 출생지도 옛 곤양군 태촌인 것도 조상의 터전 가까운 곳이기 때문이다. 일부자료에 정기룡장군이 "곤양정씨"로 적힌 곳이 있는데 이것은 잘못된 기록이다. 본관은 진양(진주)이며 출생지가 옛 곤양이란 뜻이며 곤양정씨라는 말은 존재하지 않는나[283].

종친회에서는 난포마을 북천면 일대 조상묘 복원 사업을 펼치고 있으며 하동군청에서는 정기룡장군 生家와 어린 시절 뛰놀고 병정놀이 하던 당사골 일대를 개발하여 국민교육장으로 만들려는 성역화사업이 추진되고 있다.

왜정 치하이던 서기 1931년에 남방사림(南方士林)이 모충계(慕忠禊)를 창계하여 경충사를 창건하고 장군의 위훈(偉勳)을 기리는 숭모도장으로 가꾸어 면모를 일신시켰으며 광복 후 온 국민들의 헌성(獻誠)과 군내 학생들의 성금으로 영조물(營造物)을 건립하는 모체로 삼았으며 산하 주민들의 노력 또한 지대하였다.

지정문화재 현황에 있어 정기룡장군 유품(경상남도 유형문화재 제286호) 장검, 교서, 유서와 정기룡장군 유허지(경상남도 문화재자료 제188호) 중평리 821 외 4필지(1,900m²), 경충사(6동, 경충사, 내삼문, 경충당, 진령문, 기념관, 관리사)[284]가 있다.

---

283) 진양정씨 첨정공파. 상계서. pp.3-26.
284) 상주군. 정기룡장군 현창사업 기본계획. 2008, p.26.

현재 정기룡장군의 영정은 하동군과 경북 상주시에서 장군영정 표준화 협의·제작 후 문체부 '동상영정심의위원회' 심의를 거쳐 영정 표준화를 통해 제작되었다.

그 후 정기룡장군 표준영정 제작은 장군 문중 후손의 외모를 바탕으로 한 유전인자와 상주시와 하동군의 지역적 외형 분석 등의 과학적 고증을 통해 형질 인류학적 분석과 장군의 목민관으로서의 자상한 품격을 가미시키고, 역사적 인물로서의 기술적 내용을 가미하고, 그리고 임진왜란과 정유재란 당시의 장군이 입던 복식을 가능한 당시 시대상을 반영한 무장을 한 정기룡장군 표준 영정을 제작하였다.[285]

또한 정기룡장군 부자묘역 조성에서도 기존 정기룡장군의 부친 묘역은 동양 풍수지리학 및 유교 사상에 반(反)하는 경충사 하부 지역에 위치하고 있어 효자인 장군의 인물을 손상시키고 있다는 지적에 따라서 묘역을 경충사 상부로 이전하되 장군의 가묘를 같이 조성하여 정기룡장군 부자 묘역으로 효(孝)의 상징성을 기리는 것이 현재 하동군이 대상지내 하고 있는 충효관 건립 사업과 연계하여 실시할 계획이다.

홍살문은 충절(忠節)의 상징으로 이를 조성하고 정기룡장군의 상징성과 기념성이 강하게 부각될 수 있도록 경충사 진입부에 엄숙함과 위계감이 인지될 수 있는 3문(門) 조형물 설치와 또한 충의교(忠毅橋) 진입부에도 1문(門)의 조형물을 설치하여 엄숙함을 강조하였다.

사색(思索)의 정원·생태하천 조성에서도 경충사의 상징성과 기념성이 강하게 부각될 수 있도록 진입부와 추모·참배 기능과 관련된 공간들은 엄숙함과 위계감이 인지될 수 있는 공간을 조성하였으며, 그 밖에 충효관으로 정기룡장군의 상징성[충·효·애민사상(忠·孝·愛民事思想)]과 더불어 유·청소년 인성교육공간 확보를 통해 국가에 대한 국민의 도리와 사회윤리·도덕적 풍속의 순환 및 하동군민의 정체성 함양을 도모하고 있다.[286]

---

285) 상주군. 전게서. p.88-89.

2008년부터 현창사업 계획을 세웠던 경충사와 하동군은 그 간의 준비를 마치고, 2011년 완공목표로 1차 공사를 진행 중이다.

장군이 태어난 생가 복원과 장군이 어릴 때 뛰어놀고, 병정놀이하던 곳, 활 쏘고 말 타던 곳을 복원하고 유물전시 등도 새로운 모습으로 탈바꿈 될 것이다. 생가는 안채와 사랑채, 마당을 합쳐 약 100평 정도인데 고증을 그쳐 당시의 모습 그대로 그 자리에 복원하였다. 토담집, 감나무 밑에서 어린 시절 장군이 놀고 있는 듯한 정겨움과 생동감을 느낀다.

국궁장, 승마장, 교육장 등 교육 관광지로 개발되면 전국 학생들을 비롯하여 많은 사람들이 찾는 영웅이 탄생한 관광지로 변모될 것이다. 특히, 인근 남해 노량에서 이순신장군 승첩제가 열리고 있으니 육전의 영웅, 해전의 영웅이 어우러져 국제적 교육 관광명소가 될 것으로 믿는다.

정기룡장군 생가

---

286) 상주군. 전계서.

2. 상주지역 현창사업

1) 충의사

그동안 정기룡장군의 충의로운 구국이념과 호국사상을 높이 기리고 후세에 널리 알리기 위해 충의공의 유물과 유적을 국가 보물 제669호와 지방 기념물 제13호로 성역화하는 등 자치단체의 많은 노력을 기울이고 있으나 충의공의 생애와 공적을 기록한 『매헌실기』가 한문으로 되어 있어 이해하는데 어려움을 겪던 중 이를 한글로 번역하여 많은 국민들이 쉽게 접할 수 있도록 발간하였다.

상주의 자랑스러운 충의공 정기룡장군의 생애와 빛나는 업적을 높이 기리고 전승 보전하는데 길잡이가 될 『매헌실기 한글 번역판』의 발간은 매우 뜻 깊고 큰 보람된 역사적 일이다.

이와 같이 빛나는 역사와 충효의 얼이 서린 상주는 삼국시대 이래 여러 차례 외적의 침략을 당할 적마다 수많은 충신·열사가 고귀한 나라사랑과 뜨거운 향토 사랑의 일념으로 호국의지를 불태워 어떤 어려움도 슬기롭게 극복하였으며 특히, 임진왜란 시 경상도를 중심으로 크고 작은 전투에서 혁혁한 전공을 세워 나라를 구하는데 일생을 바친 정기룡장군의 우국충정의 높은 뜻을 큰 자부심과 긍지를 더 높여 자랑하고 있다.[287]

경북의 상주 땅에 충렬사를 세워 제사를 지냈으나 뒤에 대원군의 훼철령(毀撤令)에 의해 훼철(毀撤)당하였다가 광복 후 정부에서 다시 복원하였다가 제3공화국시절 박정희 대통령께서 이충무공의 숭모 도장인 현충사를 완공 후 문화공보부 관계관에 명하여 상주(尙州)의 충렬사를 충의사(忠毅祠)로 개편하여 성역으로 정화하도록 하여 오늘에 이르게 되었다.

충의사는 정기룡장군의 위패를 모신 곳으로 경북 상주시 사벌면 금흔리

---

287) 상주군. 매헌실기 한글번역판. 1999. 1. p.1.

山325번지 일대에 조성된 정기룡장군의 사당으로 원래의 충렬사를 헐고 그 자리에 1978년 3월부터 2년여 공사를 하여(1980년 5월 완공) 사당, 유물전시관, 三門, 충의재, 관리사무소 등이 배치되어 있고 총면적은 4,003평이다. 매년 5월 26일(1562. 음력 4월 24일을 양력으로 환산한 날짜)에 정기룡장군 탄신제가 열리고 있으며 각종 문화행사가 개최되고 있다.

최근 지방자치와 지역축제 문화 활성화에 따라 상주시에서 상주성 탈환, 상주수복 전투를 재현하는 축제와 장군의 사당인 충의사(忠毅祠)에서 탄생일에 다례를 올리는 탄신제 행사를 거행하고 있다.

2) 정기룡장군 묘소와 신도비

상주시 사벌면 금흔리 山45민지 일대 약 500여평에 장군의 묘가 봉안되어 있다. 장군의 묘소를 중심으로 위에는 모친 남양홍씨의 묘가 모셔져 있고 아래에는 아들 익린의 묘가 있어 三代가 일렬로 모셔져 있다.

매년 음력 10월 14일에 시제를 모신다. 묘소 초입에는 효종이 북벌 계획을 세우면서 장군의 빼어난 전술과 인품을 높이 평가하였고 송시열 선생이 그 뜻을 담아 세운 신도비가 웅장한 자태로 옛 역사를 말해주고 있다. 양지바른 장군의 묘소에서 바라보니 임진왜란 당시 왜적을 무찌르는 장군의 호령소리와 전쟁의 함성이 들리는 듯하다[288]. 이렇듯 화보 사진에서 보듯 비석이 크고 웅장하여 효종과 송시열이 얼마나 장군을 높이 생각하고 평가했는지 짐작케 한다.

상주시에서는 임진왜란 때 정기룡장군이 말 타고 싸워 왜적을 물리쳤기 때문에 그 함성과 정신을 계승하기 위하여 국제 승마대회 개최도 준비 중에 있다. 한편, 충의사에서 묘소까지도 더욱 가까운 길로 단장될 것이다.

---

288) 장군의 묘소 좌측 8m 지점에 장군에게 충성하고 죽어서도 정기룡장군 곁에 묻히겠다고 한 부관의 묘가 있는데 이름이라도 알고 싶으니 후손이 이 책을 보게 되면 정기룡장군 연구소로 연락주시기 바랍니다.

제 5 장
임진왜란의 교훈을 찾는다

　임진왜란 7년 전쟁은 우리 역사상 가장 잔인하고 참혹한 전쟁이었다. 우리는 실패를 아픈 기억으로 취급하여 쉽게 잊어버리려 한다.
　특히 나라(국가)나 임금(국가지도자)이 잘못한 실패는 "어쩔 수 없는 일", 운명 정도로 관대하게 생각하고 따지지도 않고 쉽게 잊어버리려는 경향이 있다. 개인의 실패도 "골치 아픈 일 생각하고 싶지 않다"고 덮어 버리고 쓰레기장에 던져버린다.
　실패를 심각하게 생각하고 원인을 분석하여 뼈아픈 노력을 하는 자는 그 실패는 한번으로 끝날 것이다. 실패에서 배우지 못하는 자는 그 실패가 계속 될 것이다. 임진왜란을 당하고도 국방강화를 못했기 때문에 일제에 강점당했고 그 결과로 남북이 분단되고 그 결과는 6.25전쟁이 터지고 그 결과로 이산가족 문제 등 민족의 고통이 지금까지 계속되고 있지 않은가! 임진왜란 실패의 원인인 "國防"을 뼈저리게 강화하지 못했기 때문에 똑같은 실패가 되풀이되고 고통의 역사만 쌓여가고 있는 것이다.
　실패에서 배우지 못하면 그 실패는 되풀이 된다.

1. 임진왜란의 책임과 잘못 30가지

　퇴계 이황선생은 그의 저서 "임진왜란과 병자호란"에서 임진왜란 발발 책임을 당시 일본 통신사였던 "김성일의 잘못된 보고"에 큰 비중을 두고 있다. 그러나 저자 정홍기(鄭洪基)는 "임진왜란의 주된 책임은 수뇌 신료[289]와 선조임금에게 있다"고 결론 내리고, 그의 잘못과 책임 30가지를

---
289) 그 당시의 수뇌 신료는 영의정 이산해(李山海), 우의정 이양원(李陽元), 좌의정

독자와 국민 앞에 제시한다.

　이는 부끄러운 역사를 덮어두는 것이 아니라 적극적으로 파헤치고 실패한 역사에서 배워 미래를 대비하는 교육자료를 삼기 위해서이다. 그 내용을 열거하면 다음과 같다.

1) 선조임금의 국정 장악력과 정치력 不足

① 이씨조선 건국 당시는 "왕권(王權)과 신권(臣權)을 적절히 조화시킨 공론정치(公論政治)"라는 정도전의 정치 설계에 의한 이상적(理想的) 정치형태로 출발하였다.

② 제4대 세종대왕은 공론정치를 잘 운영하여 창의성을 발휘케 하고 국론을 모아 과학과 산업을 발전시키고 국방을 튼튼히 하여 나라가 발전되고 문화가 창달되었다.

③ 제14대 선조 때는 공론정치의 이상을 구현하기는커녕 오히려 신하들에게 휘둘리어 사색당파로 국론이 분열되고 국정을 통할하지 못해 소모논쟁만 하고 사회혼란만 초래되었다.

2) 국제정세 분석과 판단력 부족

① 중국에 일본침략 보고시기 상실로 일본 향도역이란 不信만 초래하였다.

② 여진족, 몽고족 등 북방민족의 흥망성쇠에 따른 조선안보 판단 부족하였다.

③ 일본에 대한 통교제한 이후 정보수집과 연구는커녕 일본을 무시하는 정책으로 일관하다가 그들의 성장과 변화를 읽지 못하고 크게 당한 셈이 된다.

　류성룡(柳成龍), 이조판서 이원익(李元翼), 병조판서 김응남(金應南), 도승지 이항복(李恒福) 등이다.

3) 침략자 일본의 치밀한 전쟁준비를 알지도 못하고 대비도 하지 않아

① 일본은 서양문물을 일찍 받아들여 상공업 발달로 자본이 축적되었고, 과학기술산업 발달로 해운업, 축성술, 운수업 등이 발달되어 전쟁수행 능력이 앞서 있었다.
② 신무기 조총을 수입하여 대량 생산체제를 갖추었다.
③ 풍신수길은 일본정국을 통일하여 절대권력을 손에 쥐고 대륙 침략 야욕을 불태우고 있었다.
④ 신흥막부 세력들의 욕구와 불만을 해외로 돌릴 필요가 있었다.
⑤ 풍신수길은 옛날 몽고와 고려와 合同으로 일본을 침략, 이른바 "모쿠리 고쿠리(蒙古 軍高麗軍)"의 복수심과 원한을 불태우며 군사훈련에 매진하고 있었는데 조선은 전혀 모르고 있었다.
⑥ 일본은 수백명의 첩보원을 조선에 밀파해 조선침략을 위하여 산세, 도로, 강하천, 인구, 중요인물, 지형지물 등 조직적 조사를 실시중이었는데 조선에서는 모르고 있었다.

4) 일본통신사 正使의 보고는 믿지 않고 "잘못된 보고" 副使의 말만 믿고 전쟁 대비책을 세우지 않은 점

① 正使 황윤길과 서장관 허성 등 두 사람이 일치하면 당연히 정사의 보고를 채택하여 전쟁방지 준비가 당연한데 부사 한사람의 잘못된 보고를 채택한 것은 선조의 판단능력에 문제가 있는 이해할 수 없는 결정이었다.
② 김성일의 보고가 의심이 가면 재조사단 파견과 동시에 의금부 취조로 진위를 가려낼 수 있는 문제였다.
③ 당파가 달라 엇 주장하는 부사의 말만 믿고 무사안일에 빠진 책임이 있다.
④ 국가안보란 1점의 허점도 대비해야 하는데 正使의 보고를 거부하고

대책을 세우지 않은 것은 매우 큰 失策으로 탄핵사유에 해당한다.
⑤ 김성일도 국사범 대역죄로 처단하고 국방을 튼튼히 했어야 하였다.

5) 풍신수길의 "조선침략" 문서 통보가 1년 전에 있었는데 왜 전쟁대비책을 세우지 않았는가?

① 풍신수길은 조선침략의 名分쌓기로 "征明假道"에 관한 國書를 임진 왜란 발발 1년 전에 조선조정에 보냈는데 선조는 전쟁을 막을 방책을 세우지 않았다.
② 풍신수길의 특명을 받은 대마도주 宗義調, 宗義智 부자는 현소(玄蘇) 등을 교섭사절로 조선에 파견하였는데 교섭과정에서 조선침략 계획을 수차에 전달하였다.
③ 조선조정과 선조는 入明假道의 교섭을 단호히 거절하였는데 교섭을 거절하면 전쟁 不發로 추정하고 후속조치를 취하지 않았다.
④ 협상은 거부하더라도 침략의사를 구두, 서면 등으로 접수한 이상 전쟁대비책을 세워 1년간 준비했더라면 초전박살 했던지, 최소한 그렇게 무방비하게 당하지는 않았을 것이다.
⑤ 침략계획을 접수하고도 방치한 것은 국가안보에 대한 중대한 직무유기요 탄핵사유이다.

6) 정탐조를 일본에 파견하여 전쟁준비상태 점검 후 방어대비책 세웠어야 했음

① 선조가 현명한 임금이었다면 일본침략 문서를 접수한 이상 정탐조를 급파하여 병력규모, 무기, 작전계획 등을 알아와 비상시국체제 전환으로 방어태세 구축했어야 하였다.
② 반대파는 모두 숙청하여 당파를 없애고 왕권강화로 국정을 일신했어야 하였다.
③ 군사 편제 개편하여 중앙지휘체계 전환이 필요하였다.

④ 군사훈련 강화, 임전무퇴 정신교육, 요새작전 계획수립 했어야 하였다.
⑤ 군량미 비축과 은익, 보급계획, 군량미 사수 요령, 교육이 필요하였다.
⑥ 임금이 독려하며 국토사수 의지만 가졌어도 초전에 박살낼 수 있었다.

7) 임진왜란 발발 전에 水兵 철수 명령을 내린 잘못

① 선조는 당시 조선군 편제상 육군이 대부분이고 수군은 미약하였으므로 수병을 철수시켜 해안선 육군에 배선시키라는 수군 철수 명령을 하달하였다.
② 이순신장군은 수군 철수 명령을 반대하다가 급기야 자기 휘하 수군만이라도 제외해 달라는 장계로 허락을 받았고 후일 이순신장군이 해전에서 공을 세우는 기틀이 되었다.
③ 결국 선조는 조선 수군을 무력화시키고 왜군 접안을 쉽게 도와준 이적 행위를 한 꼴을 자초하고 말았다.
④ 임진왜란의 최전선은 남해안과 남부지방으로 최전선에 군사를 투입해야 하는데 거꾸로 철수명령이라니 이것이 국방을 책임진 군주의 판단이란 말인가?

8) 왜적이 침입하더라도 왜구 노략질 정도로 1달 내 끝날 것으로 오판하고 있었다

① 1952. 4. 13일부터 왜적 대군이 몰려오자 그때서야 놀라 우왕좌왕 앉아서 당하는 비참한 꼴을 보였다.
② 당시 부산 앞바다 수군사령관이 정위치 경계는 하지 않고 육지에 나와 있다가 왜적이 새까맣게 나타나자 군기, 군선을 버리고 도주하고 전쟁을 지휘해야 할 감사, 장수가 우왕좌왕하였으니 왜적은 무혈상륙하였다.
③ 적 침략 날짜도 모르고 갑자기 당한 일로 지상군 장수들도 성을 버리고 도망하기에 바빴으니 왜적은 파죽지세로 북진. 有備無患, 준비

못한 전쟁은 이렇게 비참하다는 사실을 선조와 조정신료는 몰랐단 말인가?

9) 일선의 병력을 근왕군으로 뽑아 올린 선조의 실책

① 임진왜란의 최전방은 남해안과 남부지방이다. 호남의 군사를 영남의 격전지나 요새에 투입하여 초기 제압해야 하는데, 10万여 大軍을 근왕군으로 뽑은 것은 큰 작전 실책이었다.
② 나라의 안전보다 군주의 안전이 더 중요한 문제인가? 나라는 망해도 임금은 살겠다는 말인가?
③ 근왕군 대군도 수원 광교산에서 소수의 왜적에게 참패당하였다. 국군 10万 대군이면 왜적을 물리칠 수 있는 대군인데 이렇게 군사운용을 잘못하다니, 또 하나의 이적행위에 해당하는 것이다.

10) 방어작전 세워 半 이상 수장시켰어야 함. 기회상실

① 일본에 전쟁 탐정단을 보내고 남부해안 경계 철저로 왜적침입 시간을 알고 최 취약시기인 상륙전 바다 집결 시 화공전술로 절반 이상 수장시키는 작전 세웠어야 하였다.
② 적침일도 모르고 도망칠 궁리만 하는 군사 방어책이 전무한 행정이 나라를 지켜 낼 능력이 있겠는가?
③ 철저히 대비하고 초전 제압했으며 일찍 끝났을 것을 지도층이 무능으로 무비대환(無備大患)의 고통을 백성들이 뼈저리게 체험했던 것이다.

11) 한양 사수대책은 세우지 않고 임금이 먼저 피난가면 되겠는가?

① 천연요새 한강을 이용하여 사수작전을 했으면 적군몰살 절호의 기회였는데 임금이 한양을 버리고 피난 가자 적군 무혈입성하는 기회를 주었다.

② 왜적은 도강지점과 방법을 찾기 위해 4일 밤을 한강 남쪽에 결집해 있었는데 정기룡장군의 건의대로 야간 화공 공격했으면 절반 이상 몰살시킬 기회가 있었다.

③ 선조가 한양사수 명령을 내리고, 한양성민과 한양병부 병사 전원이 한강 변 적 도강 지점으로 나와 횃불 밝히며 총공격했으면 수장 가능했는데 모두 도망간 갔으니 또 한 번의 이적행위를 한 일이 되었다.

12) 정기룡장군은 "적 섬멸 5 방책"을 건의했는데 선조는 실행 못함

① 한양 함락 소식을 접수한 정기룡장군은 "적 섬멸 5방책"을 건의 하는 장계를 선조임금에게 보내는데 ㉠ 적선상륙시 작전, ㉡ 도강장전 야간 공격, ㉢ 적부대 이동시 요새공격, ㉣ 야간 집결 숙영 시 ㉤ 철수 승선 시가 적 공격 최적 시기임을 알리고, 군사명령시 참고하도록 건의하였다.

② 부대 이동시는 요새 매복 작전, 그 외는 야간 화공 전술로 대파(大破) 가능하다가 공격시기와 방법까지 알려 건의하였다.

③ 현지 지형지세에 어두워 접선 지점, 도강 지점 잘 모르고 적의 공격이 어렵고 不安한 시기이니 야간 화공 공격 작전을 건의하였다.

13) 한양성 사수 작전으로 경복궁을 지켜야 하는데 문 열어놓고 피난 간 것은 종묘사직과 백성을 포기한 행동

① 한양성을 높이 쌓아 방호진지 구축 후 사수작전(死守作戰)이 긴요한데 문 열어 놓고 도망간 것은 위치 이탈죄, 왕조 포기죄, 도주죄에 해당한다.

② 왜적도 입성시(入城時) 격렬한 저항 각오 했는데 적군을 무혈입성 시켰으니 나라 지킬 자격 없다고 판단하였다.

③ 조선군 도원수 김명원(金命元) 장군도 선조 파천 소식을 듣고는 한강상륙 왜적과 싸우지 않고 군기와 투구를 버리고 도주하자 수도

방위 수령인 유도대장, 좌의정 이양원도 양주로 도주해 버렸으니 이래서 어찌 나라를 다스리겠는가? 전시도주죄는 엄한 책임을 물어야 하였다.

④ 한양성을 전시(戰時)대비 평양성과 같이 요새화할 필요가 있었다.

14) 피난 중에도 전시 비상체제로 전시작전, 전시통치를 펴치 못한 실책

① 파천 중에도 전세 파악하여 적을 제압할 방책을 강구해야 하는데 패배감에 백기 들고 도망치는 자, 지도자의 모습이 아니다.

② 조총 성능 분석, 적 문제점 분석 등 많은 역공 기회 상실한 失. 조총 유효 사거리 50보, 활 75보, 조총 발사시간 : 3단식 30초 등 응전 작전을 하달해야 하는데 행정 공백상태 계속되어 피해가 더욱 컸다.

③ 정기룡장군은 왜적 전술을 꿰뚫어 알고 있었고, 그에 알맞은 이길 수 있는 작전을 했기 때문에 100전 100승이 가능했던 것이다.

15) 임진강 대치 시 춘치자명(春雉自鳴)의 실수 재연

① 적이 큰 강을 만나면 지형과 수심을 몰라 도강 지점 찾는데 시일 소요되었다. 임진강은 천혜의 절벽 방어벽에 유속이 빨라 나루터만 건널목인 천연요새지이다.

② 왜적이 도강지점 몰라 4일간 임진강변 집결 숙영 시 공격시기 상실하였다.

③ 제도도순찰사(諸道都巡察使) 한응인과 도원수 김명원이 장단에 합류(合流)했는데 선조는 김명원 한강 방어선 이탈 책임 물어 임진강 남쪽 나루터 양쪽에 군 매복시켜 야간 적 섬멸 임무 주었어야 하였다.

④ 왜적이 궁여지책으로 4일 후 퇴각하는 척 하는 유인술을 쓰자 한응인과 김명원은 적의 유인책에 걸려 1만 선봉대를 도강시켜 참패하고 도강지점만 노출시켜 이적행위만 하였던 것이다.

16) 대동강 요새를 활용 못하고 도강길만 알려준 실수 재연

① 대동강은 넓고 깊어 왜적이 건널목을 찾지 못하고, 3일을 집결숙영 했는데 야간 화공공격을 하지 못한 점이다.
지금도 전인구의 절반이 모여 사는 수도 서울과 수도권을 전시대 요새화하고 전쟁시 행동요령을 교육해야 할 것이다.
② 6월 13일 밤, 도원수 김명원 장군이 적 경비 허술한 틈에 병사 400명을 데리고 강을 건너와 야습 후 돌아가면서 능라도 아래 왕성탄으로 돌아감으로써 건널목을 노출시킨 실수 재연하였다.
③ 건널목을 몰라 노심초사 하던 왜적, 김명원이 알려준 왕성탄을 일시에 건너 평양 공격하였다.

17) 전군지휘 사령탑을 구성하여 작전지휘 못한 점

① 이탈자, 도망자, 노출 행위자 등 처벌로 군기 잡았어야 하는데 군기가 무너져 실수를 재연하였다.
② 전쟁의 기본을 몰라 실수하는 장수는 하옥시키든지 도강 전 적 섬멸 작전 등 특수임무로 통솔해야 해야 했는데 그러한 군 통솔을 하지 못하였다.
③ 전시 통솔은 전무 한 채 도망질만 하는 것이 치자(治者)의 모습인가?

18) 철옹성 평양성에서 왜 사수작전(死守作戰) 한번 펴지 못하는가?

① 평양성은 대동강 요새에 북성(北城), 중성(中城), 외성(外城)으로 겹겹이 싸여 있는 안전한 곳으로 결전을 할 만한 요새였는데 싸울 생각은 않고 도망갈 생각만 하였다.
② 높은 벽이 10km나 둘러싸인 철옹성으로 평양성민과 같이 사수 작전으로 적을 제압할 요새였기 때문에 사수전을 펴면 반드시 이길 곳이었다.
③ 이곳도 버리고 또 다시 피난 가는 의주파천이니 지도자를 잘못 만난

조선이 불쌍하도다.

19) 관군에게 무기, 병사, 군량미 공급도 못한 무책임한 군주

① 나랏님이 되면 나라 살림을 넉넉히 하고 나라 방어를 튼튼히 하고 전쟁대비책 강구 등이 기본 임무이다.

② 정기룡장군의 경우 토왜대장 때 휘하군사가 3~4만 명이나 되었으나 군량미가 배급되지 않아 군사들이 배고파 전쟁을 못할 지경이라 많은 군사를 해산시키고 정예군 500~1,000명 선으로 유지했는데 군량미가 3~5개월씩 자주 지연되어 적수급과 식량을 교환해 병사를 먹여 살리느라 전공(戰功)도 올리지 못한 경우가 허다하였다. 조정에 올리지 못한 전공까지 합하면 정기룡장군은 100전 100승을 초과하는 명장이었다.

20) 전시에 청병, 내부(內附) 문제 명분쌓기 논의로 허송세월한 죄

① 전시중 파천중에 작전지시가 많은데 明나라 청병문제, 내부문제 논의에 몇 개월 허송세월로 백성들이 더욱 도탄에 빠지고 희생이 많았다.

② 일본침략, 明은 미리 알고 있는데 시기 늦어 "일본 향토역"이라는 불신(不信)만 초래한 외교적 실수를 계속하였다.

21) 이순신장군을 모함케 하여 전력약화 노리는 풍신수길 전술에 놀아난 죄

① 풍신수길은 조선수군의 전력을 약화시키기 위하여 원균과 이순신을 이간질, 모함케 하였는데 선조는 충신을 하옥하는 등 풍신수길 수작에 놀아난 잘못을 하였다.

② 판단 잘못한 명장 투옥 : 사기저하, 전의상실 전력약화 초래 등 적장의 덫에 걸려 놀아난 과오를 범하였다.

22) 明나라 지원군을 제대로 통솔 못한 실책
① 明軍은 남의 나라에 와서 피 흘려 싸우려 하지 않아 조선군 작전에 지장 초래하였다.
② 정기룡장군이 명장(明將)을 직접 설득하여 연합작전 수행. 선조 임금에게 명군 협조요청 장계를 수차 올렸으나 기대 난으로 작전애로

23) 나라질서 치안도 유지 못해 전투력 약화 초래
① 식량난으로 도적이 들끓어 정기룡장군이 평정하는 등 전쟁도 바쁜데 치안까지 유지하였다.
② 정기룡장군 결혼 첫날밤에도 토적평정에 밤을 새울 정도로 치안이 불안하였다.

24) 의주파천시 요동 건널 준비 : 조선의 國格 손상 처사
① 전쟁으로 고통받는 백성 생각해 방어전, 전시 통솔하고 결제사항 산적한 데 요동갈 준비를 했다니 나라는 망해도 혼자 살겠다는 뜻인가?
② 싸우다가 제 나라에서 의(義)롭게 죽어야지 어디 남의 나라까지 피난갈 생각 자체가 부끄러운 일이 아닐 수 없다.

25) 明·日 강화회담에 참여도 못하는 외교력 부재(不在)
① 전쟁 피해 당사자인 조선이 주도권 쥐고 회담추진이 원칙인데 왜 주도권을 빼앗겼느냐?
② 조선은 배제된 채 비밀리에 明·日 이익만 추구케 하고 나라의 운명을 남에게 맡겨둔단 말인가?
③ 회담실패로 정유재란의 고통역사만 재연되지 않았는가?

26) 풍신수길 사망 정보, 왜적 철수 몰살 계획에 지원 못해
① 정기룡장군은 풍신수길 사망 소식을 8월 12일 가장 먼저 선조에게

장계하면서 왜적 철수가 될 것이니 대비책을 건의하였다.
② "정기룡의 적 섬멸 5방책" 中 적 철수 승선시가 적 몰살 최종 기회이니 무기, 병사, 군량미 지원 요청했으나 지원 없어 대첩 기회 상실, 정기룡장군은 어려운 상황에서도 "왜적을 한 놈도 살려 보낼 수 없다"고 싸워 많은 전공을 세웠다.

27) 전후공신책록을 공정히 하지 못한 실책(失策)
① 선무공신은 임진왜란 때 무훈을 세운 장수에게 내리는 책록인데 충신은 누락시키고 엉뚱한 사람 집어넣는 사색당파의 아귀다툼으로 저하시킨 채 결제한 잘못을 하였다.
② 조정과 정치적 배경 없는 충신은 빠져 사기저하, 국론분열의 원인을 초래하였다.
③ 국난극복의 영웅 정기룡장군은 누락시키고 전쟁 한번 하지 않은 문신을 끼워 넣는 것이 무슨 공신책론인가?

28) 종전 후 민심 수습, 당쟁일소, 국방강화 등 쇄신책실행 못해
① 7년 전쟁의 원인과 교훈을 찾아 사색당파를 일소하고 국방 강화 등 특별 대책을 시행하지 못한 실책을 하였다.
② 전국이 파괴되고 황폐화, 흉년, 질병, 민심악화 등 전후 정국을 다스리지 못하였다.

29) 전 후 일본에 대한 전쟁 책임, 보상 요구 등 종전처리 못한 실책
① 선소는 일본에 국서를 보내 전쟁 책임, 인명피해, 재산피해, 문화재 약탈내용, 피해상황을 통고 또는 요구했어야 하였다.
② 인류평화, 공영질서에 위배됨을 지적, 경종 등 종전 마무리 조치가 필요했음에도 그러한 조치를 취하지 못하였다.
③ 짓밟히고 말도 못하는 병신국으로 보이자 아예 먹어버리는 일제 강

점으로 연결되는 빌미를 제공한 꼴이 되었다.

30) 선조는 세자 책봉을 후회함으로써 전쟁의 불씨, 병자호란 빌미 줘, 임진왜란에 이어 또 다시 병자호란의 간접적 책임자기도 하다

① 피난 중 分朝로 급하게 왕세자가 된 광해군은 전쟁을 현장 체험함으로써 등극 후 국방 강화, 민생 안정 등 중흥기틀 마련 정책을 실시하였다.

② 영창대군이 태어나자 서장자 광해군, 적자 영창대군 양쪽에 가능성을 열어둠으로써 당쟁을 심화시켜 종전 후 개혁정치 하려는 광해군을 폐위시키고 정치 참극을 거쳐 인조반정으로 이어지는 간접적 원인 제공을 한 셈이 되었다.

③ 반대파 숙청, 당쟁심화, 국력약화로 병자호란 발발하였다.

④ 선조는 임진왜란의 원인인 당쟁과 국방문제를 해결하지 못하였고, 거기에도 후계자 문제는 방향을 분명히 하여 한쪽으로 힘을 몰아주어야 하고 장애요인을 제거해 주어 일할 수 있도록 만들어주어야 하는데 거꾸로 양쪽에 마음을 둠으로써 당파싸움 심화, 국방력 약화로 연결되어 당대에 임진왜란 후대에 병자호란을 막지 못한 실패한 군주로 전락하고 말았다.

그 외 경상우병사 김성일의 잘못 2회(㉠ 일본통신사, 일본불침론 ㉡ 임진왜란 축소장계)와 도원수 김명원 장군의 잘못 3회(㉠ 한강방어포기 도주, ㉡ 임진강 건널목 노출행위, ㉢ 대동강 건널목 노출행위)

이상에서 선조임금의 잘못 30가지를 간추려 보았다.

옛날 같으면 임금님의 죄상을 거론하는 것 자체가 불가하고 대역죄가 되겠지만 국가안보는 예나 지금이나 동일한 이치(同一 理致)로 중요하기 때문에 임진왜란이란 실패한 역사에서 교훈을 찾아 오늘의 국가안보에 기여하고자 함이다.

임진왜란의 실패로 인하여 한국의 안보가 현재까지 위협받고 있지 않는가?

① 남북 대결과 북핵문제, 북 도발문제 ② 간악한 일본의 독도문제 ③ 한·미와 북·중간의 세력다툼 ④ 한국의 정치, 사회문제 등이 활화산처럼 복합적으로 변화되고 있는 것이다.

실패를 배우고 연구하는 자는 실패하지 않는다. 그런 의미에서 임진왜란 교훈과 국가안보에 대하여 반응이 좋으면 인터넷 토론장을 개설할 계획이오니 의견 있는 분은 징기룡장군 연구소나 저자에게 연락주시기 바랍니다.

제6장
정기룡장군 현창사업에 대한 건의사항

기관부서	건의내용
정부 국무총리실 교육과학기술부 문화관광체육부	복권 및 명예회복 조치 건의 ① 인조반정에 의한 불명예조치 회복, 복권 ② 역사기록에 제외되고 누락된 부분 회복 ③ 국사교과서 등재하고 합당한 예우 ④ 탄생지, 전투지 개발로 교육관광특화사업 지원 ⑤ 국궁장, 승마장, 마상재, 승마격투기 등 호국스포츠육성 및 지원 ⑥ 요즘 군함이름을 짓는데 유명장수가 부족하여 전투 한 번 경험이 없는 문신의 이름도 등장하고 있다. 이것은 정부에서 아직도 망각된 영웅으로 방치해 두기 때문이다. 정기룡장군은 육전의 명장은 물론 이순신장군이 지낸 바 있는 삼도수군통제사도 2회나 역임한 육전과 해전을 두루 통달한 영웅이다. 이제라도 "정기룡 함"으로 명명되기를 건의하는 바이다.
국방부 (전사편찬연구소) 육군본부 (군사연구소) (계룡대)	1) "육전의 표상으로서의 정기룡장군" ① 국방부 및 육군본부에서는 슬로건은 이렇게 정해놓고 내용은 부실한 상태임 ② 예산을 확보하여 정기룡장군 전술구국정신 승계문화행사 학술연구 ③ 정기룡장군 전승지 개발사업 또는 지원 ④ 하동군, 상주시와 협의 정기룡장군 대표적 추모행사 매년 정기적 개최 ⑤ 한·중·일 정기룡장군 학술대회 개최 2) UN산하 국제전사연구 창설 제의 ① 조경장군 구출작전은 국제전사학회에 논문발표 할 가치가 있음 ② 유네스코와 같이 전쟁방지를 위하여 세계전쟁사 기록 위원회 발족건의

정기룡장군 현창사업에 대한 건의사항 — 계속

기관부서	건의내용
전쟁기념관	1) 정기룡장군 흉상건립 건의 ① 임진왜란 장수 중 현재 흉상건립 장수는 이순신, 권율, 곽재우 3명뿐임 ② 60전 60승 최다 전승기록 장군이며, 선조대왕의 평가대로 국난극복의 영웅을 누락시킨 것은 객관성, 공정성에 맞지 않는다고 국민들이 판단할 것임 2) 유물전시 및 홍보 ① 이순신장군은 대형거북선 전시와 한산도대첩(노량해전) 함성녹음과 반복적인 3차원 영상상영으로 적극적 홍보 중 ② 정기룡장군은 의병장들과 같이 벽에 사진 1장만 걸려있고, 그 유명한 조경장군 구출도는 관광객이 가지 않는 4층 복도에 외로이 걸려있음(2009년 한 곳에 모아 전시할 것을 저자가 건의했음) ③ 조선 국방력의 90% 이상을 담당한 육군의 명장이며, 이순신장군과 동일한 직책 삼도수군통제사를 역임하여 해전과 육전에 두루 경험을 쌓은 장군을 너무 홀대하고 있음 ④ 이는 인조반정 때 정치적 매몰의 영향이니 이제라도 잘못된 역사를 바로잡자는 것임
상주시 충의사 상주문화원 상주교육청 상주박물관 경천대 상주향교	1) 문화행사 ① 현재 상주시와 정기룡장군 기념사업회에서는 5월 26일 탄신제 중심으로 진행하고 있음 ② 상주수복 전투, 상주성 탈환 전투가 새롭게 연구됨에 따라 11월 23일, 상주대첩 행사가 더욱 중요하다고 사료됨 2) 정기룡장군 관광벨트 구축 ① 상주시→상주창터→충의사→신도비, 묘소길→상주박물관→상주성 탈환 전적지→경천대 ② 승마장 마상재(馬上才), 승마격투장 시설을 호국사상과 관광을 재미있게 연결 3) 홍보 및 브랜드 사업 추진 ① 장군이 상주목사 재직시 조선8도 5대도시로 성장하였으므로 "정기룡장군의 영광을 되찾는다"는 의지로 상주시 + 정기룡장군 홍보전략 ② 경부고속도로에 "정기룡장군 전승지 상주"를 알리는 대형 광고판 설치

정기룡장군 현창사업에 대한 건의사항 　　　　　　　　　　　　　　　－계속

기관부서	건의내용
상주시 충의사 상주문화원 상주교육청 상주박물관 경천대 상주향교	③ 상주시청이나 광장에 "준마타고 대검 들고 나를 따르라!"고 외치는 정기룡조형물 설치 ④ 선조대왕 정기룡장군 평가 휘호비 건립(시청관장, 충의사, 묘소 신도비 사이, 경천대) ⑤ 中·高 교정에는 휘호 넣은 정기룡장군 동상 건립 ⑥ 전국 마상재, 승마대회 승마전투대회 개최 ⑦ 말 산업 육성, 승마전문대학 유치, 세계 승마대회 ⑧ 각종 조형물, 캐릭터, 장난감, 용마상 등 기념품 개발 4) 정기룡장군 전승지 루트개발관광교육사업 ① 경부선 : 상주→부산, 상주→서울 ② 호남선 : 논산→순천왜성 ③ 내륙선 : 상주→진주 ④ 해안선 : 하동→통영 ※ 중간에 다른 전적지 끼워 넣어 안보관광 코스화 검토
육군사관학교	① 1960년대 대만 육군사관학교에서 "정기룡 전술학"을 강의한 바 있고, 적국이었던 일본에서도 정기룡전술을 연구하고 있음 ② 정작 한국육사에서는 교육이 없는 상태 ③ 임진왜란 실패가 북핵(北核)과 연평도사건까지 연관되어 있는 국가안보 불안상태에서 한민족 최다전승기록 장수의 전술교육은 필수사항으로 교육되어야 함
해군사관학교	① 정기룡장군은 광해군 때 "삼도수군통제사"를 두 번이나 역임한 장수이니 영정, 유물, 자료전시 등이 필요함 ② 당시는 공군이 없었기 때문에 육전과 해전을 겸비한 국방의 상징물이었음 ③ 당시의 장수복, 무기, 지휘소 등 유물보존과 자료정리는 관광과 교육에 좋은 자료가 될 것임
하동군 경충사 하동문화원 하동교육청 하동향교	1) 정기룡장군 현창사업공사 ① 탄생지로서의 현창사업이 조유행군수의 역점사업으로 1차 공사가 진행 중(2011년 상반기준공 목표) ② 조선시대 토담집, 생가복원이 정감이 넘치고 인상적임 ③ 앞으로 예산이 확보 되는대로 국궁장, 승마장을 비롯하여 병정놀이터, 시묘살이 하던 父묘지, 강씨부인 혈서부장터 개발은 충효사상과 애국심의 산교육장이 될 것임

정기룡장군 현창사업에 대한 건의사항 — 계속

기관부서	건의내용
하동군 경충사 하동문화원 하동교육청 하동향교	2) 영웅탄생지로서의 문화행사 및 하동이미지 부각 ① 상주측과 협의하여 탄신제는 하동에서 승첩제는 상주에서 개최함이 옳다고 사료됨 ② 탄생설화, 장군이 자주 올라 일본을 바라보며 꿈을 키우던 뒷산 금오산 정상에서 중방계곡까지 루트 개발 3) 홍보 및 브랜드 사업 ① 남해고속도로 하동진입로, 남해대교 진입로에 정기룡장군의 탄생지를 알리는 대형광고판 설치 ② 선조대왕의 정기룡 평가 휘호비석 건립(하동군청, 경충사, 남해대교부근 대형자연석에) ③ 中·高 교정에 정기룡장군 동상에 휘호 넣어 건립 ④ 경충사 위치가 잘 보이지 않으므로 대형 간판이나 애드벨룬 광고, 앞도로 4차선 확장되고 기업광고유치 가능 ⑤ 경충사 입구 눈길끄는 시설필요(승마조각상, 캐릭터, 장난감, 기념품 개발) ⑥ 충효교육, 안보교육장, 정기룡학술대회 4) 이순신, 정기룡 두 영웅의 관광명소 ① 한려수도를 사이에 두고 건너 남해군 노량에는 이순신장군이 노량해전에서 전사한 승첩제가 지척간에 해마다 열리고 있음 ② 하동에서 정기룡장군이니 해유충무 육유충의(海有忠武陸有忠毅) 두 민족 영웅이 모인 곳이니 국내는 물론 국제교육관광명소로 성장 가능함
김천시 김천문화원 김천박물관	정기룡장군의 구출작전지, 금산전투장 공원조성건의 ① 1592. 4. 28일 낮(선조31년 임진년) 경북 김천시 지례면 북쪽들판 금산전투장 ② 정기룡장군의 상관 조경장군 구출작전은 세계 전투사에 없는 정기룡장군만이 할 수 있는 명 전투이니 보존과 계승 및 교육을 위하여 관련 조형물 제작과 공원설치를 건의함 ③ 중국 조자룡 탈출기보다 훨씬 어렵고 가치있는 작전
거창군 거창문화원	임진왜란 첫 전승지 신창전투장 소공원 조성 ① 1592. 4. 23일 낮(선조 25년 임진년) 거창군 신창(경남 거창군 웅양면 노현리)

정기룡장군 현창사업에 대한 건의사항   - 계속

기관부서	건의내용
거창군 거창문화원	② 왜적 3진 11,700여 명의 선견부대(500명)를 공격하여 임진왜란 중 처음으로 승리한 곳 ③ 왜적에게 밀리고 지기만하다가 정기룡장군의 첫 승보는 조선백성 전체의 가슴에 통쾌한 설욕전이었고, "우리도 이길 수 있는 자신감"을 심었으므로 소공원이나 기념비 건립 건의
진주시 진주문화원 진주박물관 진주성관리 사무소	"정기룡장군과 강씨부인 의절사건기념비" 건립 ① 정기룡장군이 17세에 이사와 3년간 살며 군사훈련 하던 곳 ② 진주성이 함락되자 1593. 6. 29일 강씨부인이 친정엄마와 동생 3인이 진주남강에 투신자결하여 조선여인의 절개와 기상을 떨친 곳 ③ 혈서 받고 통곡한 곳, 논개 못지않은 충절사건 ④ 정기룡장군이 진주부근에서 왜적격파공적 ⑤ 진주성 안에 옛 비석 38基가 있는데 확인결과 정기룡 관련 비석은 없는 것을 판명 ⑥ 위의 사실을 묶어 기념비를 세움으로 논개 얼과 대비하여 조선여인의 절개와 기상, 애국심을 높이는 교육효과
함양군 함양문화원	정기룡장군이 조선국방자주권을 행사한 사근역전투지 공원 ① 1598. 4. 20일 정유재란 때 함양군 사근역 전투(지금의 함양군 수동면 소재지) ② 경상우병사 정기룡장군이 조·명연합군 약 2,000명과 왜장 도진의홍(島津義弘)부대와 전투시 명부총병 이절장군이 전사하자 명황제로부터 어왜총병관이란 명관직을 하사받고 조·명 연합군을 지휘한 곳 ③ 정기룡장군이 역사상 처음으로 조·명연합군을 지휘하고 조선의 국방자주권을 행사한 역사적 현장을 알리고 교육시킬 의무가 있기 때문에 공원조성이나 사적비 선립이 반드시 필요함
고령군 고령문화원	1) 고령용담천 전승비 건립(왜장생포, 적사체 山)6곳 ① 1597. 8. 15~16일, 고령현 용담천 전투 지금의 고령군 쌍림면 귀원리 안림천 부근 ② 정기룡부대 500여 명은 매복 기습공격으로 왜장생포 후 적 섬멸, 적군 시체 6山 마상격투로 왜장생포 ③ 용담천 양쪽 대치하다가 홍의군 유인술로 격파 왜적 3,000여 명 몰살시킴

정기룡장군 현창사업에 대한 건의사항   -계속

기관부서	건의내용
고령군 고령문화원	2) 고령 이동현전투 전적비 건립 ① 1597. 8. 17일 고령 이동현에서 보병, 기병 협공으로 왜적 2万명 중 절반을 섬멸한 전공 ② 왼쪽 귀만 잘라 10필 말에 실려 이원익 정승에 보고
합천군 합천문화원	① 합천군 삼가현은 교통 요충지로 임진왜란 중 같은 지역에서 6회의 큰 전투가 있었으나 삼가현 1전투로 계산(야로현전투 동일) ② 옛날에 삼가현 4거리에 정기룡장군 전적비가 있었는데 다시 건립하고 군지와 문화원지도 기록을 남겨야 할 것임, 호남길목 차단 효과 ③ 합천군 야로현도 교통길목이라 수시로 전투가 벌어졌는데 7회전투를 야로현 1전투로 계산 ④ 60전 60승이 정밀계산하면 100전 100승을 능가
사천시 사천문화원	철수왜군소탕작전: 사천전투 ① 1598. 9. 17~10. 1일 정유재란 왜군철수 ② 정기룡 2,200군사, 명군 3,000명 연합으로 왜장 도진의홍(島津義弘), 8,000군사와의 격전 ③ 정기룡돌격전법, 이순신 수군연계 조명연합작전
각 지역 시청, 군청 문화원 박물관	- 비석이나 표지석을 세우고 군지, 시지에 기록보존 - 각 지역 전투가 모두 중요하니 전승비, 사적비 등 지역실정에 맞게 건립하여 정기룡장군 전승지 관광교육 루트개발 계획과 연결되게 건립하길 희망 - 정기룡장군 전승지 순례 및 안보관광교육 코스 1) 경부선 서울(창덕궁, 종루, 동대문)→광진 나루터(왜적입성)→용산(국방부, 전쟁기념관)→경기직산 전투→추풍령→보은(적암전투)→영동→속리산(용화동 전투)→조령(천연요새)→문경(당교전투)→대승산 전투→갑장산(영수암)→상주(북장사, 화령현 전투, 목성, 경천대)→낙동강→김천(금산전투)→예천(권씨부인대)→군위→청도→대구→경산→의성(비안현 전투)→경주(도산성)→안동→울산(1차, 2차)→영천→선산(금오산성)→동래→부산

정기룡장군 현창사업에 대한 건의사항   - 계속

기관부서	건의내용
각 지역 시청, 군청 문화원 박물관	2) 영남내륙선 상주(충의사, 상주성)→성주(조·명연합군)→현통→구미→고령(용담천, 이동현, 녹가현, 관죽전 전투)→거창(신창전투, 가조현 전투)→함양(사근역 전투)→함안→산청→합천(야로현, 삼가현, 심묘리 전투)→창녕→의령→사천왜성→밀양→양산→김해→진주(진주성, 강씨의절)→ 3) 충청·호남선 논산(계룡대)→금산→무주→김제→은주→지리산(母은거처)→순천왜성 4) 해안선 하동(경충사)→남해(노량)→고성→삼천포→창원→마산→진해(해사)→통영(삼도수군통제사)→한산도 ※ 중간에 타 전투까지 넣으면 좋은 안보관광코스가 됨

제7장
정기룡장군 연구자 및 연구기관, 단체

1. 정기룡장군 연구자

성명	소속, 직업	연구내용
정병욱	전 서울대 교수	정기룡장군의 국난극복사 교육 강연
엄기표	8代 국회의원, 육군소장	임란의 맹호 정기룡장군 傳(1966) 저자 한국충효 대전집11 정기룡(1978) 저자
정을병	소설가	소설 "명장 정기룡"(1978) 저자
정휘동	전 국회의원(상주군)	충의사 건립에 기여, 재일본 장군 유물반환 운동
천희권	전 경북大 총장	정기룡장군 자료수집 및 충효사상교육
정연구	전 문공부국장 (대한뉴스제작소장)	정기룡장군 유적정화사업 대정부 창구역
박희모	(예)육군중장	정기룡장군 돌격전법, 화공전법연구, 6.25참전 유공자회 회장
정한효	경충사관리 위원장	정기룡장군 탄생지 성역화사업 고증, 생가복원, 유물관리 조상묘역 정화사업, 경충사 발전에 노력
김덕현	경상대학교 교수	하동군청 지원으로 "정기룡장군 현창사업연구 보고서" 작성(2008, 2009)
이세영	건양大 국방대 학원장	"정기룡장군의 호국사적 의미" 학술대회 개최
정홍기	시인, 전기작가 흔얼학회 이사장	"영웅은 죽지 않는다" 영웅전 출간 전국배포 (2011). 정기룡장군 위상찾기 운동전개
		"정기룡장군 역사 매몰의 부당성과 상주대첩을 연구하여 임진왜란 4大 대전" 수정 건의
		전쟁기념관에 장군흉상건립 건의, TV 드라마 방영 교섭
		"정기룡장군 연구소" 운영, 교육, 저술, 강연

정기룡장군 연구자
- 계속

성명	소속, 직업	연구내용
박상하	역사 소설가	"나를 성웅이라 부르라" 출간(2009)
노영구	국방대학교 교수	국사학, 한국전쟁사, 임진왜란사
장삼열	군사편찬연구소 부장	"육군표상으로서의 정기룡장군" 추진 실무작업
논문 작성자	한국교원대학교	윤정훈, 석사학위논문, 정기룡 전설 연구(2004)
	동아대학교	오세길, 박사학위논문, 한국의 장군설화(1992)
	한국교원대학교	최운식, 석사학위논문, 정기룡장군의 전설연구(2004)
	경상대학교 교수	장원철, 학술발표회, 역사와 소설 설화에 그려진 민중적 영웅 정기룡장군; 경남 문화연구, 문헌 속에 나타난 정기룡장군(2008)
	도서	설성경 공저, 민음사, 임진왜란 체험의 설화 양상(1992)
		임철호, 집분당, 설화와 민중의 역사의식(1989)

2. 정기룡장군 관련단체 및 연구기관

소속	성명, 부서	연구 및 추진 내용
정치권	성윤환 한나라당 의원(상주) 여상규의원(남해, 하동) 정대철 민주당 상임고문	정기룡장군 전승지 개발사업 지원 정기룡장군 탄생지, 하동성역화 지원 진주정씨 전국종친회장. 원회정책지원
국방부	국방부 장관, 합참의장	"육군표상으로서의 정기룡장군" 연구 및 행사추진
	전사편찬연구소	
육군본부	군사연구소	정기룡장군필승전략

정기룡장군 관련단체 및 연구기관

─ 계속

소속	성명, 부서	연구 및 추진 내용
교과부		전국학생 역사교육 자료
문광부		정기룡장군 전승지 관광개발 문화사업
육군사관학교	교육과정, 박물관	정기룡장군의 리더십과 전략 군인정신
상주시	상주시장, 시의회의장	매헌실기 번역 보급, 정기룡장군 전승 루트 개발계획
	문화관광과장	정기룡장군 전승지개발추진(교육·관광지) 브랜드사업
	충의사	영정, 유물관리전시, 문화행사 개최, 묘지관리
정기룡장군 기념사업회		정기룡장군 탄신제 봉행(5/26), 학술대회, 문화행사
하동군	하동군수, 군의회의장, 문광과, 현창사업 위(委)	정기룡장군 출생지 성역화사업추진 남해 노량 이순신장군 전물지와 쌍벽, 특급 관광지화
	경충사	史料보관전시, 생가복원 및 국궁장, 시묘제
정기룡장군 연구소(대표, 정홍기)		정기룡장군 위상찾기 운동 전개 정기룡장군 자료정리, 강연, 교육, 학술발표회 등
서울대학교	규장각	조선왕조실록, 임진왜란사, 난중잡록 등 古자료 연구
영남대학교	민족문화연구소	매헌실기 번역 보급
경상대학교	경남문화연구소	하동군의 정기룡장군 현창사업 학술보고서(2008)
건양대학교	국방대학원	"육군표상으로서의 정기룡장군" 학술세미나(2009)
부산대학교	박물관	정기룡장군 자료 보관 연구

정기룡장군 관련단체 및 연구기관
- 계속

소속	성명, 부서	연구 및 추진 내용
박물관	전쟁기념관(서울 용산)	정기룡장군의 보물, 유물 전시, 흉상건립 추진
	국립중앙박물관	교시, 교지, 장군의 검, 유물 전시 예정 (교섭 중)
	상주박물관	신패, 옥대, 교서, 교지, 상주성 탈환 작전 연구
	국립 진주박물관	탄생설화, 전승기록, 유물전시
	충주박물관	"정기룡장군의 검" 제작전시(2010. 10)
	경주박물관	경주전투, 울산전투 등 정기룡장군 전승기록
	대구박물관	대구전투 등 정기룡장군 전승지
방송국	KBS	1976~1977년 정기룡장군 드라마 "꽃신" 방영
		"육군표상으로서의 정기룡장군 재조명"에 관한 새로운 드라마 제작 방영 교섭 중(정기룡장군 연구소)
종친회	진양정씨 전국종친회	충효정신교육, 족보편찬, 제사봉행, 정기룡장군선양행사
	첨정공파 종친회	시묘제봉행(음 10/10), 조상묘역정비 사업, 경충사 관리
	서울 화수회	유적답사, 충효사상교육, 백일장 등

부 록

Appendix

1. 정기룡장군 유물목록
2. 조선왕조별 시대 일람표
3. 조선시대 벼슬 및 관직명
4. 조선왕조별 주요사건 연대별 요약
5. 참고문헌
6. 영문초록

부록1 정기룡장군 유물목록

1. 정기룡장군 유물목록

순번	유물명	크기(cm, 가로×세로)	시대	사진
1	정기룡울산도호부사교지 (鄭起龍蔚山都護府使敎旨)	85.7×57.4 (61.8×45.5)	만력33년 (萬曆三十三年, 1605)	
2	정기룡위가선대부행용양위부호군교지 (鄭起龍爲嘉善大夫行龍驤衛副護軍敎旨)	47×38.5	만력29년 (萬曆二十九年, 1601)	
3	정기룡위가선대부경상우도병마절도사교지 (鄭起龍爲嘉善大夫慶尙右道兵馬節度使敎旨)	73×49.8 (49×37.9)	만력26년 (萬曆二十六年, 1598)	
4	정기룡위자헌대부행의흥위사직겸부도총관교지 (鄭起龍爲資憲大夫行義興衛司直兼府都摠管敎旨)	83.2×55.5 (59.4×43.8)	만력35년 (萬曆三十五年, 1607)	
5	정기룡위절충장군수경상우도병마절도사교지 (鄭起龍爲折衝將軍守慶尙右道兵馬節度使敎旨)	53.5×38.8	만력25년 (萬曆二十五年, 1597)	

정기룡장군 유물목록 — 계속

순번	유물명	크기(cm, 가로×세로)	시대	사진
6	정기룡위중훈대부행 청도군수교지 (鄭起龍爲中訓大夫行淸道郡守敎旨)	83.2×56.2 (59.2×44.3)	만력32년 (萬曆三十二年, 1604)	
7	정기룡위중훈대부군 자감부정겸상주목판 관교지 (鄭起龍爲中訓大夫軍資監副正兼尙州牧判官敎旨)	73.5×48 (49.3×35.9)	만력21년 (萬曆二十一年, 1593)	
8	정기룡위봉정대부상 주목사교지 (鄭起龍爲奉正大夫牧使敎旨)	83×53.4 (59×41.6)	만력21년 (萬曆二十一年, 1593)	
9	정호추증교지 (鄭浩追贈敎旨)	64.5×79	만력44년 (萬曆四十四年, 1616)	
10	정기룡위자헌대부행 용양위부호군겸오위 도총부도총관교지 (鄭起龍爲資憲大夫行龍驤衛副護軍兼五衛都摠府都摠管敎旨)	90.5×56.2 (68×44.2)	만력38년 (萬曆三十八年, 1610)	

부록1 정기룡장군 유물목록

정기룡장군 유물목록 − 계속

순번	유물명	크기(cm, 가로×세로)	시대	사진
11	정기룡자헌대부행용양위부호군교지 (鄭起龍爲資憲大夫行龍驤衛副護軍敎旨)	89×55.6 (64.8×43.7)	만력37년 (萬曆三十七年, 1609)	
12	정기룡위자헌대부행겸경상우도수군절도사삼도총제사교지 (鄭起龍爲資憲大夫行兼慶尙右道水軍節度使三道銃制使敎旨)	77.8×54.3	만력45년 (萬曆四十五年, 1617)	
13	정기룡위자헌대부용양위부호군위오위도총부도총관교지 (鄭起龍爲資憲大夫龍驤衛副護軍衛五衛都摠府都摠管敎旨)	76.7×53.2 (52.6×41.2)	만력33년 (萬曆三十三年, 1605)	
14	정기룡위자헌대부행의흥위상호군교지 (鄭起龍爲資憲大夫行義興衛上護軍敎旨)	81.8×55.2 (57.8×43)	만력35년 (萬曆三十五年, 1607)	
15	정기룡위가선대부행밀양도호부사교지 (鄭起龍爲嘉善大夫行密陽都護府使敎旨)	90×57.6 (65.8×45.7)	만력32년 (萬曆三十二年, 1604)	

정기룡장군 유물목록
— 계속

순번	유물명	크기(cm, 가로×세로)	시대	사진
16	정기룡위자헌대부용양위부호군교지 (鄭起龍爲資憲大夫龍驤衛副護軍敎旨)	75.5×51 (51.2×39)	만력33년 (萬曆三十三年, 1605)	
17	정기룡위자헌대부의흥위사직교지 (鄭起龍爲資憲大夫義興衛司直敎旨)	78×48.8 (54×36.8)	만력35년 (萬曆三十五年, 1607)	
18	정기룡위중훈대부사주목사교지 (鄭起龍爲中訓大夫尙州牧使敎旨)	81×50.7 (57×38.6)	만력22년 (萬曆二十二年, 1594)	
19	보인정기룡무과병과제사인급제출신교지 (保人鄭起龍武科丙科第四人及第出身敎旨)	68×83.2	만력14년 (萬曆十四年, 1586)	
20	정기룡장군증시교지 (鄭起龍將軍贈諡敎旨) (보물 제669호)	77.7×61.6	만력38년 (萬曆三十八年, 1773)	

정기룡장군 유물목록

— 계속

순번	유물명	크기(cm, 가로×세로)	시대	사진
21	삼도총제사겸경상우도수군절도사정기룡교지 (보물 제669호) (三道摠制使兼慶尙右道水軍節度使鄭起龍敎旨)	330×99.6 (266.3×86)	만력45년 (萬曆四十五年, 1617)	
22	삼도총제사겸경상우도수군절도사정기룡교지 (보물 제669호) (三道摠制使兼慶尙右道水軍節度使鄭起龍敎旨)	283.3×82	천계원년 (天啓元年1621)	

2. 조선왕조별 시대 일람표

조선왕조 역대 일람표(1392~1910. 27대왕 519년)

역대	왕호	성씨	제위기간	역대	왕호	성씨	제위기간
1代	태조(太祖)	이성계	1392~1398	◎	장조(莊祖)	이 씨	◎
2代	정종(定宗)	이방과	1398~1400	22代	정조(正祖)	〃	1776~1800
3代	태종(太宗)	이방원	1400~1418	23代	순조(純祖)	〃	1800~1834
4代	세종(世宗)	이 도	1418~1450	◎	익종(翼宗)	〃	◎
5代	문종(文宗)	이 씨	1450~1452	24代	헌종(憲宗)	〃	1834~1849
6代	단종(端宗)	〃	1452~1455	25代	철종(哲宗)	〃	1849~1863
7代	세조(世祖)	〃	1455~1468	26代	고종(高宗)	〃	1863~1907
◎	덕종(德宗)	〃	◎	27代	순종(純宗)	〃	1907~1910
8代	예종(睿宗)	〃	1468~1469		일제강점기	◎	1910~1945
9代	성종(成宗)	〃	1469~1494		일제해방	◎	1945.08.15
10代	연산(燕山君)	〃	1494~1506				
11代	중종(中宗)	〃	1506~1544				
12代	인종(仁宗)	〃	1544~1545				
13代	명종(明宗)	〃	1545~1567				
14代	선조(宣祖)	〃	1567~1608				
15代	광해(光海君)	〃	1608~1623				
◎	원종(元宗)	〃	◎				
16代	인조(仁祖)	〃	1623~1649				
17代	효종(孝宗)	〃	1649~1659				
18代	현종(顯宗)	〃	1659~1674				
19代	숙종(肅宗)	〃	1674~1720				
20代	경종(景宗)	〃	1720~1724				
21代	영조(英祖)	〃	1724~1776				
◎	진종(眞宗)	〃	◎				

◎ 표시는 왕조는 즉위하지 못하고 사망함으로써 추존된 것

3. 조선시대 벼슬 및 관직명

품계	문관	무관	지방직	현대
정 1 품	영의정, 좌의정, 우의정, 도제조	영사, 도제조, 대장		국무총리
종 1 품	좌찬성, 우찬성, 판사, 제조	판사		부총리
정 2 품	지사, 판서, 좌참찬, 우참찬, 대제학	지사, 제조, 도총관		장관, 차관, 본부장, 대장, 도지사
종 2 품	동지사, 참판, 상선	동지사 부총관	병마절도사, 관찰사, 부윤	차관보, 중장
정 3 품	참의, 직제학	첨지사, 별장	목사 병마절제사	관리관, 소장
종 3 품	집의, 사간	대호군, 부장	도호부사, 병마첨절제사	이사관, 국장, 준장
정 4 품	사인, 장령	호군		부이사관, 대령
종 4 품	경력, 첨정	경력, 부호군, 첨정	군수, 병마동첨절제사	중령
정 5 품	정랑, 별좌, 교리	사직		서기관, 소령, 군수
종 5 품	도사, 판관	도사, 부사직, 판관	도사, 판관, 현령	부군수
정 6 품	좌랑, 별제			사무관, 대위, 면장
종 6 품	주부, 교수	부장, 수문장, 종사관	찰방, 현감, 교수, 병마절제도위	
정 7 품	박사	사정, 참군		주사, 계장, 중위
종 7 품	직장	부사정		
정 8 품	저작	사맹		주사보, 소위, 준위
종 8 품	봉사	부사맹		
정 9 품	부봉사, 정자, 훈도	사용		서기, 상사, 중사
종 9 품	참봉	부사용, 별장		서기보, 하사

4. 조선왕조별 주요사건 연대별 요약

❖ 조선 초기(15C) : 태조~성종(1392~1494)

- 조선 건국에서부터 집권체제 정비 및 마무리까지의 시기
  ㉠ 훈구파(관학파)가 15C 주도 : 사장 중시/ 中央集權(중앙집권), 富國强兵(부국강병) 추구
  ㉡ 자주적, 주체적(관대한 사상, 신앙 정책 추진)

1	태조(1392~1398) 개국일 1392.8.5	① 개국 공신인 '정도전'에 의해 새 왕조의 기틀 마련 ② 국호 : 조선(고조선의 후계자 자처) ③ 수도 : 한양(교통, 국방의 요지) ④ 한양천도(1394) ⑤ 통치 질서, 군사 체제 정비 ⑥ 국방력 강화

◇ 과전법 실시(1391)
  목적 : 신진사대부의 경제적 기반 구축, 공전의 확대로 국가 재정 수입 증대, 농민의 경작권 보장 및 병작 반수제 금지로 농민의 생활 안정
  내용 : 전, 현직 관리에게 과전 지급 → 수신전, 휼양전으로 세습되는 토지 증가

2	정종(1398~1400)	건국초기의 나라기틀 마련, 제도정비
3	태종(1400~1418)	① 도평의사사 폐지 ② 의정부 설치 ③ 육조직계제 채택(왕권强化를 위해) ④ 공신세력 견제, 관제 개혁, 사원전과 사원 노비의 제한 ⑤ 양전 사업 실시 ⑥ 호패법의 실시(1402) ⑦ 사병제도 폐지, 신문고 설치

◇ 8도의 지방 행정 조직을 완성(1413)
◇ 태조 실록 편찬(1413)

4	세종(1418~1450)	① 의정부 서사제 설치 : 왕권과 신권의 조화 ② 집현전을 왕립학술기관으로 육성(1420: 집현전 확장) ③ 유학자 우대 : 유교정치 실현 ④ 국토 확장 : 현재의 국경선을 확정, 6진 개척 ⑤ 측우기 제작(1441) ⑥ 한글 창제 : 훈민정음 창제(1443) → 반포(1446)

◇ '황희', '맹사성' 등의 청렴한 재상 중용

5	문종(1450~1452)	교육정책강화
6	단종(1452~1455)	① 정치 기강 동요 ② 양반 관료의 귀족화 현상 대두
7	세조(1455~1468)	① 육조직계제로 환원(For 왕권 再 强化) ② 중앙집권 부국강병 정책 추진 ③ 조정 권신과 지방 세력 억제 ④ 유향소, 집현전, 경연 폐지 ⑤ 5위제, 보법, 진관체제 실시 ⑥ 직전법 실시(1466) : 현직관리에게만 토지 지급

◇ 경국대전 편찬 착수
◇ 刊經都監(간경도감) 설치
◇ 원각사 10층 석탑 건립

8	예종(1468~1469)	① 경국대전 완성
9	성종(1469~1494)	① 홍문관 설치 ② 경국대전 완성, 반포(1469) ③ 유교적 법치국가 확립 ④ 관수 관급제 실시(1470) : 국가가 수조권 대행

◇ 경국대전 완성으로 집권체제 정비, 마무리
◇ 동국여지승람, 동문선, 동국통감 편찬

❖ 조선 중기(16C) : 연산군~명종(1494~1567)

■ 사림파(사학파)가 16C부터 등장하기 시작함 → 사림파 16C 후반부터 집권
㉠ 경학 중시 / 鄕村自治(향존자치), 王道政治(왕도정치) 추구
㉡ 사림문화의 발달 : 향약과 서원이 사림들의 기반이 되었음
㉢ 사림 : 지나친 성리학 신봉
  • 군적 수포제 실시 : 반상 구분 확연, 양반의 군역 면제
  • 신분 계층의 분화 : 양반, 중인, 상민, 노비(양반 문벌의 형성)
  • 양반 지주들의 토지 겸병 등으로 농장 확대(15세기 후반~16세기)

10	연산군(1494~1506)	① 연산군의 실정 : 무오사화, 갑자사화

| 11 | 중종(1506~1544) | ① 군적수포제 |

| 12 | 인종(1544~1545) | ① 현량과(賢良科) 부활 |

| 13 | 명종(1545~1567) | ① 비변사 설치(1554)
② 직전법 폐지(1557) : 현물 녹봉제 등장 |

◇ 지주 전호제 확산(토지 소유의 편중 현상 심화)
◇ 병작 반수제 일반화 → 농민 몰락(소작농, 노비, 유민), 재정 악화

❖ **조선 후기** ①(17C : 정상적인 붕당정치 시기) : **선조~현종**(1567~1674)

■ 16C 후반 사림들이 주도세력이 되면서 붕당 형성(학문과 이념의 차이에서 출발)
◎ 선조~현종(1567~1674) : 정상적인 붕당정치 전개, 붕당 간에 공존 관계 유지
  ㉠ 정치세력 간의 상호 비판과 선세의 기능을 가짐(초기에는 공존관계 유지)
  ㉡ 붕당은 정치의 활성화와 정치 참여의 폭을 넓히는 데 기여함
  ㉢ 상대방의 존재와 비판 인정, 붕당 간의 상호 비판과 견제의 원칙 준수
  ㉣ 붕당 간의 자율적인 세력 균형 유지

| 14 | 선조(1567~1608) | ① 임진왜란(1592~1598)
② 왜란의 영향
◎ 국내적으로는 오랜 전쟁으로 인구가 격감, 농촌은 크게 황폐화, 국가 재정의 궁핍→공명첩이 대량 발급, 토지대장과 호적이 많이 소실됨.
◎ 국제적으로는 동아시아의 형세가 크게 바뀜→조선과 명이 전쟁에 지친 틈을 타 여진족이 급속히 성장 |

※ 붕당 출현

| 15 | 광해군(1608~1623) | ① 대내적 : 전후 복구 정책
　→ 양안과 호적을 새로 작성
　→ 피폐된 산업 일으키고, 국방력 강화
② 대외적 : 신중한 중립외교 정책(중립외교 정책의 배경 : 명의 쇠약, 여진족 강성)
③ 서인, 남인들의 반발 |

※ 북인세력 집권
　◇ 경기도에 대동법 실시(1608)
　◇ '허준'의 동의보감 편찬
　◇ 소실된 사고의 재정비(5대 사고)

부록4 조선왕조별 주요사건 연대별 요약

| 16 | **인조**(1623~1649) | ① 인조반정(1623) → 서인세력 집권
② 친명배금 정책
③ 정묘호란(1627)
④ 병자호란(1636) |

※ 中國中心세계관
※ 호란의 영향 : 청군의 침입은 기간도 짧았고, 국토의 일부에 한정되었음, 하지만 청군이 거쳐 간 서북 지방은 약탈과 살육에 의해 황폐화
  → 북벌론이 대두 ↔ 일부에서는 북학론이 대두

| 17 | **효종**(1649~1659) | ① 북벌론
② 송시열의 등장, 정기룡장군 재평가 |

※ 中國中心세계관

| 18 | **현종**(1659~1674) | ① 예송논쟁 |

※ 中國中心세계관

❖ 조선 후기 ②(18C : 변질된 붕당정치 시기) : **숙종~정조**(1674~1800)

- 17C 후반부터 붕당 간의 대립과 극단적인 정쟁 격화(붕당정치가 시간이 흐름에 따라 國利民福보다는 자기 당파의 이익을 앞세우고, 이념보다는 학벌, 문벌, 지연과 연결되어 국가와 사회의 발전에 지장 초래)
- ◎ 숙종~정조(1674~1800) : 변질된 붕당 정치 - 일당전제정치
  - ㉠ 원인 : 17C 후반의 사회, 경제적 변화로 인한 지주제와 신분제의 동요 - 양반들의 향촌 지배가 어려워짐
  - ㉡ 상황 : 붕당 간의 공존 관계 붕괴
  - ㉢ 대응책 : 탕평책 실시 - 국왕이 개입하여 붕당 간의 정치적 균형관계를 재정립하려 함.
  - ㉣ 한계 : 실제로는 편당적 조처(숙종-노론우세, 영조-노론우세, 정조-시파중용)

| 19 | **숙종**(1674~1720) | ① 전국적으로 대동법 시행(1708)
② 탕평론 제시 : 실제로는 편당적 조처
③ 2차 예송논쟁 : 남인 집권
④ 경신환국 : 서인 집권
⑤ 기사환국 : 남인 집권
⑥ 갑술환국 : 서인(노론) 집권 |

※ 변질된 붕당 정치 : 일당 전제화
※ 노론우세

20	경종(1720~1724)	① 남구만의 《약천집》 발간됨
21	영조(1724~1776)	① 탕평책 실시(1725) ② 균역법 실시(1750) ③ 군영 정비, 가혹한 형벌 폐지, 사형수에 3심제 시행 ④ 노론의 우세

※ 편당적 조처 → 탕평파 육성 → 노론 우세
※ 소론 강경파에 의한 변란(이인좌의 난, 나주 괘서 사건) : 소론의 정치적 입장 약화
※ 노론이 정국 주도 : 사도세자의 죽음
　　◇ 속대전, 무원록, 동국문헌비고 편찬

| 22 | 정조(1776~1800) | ① 벽파를 물리치고 시파를 관직에 고루 기용
② 탕평책을 내세워 왕권 강화 시도
③ 장용영 설치 : 군권을 장악
④ 규장각 설치 : 학술, 정책 연구 기관으로 육성
⑤ 박제가, 유득공, 정약용 등이 정치에 참여
⑥ 수원 화성 건립 : 성치, 군사적 기능 부여 |

※ 시파 중용(붕당의 융화, 해체에는 실패)
　　◇ 규장각 설치(1776)
　　◇ 문물 정비 : 대전통편, 동문휘고, 탁지지(재정), 추관지(형벌), 무예도보통지 등 편찬

❖ **조선 후기 ③(19C: 붕당정치 파탄→세도정치) : 순조~철종(1800~1863)**

- 붕당정치의 폐단 : 왕권이 약화되고 정치 기강이 문란해지면서 그 대립과 분열이 더욱 격화되었음
- 세도정치 : 왕실 외척인 특정 가문이 권력을 독점한 타락한 문벌 정치 : 정치 기강 문란
- 순조, 헌종, 철종 3대 60여년간 세도정치
- 3정의 문란 : 전정, 군정, 환곡 → 농민 저항 거세짐

| 23 | 순조(1800~1834) | ① 안동 김씨의 세도정치 시기
② '김조순'의 딸이 왕비 : 그의 정치적 기반 확보
③ 안동 김씨들이 정부의 요직 독점 |

※ 안동 김씨 세도정치
　　◇ 공노비의 해방(1801) : For 국가 재정 기반 확보
　　◇ 홍경래의 난(1811) 평안도에서 발발

| 24 | 헌종(1834~1849) | ① 풍양 조씨의 세도정치 시기(왕의 외척) |

※ 풍양 조씨 세도정치

부록4 조선왕조별 주요사건 연대별 요약

| 25 | **철종**(1849~1863) | ① 다시 안동 김씨의 세도정치 |

※ 안동 김씨 세도정치
　◇ 동학창시(1860)
　◇ 개령민란(1862), 진주민란(1862)

❖ **조선 말기**(구한말) : **고종~순종**(1863~1910)

| 26 | **고종**(1863~1907) | ① 강화도 조약 체결(1876) : 부산개항, 외국과 맺은 최초의 근대적 조약, 그러나 치외 법권을 인정한 불평등 조약
② 임오군란(1882)
　• 원인 : 민씨 정권의 별기군 우대, 구식 군대 차별 대우에 대한 불만에서 폭발
　• 경과 : 대원군의 재집권, 청나라에서 대원군 압송
③ 갑신정변(1884)
　• 원인 : 친청 세력(민씨 정권)의 개화당 탄압
　• 경과 : 우정국 개국 축하연을 이용하여 사대당 요인들을 살해하고 신정부를 수립, 신분제도 폐지 시도(정강 14개조)
　• 결과 : 3일천하로 끝남, 청의 내정 간섭의 강화
④ 갑오개혁(1894), 을미개혁(1895) : 신분제도 폐지 실현
　• 정치면 : 국왕의 전제권 제한, 과거제도 폐지, 사법권의 독립
　• 경제면 : 재정의 일원화, 국가 재정의 정비
　• 사회면 : 신분제의 철폐, 봉건적 폐습의 타파
　• 군사면 : 개혁 소홀
⑤ 아관파천(1896)
⑥ 대한제국 성립(1897)
⑦ 을사조약(1905) |

◇ 병인양요(1866) : 프랑스의 강화도 침략
◇ 신미양요(1871) : 미국의 강화도 침략
◇ 조·미 수호 통상 조약(1882) : 청나라의 알선으로 체결
◇ 동학 농민 운동(1894) : 신분제 폐지 재요구(폐정 개혁 12조)
◇ 독립협회설립(1896)
◇ 을사의병(1905)
◇ 국채 보상 운동(1907)
◇ 정미의병(1907)

| 27 | **순종**(1907~1910) | ① 한일합방(1910) : 국권 피탈 |

◇ 고종 황제 퇴위, 군대 해산(1907)
◇ 서울진공작전(1908)
◇ 간도 귀속 문제발생(1909) : 청과 일본 간에 체결된 간도 협약으로 청의 영토로 귀속

429

5. 참고문헌

〈서적류〉

조선왕조실록. 한국고전번역원. 규장각(1042~1914)
    1代 태조실록(1042).   3代 태종실록(1402).
    4代 세종실록(1454).   9代 성종실록(1494).
    11代 중종실록(1544).   14代 선조실록(1612).
    15代 광해군 일기(1627).   16代 인조실록(1653).
    17代 효종실록(1663).   19代 숙종실록(1724).
    21代 영조실록(1780).   22代 정조실록(1804).
    23代 순조실록(1837).   25代 철종실록(1867).
    26代 고종실록(1911).   27代 순종실록(1914).

매헌실기(梅軒實記) 上·下권   채휴징   국사편찬위원회
국역 매헌실기   상주시   영남대학교 민족문화연구소   1999
경국대전(經國大典) 속대전   국사편찬위원회
고려사
「高麗史節要」   한국고전번역원
「東國通鑑」   한국고전번역원 규장각
『국조보감』 선조 24년 3월   한국고전번역원 규장각
『寄齋史草』 下, 壬辰日錄   박동량
『난중잡록』 3(대동야승 28)   조경남
『동국전란사』 외란편 제3장 조선시대, 임진왜란
『明史紀事本末』 권62, 「授朝鮮」
『明神宗實錄』 권248, 만력 20년 5월 已巳條
『續雜錄』, 권1(大東野虎 제7책 所收)   조경남

『연려실기술』	이긍익		
『再造藩邦志』 권1, 임진	신경		
『隱峰全書』 권6, 記事·壬辰記事	안방준	한국문집총간	
임진전란사	이형석	임진전란사간행위원회	1874
『병자호란사』		국방부전사편찬위원회	1987
임진왜란 史料 총서		국립진주박물관	2000
한국의 명장(名將)육군본부 전사연구 제5집			1978
해동명장전	홍량호		
해동 명신록			
송자대전(宋子大全)	한국고전번역원	규장각	
임진란의 맹호	엄기표	세음사	1966~1978
한국충효대전집11 정기룡	엄기표	대영출판사	1978
조선시대 당쟁사	이성무	아름다운 날社	2007
한국구비문학 대계(大系)	정문연	한국정신문화연구원	1988
북천전적지지(北川戰跡地誌, 상주임란)		상주시	2002
조선의 무기와 갑옷	민승기	가람기획	2004
명장 정기룡	정을병	지소림	1978
난중잡록(亂中雜錄)	조경남	민족문화추진회	
대동기년(大東紀年)	강효식·김영한	미화서원	1905
대동기문(大東奇聞)(선조편)	강효석	명문당	1995
동야휘집(東野彙輯)	이원명·소재영	진주박물관	2000
통제 정공사적	정선영	규장각	
동패락송(東稗洛誦)	노명흠·이우성	아세아 문화사	1990
정만록(征蠻錄)	이탁영		
고대일록(孤臺日錄) 3권	정경운	태학사	2009
이계집(伊溪集)	홍량호		

검간 임란일기(黔澗 壬亂日記)	조정	민족문화연구소	1984
학봉전집(鶴峯全集, 학봉집, 속집, 학봉일고) 해사록(海槎錄) 학봉전집언행록(鶴峯全集言行錄)	김성일		
이충무공전서(李忠武公全書)	이순신	한국고전번역원	1795
난중일기(亂中日記)	이순신		
소설 이순신	이광수	동아일보 연재소설	1931~1932
충무공 유사(遺事)	현충사관리소	삼화인쇄	2008
3대 해전을 통해 본 이순신 전략과 리더십	제장명	이순신연구논총 제8호	2007
『충무공 이순신 전집』 3권	최두환	우석	1999
상주전투와 충주 전투의 패배 그리고 서울 함락(하)	홍승완	이순신과 조선 수군	2005.07.16
충무공 이순신의 짧은 생애, 빛나는 삶	장학근	한국해양전략연구소	2002
국사대관	이병도	보문각	1957
사명대사 임란기	신유한 편/안계현 역	동국大 역경원	1979
동계집(棟溪集)	권도	한국고전번역원	1875
상촌집, 상촌잡록(象村雜錄)	신흠	한국고전번역원	
설화와 민중의 역사의식	임철호	집문당	1989
조선의 병사		한국고전번역원	
율곡전서	율곡이이	한국문집총간	
경상도읍지	한국지리지총서	한국학문학연구소	1982
오리집(梧里集)	이원익		1705
서애문집(西厓文集)	류성룡	한국고전번역원	
징비록(懲毖錄)	류성룡	한국고전번역원	
태백산사고본		서울大 규장각	
조선당쟁관계 자료집	이이화	여강출판사	1983
나라를 빛낸 명장들	육사전사학과 편	병학사	1984

조선의 공신들	신명호	가람기획	2003
임진왜란, 민족의 어제와 오늘	이우성·임형택	창작과 비평	1992
인조반정란의 전말	차상찬	성진문화사	1971
선조 수정실록	이식		
조선시대 군제연구	차문섭	단국대학교 출판부	1973
남명집(南冥集)	조식 저, 경상대학교 남명학연구소 역	한길사	2001
석담일기(石潭日記)	율곡이이		1581
계축일기, 인현왕후전	전영진	홍신문화사	1995
대동야승(大東野乘)	성현	한국고전번역원	1975
한국민족문화 대백과사전	한국정신문화연구원		1991
한국인명대사전	이희승	신구문화사	1983
화기도감의궤(火器都監儀軌)		규장각	1615
경세유표(經世遺表)	정약용	한국문집총간	1977~1978
임진왜란과 병자호란	정약용 저/정해렴 역	현대실학사	2001
녹훈도감의궤(錄勳都監儀軌)	한국고전번역원	규장각	
신기비결(神器秘訣)	한국고전번역원	규장각	1603
『사료로 보는 임진왜란: 싸워 죽기는 쉬워도 길을 빌려주기는 어렵다』	국립진주박물관 편	해안	1999
역사에 이름을 남긴 무인들	국방부전사편찬위원회	한니발	1985
『한국사』		국사편찬위원회	
『율곡행장』	김장생		1582. 9. 1.
공납제의 해이, 『한국사』 12	김진봉	국사편찬위원회	1977
『일본외사』 노산양 권15			
『일본의 역사』	민두기	지식산업사	1976
『兩朝平壤錄』, 日本 上, 萬曆 18년	제갈원성		
朝鮮の役	日本軍 구참모본부 편		
조선일 일기·고려일기(朝鮮日 日記)·高麗日記	북도만차	그렇게	1982

조선의 무기와 갑옷	민승기	가람기획	2004
정기룡장군 현창사업 기본계획		상주군	2008
한민족 역대파병사	서인한	국방부 군사편찬연구소	2002
임진왜란과 한국문학, 임진왜란 체험의 설화화 양상	설성경·김태준·조동일정재호·소재영·신동욱 공저	민음사	1992
『韓國黨爭史·第1篇 黨爭第一期』『韓國文化史大系』2	성악훈/高大民族文化研究所 編		1979
『임진왜란 발발과 경과』,「한국사」29	송정현	국사편찬위원회	1995
조선을 움직인 사건들	신병주	새문사	2009
소년 소녀 한국 충요 대전집, 정기룡	엄기표	대영출판사	1978
임진란의 맹호	엄기표	교학사	1970
충의공 정기룡장군실기 임진란의 맹호	엄기표	세음사 간	1966
조선후기 전(傳) 문학 연구	이동근	태학사	1991
『壬辰倭亂史』	이동석	임진전란사간행위원회	1974
『임진왜란 해전사』	이민웅	청어람미디어	2004
정유재란시 사천지역의 전투와 조명군총의 조성, 20권	이상훈	한국중세사연구	2006
조선당쟁관계 자료집	이이화	여강출판사	1983
『制勝方略』「6진 대분군」,「3읍 분군」	이일		
서애 류성룡의 리더십	이태진	인문학 산책	2009.05.07
16세기 후반기 동아의 정세,『한국사』12	현종	국사편찬위원회	1977
설화와 민중의 역사의식, 임진왜란 설화를 중심으로	임철호	집문당	1989
문헌 속에 나타난 정기룡 장군 - 인물 형상화의 양상과 관련하여	장원철	경남문화연구, 29	2008
왜군항도론에 대한 명·일의 압력과 조선의 대응, 임란수군활동사연구논총	장학근	해군군사연구실	1993
현대군사전략의 관점에서 본 임진왜란, 이순신 연구논총		국방부, 조사편찬연구소	2008

제목	저자	출판사	연도
『임란기 조선조정의 수군에 대한 기대와 운용책』, 「임난수군활동사연구논총」	장학근	해군군사연구실	1993
『한국해양활동사』	장학근	해군사관학교	1994
『明代中日關係史硏究』	정양생	文史哲出版社	1985
조선시대 군사관계 연구	차문섭	단국대출판부	1996
'매헌 선생의 효행', '정기룡 장군과 권씨 부인', '정기룡 장군의 임란 전투 일화'	한국구비문학 대계	정신문화연구원	1988
옛 상주를 담다(도록)		상주박물관	2008
KBS1 정기룡드라마 "꽃신"	KBS영상사업부		1978
역사스페셜 신기전(神機箭)			2002.7.13. 2010.6.5
과학카페 신기전(神機箭)			2010.4월 2010.5월
느티나무 신기전(神機箭)			2009.12
정기룡장군 현창사업 학술연구보고서	김덕현	하동군	2008
정기룡장군의 호국사적 의미와 선양방안	이세영	건양대학교 군사문화연구소	2009
나를 성웅이라 부르라	박상하	일송북	2009
정기룡장군 프로젝트 기본계획 및 타당성 조사		상주시	2009

〈논문·학술자료〉

제목	저자	출판사	연도
설화와 역사인식	유영대	고려大 석사학위논문	1981
『中朝關係史論文集』	양소전	世界知識出版社	1988
장수전설의 전승양상과 전승의식에 관한 연구	이경엽	전남大 석사학위논문	1991
동패낙송 연구	김동석	성균관大 석사학위논문	1992
한국장군 설화연구	오세길	동아大 박사학위논문	1992
임진왜란시 분조에 관한 연구	손종성	성균관大 박사학위논문	1993

역사인물담의 현실대응방식연구	신동훈 서울大 박사학위논문	1993
김유신 설화의 변이와 수용연구	김영화 건국大 박사학위논문	1994
宣祖代 후반~仁祖代 초반 대명관계 연구	한명기 서울大 박사학위논문	1997
임진왜란시기 명군참전의 사회·문화적 영향	한명기 서울大 국방군사연구소	1997
김유신 전승연구	안영훈 경희大 박사학위논문	1998
임란 관련 의병설화의 전승양상과 그 의미	이동원 광운大 석사학위논문	1998
임란전설연구	정상훈 원광大 석사학위논문	2000
임진왜란과 明나라 군대	한명기 역사비평사	2001
강감찬 설화 연구	김은주 한국교원大 석사학위논문	2002
곽재우장군설화의 전승양상 연구	김영미 동아大 석사학위논문	2002
인조반정으로 인한 남명학파의 침몰과 사계학파의 부상	허권수 경상大 남명학연구소	2003
조선 광해군대의 정치적 대립	김민경 인제大 석사학위논문	2004
정기룡전설연구	윤정훈 한국교원大 석사학위논문	2004
정기룡 전설 연구	최운식 한국교원大 석사학위논문	2004
임진왜란 발발전 한일교섭실태	윤유숙 한국일본어문학회	2006
광해군대 정치론의 분화와 개혁정책	정우택 경희大 박사학위논문	2009
임진왜란 초기 조선의 군사체제 연구	이호준 국방大 석사학위논문	2009

6. 영문초록

"Hero, Never Die"

In April 13, 1592, Japan invaded an old Korean dynasty, "JOSEON" to commit a brutal war devastated the whole country for 7 years by killing, arson, pillage, deculturation, and so on. In Korea the most cruel this war in history goes by the name of the IMJIN WAERAN, and the country is experiencing the distress of the division of North and South caused by the aftereffects. Even if a man had accomplished a great work of overcoming national crises, called 60 victories in 60 wars at the time of the IMJIN WAERAN even in this cruel war, he, who has been buried in history for about 400 years by being involved in political affairs of the Injo Restoration, is a war hero General JEONG, KI−RYONG.

General JEONG, KI−RYONG was also the main pillar of JOSEON's national defense both in name and reality, who went through both land and sea battles by being appointed to the naval forces controller of 3 provinces filled by Admiral YI, SOON−SHIN in a 9−year−old of GWANGHAEGUN when he was 56 years old after the IMJIN WAERAN. Moreover, King HYOJONG had histrically permitted him to form the pivot as a symbolic general of the whole JOSEON army when planning an expedition to conquer the north, and President PARK CHUNG−HEE had also pushed forward sacred business for General JEONG, KI−RYONG as a symbol of land battle, as he had held Admiral YI, SOON−SHIN sacred as a symbol of sea battle. His representative achievements are summarized as follows.

First, he is a general who holds the record for the highest number of complete victory that maintains undefeated mythology in the Korean people history of 5,000 years as a great general of 60 victories in 60 wars at the time of the IMJIN WAERAN.

Second, he had carried out a good operation, which dashes like an arrow as cavalry with 10 subordinates to rescue his superior General JO-KYEONG just before capture and atrocious murder by 11,500 enemy troops in GEUMSAN battle in April 28, 1592(see military tactics of General JEONG).

Third, he had carried out far more difficult military operations than Jo JA-RYONG's escape story in China as military operations that both enemy troops and Japanese troops are moved to admiration by eagle tactics. Consequently, even now it still remains unsolved a mystery and is worthy of record in international war history.

Fourth, in that the Great King SUNJO had given General JEONG, KI-RYONG the highest compliment as "起龍無則 嶺南無 嶺南無則 我國無" because he had carried out military operations by the pulse of war, we know his great tactics.

Finally, for General JO-KYEONG's rescue operation to assess his great achievement, the writer is separately in preparation for the paper be ready to present at ICMH(International Commission of Military History). I vote the establishment of tentatively named "the Word War Record Committee" as an UN-affiliated agency for world peace.

2011. 3. 1.
The Research Institute for General JEONG, KI-RYONG
Chairman & Writer : JEONG, HONG-KI
(e-mail : hongkey1237@hanmail.net.kr)

충의공 정기룡장군 전기
영웅은 죽지 않는다
(임진왜란 60전 60승, 전쟁영웅의 종합기록)

초판인쇄일 : 2011년 5월 30일
초판발행일 : 2011년 7월 30일
저　　　자 : 정홍기(鄭洪基)
발　행　처 : 도서출판 채운재
주　　　소 : 서울시 중구 충무로2가 49-8
　　　　　　서울빌딩 202호
전　　　화 : 02-704-3301

정가 25,000원

※ 저작권 보호법에 의거 저자의 승인없이 전제, 불법복제 등을 금합니다.